미술사를
움직인
100인

미술사를 움직인 100인

김영은 엮음

초판 1쇄 발행 · 2013. 10. 15.
초판 2쇄 발행 · 2015. 7. 15.

발행인 · 이상용 이성훈
발행처 · 청아출판사
출판등록 · 1979. 11. 13. 제9-84호
주소 · 경기도 파주시 회동길 363-15(서패동)
대표전화 · 031-955-6031
팩시밀리 · 031-955-6036
E-mail · chungabook@naver.com

ISBN 978-89-368-1050-4 03900

* 값은 뒤표지에 있습니다.
* 잘못된 책은 구입한 서점에서 바꾸어 드립니다.
* 본 도서에 대한 문의사항은 이메일을 통해 주십시오.
* 이 책에 사용된 사진 자료 중 일부는 저작권자를 찾지 못했습니다. 저작권자가 확인되는 대로 정식 허가 절차를 진행하겠습니다.

미술사를 움직인 100인

| 안견부터 앤디 워홀까지 동서양 미술사를 만든 사람들 |

김영은 엮음

청아출판사

서문

'미술'이라고 하면 무엇을 가장 먼저 떠올릴까? 아마 유명한 화가들을 먼저 떠올릴 사람도 있을 것이고, 높은 값의 그림을 떠올릴 사람도 있을 것이다. 매년 국내에서는 반 고흐나 고갱, 다 빈치와 같은 거장들의 전시회가 열린다. 이런 전시회에 가면 아이 손을 잡고 온 어머니, 데이트 나온 연인, 숙제를 하기 위해 삼삼오오 몰려온 학생 등 수많은 사람들이 북적거린다. 그러나 매년 전시회를 한 차례씩 간다 해도, 기억에 남는 것은 기존에 알고 있던 몇몇 화가나 작품에 대한 일화, 대표작 한두 점, 혹은 뉴스에 보도된 비싼 가격 정도일 것이다. 때문에 우리는 늘 스스로 미술에 대해 아는 게 없다고 여기며, 미술에 문외한이라고 생각한다.

이는 우리가 미술에 대해 지니고 있는 지식들이 단편적이기 때문일 것이다. 미술 작품은 그 작품을 만든 작가의 삶과 시대의 산물이다. 따라서 그 배경을 시대 흐름별로 이해한다면 훨씬 쉽게 접근하고 기억할 수 있다.

이 책에서는 13세기부터 현대에 이르기까지 미술사에서 대표적인 100명의 인물들을 선정하여 그들의 삶과 시대, 대표작들에 관한 해설을 중심으로 소개한다. 그래서 이 책을 읽음으로써 보다 재미있고 쉽게 미술에 접근할 수 있도록 했다. 또한 한 장 한 장 넘기다 보면 내가 알고 있는 '미술'적 '지식'

이 의외로 많다는 것에 놀랄지도 모른다.

국내에서 인기를 끄는 전시회에서 소개되는 작품이나 미술이라 하면 주로 연상되는 작품들은 대개 서양 미술사에서 '명화'라고 불리는 그림들이다. 화가나 명화를 시대 순으로 보여 주는 기존의 책들 역시 서양 미술사를 중심으로 다룬다. 이런 아쉬움에서 이 책에서는 100명만 꼽기에도 벅찬 서양 미술사의 거장들을 과감히 줄이고(!) 국내 화가 및 국내 미술과 밀접한 관계가 있는 일본과 중국의 화가도 포함했다.

미술사에 별처럼 많은 위대한 화가와 천재 중 100인을 뽑으라면 누구나 목록이 다를 것이다. 때문에 미술사적으로 중대한 성취를 이루었음은 물론, 잘 알려진 작가들부터 잘 알려지지 않았지만 우리에게 익숙한 작품을 그린 국내외의 작가들을 주로 선정했음을 밝힌다.

이 책을 통해 조각 난 미술 지식들을 정리하고, 앞으로 좀 더 재미있게 전시회를 감상할 수 있게 되기를 바란다.

2013년 10월

엮은이

차례

국내 | 15세기~현대 |

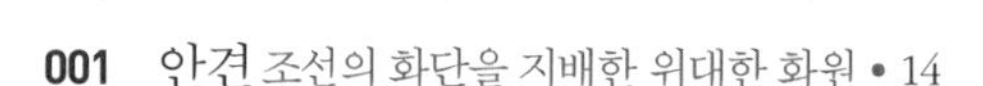

국외 | 13세기~현대 |

〈일러두기〉

1. 이 책에 실린 화가들은 대부분 생년을 기준으로 순서대로 배치하였으나, 활동 시기, 활동 지역, 화법의 변화와 그 흐름 등을 고려하여 묶어서 배치한 경우도 있다.

2. 인명, 지명, 그림, 저작, 신문, 잡지 등 이 책에 수록된 작품의 제목들은 대부분 국내에서 통용되는 이름 및 제목으로 표기하였다. 단 소개되지 않았거나 생소한 인명, 지명의 경우는 현지 발음에 따라 표기하였으며, 일부 작품의 제목은 이해를 돕기 위해 번역하여 수록하였다.

생 년

?
안견

1417
강희안

?
김명국

1676
정선

1707
심사정

1392
조선 건국

1446
조선 훈민정음 반포

1450
구텐베르크의 금속활자 발명

1453
조선 계유정난

1506
조선 중종반정

1517
루터의 종교개혁

1592
조선 임진왜란

1627
조선 정묘호란

사 건

국내

|15세기~현대|

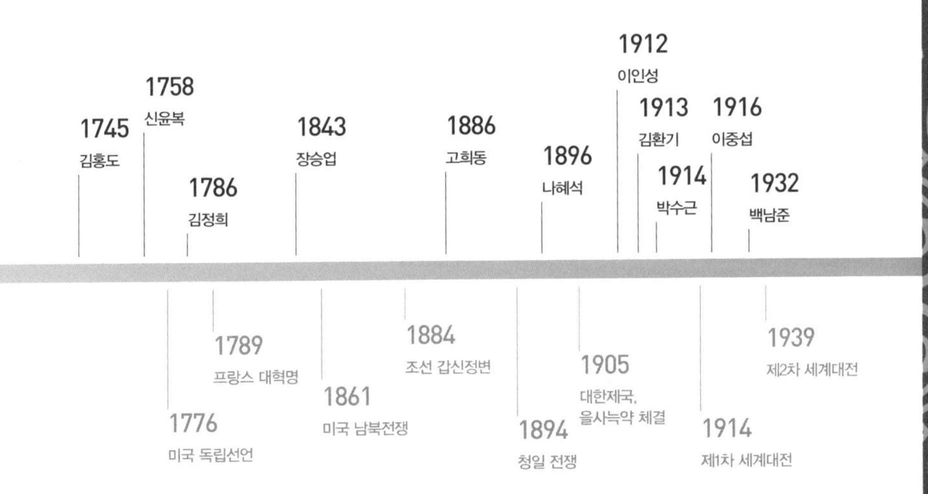
1745
김홍도
1758
신윤복
1786
김정희
1843
장승업
1886
고희동
1896
나혜석
1912
이인성
1913
김환기
1914
박수근
1916
이중섭
1932
백남준
1776
미국 독립선언
1789
프랑스 대혁명
1861
미국 남북전쟁
1884
조선 갑신정변
1894
청일 전쟁
1905
대한제국,
을사늑약 체결
1914
제1차 세계대전
1939
제2차 세계대전

001

조선의 화단을 지배한 위대한 화원

안견

安堅(?~?)

- 조선 초기
- 한국적 산수화풍을 창출했으며, 이후 조선 회화에 큰 영향을 끼쳤다.
- 〈몽유도원도〉 등

안견은 조선 초기에 활동한 화원으로, 한국적 산수화풍을 창출한 조선 시대 최고의 화가로 꼽힌다. 그가 활동하던 당시부터 조선 중기 이후까지 조선 시대 화원 대부분이 그의 화풍을 이어받았을 정도로 우리나라 회화사상 영향력이 가장 큰 인물이다. 신분이 낮은 화원 출신이었기 때문에 그의 생애에 대해서는 확실히 알려진 바가 없어 조선왕조실록이나 다른 기록들에서 잠깐 언급되는 것으로 추정하는 것이 전부이다. 전해 오는 그림 역시 매우 적으며, 그의 작품인지도 확실하지 않다. 그의 작품으로 확실하게 인정되는 것은 〈몽유도원도夢遊桃源圖〉가 유일한데, 조선 초기는 물론, 조선 시대 전체를 대표하는 그림 중 하나로 꼽힌다. 그 밖에 안견의 작품으로 여겨지는 것은 〈사시팔경도四時八景圖〉, 〈소상팔경도瀟湘八景圖〉, 〈적벽도赤壁圖〉, 〈산수도山水圖〉, 〈연사모종도煙寺暮鐘圖〉 등이 있다.

안견은 1400년 혹은 1418년에 태어난 것으로 여겨지나 확실하지 않다. 세종 시기에 활발히 활동했으며, 세조 시기까지 활동했으리라고 추정된다. 자는 가도可度, 득수得守, 호는 현동자玄洞子, 주경朱耕이며, 자나 호가 지어진 배경이나 그 의미도 밝혀진 바가 없다. 본관은 충청남도 지곡으로 알려져 있다.

안견은 조선 시대에 그림 그리는 일을 담당하던 관청인 도화원(성종 때 도화서로 개칭)에 소속된 화원으로, 젊은 시절부터 산수, 묵죽, 장송, 노안도 등 못 그리는 그림이 없었으며, 산수화에 있어서는 필적할 이가 없다고 평가 받았다. 신숙주는 그에 대해 이렇게 말하기도 했다.

"우리 조정에 유명한 화가 한 사람이 있는데, 안견이라 한다. 성이 총민하고 정박精博하며, 옛 그림을 많이 보아 그 요체를 모두 얻고 여러 대가들의 좋은 점을 모아 총합하고 절충하였다. 옛것으로부터 빌었지만 그와 필적할 만한 사람은 얻기 어렵다."

안견이 위대한 화원이 될 수 있었던 데는 타고난 재능도 작용했겠지만, 이에 더해 안평대군과 교유하며 화가로서의 안목을 기르고 그의 비호를 받은 덕분이기도 하다. 안평대군은 세종의 셋째 아들로, 조선 시대의 대표적인 예술 후원자였다. 시와 글씨, 그림에 능했고, 중국 고전 회화에 박학했으며, 수많은 서화를 수집했다. 안평대군이 25세 때 안견이 그의 초상을 그렸다는 기록이 있는 점으로 미루어 일찍부터 안평대군과 교유하며 총애를 받은 것으로 보인다.

1445년경 안견은 정4품인 호군護軍의 벼슬에 올랐다. 화원이 정4품의 지위에 오른 것은 그가 최초이다. 화원은 세종 시기에 최고 5품까지 오를 수 있었고, 성종 시기에는 종6품 별제까지 오를 수 있는 지위였다. 안견이 1400년경 출생했다면 40대, 1418년생이라면 20대인데, 어느 쪽이든 젊은 나이에 화원의 한계를 뛰어넘을 정도로 안정적인 실력과 세력을 갖추고 있었다고 볼 수 있다. 성종조인 1478년에는 아들 안소희가 문과에 급제했다. 비록 대신들의 반대에 부딪혀 높은 관직을 얻지 못했으나 화원의 아들이 신분 제한을 뛰어넘어 대과인 문과에 급제했던 것은 예외적인 일로 아버지 안견의 명망이 크게 작용했을 것이다. 당시 안견의 위상이 어느 정도인지 미루어 짐작할 수 있는 예다.

안견은 최고의 후원자였던 안평대군이 형 수양대군에 의해 희생된 계유정난에서도 살아남았으며, 세조(수양대군) 시대에도 그 명성은 빛이 바래지 않았다. 일반적인 경우라면 안평대군이 희생된 후 그 역시 죽거나 몰락하는 것이 당연했을 것이다. 여기에 대해 윤휴의 《백호전서》에 한 가지 재미있는 일화가 전한다.

안평대군은 안견을 특히 아껴 집으로 불러 그림을 그리게 하고 한시도 집 밖으로 나가지 못하게 했다. 그러나 안견은 시절이 수상한 것을 감지하고 안평대군의 집 밖으로 나올 기회를 엿보고 있었다. 어느 날 안평대군이 중국에서 귀한 용매먹龍煤墨丸을 구해 안견에게 그림을 그리게 했는데, 외출했다 돌아오니 용매먹이 사라져 있었다. 이에 종들을 다그치자 그들은 안견을 지목했고, 안견이 자리에서 일어나자 소맷자락에서 먹이 떨어졌다. 이를 본 안평대군은 진노하여 안견을 내쫓고 다시는 집에 들이지 않았다고 한다. 안견은 이후 자신의 집에서 두문불출했고, 얼마 후 계유정난이 일어나 안평대군을 비롯해 그 집에 드나들던 사람이 모두 죽임당하거나 화를 입었다고 한다.

안견은 안평대군을 비롯해 사대부들과 교유하며 많은 그림을 그렸으며,

〈몽유도원도〉, 덴리 대학 부속 덴리 도서관

도화원 화원으로서 의궤도(궁정과 조정의 각종 행사를 그린 그림)도 많이 그렸다. 〈대소가의장도大小駕儀仗圖〉, 〈중묘조서연관사연도中廟朝書筵官賜宴圖〉, 〈과거도科擧圖〉, 〈기영회도耆英會圖〉 등을 그렸다고 하나 현재 전하는 것도, 안견의 작품이라고 확증된 것도 거의 없다. 유일하게 확증된 것이 〈몽유도원도〉이다.

〈몽유도원도〉는 1447년(세종 29) 음력 4월 20일 밤 안평대군이 꿈속에서 도원경을 거닐며 본 바를 안견에게 이야기해 주고 그리게 한 그림으로, 사흘 만에 완성했다고 한다. 이 그림은 안평대군이 발문을 썼으며 신숙주, 박팽년, 정인지, 최항 등 세종 대의 고사高士 21명이 친필로 찬문을 썼다. 이 작품은 한국 회화사뿐만 아니라 문학사, 서예사에서 큰 가치를 지닌다.

〈몽유도원도〉는 구성부터 독창적이다. 동양 회화에서는 화면이 흔히 우측에서 시작되어 좌측에서 끝나는 것이 통상적이나 이 그림은 왼편 하단부부터 오른편 상단부로 대각선을 따라 전개되는 방식을 취하고 있다. 크게 네 장면으로 구성되었는데, 왼편은 현실 세계, 오른편은 꿈속의 도원경이다. 안평대군이 박팽년을 데리고 꿈속 유랑을 나서는 데서 시작하여, 복숭

도원도
桃源圖, 도원이란 '복숭아 꽃이 핀 신선들의 세계'를 의미하는데, 문인들의 이상향으로 여겨지며 중국의 시인과 화가들에 의해 소재로 즐겨 사용되었다. 도원도는 이를 그린 그림으로, 당, 송, 원, 명, 청나라 시대를 거쳐 많이 그려졌다.

아 숲과 험준한 산을 지나 도원에 도착한 후 다시 현실로 돌아오는 총 네 단계의 이야기를 다루고 있다. 그림의 시점 역시 독특하다. 현실 세계는 정면에서, 도원경은 위에서 내려다보는 듯한 부감법으로 구별해 표현했는데, 이는 산으로 둘러싸인 도원을 보다 효과적으로 보여 주기 위해서이다. 기기묘묘하게 뻗어 있는 산세, 복숭아 꽃밭이 늘어선 갈래길, 먼 산을 감싼 안개 등 꿈속 환상의 세계가 몽환적이고도 고요하게 표현된 작품이다. 필묵법에 있어서는 산수화를 완성했다고 평가되는 중국 북송 시대 화가 곽희의 영향을 받았음을 부정할 수 없으나, 공간감을 표현한 방식이나 구도, 구성, 세부 묘사에 있어 독자적인 화풍을 창출했다고 평가받는다.

〈몽유도원도〉는 조선 초기 시, 서, 화의 정수가 결집된 작품으로 평가되며, 중국의 도원도들과 확연히 구별되는 특징을 지녀 조선 시대 산수화에 큰 영향을 미쳤다. 안견의 화풍은 화원들은 물론, 사대부 계층까지 폭넓게 전파되어 조선 후기에 정선의 진경산수화가 등장할 때까지 조선의 화단을 지배했다. 또한 일본 수묵화의 거장 슈분周文이 조선에 사절단으로 와 그의 그림을 배워 간 영향으로 인해 무로마치 시대 수묵화에서도 안견의 화풍을 엿볼 수 있다.

안견은 1464년(세조 10) 김시에게 대나무 그림을 그려 주었다는 기록으로 보아 이때까지 작품 활동을 했던 것으로 보인다. 세조 시기가 끝나 갈 무렵 점차 화원으로서의 활동이 축소되었으며, 아들 안소희가 과거에 급제하던 성종 시대에는 안정된 노년기를 보냈으리라 여겨진다. 1470년대 말에 사망했다고 추정된다.

002

천지만물의 이치를 화폭에 담다

강희안

姜希顔(1417~1464)

ㅣ조선 전기
ㅣ시, 글씨, 그림에 뛰어났으며 사대부 문인의 풍류가 담긴 독창적이고 색다른 화풍을 창시하여 조선 중기 화단에 큰 영향을 끼쳤다.
ㅣ〈고사관수도〉, 〈교두연수도〉, 〈산수인물도〉, 〈고사도교도〉, 〈강호한거도〉 등

강희안은 조선 세종 시대부터 세조 시대까지 활동한 문인이자 서화가로, 시와 글씨, 그림 모두에 뛰어나 안견, 최경崔涇과 함께 삼절三絶로 이름을 날렸다. 전서篆書, 예서隸書와 팔분八分에서 독보적인 경지를 이루었으며, 진나라의 왕희지, 원나라의 조맹부에 비견되곤 했다. 그림에 있어서도 산수, 인물 등에 뛰어났는데, 당시 유행하던 북송화풍에서 벗어나 사대부 문인의 풍류가 담긴 독창적이고 색다른 화풍을 창시하여 조선 중기 화단에 큰 영향을 미쳤다.

그는 자연을 사랑하는 것으로 유명하며 집을 각양각색의 꽃으로 가득 채우고, 《양화소록養花小錄》이라는 원예 책을 낼 정도였다. 이런 자연에 대한

애정과 관조적인 태도를 시와 그림을 통해 표현했다. 《양화소록》에서는 이렇게 말하고 있다.

> 비록 한 포기 풀이나 한 그루의 나무라 할지라도 마땅히 그것들이 지닌 이치를 생각하여 그 근원까지 파고 들어가서 그 앎을 두루 미치지 않음이 없고 그 마음을 꿰뚫어 통하지 않음이 없게 되면 나의 마음이 자연히 만물에 머물지 않고 만물의 밖에 뛰어넘어 있을 것이니 그 뜻이 어찌 옮음이 있으리오.

강희안은 1417년(태종 17) 지돈녕부사 강석덕의 아들로 태어났다. 어머니는 영의정 심온의 딸로, 세종이 그의 이모부가 된다. 당대 뛰어난 문장가이자 문인화가로 이름을 날린 좌찬성 강희맹의 형이기도 하다. 자는 경우景愚, 호는 인재仁齋이며, 본관은 진주이다.

두세 살 무렵부터 담장이나 벽에 손 가는 대로 붓을 휘둘러 글씨를 쓰거나 그림을 그릴 정도로 서화에 재능을 타고났다고 하며, 어린 시절부터 문장과 학문에도 뛰어났다. 1441년에 식년문과에 첫 도전해 한 번에 급제했고, 돈녕부주부에 올라 집안의 기대를 한몸에 받았다. 그러나 자연을 벗 삼아 사색하기를 즐기며 소박한 생활을 사랑하는 성품으로, 정치가로서의 포부는 크지 않았다. 이 때문인지 일찍부터 의정부에서 검상으로 추천했으나 번번이 사양하곤 했다.

1443년, 정인지 등과 함께 세종이 창제한 정음 28자에 주석을 붙였으며, 1445년에는 최항 등과 함께 〈용비어천가〉의 주석을 붙였다. 그는 관직 생활 초기부터 글씨를 잘 쓰기로 유명했는데, 1445년 조정의 추천으로 명나라에서 보낸 '체천목민영창후사體天牧民永昌後嗣'라는 8자를 옥새에 새겼으며, 세조 때 임신자壬申字를 녹여 새로 글자를 주조할 때도 그 글씨를 썼다.

이 글씨는 을해자乙亥字라고 한다. 그러나 안타깝게도 글씨 쓰기를 꺼려해, 을해자와 아버지의 묘비인 강지돈녕석덕묘표姜知敦寧碩德墓表 등에 새긴 정도만이 전할 뿐이다.

강희안은 무엇보다 신묘한 경지에 이르렀다는 평을 들을 만큼 그림에 천부적인 재능을 지니고 있었다. 그러나 그림에 대한 재능 역시 스스로 드러내기를 좋아하지 않았는데, 이는 사대부로 나고 자랐기 때문으로 짐작된다. 평소 그는 아들들에게 "글씨나 그림은 천한 기술이니 후세에 전하면 도리어 이름만 욕될 뿐이다."라고 말했다. 때문에 그림 역시 전하는 작품이 적다. 명나라에 사신으로 갔을 때도 중국 선비들이 글씨와 그림을 다투어 청했으나 모두 거절했는데, 함께 사신으로 갔던 김종직이 까닭을 물으니 "사대부의 본분을 망각해서는 안 된다."라고 말했다고 한다.

그러나 그 재주를 드러내 놓고 자랑하기를 꺼렸을 뿐 그림은 그에게 있어 사상을 갈고 닦는 매개체였다. 앞의 일화에서 김종직이 "그렇다면 왜 그림을 그리느냐?" 하고 묻자 그는 "그림은 내게 있어 천지만물의 이치를 깨닫는 도구다."라고 대답했다고 한다.

1447년, 강희안은 이조정랑에 올랐고, 그해에 최항, 성삼문 등과 함께 《동국정운東國正韻》 편찬에 참여했다. 1450년 세종이 위독할 때는 미타관음彌陀觀音 등의 경문經文을 썼다. 단종 시기인 1454년에는 집현전 직제학에 올랐고, 같은 해 수양대군의 주도로 서울과 8도의 지도가 제작될 때 예조참판 정척 등과 함께 참여했다. 세조 1년인 1455년에는 원종공신 2등에 녹훈되었다.

강희안은 성삼문, 박팽년 등의 문신들과 친밀하게 지냈는데, 1456년 이들이 가담한 단종 복위 운동에 그도 관련되었다는 혐의를 받았다. 이 일로 성삼문, 박팽년, 하위지 등이 죽임당했으나 그만은 화를 모면하고 이후에

〈고사관수도〉, 국립중앙박물관(중박201308-4150)

도 호조참의, 황해도관찰사, 중추원부사 등 고위 관직을 지냈다. 당시 성삼문이 심문받을 때 강희안이 연루되었냐고 세조가 묻자 "선왕의 명신들을 다 죽여도 그만은 남겨 두고 쓰시오. 진실로 어진 사람이오."라고 말하여 화를 면했다고 한다.

강희안은 곤욕을 치르기도 했으나 관직 생활에 있어 승승장구했다. 그럼에도 그는 현실 세계를 떠나 자연을 벗 삼아 은거하여 살고 싶어 했고, 정계 진출에 소극적이었다. 평생 부귀와 공명에 얽매이지 않고 화려한 것을 멀리한 청빈한 성품 탓이기도 했으나, 계유정난과 단종 복위 운동으로 친우들이 죽임당하는 일을 겪으면서 정치에 환멸을 느낀 것도 한 가지 원인이었다. 그는 점차 도가 사상에 심취했고, 자연과 하나 되는 삶, 도연명적인 삶을 꿈꾸었다. 그는 아우인 강희맹과 고승 일암을 벗 삼아 교유하며 현실 세계에서 벗어날 수 없는 자신의 처지와 일장춘몽에 불과한 인생에서 오는 공허함을 달랬다. 《양화소록》에서 그는 "한 세상에 나서 오직 명성과 이익에 골몰하여 늙도록 헤매고 지치다가 쓸쓸히 죽어 가니 이것이 과연 무엇을 하는 것인가."라고 말했다. 또한 관직 생활을 하는 동안 귀가하여 달빛 향기에 취해 옷깃을 풀어 헤치고 연못가를 거닐며 노래를 읊조리면 마음만이라도 세상사에서 벗어나게 된다고 토로했다.

대표작인 〈고사관수도高士觀水圖〉는 이런 그의 심회가 잘 표현된 작품이다. 깎아지른 듯한 절벽을 배경으로 바위에 엎드려 물을 바라보며 사색하는 선비의 모습을 그린 이 작품은 세련미 넘치는 필치와 직업 화가들의 작품에서는 볼 수 없는 문인으로서의 풍류가 가득 담겨 있다. 인물을 산수의 일부로 작게 처리하고, 풍경은 먹을 듬뿍 적셔 거칠고 두텁게 표현하였으며, 인물과 옷 주름 등은 간결하면서도 분명하게 그렸다.

당시에는 중국 북송화의 영향을 받은 안견을 중심으로 산수를 웅장하게 묘사하고 인물을 보일 듯 말 듯 미세하게 처리하는 화풍이 화단을 지배했는데, 강희안의 작품처럼 인물과 산수가 어우러진 구도를 비롯해 배경을 크고 두텁게 칠하는 표현 방식은 매우 독창적인 것이다. 거기에 선비로서의 생활 철학과 풍류가 담긴 간결하고 힘찬 구성은 중국 회화에서 볼 수 없는 조선만의 특징이었다. 이 같은 강희안의 표현 방식은 이후 조선 중기 화단에 영향을 주어 소경산수인물(小景山水人物, 경치보다 인물의 비중이 큰 산수인물화) 양식을 유행시켰다.

기록에 따르면 그는 묵으로만 표현한 작은 풍경화들을 즐겨 그렸고 영모화와 미인도에도 뛰어났다고 하나 현재 전하지 않는다. 지금까지 전하는 작품으로는 〈고사관수도〉, 〈교두연수도橋頭烟樹圖〉, 〈산수인물도〉, 〈고사도교도高士渡橋圖〉, 〈강호한거도江湖閑居圖〉 등이 있다.

1464년(세조 10) 겨울, 강희안은 등에 종기가 나서 48세의 나이로 죽었다. 죽기 전에 동생 강희맹에게 "꿈에 관부에 들어갔는데, 벼슬아치들이 앉은 자리에 한 자리가 비어 있어 까닭을 물으니 '여기 앉을 사람이 곧 돌아올 것이다'라고 말했다. 그 말을 듣고 보니 그 자리에 내 이름이 적힌 팻말이 붙어 있었다."라고 말하며 자신의 죽음을 예견했다는 신비로운 이야기가 전한다.

003

신필이라 불린 화가

김명국

金明國(?~?)

- 조선 중기
- 굳세고 거친 필치와 분방한 붓놀림으로 호쾌하게 그린 작품들이 대표적이다.
- 〈달마도〉, 〈나귀를 탄 사람〉, 〈설중귀려도〉, 《사시팔경도》 등

김명국은 인조와 효종 시대에 활동한 인물로, 조선 중기의 대표적인 화원이다. 우리에게 익숙한 이름은 아니지만, 그의 대표작인 〈달마도〉나 〈나귀를 탄 사람〉 등은 누구나 한 번쯤 접했을 만큼 유명하다. 굳세고 거친 필치와 분방한 붓놀림으로 호쾌하게 그린 그의 작품들은 마치 붓이 가는 대로 일필휘지로 그린 듯하여 '신품神品'이라 일컬어진다. 그는 조선 시대를 통틀어 내내 '신필神筆'이라고 불렸는데, 조선 후기 미술 평론가 남태응은 "김명국 앞에도 없고 김명국 뒤에도 없는, 오직 김명국 한 사람이 있을 따름이다."라고 평했다.

생몰년이나 생애에 관해서는 정확히 알려진 바 없으나 본관은 안산, 자

〈달마도〉, 국립중앙박물관

는 천여天汝, 호는 연담蓮潭, 취옹醉翁 등으로 알려져 있다. 의궤에 기록된 이름도 명국明國, 명국命國, 명국鳴國 등 세 가지 이름을 섞어 쓰고 있다.

도화서 화원으로 종6품 교수와 정6품 사과를 지냈으며, 1636년과 1643년 두 차례에 걸쳐 조선 화단을 대표해 조선통신사행 화원으로 일본을 방문했다. 두 번째 방문은 일본의 요청이 있었다는 것으로 보아 그의 명성이 일본에까지 미쳐 있었음을 짐작할 수 있다. 그 밖에도 1627년부터 1661년까지 약 35년간 도감都監에서 일하며 궁중 행사를 그렸다는 기록이 있다. 그는 소현세자 혼례, 원종과 황후의 입묘 행사, 효종 왕세자 혼례, 효종 장례 등을 그렸으며, 의식에 사용하는 용구를 제작했고, 1648년 저승전 준수 공사 때 단청 작업을 지휘했다.

그에 관한 동시대의 기록은 많이 남아 있지 않지만, 그의 기행과 성품, 그와 절묘하게 어우러지는 독특한 화풍으로 수많은 전설이 탄생하면서 후대에 많은 이야기가 남겨졌다. 호방한 성품에 농담을 좋아하고, 한 번에 몇 말씩 마실 정도로 술을 무척 좋아했는데, 술에 취하지 않으면 붓을 잡지 않았다고 하여 스스로 호를 '취옹醉翁'이라고 지었다. 또한 술에 미친 듯이 취하면 걸작이 탄생했으며, 그에게 그림을 청하고 싶다면 큰 술독을 지고 가면 된다는 말이 장안에 돌 정도라, 세인들은 그를 '주광酒狂'이라고 불렀다.

술에 관한 유명한 일화 중 하나는 〈지옥도〉(이 그림은 전하지 않으며, 일화로만 남아 있다)에 관한 것이다. 한 승려가 김명국에게 〈지옥도〉를 그려 달라고 큰 사례를 하며 몇 번이나 찾아갔지만 그는 술을 마시며 영감이 떠오를 때까지 기다리라고 했다. 그러기를 수차례 반복한 끝에 술에 취해 그림을 그릴 비단을 잠시 뚫어져라 바라보더니 한 붓에 지옥도를 그렸다. 생생한 색채와 선명한 필선이 진짜 지옥을 방불케 했는데, 재미있게도 그 안에서 고통받고 있는 이들은 모두 승려였다. 이에 승려가 한탄하자 술을 더 사오라고 하더니 그 술을 다 마시고 잠깐 사이에 그림을 고쳐 놓았다고 한다.

그의 신묘한 그림 솜씨에 대해 이런 일화도 전한다. 한번은 공주가 빗감에 그림을 그려 오라고 명했는데, 김명국이 바친 빗에는 아무리 봐도 그림이 없었다. 공주가 의아하게 여기자 그는 다음 날이면 저절로 알게 될 것이라 하고 물러갔다. 다음 날 공주가 빗에 붙은 이를 손톱으로 눌러 죽이려 했는데 그것은 이가 아닌 그림이었다고 한다.

김명국은 도화서 화원으로서 각종 기록화를 그렸다. 이런 그림들은 당대 높이 평가받던 사대부의 문인화와 달리 사실적이고 구체적인 표현 및 도화서의 양식화된 방식으로 제작되었으며, 비공식적인 그림들과 화풍이 매우 다르다.

조선 중기 화단은 안견풍의 그림과 중국 명나라 시대의 대진 및 그의 추종자들이 형성한 절파계 두 가지의 영향을 크게 받았다. 안견풍은 치밀하고 세심한 묘사로 궁중에서 선호한 화법이었고, 절파는 거친 필묵과 여백 활용, 율동감 등을 강조하는 화풍이었다. 절파는 후대로 갈수록 지나칠 정도로 자유분방하게 그려 '미치광이 같은 나쁜 취미'라는 의미의 '광태사학파狂態邪學派'라고 불리기까지 한다.

김명국은 도화서의 섬세하고 치밀한 묘사가 주가 되는 양식화된 작업에서도 유감없이 솜씨를 발휘했으나 기질에는 잘 맞지 않았던 듯하다. 도화서 화원으로 안견풍에도 탁월했으나 절파화풍에도 통달해 있었다. 전자의 대표적인 작품은 사계절의 경치를 두 폭씩 총 여덟 폭에 담은《사시팔경도四時八景圖》화첩이다.

《사시팔경도》와 같이 궁중에서 요구하는 양식이 아닌 그림을 그릴 때는 절파화풍의 산수인물화를 즐겨 그렸고, 당시 흔치 않던 소재인 달마나 포대화상布袋和尙 등의 선종화도 종종 그리는 등 개성 있는 작품 세계를 이룩했다. 그가 그린 자연은 준엄함과 장대함으로 보는 사람을 압도하며, 〈달마도〉와 같은 선종화들은 대상의 내면세계를 드러내며 깊은 감동을 준다. 그러나 이런 작품에서의 대담하고 간결하며 자유분방한 필치는 당대 보기 드문 파격이었던 탓에 광태로 취급된 명나라 오위와 장로의 화풍에 비견되며 높은 평가를 받지 못했다.

오히려 그의 작품들은 일본에서 크게 인기를 끌며 일본 화단에 영향을 주었다. 김명국은 1636년 조선통신사가 파견될 때 그 내용을 기록으로 남기기 위해 수행 화원의 자격으로 함께 일본으로 갔다. 그 당시 일본에서는 신선이나 달마를 그리는 선화仙畵가 유행했는데, 섬세한 필치로 그려진 일본식 선화에 비해 선이 굵고 호방한 그의 선화들은 일본인을 흥분시켰다. 당시 통신부사였던 김세렴이 쓴 사행일기《동명해사록》에 따르면 "글씨와 그림을 청하는 왜인들이 구름같이 몰려들어 괴로움을 견디지 못한 김명국은 울기까지 할 뻔했다."라고 한다. 또한 이후 동래부사를 통해 그의 그림을 사가려는 일본인도 있었다고 한다. 7년 뒤에 김명국은 다시 한 번 조선통신사의 수행 화원으로 일본으로 건너갔는데, 이때는 일본 정부에서 그와 같은 사람이 오기를 바란다고 특별히 청한 것이었다. 임진왜란 이후 조선통신사가 재개되면서 한 화원이 일본에 두 번 간 예는 김명국밖에 없다.

〈설중귀려도〉, 국립중앙박물관(중박201308-4150)

이 일은 당대 조선인에게도 큰 감명을 준 것으로 보인다. 남태응의 《청죽화사》, 이긍익의 《연려실기술》 등도 일본에서 그가 활약한 이야기들을 상세하게 전하는데, 임진왜란으로 무너진 조선의 자존심을 김명국이 그림 하나로 일으켜 세웠다고 여겼기 때문인 듯하다.

김명국은 그가 살았던 당대보다 후대로 갈수록 더욱 높은 평을 받았다. 그는 종래 화인들과 달리 인위적인 기술을 중시하거나 특정 양식을 따르며 그리기보다는 마음 가는 대로, 붓 가는 대로 자신의 예술 세계를 펼친 조선 최초의 예술가였다. 그러나 그 명성에 비해 전하는 작품 수는 적으며, 기록으로는 남아 있으나 전하지 않는 그림도 많다. 현재 전하는 대표작으로는 《사시팔경도》 화첩, 〈설중귀려도雪中歸驢圖〉, 〈심산행려도深山行旅圖〉, 〈달마도〉, 〈노엽달마蘆葉達磨〉, 〈수성노인〉, 〈수노인도壽老人圖〉 등이 있으며, 많은 선화들이 일본에 소장되어 있다.

004

우리 고유의 화풍을 개척하다

정선

鄭敾(1676. 1. 3~1759. 3. 24)

- 조선 후기
- 우리 고유의 화풍인 진경산수화를 개척하여 우리나라 회화사상 중대한 획을 그었다.
- 〈금강전도〉, 〈인왕제색도〉, 〈박연 폭포〉, 〈경교명승첩〉, 〈연강임술첩〉 등

정선은 영조와 정조 시대에 활동한 화가로, 우리나라 회화사상 가장 중대한 획을 그은 인물이다. 정선이 살았던 시대는 임진왜란과 병자호란의 전란이 수습되고, 조선 고유의 문화가 꽃피던 때였다. 각 분야에서 조선의 민족적 자존심을 회복하기 위한 시도가 있었는데, 회화에서는 조선의 미를 담기 위한 노력이 활발했고, 학문에서는 주자학에 대한 회의에서 비롯된 실사구시의 학문인 실학이 탄생했으며, 한글 시가 문학의 등장, 조선 한문학, 석봉체 등이 탄생하면서 문화적 르네상스가 도래했다.

정선은 이런 시대 배경 속에서 종래 중국풍의 관념적인 산수화를 답습하던 데서 탈피해 우리 고유의 화풍인 진경산수화를 개척했다. 진경산수화는

기사환국
숙종의 후궁인 소의 장씨(장희빈)가 낳은 아들을 원자로 책봉하려는 문제를 둘러싸고 이에 반대한 서인들이 정계에서 축출된 사건.

단순히 산천을 현실적으로 보고 그린 것이 아닌(이를 따로 실경산수화라고 구별해 부르기도 한다) 조선의 독자적인 사상과 이념, 정취를 바탕으로 조선의 산수를 재창조했다고 평가받는다.

정선은 1676년(숙종 2) 1월 3일 한성부 북부에서 정시익과 밀양 박씨 사이에서 태어났다. 본관은 광주, 자는 원백元伯, 호는 겸재謙齋, 난곡蘭谷이다. 그가 태어났을 때 아버지는 39세, 어머니는 33세였는데, 당시로서는 매우 늦은 출산이었다. 명문이었으나 증조부 대부터 은거하여 관직 생활을 하지 않아 아버지 대에는 가문이 매우 쇠락한 상태였다. 게다가 정선이 14세 때 아버지가 죽고, 그해 기사환국이 일어나면서 외가까지 타격을 받자 생활이 매우 어려워졌다.

어린 시절 안동 김씨 일문인 김창협, 김창흡, 김창업 문하에서 공부했고, 《중용》과 《대학》 등에 조예가 깊었다. 그러나 끼니를 잇지 못할 정도로 곤궁하여 화원이 되었다고 한다. 그는 양반이었기 때문에 생업에 종사할 수 없어 서른이 될 때까지 가난 속에 살았고, 서른 살 무렵 김창집의 추천으로 도화서에 들어갔다.

그는 중인 계급인 도화서 화원 사이에서 정치적 대립도, 긴밀한 교류도 하지 않고 거리를 유지하며 그림을 그리는 데 매진했다. 또한 사대부들과 교류가 잦았고, 영조의 총애를 받았으며, 김창집이 우의정에 오르면서 화원으로서 순조로운 생활을 했다.

정선의 이름이 널리 알려진 것은 1711년 금강산을 유람하고 그린 〈신묘년풍악도첩〉이다. 스승 김창협이 제자들을 데리고 떠난 금강산행에 동행한 뒤 그린 것으로, 〈금강산내총도〉, 〈단발령망금강〉, 〈장안사〉, 〈불정대〉, 〈벽하담〉, 〈백천동장〉, 〈옹천〉, 〈고성문암관일출〉, 〈해산정〉, 〈총석정〉, 〈삼일포〉, 〈시중대〉 등 산수 13면과 발문 1면으로 구성되어 있다. 비록 필법과

〈신묘년풍악도첩〉 중 〈장안사〉, 국립중앙박물관

묵법이 서툴기는 하지만, 훗날 진경산수 기법의 기초가 엿보인다는 점에서 높이 평가되는 작품이다. 이듬해 금강산에 다시 다녀온 후 그린 〈해악전신첩〉은 현재 전하지 않으나 당시 많은 사람들이 찬탄했다고 한다. 이 시기부터 여행을 통해 다양한 화법을 구사한 정선은 60대 이후 진경화법을 더욱 성숙시켰다.

〈신묘년풍악도첩〉 중 〈총석정〉, 국립중앙박물관

1721년, 정선은 경상도 하양 현감에 제수되었다. 한양에서는 신임사화가 일어나 그의 후원자들 다수가 죽임당하거나 귀양을 갔다. 최고의 후원자였던 김창집도 정쟁에 휘말려 거제로 유배되었다 사사당했고, 그 충격 때문인지 얼마 후 김창업과 정선의 스승 김창협도 세상을 떠났다. 이에 따라 정선을 후원하고 그림을 주문하는 사람 역시 줄었다. 그러나 영조가 즉위한 후 상황이 반전되어 그림 주문이 잇달았다고 한다.

신임사화
경종 즉위 후 연잉군(후의 영조)의 세제 책봉을 둘러싸고 노론과 소론이 대립한 사건. 노론이 연잉군의 대리청정을 주장하다 소론과 충역시비가 붙어 결국 불충을 빌미로 정계에서 축출당했다.

1726년, 하양 현감 임기를 마치고 한양으로 올라온 정선은 의금부 도사에 제수되었다. 그는 순화방 백악산 밑에 집을 마련하고, '인곡정사仁谷精舍' 또는 '인곡유거幽居'라고 불렀다. '정사'란 심신을 연마하고 학문을 전수하는 곳, '유거'란 마을과 멀리 떨어진 외딴 집이라는 의미이다. 말년에 인곡정사에서의 생활을 그린 〈인곡유거도仁谷幽居圖〉는 정선이 스스로의 생활을 그린 그림이라 할 수 있다. 또한 그는 기록화도 즐겨 그렸는데, 의금부 요원들의 계모임에 참석했을 때는 화공을 시키지 않고 직접 〈의금부계회도〉를 그렸으며, 이광적의 회방연에 참석했을 때는 〈회방연도〉를, 이춘제가 청나라 옹정제의 황후가 죽은 데 대한 위문 사절로 떠날 때의 전별연 모습을 〈서교전의도〉로 남겼다.

1733년, 정선은 경상도 청하 현감에 제수되었다. 한적한 시골에서 홀로 사색하며 그림을 그리던 정선은 이때 화원으로서의 원숙미가 절정에 이르러, 이듬해 생애 최고의 걸작 중 하나로 꼽히는 〈금강전도〉를 완성했다.

현재 국보 제217호로 지정된 〈금강전도〉는 우리의 산수를 실경으로 그려 낸 작품이다. 항공 촬영을 하듯 하늘에서 부감하는 시점에서 그려진 이 작품에는 금강산 1만 2천 봉우리가 장대하게 펼쳐져 있다. 오른편의 날카롭게 수직으로 뻗은 골산(骨山, 바위가 많은 산)과 왼편의 부드러운 육산(肉山, 흙과 나무가 많은 산)이 강약으로 대비되며 조화를 이루고, 필선이 거침없이 힘차게 그어져 있음에도 세부 묘사가 매우 치밀하다.

1735년, 정선은 노모가 세상을 떠나자 한양으로 올라왔다. 그사이 둘째

손자가 태어났는데, 그가 바로 진경산수화풍을 계승하여 〈노적만취도〉, 〈양주송추도〉, 〈대구달성도〉 등을 남긴 손암巽菴 정황鄭榥이다.

환갑을 넘긴 정선은 이때부터 불후의 명작들을 쏟아 내기 시작했다. 65세부터 5년간 양천 현령을 지내면서 각지를 답사하거나 순시하여 그림으로 남겼는데, 한강 줄기를 따라 유람하며 그린 《경교명승첩》과 경기도 연천의 임진강변을 그린 《연강임술첩》이 대표적이다. 또한 선비가 툇마루에 나와 화분에 핀 모란을 감상하는 자화상적인 그림 〈독서여가〉처럼 일상을 소재로 다루기도 했다. 그림 주문도 쏟아졌는데, 그의 그림 한 점은 논 몇 마지기 가격을 주어도 구하기 힘들었다고 한다.

70세가 된 정선은 임기를 마치고 인곡정사로 돌아와 오랜 벗 사천 이병연, 관아재 조영석 등과 교류하며 시와 그림을 나누는 한적한 생활을 했다. 정선은 이병연에게 초상화와 그의 서재 노촉재를 그려 선물하기도 했다.

이 시기에 만년의 걸작 〈인왕제색도〉와 〈박연 폭포〉가 탄생했다. 국보 제216호로 지정된 〈인왕제색도〉는 비 온 후 인왕산의 경치를 그린 것으로, 조선 후기 진경산수화를 대표하는 작품이다. 인왕산의 바위가 원경 가득히 배치되어 있고, 그 아래는 짙은 안개에 감싸여 있는데, 산세와 수목들은 짙고 힘차게, 안개와 능선들은 엷게 표현되어 강렬한 대비를 이룬다. 대상을 충실히 묘사하면서도 박진감을 생생하게 살려 낸 걸작이다.

정선은 〈박연 폭포〉에서 폭포수가 떨어지는 광경을 강조하기 위해 대상을 과감히 변형시키는 기법을 사용했다. 폭포의 물줄기가 힘차게 쏟아지는 모습이 화면 전체를 압도하는 가운데, 폭포수가 떨어지며 일어나는 하얀 포말을 강조하기 위해 양옆의 절벽을 짙은 먹으로 겹쳐 그려 강약을 강하게 대비시켰다. 이로 인해 폭포가 굉음을 울리는 듯한 느낌과 함께 역동성이 부여되어 있다.

80세에 이르기까지 붓을 놓지 않고, 만년이 될수록 더욱 위대한 걸작들을 쏟아 낸 겸재 정선. 그는 독창적인 필치와 치밀한 관찰을 토대로 한 사실적인 묘사, 만년이 될수록 자연과 예술에 대한 원숙한 이해를 바탕으로 한국적 회화를 창시했다고 평가된다.

정선은 1759년 3월 24일 조용히 세상을 떠났다. 세상을 떠난 이후에도 그의 명성은 계속되었고, 강희언, 김윤겸, 정황 등이 진경산수화풍을 이어받아 진경산수화가 하나의 회화 장르로 정착되었다. 50~60년 뒤에도 도성 안 집집마다 그의 그림이 걸려 있었다고 한다. 한 중국인이 조선을 방문해 직접 조선의 산천을 보고 난 후 "비로소 겸재의 그림이 신의 경지에 이르렀음을 깨달았다."라고 감탄했다는 일화도 전한다.

005

남종문인화풍을 뿌리내리다

심사정

沈師正(1707~1769)

| 조선 후기
| 중국의 화풍을 본받아 필법을 연구하여 자신만의 것으로 재탄생시켰다. 담묵과 농묵, 세필, 수묵과 담채 등 다양한 기법을 능숙하게 구사하였다.
| 〈강상야박도〉, 〈파교심매도〉, 〈촉잔도〉 등

조선 후기의 대표적인 화가로 3원園 3재齋가 꼽히는데, 3원이란 단원 김홍도, 혜원 신윤복, 오원 장승업, 3재는 겸재 정선, 관아재 조영석, 현재 심사정을 일컫는다. 18세기에 유행한 화풍은 크게 진경산수화풍과 풍속화, 남종화풍인데, 그중 진경산수화풍은 정선에 의해 확립되었으며, 풍속화는 조영석에 의해 틀이 갖추어졌고, 본래 중국화풍이던 남종문인화풍은 심사정에 의해 토착화되어 조선 화단에 뿌리내렸다.

심사정의 그림은 외래의 화풍을 모방했다는 비난도 따르지만, 그의 작품은 단순히 중국의 화풍을 답습하거나 모방한 단계를 뛰어넘어 보편적 이상의 세계, 화가의 내면세계를 표현했다고 평가된다. 문인화는 장르적 특성으로 인해 조선의 토착미를 농후하게 풍기는 진경산수화나 풍속화보다 독창성이 덜 부각되기 때문인지 오늘날 그는 다소 박한 평가를 받고 있다. 그러나 오늘날과 달리 조선 시대에는 그의 명망이 정선 못지 않았다. 세도 정치의 기틀을 마련한 조선 후기 문신 김조순은 "겸재(정선)의 그림은 말년에 더욱 공교롭고 신묘해져 현재(심사정)와 더불어 이름을 나란히 하며 세상에서는 겸현謙玄이라고 일컬으나, 그 아취雅趣는 현재에게 미치지 못한다고 한다."라고 말했다.

심사정은 1707년(숙종 33) 죽창 심정주와 하동 정씨의 둘째 아들로 태어났다. 본관은 청송靑松, 자는 이숙頤叔, 호는 현재玄齋, 묵선墨禪이다. 현재라는 호는 명나라 말 남종화풍의 대가인 동기창董其昌의 호 현재玄宰를 따른 것이다.

명문 사대부 출신으로, 인조반정의 일등공신이자 효종 대에 영의정을 지낸 심지원의 증손이며, 〈고산방학도〉를 그린 문인화가 정유승의 외손이다. 셋째 큰할아버지 심익현은 서예가로 유명했으며, 아버지와 육촌형 심사하가 문인화에 뛰어났다. 이런 집안 환경 덕분인지 심사정은 서너 살 무렵부터 스스로 사물을 그리는 법을 터득하여 재능을 떨쳤다고 하며, 10세 전후부터 본격적으로 그림을 배우기 시작했다.

그러나 양가가 당대의 명문이었음에도 그의 인생은 평탄치 않았다. 할아버지 심익창이 성천 부사로 재직할 무렵 과거시험과 관련해 부정을 저질러 유배형을 당하면서 가문은 몰락의 길을 걷기 시작했는데, 심사정이 태어난 것은 이 무렵이었다. 이후 심익창이 왕세제인 연잉군(훗날의 영조) 시해 기도 사건에 연루되었다. 이 사건은 당시 크게 비화되지 않았으나 영조 즉위 후 표면으로 드러나 심익창이 극형에 처해지면서 가문은 완전히 몰락하고 말았다. 심사정이 18세 때의 일이다. 다행히 심사정은 아버지 심정주

미점법
강남의 운연(雲煙) 어린 아름다운 자연을 묘사하기 위해 미불이 창시한 독자적인 점묘화법.

영정모사도감
선왕의 초상화에 흠이 생기거나 색이 떨어졌을 때 보수를 위해 임시로 설치한 관청.

와 함께 화를 면했으나 이후의 삶은 불우하기 그지없었다.

심사정은 어린 시절 겸재 정선에게 그림을 사사했으며, 집안이 몰락한 이후에는 그림을 팔아 생계를 이어 갔다. 26세 무렵에는 화가로서 크게 명망을 떨쳤으나 역적 가문의 자손인 그에게 드러내 놓고 그림을 주문하는 이도, 교유를 청하는 이도 없었기에 고독과 가난 속에서 살았다. 그림에 있어 당대 1인자였으나 굶주림 속에 세상을 떠났고, 몹시 가난하여 시신을 염할 수조차 없었다고 한다.

가문의 업 때문에 관직 진출도, 정상적인 교유 관계도 맺을 수 없었던 그에게 그림만이 유일하게 몰두할 수 있는 일이었다. 그는 그림 한 점 한 점에 모든 정성을 쏟아부었다. 중국 대가들의 그림을 본받아 그리면서 필법을 연마했으나 단순히 본떠 그리는 것이 아니라 필법을 연구하여 자신의 것으로 소화하고, 자신만의 시정詩情을 담아 재탄생시켰다. 조선 시대 문인화가들이 취미로 그림을 그린 것과 달리 그에게는 그림이 할 수 있는 전부였다. 조선의 화가 중 그만큼 수많은 모사를 한 화가도, 자기화하여 새로이 탄생시킨 화가도 없었다. 송나라 마원의 그림을 모작한 〈방마원산수〉에서는 마원의 북종화풍을 남종화풍으로 재해석했고, 송나라 미불의 그림을 모작한 〈방미남궁산수〉에서는 미불의 미점米點법을 묵법으로 변용했다. 이런 끊임없는 노력으로 그는 대담하고 활달한 담묵(淡墨, 엷은 먹)과 농묵(濃墨, 짙은 먹) 사용부터 세필細筆을 이용한 정교한 묘사, 수묵(水墨, 색이 엷은 먹물)과 담채(淡彩, 엷은 채색)에 이르기까지 다양한 기법을 능숙하게 구사했다.

이런 심사정에게 42세 때인 1748년(영조 24) 일생의 기회가 찾아왔다. 그 해 1월 17일 선원전璿源殿의 어진들을 보수하기 위해 영정모사도감이 설치되었고, 도화서 화원들과 그림을 잘 그리는 사대부들이 선발되었다. 그중

한 사람으로 심사정이 천거되었는데, 이는 역적 가문인 청송 심씨의 자손이 아니라 큰외할아버지인 정유승의 예例에 따른 것이었다. 보통 어진이나 의궤 제작에 참여하면 이후 관직에 제수되거나 관직을 높여주는 일이 흔했으므로, 심사정으로서는 관직 진출의 길이 열린 것이나 다름없었다. 그러나 1월 25일 역적 가문의 자손이 국가 주요 행사에 참여하는 것이 부당하다는 상소가 올라왔고, 그 길로 심사정은 파직되었다.

〈호취박토도〉, 국립중앙박물관

파직 사건이 있던 이듬해 단 하나의 의지처였던 아버지가 세상을 떠났다. 완전히 혼자 남은 그는 그림에 더욱 매진했다. 그의 작품들은 졸작이나 범작이라 할 만한 것이 거의 없었으니, 이는 한 점 한 점 구석구석까지 빈틈없이 손질하고 성실한 태도로 그림에 임했기 때문이다. 또한 다양한 기법을 익힌 것만큼 다양한 소재를 다루었는데, 무엇 하나 부

〈파교심매도〉, 국립중앙박물관

족하거나 서툰 것이 없다. 〈딱따구리〉, 〈황취박토도〉, 〈노안도〉 등과 같은 영모, 〈연지쌍압도〉 등과 같은 화조, 〈파초와 잠자리〉 등과 같은 초충도 등을 비롯해 〈갈대 탄 달마〉, 〈하마선인도〉 같은 도석인물화道釋人物畵 등 수많은 화재를 그렸는데, 무엇보다 그가 가장 노력을 기울인 것은 산수화이다. 대표적인 작품으로 꼽히는 것이 〈강상야박도江上夜泊圖〉, 〈파교심매도灞橋尋梅圖〉, 〈촉잔도蜀棧圖〉 등이다.

41세 때인 1747년 그린 〈강상야박도〉는 중년 시절의 화풍을 대표하는 작품이다. 무성하게 숲이 우거진 가운데 광활한 산세가 고즈넉하게 펼쳐진 그림으로 두보가 지은 〈춘야희우春夜喜雨〉의 한 구절인 '들길은 구름과 함께 어두운데, 강가의 배만 불이 밝구나'가 쓰여 있다. 화면 전체에 애잔함과 적막함이 물씬 배어나오는데, 이런 정서 작용은 조선의 산수화에서 찾아보기 힘든 것이다. 미불과 예찬의 화풍을 따르고 있으나, 남종화풍을 바탕으로 개성적, 독자적인 작품 세계를 이룩한 걸작으로 평가된다.

1766년에 그린 〈파교심매도〉는 화가가 만년에 들어서 이룩할 수 있는 절정의 기교와 예술성이 한데 담겨 있다. 중국 시인 맹호연의 고사에서 소재를 취한 것으로, 맹호연은 평생 유랑과 은둔 생활을 하며 자연의 한적한 정취를 읊은 인물이다. 아직 눈이 쌓인 이른 봄, 맹호연이 봄소식을 기다리며 매화를 찾아 나귀를 타고 눈 덮인 산으로 길을 떠났다는 고사를 묘사했다. '현재 필치'라고 불리는 부드러운 먹선과 은은하게 펼쳐진 담채 기법으로 화면 전체가 그윽하기 이를 데 없는 작품이다.

1768년에 그린 〈촉잔도〉는 심사정의 마지막 작품이다. 촉잔도란 산수화의 화재 중 서촉西蜀으로 가는 험난한 풍경을 다룬 것을 말한다. 8미터 18센티미터의 장폭 두루마기에 그린 대작으로, 이 한 폭 속에 심사정의 모든 필치가 담겨 있어 '심사정의 회화 이력서'라고 일컬어진다. 연달아 이어지는 기암절벽과 깊은 계곡들이 장대하고 웅장하게 펼쳐진 한편, 우수가 깃든 서정을 은은하게 뿜어낸다.

심사정은 1769년 63세를 일기로 한 많은 일생을 마쳤다. 화가로서의 명망에 비해 남겨진 기록이 거의 없다 할 만큼 불우하고 고립된 삶 속에서 묵묵히 그림을 그려 나간 불행한 일생이었다. 다음은 7촌 손자 심익운이 쓴 묘지명의 일부분을 발췌한 것이다.

> 어려서부터 늙을 때까지 50년을 근심 걱정 속에서 지내고, 낙이라고 없는 쓸쓸한 날을 보내면서도 하루도 붓을 쥐지 않은 날이 없었다. 몸이 불편하여 보기 딱한 때에도 그림물감을 다루면서 궁핍하고 천대받은 쓰라림이나 모욕을 받는 부끄러움도 염두에 두지 않았다. …… 거사(심사정)가 그림에 임한 바는 죽을 때까지 힘을 다하여 대성한 것이라고 할 수 있다.

006

서민 생활을 독창적으로 담아낸 천재

김홍도

金弘道(1745~1806?)

- 조선 후기
- 산수화, 신선도, 화조화, 불화 등 여러 분야에서 독창적인 작품 세계를 펼쳤으며, 서민의 생활상을 향토적인 정취로 담아냈다.
- 〈무동〉, 〈씨름〉, 〈서당〉, 〈금강산도 8첩병풍〉 등

김홍도는 신윤복, 김득신과 함께 조선의 3대 풍속화가로 꼽히며, 서민들의 생활상을 익살과 해학, 풍자를 섞어 향토적인 정취로 담아낸 화가이다. 우리에게 〈무동〉, 〈씨름〉, 〈서당〉 등의 풍속화로 잘 알려져 있지만, 그 밖에도 산수화, 신선도, 화조화, 불화 등 모든 분야에서 독창적인 작품 세계를 구축했으며, 도화서 화원으로서 영조, 정조의 어진과 다양한 의궤를 그렸다.

그가 활동하던 시기는 영조와 정조의 문예 부흥기로, 임진왜란과 병자호란의 전란을 겪은 후 사회가 재건되고, 정치적 안정을 누리며 문화적으로 크게 발전한 시기였다. 실학의 등장, 한글소설의 발전 등 사상과 문학 부문에서 탁월한 성취가 이루어졌으며, 회화에서는 김홍도를 비롯해 신윤복,

〈무동〉, 국립중앙박물관(중박201308-4150)

김득신, 신위, 정선 등 수많은 화인들이 새로운 시도를 하며 조선 회화를 한 단계 발전시켰다.

〈서당〉, 국립중앙박물관

김홍도는 1745년생으로, 본관은 김해, 자는 사능士能, 호는 단원檀園이다. 그의 집안은 중인 계층으로, 증조부 대까지 하급 무반을 지냈으나 조부와 아버지 대에는 벼슬을 하지 못했다. 단원이라는 호는 명나라의 문인화가 단원檀園 이유방李琉芳의 호에서 따온 것이다.

김홍도는 7~8세 무렵 강세황의 집에 드나들며 그림을 배웠다. 어린 시절부터 못 그리는 그림이 없었다고 하는데 스승인 강세황은 이렇게 극찬했다.

"옛 사람과 비교할지라도 그와 대항할 사람이 거의 없을 것이며, 특히 인물과 풍속에 뛰어난데, 옛적에는 이런 솜씨가 없었다. 그림 그리는 사람은 대체로 천과 종이에 그려진 것을 보고 배우고 익혀 공력을 쌓아야 비로소 비슷하게 할 수 있는데, 그는 독창적으로 스스로 알아내어 교묘하게 자연의 조화를 빼앗을 수 있는 데까지 이르렀다."

김홍도는 10대 후반, 늦어도 20세 정도에 도화서 화원이 된 듯하다. 강세황의 천거가 있었다고도 하고, 화원 가문이었던 외조부의 연줄이 작용했다고도 한다. 중인 신분인 화원은 신분제 사회에서 천대받는 지위였으나, 도화서는 대대로 화원 집안이거나 유사한 연줄이 없으면 들어갈 수 없던 지극히 폐쇄적인 사회였다. 그는 활동 초기부터 뛰어난 재능으로 이름을 날려 21세 때 이미 궁궐의 중요한 회사繪事를 맡았으며, 29세 때는 영조의 어진을 비롯해 훗날 정조로 등극하는 세손의 초상화를 그리는 데 참여했다.

한편 김홍도는 길거리, 나루터, 가게, 시장, 시험장, 연회장 등을 쏘다니며 사람들이 사는 모습을 그리길 좋아했다고 한다. 그가 붓을 들으면 보이는 것들이 그대로 화폭에 옮겨지니, 그 솜씨가 신묘하여 사람들이 늘 그의 주위를 둘러싸고 손뼉을 치며 신기하다고 외쳤다는 일화도 있다.

당시 도화서 화원들은 공식적인 업무 외에도 사적인 주문에 응해 그림을 그리기도 했는데, 유명한 화원들의 집 앞은 늘 그림을 구하러 온 자들로 북적였다고 한다. 김홍도는 일찍부터 당대 유명 화원들이 모두 그의 발아래 있다고 할 정도로 명성을 떨쳤다고 한다. 때문에 집 문간은 그의 그림을 얻고자 하는 사대부들로 늘 문전성시였고, 비단이 더미를 이루었다고 한다.

김홍도는 영조 시대에 이미 화가로서 실력을 인정받았으며, 그를 특별히 아끼던 정조가 집권한 이후부터는 도화서 내부의 경쟁과 업무에서 벗어나 창조적인 작업에 매진할 수 있었다. 정조는 "김홍도는 그림에 솜씨 있는 자로서 그 이름을 안 지가 오래다. 30년쯤 전에 나의 초상을 그렸는데, 이로부터 무릇 그림에 관한 일은 모두 홍도를 시켜 주관하게 하였다."라고 말할 정도로 그를 총애했다.

1784년, 김홍도는 안기역에 찰방으로 부임하여 약 2년을 보냈다. 이 시기에 그는 지방의 풍물과 산수를 접하고, 지방 수령들과 함께 안동 청량산을 유람하며 시, 서, 화를 나누는 등 정기적으로 지방 사대부들과 풍류 모임을 가졌다. 이런 경험들은 그의 작품을 원숙하게 만들고, 문인화적 정취를 작품에 담는 새로운 시도에 밑거름이 되었다. 김홍도는 임기가 끝나자 도화서로 복귀했다. 때로 규장각에 들어가 그림을 그리는 등 여전히 정조의 총

〈씨름〉, 국립중앙박물관

애를 받았으며, 이한진, 서상수, 이광섭, 이덕무 등의 사대부들과 꾸준히 교유하며 그림을 나누었다.

1778년, 김홍도는 정조의 어명으로 화원 김응환과 함께 금강산과 관동팔경을 유람하며 그림을 그렸다. 두 사람은 각각 100여 폭의 사생을 했으며, 여행에서 돌아온 후 이를 토대로 〈금강산도〉를 그려 정조에게 바쳤다. 이 때 올린 비단 두루마리는 수십 폭에 달한다고 전하나 현재 〈금강산도 8첩 병풍〉 정도만이 남아 있다.

정조는 김홍도에게 잇따라 대업을 맡겼다. 그중에는 김응환과 함께 일본 지도를 그려 오는 일도 있었다. 두 사람은 함께 길을 나섰으나 도중에 김응환이 병사하여 김홍도는 혼자 대마도에 가서 지도를 그리고 돌아왔다. 그 해 말에는 동지사를 수행하여 중국에 다녀왔다.

약 3년간 바쁘게 돌아다닌 김홍도는 몸과 마음이 지쳐 중국에서 돌아오자마자 몸져누웠지만 다시 큰일을 맡았다. 용주사의 불화 조성을 감독하는 것이었다. 용주사는 정조가 부친 사도세자의 묘를 화산(수원)으로 옮기고 나서 부친의 명복을 빌기 위해 세운 절이다. 용주사 불화를 끝내자마자 김홍도는 다시 정조의 어진을 그리는 어용화사로 등용되었다.

1791년, 김홍도는 어진을 그린 공으로 연풍 현감에 임명되었다. 김홍도는 연풍에 부임하자마자 심한 가뭄에 대한 대책을 마련하기 바빴다. 기우제를 지내고 관아의 곡식을 풀어 기근으로 굶주린 백성을 살리기 위해 애썼으나 가뭄은 3년이나 계속되었다. 그는 민생을 살피기 위해 노력한 한편, 지방 사대부들과 교유하며 서화를 즐기곤 했다. 이 때문인지 그는 백성을 보살피지 않고 중매나 일삼으며 하급 관원들을 시켜 군정을 징발하고 사냥이나 하러 다닌다며 탄핵을 받았다. 이 내용이 사실인지는 명확하지 않으나 이로 인해 김홍도는 해임되어 한양으로 압송될 위기에 처했다. 다행히 압송 직전 정조의 사면으로 무사할 수 있었고, 한양으로 올라온 후에도 화원으로 활발하게 활동했다. 도화서로 돌아와 〈원행을묘정리의궤〉 작업을 주관했으며, 한편으로 사대부들의 주문으로 〈을묘년화첩〉, 〈풍속도 8첩병풍〉, 〈서직수 초상〉 등을 그렸다.

1800년, 김홍도의 재능을 아끼던 정조가 급작스럽게 승하하면서 정조가 아끼던 인물들이 대거 정계에서 밀려나거나 죽임당했다. 김홍도 역시 순조 즉위 이후 역할이 점점 줄어들었다. 그 자신이 이런 세태에 실망한 것은 말할 나위가 없었다. 당시 그린 그림에 적힌 '시비는 고기 낚는 데 미치지 않고, 영욕은 항상 벼슬아치를 따르네'라는 화제에는 이런 마음이 표현되었다고 할 수 있다. 게다가 병과 경제적 궁핍 역시 그를 괴롭혔다. 그는 영조, 정조 시대에 최고의 화원으로 우러름을 받았으나, 순조 대에 이르러 다시 도화서 일을 두고 신진 화원들과 경쟁하는 신세가 되었고, 그를 찾는 사람도 뜸해졌다. 병고에 시달리던 김홍도는 1806년 이후 어느 시기에 죽었다고 여겨진다.

007

조선 풍속화의 지평을 넓히다

신윤복

申潤福(1758~?)

| 조선 후기
| 김홍도와 함께 풍속화의 양대 산맥으로 일컬어지며, 서구 근대 회화의 특성을 구현한 한국 최초의 화가이다.
| 〈춘야밀회〉, 〈단오풍정〉, 〈미인도〉, 〈전모를 쓴 여인〉 등

신윤복은 조선 후기 풍속화가로, 단원 김홍도와 함께 풍속화의 양대 산맥으로 일컬어진다. 김홍도가 서민의 생활상을 소탈하고 익살이 깃든 향토적인 풍취로 그려 냈다면, 신윤복은 양반의 생활 모습, 그중에서도 풍류 생활과 남녀 간의 연애를 세련되고 도회적인 필치로 그려 냈다. 빨강, 파랑, 노랑의 또렷한 원색 사용, 가늘고 유려한 선과 세밀한 묘사, 대담한 화면 구성은 조선 시대 풍속화의 지평을 넓혔다고 평가받는다.

신윤복이 조선 시대 미술에 끼친 영향이나 남긴 작품들에 비해 생애에 관해서는 알려진 바가 거의 없는데, 오세창의 《근역서화징》에 나타난 기록이 그에 대한 유일한 기록이라 해도 과언이 아니다.

신윤복은 자는 입부笠父, 호는 혜원蕙園이며, 본관은 고령으로 알려져 있다. 윤복이라는 이름 외에 가권可權이라고도 불렀다. 1758년 신한평과 홍천 피씨 사이에서 2남 1녀 중 장남으로 태어나 정조와 순조 시대에 화원으로 활동한 것으로 추측된다. 부친 신한평은 정조 시대 도화서 화원으로 첨사를 지냈으며, 영조, 정조, 순조 시기를 거쳐 세 차례 어진을 그리는 데 참여하고 의궤 제작에도 참여하는 등 당대 명망 높은 화원 중 한 사람이었다.

신윤복의 집안은 숙부와 종조부, 남동생과 여동생이 모두 화원 집안과 사돈을 맺는 등 유망한 화원 가문이었다. 조선 후기에 화원의 위상이 높아지자 대대로 화원을 배출하며 화원 가문을 이어나가는 경우도 드물지 않았다. 신윤복 역시 어린 시절 아버지에게 그림을 배우고, 정조 때 도화서 화원으로 들어간 것으로 보인다. 신한평은 인물, 산수, 화조, 풍속화에 능했으며 세밀하고 장식적인 그림을 잘 그렸다. 섬세하고 세련된 필치를 자랑하는 신윤복의 화법은 신한평의 그림에서 보이는 화법과 유사한 것이 많다.

신윤복은 중도에 도화서에서 쫓겨났다고 하는데, 사적으로 춘화 같은 속된 그림을 그렸기 때문이라고 한다. 폐쇄적인 사회였던 조선 시대에 도화서 화원이 성적인 주제를 그리는 것이 발각되었다면 그 논란이 어느 정도였을지 상상하기 어렵지 않다.

신윤복이 활동하던 당시는 18세기 말에서 19세기 초로, 중인 계층 및 서민 지주들이 성장해 부를 쌓고, 경제적인 이유로 몰락하는 양반들이 등장하면서 조선의 계급 및 지배 이념이 흔들리던 시기였다. 이런 풍속의 변화로 중인 및 서민 계층의 문화가 발달하면서 판소리, 소설, 시조 등에서 성적 표현이 잦아지고, 기방이 늘어나면서 성문화가 이전에 비해 방만해졌다. 또한 사대부와 달리 새로운 취향을 지닌 중인 계층의 후원으로 풍속화가 발달했다. 신윤복은 바로 이런 시대의 한가운데 있었다. 그는 제도권에

〈거문고 줄 고르는 여인〉, 국립중앙박물관(중박201308-4150)

서 쫓겨남으로써 자신이 흥미를 느끼던 주제에 더욱 몰입할 수 있었다.

신윤복은 원색의 영롱하고 선명한 색감, 매끈하고 간결한 필선으로 이루어진 세련되고 섬세한 표현 속에 낭만적인 풍취와 재기발랄한 해학을 담아냈다. 특히 〈주유청강〉, 〈쌍검대무〉, 〈청금상련〉, 〈연소답청〉, 〈상춘야흥〉과 같은 양반과 기녀 간에 벌어지는 풍류나 〈월하정인〉, 〈월야밀회〉, 〈춘

야밀회〉, 〈춘색만원〉, 〈소년전홍〉과 같은 남녀상열지사를 다룬 작품들에 능했다. 그는 이런 작품들에서 과감한 성애 표현, 양반 귀족의 위선이나 불륜 등을 대담하게 보여 줌으로써 조선 시대 은폐되어 있던 인간의 욕구를 표현했다.

〈전모를 쓴 여인〉, 국립중앙박물관

그뿐만 아니라 조선 시대 여인들의 풍속을 그린 〈단오풍정〉, 무당이 굿하는 장면을 그린 〈무녀신무〉, 주막 풍경을 그린 〈주사거배〉 등 민간의 풍속을 그린 작품도 많다. 이런 작품들에서도 이성에 대한 인간의 관심을 표현한 신윤복의 재기는 어김없이 드러난다. 예컨대 〈단오풍정〉에서는 여인들의 목욕하는 모습을 바위 뒤에서 승려들이 엿보고 있으며, 〈무녀신무〉에서도 무당이 굿을 하고 여인들이 진지하게 치성을 드리는 모습을 담 너머에서 사내가 흘깃거리고, 여인 하나가 사내와 눈을 맞추고 있다.

신윤복은 그때까지 문화적, 사회적인 관심에서 거리가 먼 여인들과 하위 계층이었던 기녀를 그림의 주인공으로 삼았다. 윤두서 이후 조선 시대에 여인들을 화면에 등장시킨 일이 종종 있었지만, 대개 일하는 여성의 일상이나 18세기 후반 서민 생활을 표현할 때 그 일부로 등장하곤 했다. 그러나 신윤복은 과부, 기녀, 비구니, 의녀와 같은 소외 계층 여인들을 주제로 삼았으며, 〈전모를 쓴 여인〉, 〈미인도〉 등에서는 기녀나 여인을 아예 주인공으로 삼았다.

신윤복 작품의 가장 큰 특징 중 하나는 여성 표현에 있다. 춘화도가 아니더라도 그의 작품에 등장하는 여성들은 조선 시대 에로티시즘 표현의 정점에 달해 있다. 여인들의 풍속을 그린 〈단오풍정〉 같은 작품에서 그가 묘사한 여인들은 성적인 매력이 넘친다. 갸름한 얼굴과 초승달같이 가는 눈썹, 가늘게 치켜 올라간 눈, 앵두 같은 입술, 희고 통통한 손과 희디흰 살결 등 신윤복은 여인의 아름다움을 부각시키는 데 재능이 있었다. 특히 그의 〈미인도〉는 조선 여인의 아름다움을 대표하는 걸작으로 꼽힌다.

김홍도와 신윤복은 중국 화풍을 방작(倣作, 옛 대가의 그림을 본떠 그리는 것)하던 화풍에서 탈피해 독창적인 필치와 묘사 방식으로 조선의 현실과 생활을 그려 내어 조선 화단에서 독보적인 위치를 점하고 있다. 특히 신윤복은 주제는 물론, 조선의 그림에서 보기 힘든 다양한 색 표현을 비롯해 정지된 화면 속에 이야기를 담고, 등장인물의 심리 묘사를 생생히 드러내는 장면 구성을 취함으로써 서구 근대 회화가 가진 특성(독자적인 미학과 현실 중심의 리얼리즘)을 구현한 한국 최초의 화가이다.

그러나 김홍도, 신윤복 등이 마련한 독창적이고 창조적인 한국적 화풍은 19세기 중엽 이후 조선 화단에서 풍속화가 맥을 잃고 문인화적 전통화풍 일변도로 흘러가면서 침체 국면에 빠지고 말았다.

008

실학 정신을 예술로 승화시킨 대가

김정희

金正喜(1786. 6. 3~1856. 10. 10)

I 조선 후기
I 문화, 예술, 사상계 전반에 걸쳐 새로운 지평을 열었다. 필치가 호방하고 문기가 배어 있는 문인화의 특성을 잘 보여 준다.
I 〈세한도〉, 〈모질도〉, 〈부작란도〉, 〈추란도〉, 〈불이선란도〉, 《실사구시설》 등

우리나라 역사상 예명藝名을 남긴 이는 많지만 추사 김정희만큼 입에 많이 오르내리는 이는 드물다. 그는 19세기를 대표하는 실학자이자 예술가로, 금석학과 경학, 시, 서, 화, 한묵(翰墨, 문한과 필묵이라는 뜻으로, 글을 짓거나 쓰는 것), 역사 등 문화, 예술, 사상계 전반에 걸쳐 새로운 지평을 연 인물이다. 추사에 대해서는 대부분 서예가 혹은 화가로서의 예술적 측면에서 많이 조명되는데, 이는 생전에 '평소 저술한 것을 스스로 나타내고 싶지 않아 문자를 남겨두고 싶지 않다'라고 생각하여, 체계적인 논고가 존재하지 않기 때문이다. 그러나 그의 예술 역시 실사구시의 학문관을 토대로 진리를 추구하여 민족문화의 정체성 확립에 힘을 기울인 결과물이라고 할 수 있다. 또한 그

가 금석학, 경학 등에서 세운 업적은 조선의 역사학을 비롯해 사상계 전반에 큰 영향을 끼쳤다.

김정희는 1786년(정조 10) 6월 3일 충청도 예산에서 이조판서 김노경과 기계 유씨의 맏아들로 태어났으며, 아들이 없던 큰아버지 김노영에게 입적되었다. 영조의 계비 정순왕후의 11촌 조카이자 영조가 애정을 쏟은 화순옹주와 김한신의 증손자로, 훗날 문과에 급제했을 때 조정에서 축하를 보낼 정도로 집안의 권세가 컸다. 본관은 경주이며, 자는 원춘元春, 호는 추사秋史, 완당阮堂, 예당禮堂, 시암詩庵, 노과老果 등이다.

그는 탄생부터 범상치 않았는데, 24개월 만에 태어났다고도 하며 태어나던 날 말라붙어 있던 뒤뜰의 우물이 다시 샘솟고 시들어 있던 뒷산의 초목이 생기를 되찾았다는 일화가 전한다. 어린 시절부터 글씨를 잘 썼는데, 이에 관해서도 재미있는 일화가 있다. 6세 때 그가 쓴 입춘첩을 집 대문에 붙여 놓았더니 지나가던 실학자 박제가가 보고 집 문을 두드려 글쓴이가 누구인지 물었다. 어린 김정희가 쓴 것을 안 박제가는 그가 후일 학문과 예술로 세상에 이름을 떨치게 될 것이라고 말하며 감탄했다. 이듬해에도 재상 채제공이 지나가다 대문에 써 붙인 입춘첩을 보고 누가 쓴 것이냐고 물었다. 어린 김정희가 쓴 것을 알고 채제공은 "이 아이는 장차 명필로 이름을 떨칠 거요. 그러나 서書와 기技에 능하면 운명이 기구할 테니 글씨를 금하고 글공부를 잘 시키시오."라고 우려 섞인 감탄사를 던지고 갔다고 한다.

어린 시절에는 주로 서울 통의동에 있는 월성위의 궁에서 증조할아버지가 모아둔 책을 읽으며 학문을 닦았다. 얼마 지나지 않아 실학자 박제가 아래에서 학문을 배우며 개방적, 합리적 사고에 눈을 떴고, 새로운 시대의 학문을 폭넓게 받아들였다.

그의 생애에 가장 큰 영향을 미친 일은 1809년 24세 때 친아버지 김노경

〈묵소거사자찬〉, 국립중앙박물관 추사 김정희의 대표적인 작품으로 '묵소거사'라는 호를 바탕으로 지은 상징적인 어구이다. '침묵을 지켜야 할 때는 그때에 맞게, 웃어야 할 때는 웃어야 할 때에 맞게'라는 구절을 시작으로 삶의 깨달음을 풀어놓았다.

이 동지 겸 사은부사로 임명되어 연경에 갈 때 자제 군관의 자격으로 수행한 일이다. 중국에서 그는 옹방강, 완원 같은 청나라 명사들을 만나 교류했다. 이들은 모두 당대를 풍미한 경학자經學子로, 고전의 원류를 연구하는 금석학과 고증학의 대가들이었다. 완당이라는 호는 완원이 그에게 선사한 것이다.

그는 옹방강의 서체를 배우면서 조맹부, 소동파, 안진경 등의 서체를 배우고 익혔으며, 이를 바탕으로 독자적으로 서체를 연구한 끝에 만년에 추사체를 개발하기에 이르렀다. 또한 청나라에서 귀국한 후에도 옹방강과 서신을 주고받으며 경학에 대해 논하며 자신의 견해를 발전시켰다. 그는 금석학에도 조예가 깊었는데, 31세 때는 우연히 승가사에 갔다가 진흥왕 순수비를 발견하는 업적을 쌓았다. 또한 《실사구시설》 같은 저술을 통해 실학에 대한 학문적 견해를 피력하기도 하는 등 조선의 신학문 발달에 크게 기여했다.

김정희는 34세 때 문과에 급제한 후 세자시강원, 예문관검열, 성균관 대사성, 병조참판, 형조참판 등을 거치는 등 출세 가도를 달렸다. 특히 효명세자가 대리청정하던 시절 아버지 김노경과 함께 세자의 측근으로 활동할 만큼 승승장구했다.

그러나 1840년에 제주도로 유배되면서 그의 인생에 암운이 끼기 시작했다. 1830년, 김노경이 윤상도의 옥사를 배후 조종했다는 혐의로 고금도에 유배되었다가 순조의 배려로 풀려나 복직한 일이 있었는데,

추사의 글씨를 집자한 다산초당 현판

헌종 즉위 후 10년이나 지나 다시 이 일이 불거진 것이다.

9년 만에 유배에서 풀려나 용산 한강변에 집을 마련하고 살았으나 1851년 다시 함경도 북청으로 유배길에 올랐다. 친구인 영의정 권돈인이 철종의 증조인 경의군을 진종으로 추존하고 위패를 영녕전으로 옮길 때 헌종을 먼저 모시도록 주장해 파직된 일에 연루된 것이다. 1년 후 유배에서 풀려났으나 안동 김씨가 정권을 쥐고 있던 때라 정계에 복귀하지 못했고, 만년에는 아버지의 묘가 있는 경기도 과천에서 후학을 지도하고 글씨와 그림을 그리며 지냈다.

그의 글씨 추사체는 실학 정신에 청나라의 선진 문물을 결합한 것으로, 정치적 풍랑과 오랜 유배 생활의 심회가 더해져 완성된 것이다. 추사체는 필획의 굵기 차이가 심하고, 각이 지고 비틀린 듯한 파격적인 형태가 특징이다. 자못 서툴러 보이지만, 강인하고 힘찬데다 맑고 고아하며, 정해진 법식에 구애되지 않은 조선의 독창적인 필법이라고 평가된다.

또한 김정희는 시, 서, 화를 모두 하나로 보았고, 이를 하나의 예술로 통합하여 취급했다. 대표적 회화 작품인 국보 제180호 〈세한도〉와 〈모질도〉, 〈부작란도〉, 〈추란도〉, 〈불이선란도〉 등은 필치가 호방하고 문기가 빼어

난 작품으로 문인화의 특징을 잘 보여 준다.

그는 많은 그림을 남기지는 않았으나 난을 치는 데 특히 뛰어났다고 한다. 난은 문인화의 정수라고 할 수 있는데, 그는 난화에 특별한 의미를 부여했다. 이를 '문자향 서권기(가슴속에 만 권의 책이 있어야 그것이 흘러넘쳐 그림과 글씨가 된다)'라는 말로 표현했다.

"그림에 능하다 하더라도 모두 난에 능한 것은 아니다. 난은 서도書道에 있어 특별히 한 격을 갖추고 있어서 가슴속에 문자향과 서권기가 있은 연후에만 가능하다."

그의 대표작 〈세한도〉는 제주에 유배된 지 5년째 되었을 때 그린 것으로, 문인화의 최고봉으로 손꼽힌다. 그는 제주 유배라는 감당하기 힘든 고통의 세월을 학문과 서화로 승화시켰다. 겨울날 눈이 내린 뒤, 조그만 창문 하나가 딸린 외로운 집 한 채와 고목 네 그루가 화면 한켠을 차지하고 있다. 배경은 여백으로 비워 두었고, 화면 오른쪽 위에 예서체로 '세한도'라는 화제를 썼는데, 엄격하고 치밀한 공간 배치로 화면 전체에 안정감을 부여했다. 그러나 이 작품은 구도나 세밀한 묘사보다 강인하고 반듯한 추사체와 그림의 조화에서 나오는 문기文氣와 고졸한 미가 생명이다.

그가 남긴 작품들은 단순히 일세를 풍미한 서예 기법이나 회화 작품이라기보다 조선 후기의 실학 정신을 담은 사상과 예술의 통합이라 할 수 있다.

김정희는 1856년 10월 10일 71세의 일기로 생을 마쳤으며, 그가 죽은 이듬해 철종의 명으로 부친의 명예가 회복되었다.

009

그림에 취한 신선

장승업

張承業(1843~1897)

- 조선 말기
- 특정한 유파나 기법, 화풍에 얽매이지 않고 다양한 소재를 다양한 방식으로 그렸다.
- 〈기명절지도〉, 〈풍림산수도〉, 〈산수도〉, 〈팔준도〉, 〈매화도〉 등

장승업은 안견, 김홍도, 정선과 함께 조선의 4대 화가로 꼽히는 인물로, 19세기 말 한국 근현대 회화에 큰 영향을 미쳤다.

장승업은 조선의 마지막 천재 화가, 그림에 취한 신선 등으로 불린다. 그의 생에 대해서는 "평생에 붓 자루도 쥘 줄 몰랐는데 하루는 문득 붓을 잡고 손이 내키는 대로 붓을 휘두르고 먹물을 뿌려 대나무, 매화, 난초, 바위, 산수, 영모 등을 그리니 모두 자연스레 하늘이 이루어 놓은 듯하여 신운神韻이 감돌았다."라는 전설 같은 일화가 수없이 전해진다.

장승업은 1843년생으로, 정확한 생몰 연도나 출생지, 출신에 대해 알려진 바가 없으며, 조선 시대 중인 및 하층민들의 전기를 모은 장지연의《일

〈백물도권〉, 국립중앙박물관 장승업이 그린 기명절지화 중 가장 잘 알려진 작품으로 청동기, 주전자, 연적, 난초, 화분, 무, 인삼, 밤, 조개, 게 등을 생동감 있게 표현했다.

사유사逸士遺事》에 실린 기록이 거의 유일하다. 자는 경유景猷, 호는 오원吾園, 취명거사醉瞑居士, 문수산인文峀山人 등이다. 오원이란 호는 단원 김홍도와 혜원 신윤복을 의식하여 "그렇다면 나도 원園이다."라며 지었다고 한다.

장승업은 일찍이 부모를 여의고 일가친척 집을 전전했다. 아주 어린 시절부터 고향을 떠나 떠돌이 생활을 하면서 머슴살이와 날품팔이 등을 했다고 한다. 몇 살 때인지는 알 수 없으나 떠돌던 끝에 서울에 올라온 장승업은 동지중추부사를 지낸 이응헌의 집에서 머슴살이를 했다. 이응헌은 역관 출신으로 고서화와 금석문에 조예가 깊은 인물이었다. 장승업은 글을 몰랐으며, 그림을 정식으로 배운 적도 없다고 한다(글을 몰랐기 때문에 작품의 화제는 다른 사람이 써 주곤 했다). 어느 날 장승업이 그린 그림을 보고 주인인 이응헌이 천부적인 재능을 알아보았고, 이후 그림을 그릴 수 있도록 후원하면서 화가로서의 인생이 시작되었다고 전한다.

장승업은 이름난 중국 고서들을 모방하며 홀로 그림을 익힌 것으로 보인다. 다만 초기의 작풍이 혜산 유숙과 유사한 점이 많고, 이응헌과 유숙의 친분으로 미루어 이응헌의 주선으로 유숙에게 그림을 배웠다는 설도 있다.

그림을 그리기 시작하고 얼마 지나지 않아 장승업은 신묘한 솜씨로 이름을 날렸다. 그는 어떤 그림이든 한 번만 보면 모두 기억했고, 몇 년이 지난 후에 재현해도 털끝 하나 다르지 않게 그리는 재주가 있었다고 한다. 또한 산수, 영모, 인물, 기명, 절지 등 모든 그림에 능했고, 붓을 들어 한 번에 거침없이 그리는 것으로 유명했다. 곧 그림을 좋아한다는 이들이 모두 그를 찾았고, 그는 이응헌을 비롯해 당대 고서화를 좋아하던 중인들의 후원을 받았다. 장승업은 이 과정에서 이름난 고서화들을 비롯해 당시 유입된 서양화를 접할 수 있었다.

장승업은 화인으로서 이름을 날렸음에도 부를 쌓거나 안락한 생활과 거리가 먼 삶을 살았다. 호방한 기질과 자유로운 성정 때문이었다. 그는 술을 목숨처럼 좋아하여 만취할 때까지 마셨는데, 그림값으로 받은 돈을 모두 술값으로 썼다. 또한 마음 가는 대로 그림을 그렸을 뿐 세속적 명예에 집착하지 않았다. 그림값에도 신경을 쓰지 않아 술상을 차려 놓고 그림을 그려 달라고 하면 당장 옷을 벗고 책상다리로 앉아 그림을 그려 주었고, 돈이 떨어지면 화명畵名이 무색하게 야주개(종로)의 지전紙廛에서 싸구려 그림을 그려 팔기도 했다.

장승업의 기행은 여기에서 그치지 않았다. 조선 미술계의 총아가 된 장승업의 이름은 고종의 귀에도 들어갔고, 그는 입궐하여 그림을 그리라는 명을 받았다. 고종은 천민인 장승업을 대령화원待令畵員으로 불러들이고, 정6품 감찰직에 제수하는 등 파격적인 인사 조치를 단행했다. 그리고 궁궐 한쪽을 내주고 그림을 그리게 했다. 그런데 술을 너무 좋아하여 만취 상태로 그림을 못 그리는 일이 허다하다는 소문이 들리자, 고종은 궁녀들에게 술을 주지 않도록 당부했다고 한다. 그럼에도 장승업은 열흘 만에 답답함을 참지 못하고 문지기에게 그림 도구를 구하러 간다고 거짓말을 하고 한밤중에 궁궐을 탈출했다. 다시 잡혀 왔으나 이후로도 세 번이나 궁을 탈출해 고종의 진노를 샀다. 큰 죄를 받을 지경에 처했으나 민영환이 자신이 장승업과 친하니 자신의 집에서 그림을 그리게 해 달라고 간청하여 가까스로 곤경에서 벗어날 수 있었다.

민영환을 비롯해 한성부 판윤 변원규, 흥선대원군 이하응, 오세창, 오경연 같은 당대 쟁쟁한 인물들이 모두 그를 후원했으나 장승업은 이에 전혀 신경 쓰지 않았다. 민영환이 목숨을 구원해 주었음에도 곧 그의 집에서도 탈출하여 저자를 돌아다니며 술을 마시고 그림을 그렸다. 또한 여자를 좋아해서 미인이 옆에 앉아 술을 따라 주면 최고의 그림이 나왔다고도 한다. 그럼에도 속박을 싫어하여 40세가 넘은 나이에 장가를 들었으나 하룻밤 만에 집에서 도망쳤다는 일화도 있다.

평생을 후원자들의 사랑방과 술집을 전전하며 술에 취하고 그림에 취한 일생을 보낸 그는 1897년에 53세의 나이로 생을 마쳤다. 한편으로는 "사람의 생사生死란 뜬구름과 같으니 경치 좋은 곳을 찾아 숨어 버리는 게 좋을 것"이라는 말을 남기고 행방불명되었다고도 하며, 어느 마을 논두렁을 베고 죽었다는 말도 전한다.

장승업은 타고난 기질처럼 특정한 유파나 기법, 화풍에 얽매이지 않고 다양한 소재의 그림을 다양한 방식으로 그렸다. 때로는 선의 아름다움을 극대화한 백묘법을, 때로는 정묘한 공필 채색화법을, 때로는 호방한 필묵의 감필법減筆法을, 때로는 먹의 농담을 극대화한 파묵법破墨法을 사용했다. 일생 수없이 그림을 그려서인지 전하는 그림도 많다. 현재 우리나라에 500여 점, 북한의 조선미술박물관에 100여 점에 이르는 작품이 남아 있다.

〈기명절지도〉, 선문대학교 박물관

사후에는 제자인 소림 조석진과 심전 안중식에 의해 그 화법이 전해져 근현대 한국 동양화의 발판을 구축하는 데 크게 기여했다. 두 사람은 1911년 왕실의 후원으로 설립된 서화미술원과 1919년 민족미술가들이 설립한 서화협회를 통해 많은 후진을 양성했다. 이곳에서 배출된 조선의 마지막 궁중화가 이당 김은호, 근대 초의 동양화가인 정재 오일영과 묵로 이용우 등 수많은 화가들이 장승업의 영향을 받았다.

장승업의 작품에는 〈기명절지도〉, 〈풍림산수도楓林山水圖〉, 〈산수영모절지병풍山水翎毛折枝屛風〉, 〈산수도山水圖〉, 〈팔준도八駿圖〉,〈매화도梅花圖〉, 〈교변람폭도橋邊攬瀑圖〉, 〈수기화상포대도睡起和尙布袋圖〉, 〈호산어은도胡山漁隱圖〉, 〈수상서금도樹上棲禽圖〉, 〈화조수도花鳥獸圖〉, 〈노안도〉 등이 있다.

010

한국 서양화 발전에 초석을 닦다

고희동

高羲東(1886. 3. 11~1965. 10. 22)

- 한국
- 한국 서양화 발전에 초석을 닦았으며, 구한말과 한국 근대 회화를 잇는 화가로 평가받는다.
- 〈부채를 든 자화상〉, 〈금강산진주담폭포〉, 〈양류관음도〉, 〈청계표백도〉, 〈자매〉 등

고희동은 한국 최초의 서양화가로, 구한말과 한국 근대 회화를 잇는 화가이다. 한국 근대 미술사를 이야기할 때 제일 첫머리에 이야기되는 인물로, 휘문학교, 보성학교 등에서 서양화를 가르쳤으며, 우리나라 최초의 근대적 미술단체인 서화협회를 창설하는 등 한국 서양화 발전의 초석을 닦았다. 그러나 한국 미술사에서 그가 차지하는 위상에 비해 고희동의 이름은 일반인에게 잘 알려져 있지 않다. 작품을 팔기보다 지인들과 나누어 대중적으로 공개된 그림이 극히 적기 때문이다. 또한 1920년대 이후에는 동양화로 선회한 탓에 서양화 작품 자체가 많지도 않다.

고희동은 1886년 3월 11일 서울에서 태어났다. 아버지 고영철은 구한말

〈양류관음도〉, 홍익대학교 박물관

경상도 봉화와 함경도 고원 군수를 지낸 인물로, 중국어와 영어에 능통했던 개화 지식인이었다. 또한 미술에도 관심이 많았는데, 고희동은 이런 아버지의 영향을 많이 받았다.

고희동은 전통 사회에서 근대 사회로 이행해 가던 시기에 성장했다. 그는 어린 시절 서당에서 한학을 배우다 13세 때 한성법어학교(1895년 설립된 관립 프랑스어학교)에 들어가 프랑스어를 배웠다. 이곳에서 프랑스 도예가였던 레오폴드 르미옹의 목탄 인물 데생을 보고 서양화에 관심을 가졌다고 한다. 1904년에는 궁내부 광학국 주사로 임명되어 관료로 일했으며, 이때 서양화가들이 궁에 드나들면서 남긴 그림을 보고 서양화를 많이 접했다.

1905년, 을사늑약이 체결되자 크게 충격을 받은 고희동은 관직 생활에서 마음이 떠났다. 그는 마음을 달래기 위해 동양화를 배웠는데, 무조건 중국의 그림을 모방하고 그려야 인정받는 세태에 실망해 다시 서양화로 눈길을 돌렸다. 그는 이때의 충격에 대해 말했다.

"그때 문득 든 생각은 그림이나 그리고 술이나 먹고 살자는 것이었다. 다시 말하자면 나라를 잃은 슬픔 속에서 고민하다가 화포畵布의 세계를 발견한 것이다."

1909년 2월, 고희동은 일본 유학길에 올라 그해 4월 도쿄 미술학교 양화과洋畵科에 입학했다. 이곳에서 그는 20세기 초 일본 서양 미술의 선구자로 도쿄 미술학교를 설립한 구로다 세이키에게 서양화를 배웠다. 처음 그가 학교에 다닐 때 일본인들은 유화를 본 적도 없는 한국인이 무슨 서양화를 배우냐며 조소했다고 한다. 그는 1914년 10월 〈청춘〉 창간호에 권두 화보로 〈공원의 소견〉을 그렸는데, 이 작품은 우리나라 최초의 유화이다. 그림 오른쪽 하단에는 영어로 'ko.'라는 서명이 들어 있다.

고희동이 유학 시절 그린 작품으로 자화상 세 점이 전한다. 작가가 붙인 제목이 없는 이 자화상들은 각기 작품 속 모습을 따 〈두루마기를 입은 자화상〉, 〈정자관을 쓴 자화상〉, 〈부채를 든 자화상〉이라고 불리는데, 1915년경 그려졌을 것이라 추측된다. 가장 잘 알려진 작품은 〈부채를 든 자화상〉이며, 작품의 완성도로 미루어 가장 나중에 그린 것으로 여겨진다. 다른 두 작품에 비해 근대적 요소가 두드러지게 드러난 이 작품은 2012년에 근대 문화재로 등록되었다.

〈부채를 든 자화상〉은 여름날 적삼 차림으로 부채를 부치는 자신의 모습을 그린 것으로 당시로서 파격이라 할 만한 차림이었다. 일상 속 화가의 자화상은 당시 서양 근대 회화에서 유행하던 주제이기도 하다. 표현에 있어 섬세한 명암 대조를 통해 얼굴과 모습을 사실주의적 양식으로 묘사했는데,

오른쪽에서 비치는 빛의 효과를 이용했으며, 인상주의 작품을 연상시키는 색채 표현이 두드러진다. 주제적, 양식적, 구도적 측면에서 사실주의와 인상주의가 혼재된 작품이다.

1915년, 고희동은 일본에서 5년간의 수업을 마치고 귀국하자마자 국내 최초의 서양화가로 이름을 떨쳤다. 그가 귀국한 직후 3월 11일자 〈매일신보〉는 그의 졸업 작품인 〈자매〉를 싣고 '서양화의 효시'라는 표제로 고희동에 대해 다루었다. 또한 같은 해 7월 22일자에는 '양화의 선구, 모델의 선구'라는 제목으로 기생을 모델로 그린 〈가야금 타는 미인〉을 실었다. 1917년에는 〈매일신보〉에 〈구정 스케치〉라는 연필 스케치 작품을 연재했다.

한편 고희동은 서양화가로 활동하는 틈틈이 동양화를 그렸는데, 위창 오세창에게 그려 보낸 〈청계표백도〉가 이 시기의 작품이다. 수묵에 담채로 그린 이 작품은 부부가 물가에서 빨래를 하는 장면으로, 서구 원근법 구도를 적용했다는 데서 전통적인 동양화와 구별된다. 즉 동양화에 서양화의 기법을 적용한 것이다.

또한 그는 휘문학교, 보성학교, 중동학교 등에서 미술교사로 재직하며 서양화를 가르쳤다. 이때의 제자인 장발, 김창섭 등이 이후 그의 뒤를 이어 한국 서양화의 명맥을 이었다.

무엇보다 고희동의 업적은 1918년 서화계 중진들을 모아 최초로 한국인 서화가들의 근대적 회합인 서화협회를 결성한 것이다. 고희동은 서화협회를 토대로 최초의 근대적 전시회이자 회원 작품전인 서화협회전을 개최하고, 최초의 미술지인 〈서화협회보〉를 발간하여 신미술 운동을 추진했다. 그러나 서화협회전은 1936년 재정 문제 때문에 마지막 전시회를 열고 해산되었고, 서화협회는 일제의 탄압으로 1939년에 해산되었다.

한편 고희동은 1927년부터 서양화를 완전히 그만두고 동양화에 매진했다. '서양화에서는 실제로 받은 느낌을 그대로 그리지만, 동양화에서는 그것을 그대로 그리지 않고 시적 정취, 이상을 그린다'라고 생각했기 때문이다. 화단의 많은 중진들은 그의 이런 행보를 안타까워하는 동시에 비난했다. 그러나 고희동은 동양화를 그릴 때 전통적인 소재를 취하면서도 명암, 원근법, 구도, 붓 터치 등 서양화적인 기교를 사용하는 독특한 방식을 취했다. 이런 식의 화법과 그의 말 등으로 미루어 초기 동양화를 그리면서 느꼈던 안타까움을 극복하고 새로운 동양화를 개척하고 싶었던 것이 아닐까 짐작된다.

고희동은 후기로 갈수록 전통적인 동양화의 풍취가 짙게 묻어나는 작품들을 그렸는데, 여기에 서양화적인 구도와 표현을 융합하여 현대적인 동양화를 창출했다. 대표적인 작품이 〈금강산진주담폭포〉, 〈양류관음도〉 등이다.

1945년, 광복 후 그는 대한미술협회 회장, 전국문화단체총연합회 회장 등을 지냈으며, 1949년에는 대한민국미술전람회 심사위원장을 역임했고, 그해 서울시 문화상을 받았다. 1954년 대한민국예술원

〈금강산진주담폭포〉, 선문대학교 박물관

종신회원, 1955년 대한민국예술원장 등을 지내며 우리나라 근대 화단을 이끌어 갔다. 1960년에는 민주당의 공천으로 참의원의원을 지냈으며, 5·16 군사정변이 일어나자 정계에서 은퇴했다. 그는 1965년에 세상을 떠났으며, 장례는 예총장藝總葬으로 치러졌다.

고희동은 짧은 기간만 서양화를 그렸고, 많은 작품을 남기지도, 독자적인 화풍을 개발하지도 못했다. 때문에 일각에는 그가 지나치게 높이 평가된 인물이 아니냐는 비난이 존재한다. 그러나 그가 우리나라 최초의 서양화가로서 한국 서양화단의 토대를 닦았고, 전통 회화에 서양화적 기법을 융합시킨 새로운 경지를 개척한 선구적 인물임에는 이견의 여지가 없다.

011

시대를 앞서 간 최초의 여성 화가

나혜석

羅蕙錫(1896. 4. 28~1948. 12. 10)

| 한국
| 여성 계몽 운동에 앞장섰고 대담한 붓질과 생략, 과장을 통해 즉흥적인 감정이나 개성을 드러내는 작품을 선보였다.
| 〈무희〉, 〈스페인 국경〉, 〈해인사 석탑〉, 계몽소설 〈경희〉, 〈회생한 손녀에게〉 등

나혜석은 최초의 여류 서양화가로, 근대적 여성 해방 운동의 상징적 인물이자 이를 문학으로 표현한 문학가이기도 하다.

나혜석

나혜석은 1896년 4월 28일 경기도 수원에서 나기정과 최시의 사이에서 4남매 중 셋째로 태어났다. 아버지 나기정은 대한제국 시기 경기도 관찰부 재판주사 등을 지냈고, 일본 식민 통치기에는 용인 군수를 지내는 등 지배 계층에 속하는 부르주아였다.

나혜석은 수원 삼일여학교를 거쳐 서울 진명여자보통학교를 수석으로 졸업하고, 1913년 도쿄 여자미술학교에 입학했다. 어린 시절부터 무엇을 보면 곧잘 연필로 그림을 그렸고, 여학교 시절에도 그림 솜씨가 뛰어났다고 한다. 두 오빠가 일본에서 유학했는데, 그녀 역시 오빠들의 도움으로 일본 유학길에 올라 신교육을 받았다. 도쿄 여자미술전문학교 유화과에서 유화를 배웠는데, 본격적으로 서양화를 공부한 조선 여성은 그녀가 최초이다. 이곳에서 그녀는 서구 문물을 비롯해 근대 사조를 받아들이면서 가부장 제도의 모순을 깨닫고 여성 운동에 눈을 떴다. 그녀는 〈학지광〉에 〈이상적 부인〉이라는 글을 실어 현모양처에 대한 사고를 반박하고, 여성도 실력을 쌓아 자신의 입지를 강화해야 한다는 주장을 펼쳤으며, 여자유학생 모임인 '조선여자친목회'를 조직하고, 동인지 〈여자계〉를 발간하여 여성의 사회 참여를 주장했다.

이 시기에 그녀는 둘째 오빠 경석의 친구인 최승구를 만났다. 최승구는 어린 시절 조혼으로 맺어진 부인을 조선에 두고 온 상태였으나, 두 사람은 곧 연인 관계로 발전했다. 1916년에 최승구가 폐병으로 사망하면서 나혜석은 큰 충격을 받고 잠시 조선으로 돌아왔다. 그녀는 약 1년간 여주 공립보통학교에서 교편을 잡았다가 다시 일본 유학길에 올랐고, 1918년에 귀국했다. 이후 함흥 영생중학교와 서울 정신여학교에서 미술교사로 학생들을 가르치는 한편, 〈여자계〉에 가부장제를 부정하는 계몽소설 〈경희〉와 〈회생한 손녀에게〉를 발표하면서 여성 계몽 운동에 뛰어들었다.

1919년에는 3·1운동 당시 김마리아, 박인덕, 김활란 등 여성 운동가들과 함께 비밀 집회를 열다가 체포되어 5개월간 옥고를 치렀다. 이때 도쿄 유학 시절부터 그녀에게 구애했던 김우영의 변론으로 무죄로 풀려났으며, 이듬해 그와 결혼했다. 김우영은 그녀의 재능을 아끼고 작품 활동을 지원해 주었고, 그녀는 10여 년간 미술과 문학 양쪽에서 활발히 활동했다. 〈폐허〉 동인에 참여해 다수의 글을 발표했고, 1921년 3월 경성일보사 내청각에서 조선 여성 최초로 유화 개인 전시회를 열었다. 또한 1922년 창설된 조선미술전시회(선전)에도 꾸준히 작품을 출품하며 입상과 수상을 거듭했다.

1923년, 외교관이었던 남편 김우영이 만주 안동현에 부영사로 부임했다. 나혜석은 이로부터 약 5년간 만주에서 생활했는데, 이 시기에 그녀는 만주의 풍광을 화폭에 많이 담았으며, 〈조선일보〉와 〈동아일보〉 등에 여성의 자각과 사회 진출에 관한 계몽적인 글, 결혼 생활 및 육아에 관한 수기 등을 기고했다.

김일엽이 창간한 여성 잡지 〈신여자〉에 실린 나혜석의 판화

그녀의 미술 세계에 가장 큰 영향을 미친 것은 1927년 남편 김우영을 따라 세계여행을 한 일이다. 그녀는 2년 동안 유럽을 여행했고, 파리 체류, 미국 방문 등에서 큰 영향을 받았다. 당시 파리에서는 피카소, 마티스, 마리 로랑생 등이 활발히 활동하고 있었고, 그녀는 인상주의, 야수파, 입체파의 화풍에 경도되었다. 이 시기에 그린 〈스페인 국경〉, 〈파리 풍경〉, 〈프랑스 교외 풍경〉 등의 스케치에서는 인상파 화풍이, 〈무희〉, 〈누드〉 연작에서는 야수파의 영향이 드러난다. 그녀는 일본식 리얼리즘에서 벗어나 대담한 붓질과 대범한 생략 및 과장 등 작가의 즉흥적인 감정과 개성을 드러내는 방

향으로 선회했다. 예컨대 이 무렵의 〈나부습작〉을 보면 기존의 일본식 관학파적인 화풍에서 탈피하여 인물의 신체를 변형하여 거칠고 대담하게 표현했으며, 〈자화상〉에서는 강렬한 흑백 대비와 인물의 표정을 통해 내면 상태를 표출했다.

유럽 체류는 작품 활동에만 영향을 준 것이 아니었다. 그녀는 유럽에서 조선과 완전히 다른 유형의 부부 관계와 결혼 생활을 직접 보고 사상적으로 큰 영향을 받았다. 그녀는 귀국 후 〈파리에서 보고 느낀 것. 사람이냐 학문이냐〉, 〈젊은 부부〉, 〈불란서 가정은 얼마나 다를까〉 등의 글을 발표하면서 종래의 가부장제에 대한 비판을 심화시켰다.

이 여행은 그녀에게 화가로서, 여성 운동가로서의 발전에 큰 전기를 마련해 주었으나 한편으로 불행의 시작이기도 했다. 그녀는 이때 파리에 온 천도교 지도자 최린을 만났는데, 곧 박학다식하고 그림에 조예가 깊던 그에게 흠뻑 빠졌다. 두 사람의 불륜은 재불 조선 사회를 비롯해 조선에까지 퍼져 큰 스캔들이 되었고, 결국 1931년 김우영은 그녀에게 이혼을 요구했다.

그녀는 이혼이라는 개인적인 아픔에도 1931년 제10회 선전에 〈정원〉, 〈나부〉, 〈작약〉 등을 출품했으며, 그해 일본으로 건너가 제12회 일본 제국미술전람회(제전)에 〈금강산 삼선암〉과 〈정원〉을 출품하는 등 화가로서 활발히 활동했다. 또한 1933년에는 여자미술학사라는 교육기관을 설립해 여성 화가를 양성하고자 했다. 그러나 화가로서의 재능과 학교 운영은 성격이 달랐기 때문인지 학교는 제대로 운영되지 못했다. 경제적 궁핍에 시달리던 그녀는 1년 만에 학교 일을 접고 고향으로 돌아왔다. 귀향 후 그녀는 세 번째 개인전을 열었으나 언론과 대중의 반응은 냉담했다. 연이은 실패와 생활고 속에서 순조로웠던 그녀의 인생은 점차 파국을 향해 치달았다.

1934년, 그녀는 〈삼천리〉에 자신의 연애와 결혼, 이혼에 이르는 과정과 남성 위주의 가부장제 사회에 대한 비판의식을 담은 〈이혼고백서〉를 발표했다.

> 조선 남성의 심사는 이상하외다. 자기는 정조 관념이 없으면서 처에게나 일반 여성에게 정조를 요구하고 또 남의 정조를 빼으려고 합니다. (중략) 여자도 사람이외다. 한순간 분출하는 감정에 흩뜨려지기도 하고 실수도 하는 그런 사람이외다. 남편의 아내가 되기 전에, 내 자식의 어미이기 전에 첫째로 나는 사람인 것이오. (중략) 조선의 남성들아. 그대들은 인형을 원하는가. 늙지도 화내지도 않고 당신들이 원할 때만 안아 주어도 항상 방긋방긋 웃기만 하는 인형말이오. 나는 그대들의 노리개를 거부하오.

당시 사람들의 상식을 뛰어넘는 전무후무한 사건이었다.

이 사건과 더불어 그녀는 그해 최린에게 위자료 청구 소송을 하면서 다시 스캔들의 중심에 섰고, 사회적으로 완전히 매장당했다. 그녀의 작품을 소장하고 있던 애호가들은 작품을 폐기했다고까지 한다.

결국 나혜석은 경제적 어려움과 세상의 조소, 아이들을 보지 못하는 고통으로 심신이 병들어 1937년 수덕사로 들어갔다. 그곳에서 '고古'라는 법명을 받고 불교에 귀의하려 했으나 그마저도 제대로 되지 않았던지 수덕사, 해인사, 다솔사 등 산사를 전전하다 다시 속세로 돌아오는 등 방황을 거듭했다. 이런 와중에도 이따금 그림을 그렸는데, 〈해인사 석탑〉, 〈해인사 홍류동〉, 〈학서암 염노장〉, 〈다솔사〉 등의 작품이 남아 있으며, 1934년에는 소품전을 열기도 했다. 1944년에는 서울의 한 양로원에 들어갔으나 그곳에서도 얼마 있지 못했다. 이후 그녀의 행적은 끊어졌고, 1948년 12월 10일 행려병자로 죽었다.

나혜석은 당시 여성으로서 누리기 힘들었던 엘리트 교육을 받았고 화려한 결혼 생활과 화가로서의 찬란한 앞날이 보장되어 있었다. 그러나 시대를 앞선 사고방식과 사회생활에 대해 무지하리만큼 순수했던 성품 탓에 결국 비극적인 인생을 산 신여성이었다. 그녀의 일생에 대해서는 아직까지도 의견이 분분하나, 확실한 것은 그녀가 삶과 작품을 통해 가부장적인 사회 제도에 도전하며 끊임없이 자신의 정체성을 찾고 자유를 추구했던 조선 근대 여성의 얼굴이었다는 점이다.

012

식민지의 비애를 미로 구현한 화가

이인성

李仁星(1912. 8.29~1950. 11. 4)

I 한국

I 조선의 향토적인 미를 구현하여 원시성과 서정성이 강하게 배어나는 작품을 남겨 '조선의 고갱'이라고 불린다.

I 〈가을의 어느 날〉, 〈경주의 산곡에서〉, 〈한정〉, 〈카이유〉, 〈여름 실내에서〉 등

이인성은 대표적인 근대 서양화가 중 한 사람으로, 조선의 향토색을 표현하여 일제 강점기 식민지 백성의 비애를 미적으로 승화시켰다고 평가된다. 그는 후기 인상주의와 표현주의 양식을 바탕으로 소재와 색채 표현에 있어 조선의 미를 구현했다.

이인성은 1912년 8월 29일 대구 남성로에서 태어났다. 어린 시절부터 그림에 재능이 뛰어났으나 집안 형편이 어려워 양친은 이를 못마땅하게 여겼고, 보통학교 역시 11세가 되어서야 들어갈 수 있었다.

3학년 때 담임선생의 권유로 도쿄에서 열린 세계아동작품전에 출품해 특선을 수상했으며, 6학년 때는 동아일보사가 후원한 세계아동예술전람회

〈카이유〉, 국립현대미술관

에서 〈촌락의 풍경〉으로 개인 부문 특선을 수상할 정도로 뛰어난 재능을 드러냈다. 보통학교를 졸업한 후에도 집안 형편 때문에 상급학교로 진학하지 못했으나, 사생대회에서 이인성을 눈여겨본 서양화가 서동진의 배려로 그가 운영하던 대구미술사에 기숙하며 그림을 배울 기회를 얻었다.

1929년, 18세 때 제8회 조선미술전람회(선전)에서 수채화 〈그늘〉로 입선했고, 1931년 제10회 선전에서는 수채화 〈세모가경〉으로 특선을 받았다. 이인성의 재능을 높이 산 대구 지역 유지들이 그의 도쿄 유학을 주선해 주었다. 이인성은 이러한 후원으로 1931년 미술용품을 만들던 킹 크레용 회사에 취직하여 그곳 화실에서 공부했으며, 이듬해 도쿄의 다이헤이요太平洋 미술학교에 들어갔다. 그는 1935년까지 미술학교에 적을 두고 도쿄와 대구를 오가며 전람회에 작품을 출품했다.

1932년, 선전에서 〈카이유〉로 특선을, 그해 일본 제국미술전람회(제전)에서 〈여름 어느 날〉로 입선을 차지했다. 그는 일본 〈요미우리신문〉에 '조선의 천재 소년 이인성 군'이라고 소개되는 등 한국과 일본에서 젊은 천재 서양화가로 이름을 날렸다. 1944년 마지막 선전이 개최될 때까지 단 한 차례도 거르지 않고 작품을 출품하여 입선과 특선, 최고상인 창덕궁상을 받았으며, 일본 문부성 미술전람회와 제전, 광풍회전 등에서도 수차례 입선과 특선을 수상하며 '조선 화단의 귀재'라고 불렸다.

1935년, 이인성은 대구로 돌아왔고, 그해 대구 남산병원 원장 김재명의 딸인 김옥순과 결혼하면서 작품 활동에 매진했다. 이듬해 '이인성의 양화연구소'를 세우고 후진을 양성했으며, 1937년에는 26세의 젊은 나이로 선전의 추천 작가가 되었다.

짧은 그의 인생에서 20대의 젊은 날들이 예술가로서의 전성기였다. 그의 대표작 〈가을의 어느 날〉, 〈경주의 산곡에서〉, 〈한정〉 등은 이 시기의 작품이다. 그는 수채화로 그림을 시작했으나 유화로 매체를 바꾼 지 2~3년 만에 자신의 독특한 화풍을 유화로 완성했다. 그는 이미 〈카이유〉, 〈여름 실내에서〉 등에서 강렬한 원색 사용, 짧고 조밀한 붓 터치 등 수채화로 표현하기 힘든 강렬한 작풍을 선보인 바 있었다. 유화를 사용하면서 이런 기교를 더욱 발전시켜 거칠면서도 강한 붓 터치, 치밀한 공간 구성, 강렬한 원색 사용, 두터운 마티에르 등 후기 인상주의 기법에 더해 향토성이 묻어나는 색을 사용하여 조선의 토속성을 살리는 화풍을 형성했다.

무엇보다 이인성은 풍경과 인물을 결합한 구상화를 조선 화단에 최초로 도입한 화가이다. 〈가을의 어느 날〉은 한국 최초의 구상풍경화로 평가되는 작품이다. 가을 들녘을 배경으로 여인과 소녀가 화면 중심에 자리하고 있는데, 그림 속 배경은 현실의 이미지가 아닌 작가가 재구성한 풍경이라는 데 혁신성이 있다. 또한 그때까지 풍경화에서는 인물이 배경의 일부로 처리되었으나 이 작품은 인물을 그림의 주인공으로 삼는 독창적인 구도를 취하고 있다. 청명하고 푸른 가을 하늘과 짙은 흙빛을 한 인물의 피부색, 불그스름한 흙색은 원시적인 강렬함을 풍기는 한편, 조선의 흙색이라 할 수 있다. 그가 추구한 이런 향토색은 〈경주의 산곡에서〉, 〈한정〉 등으로 이어지며 더욱 발전했다.

이인성은 이런 작품들을 통해 문명에 오염되지 않은 순수한 원시 세계로의 회귀를 추구했으며, 이것을 조선의 땅과 들녘, 즉 향토라고 표현했다. 그는 1935년 〈신동아〉에 기고한 〈조선 화단의 X광선〉이라는 글에서 이렇게 밝혔다.

> 우리는 자기 개성을 존경할 필요가 있다고 믿으며, 자기 향토를 영원히 떠나서는 도리어 실망성이 생기리라고 생각됩니다. 근본적 색채는 어머님의 뱃속에서

타고난 것입니다. 이것이 과연 출생 시의 타고난 자연이며 위대한 자연의 힘이 아닐는지.

1942년, 이인성은 아내와 사별하면서 정신적으로 힘든 나날을 보냈다. 그는 1940년대에 주변 인물이나 정물을 많이 그렸다. 이 시기 작품에서 그는 기존의 강렬한 색상 대신 담담한 색채로 인물들의 심리를 묘사하는 데 주력했는데, 1944년 작품인 〈해당화〉에는 인물들의 애환이 잘 묻어나 있다. 이러한 화풍의 변화는 개인적인 아픔에 더해 시대 상황에 따른 고민과 성찰의 결과로 여겨진다.

그런 한편 1940년대 중후반에는 작품 활동보다 후진을 양성하고 화단의 중진으로 활발하게 활동했다. 1945년에는 이화여자고등학교에서, 이듬해에는 이화여대에서 교편을 잡았으며, 서울대학교 미술대학 설립 추진위원회에도 참여했다. 1949년에는 제1회 대한민국미술전람회 심사위원을 맡았다.

그러나 1950년 11월 4일, 술에 취해 집으로 돌아가던 중 불의의 사고를 당해 39세의 나이로 요절했다. 당시는 한국 전쟁 와중이라 경찰의 검문이 강화되었던 때였는데, 이인성은 검문하던 경찰과 시비가 붙은 와중에 어이없는 총기 오발 사고가 일어나 그 자리에서 숨졌다. 이후 이인성은 화단에서 잊힌 화가가 되었다.

1954년, 회고전이 한 차례 열렸으나 가난을 극복한 천재 화가, 요절한 천재 화가라는 인생 역정에 더욱 많은 관심을 받았고, 그의 작품에 대해서는 제대로 평가가 이루어지지 않았다. 또한 그는 관전 중심으로 활동한 작가, 하나의 양식을 체계적으로 추구하지 못한 작가라는 비난을 받는 등 좋은 평가를 받지 못했다. 또한 일본 관전의 아카데미즘을 바탕으로 성장한 화풍 때문에 친일 논쟁에 휩싸이기도 했다.

그러나 1974년 〈한국 근대 미술 60년전展〉과 함께 서울 한국 화랑에서 회고전이 열리면서 이인성에 대한 재평가가 이루어졌다. 국내 서양화가들은 1910년 서양화가 국내에 유입된 후 식민지 시대라는 열악한 상황에서 성장했기 때문에 한계를 가질 수밖에 없음을 인정해야 한다는 관점이 대두되면서부터다. 그러면서 조선의 향토색론이 대두되었고, 이인성은 조선의 향토성을 가장 잘 구현한 선구적 작가로 인정받았다.

013

한국 현대 미술의 좌표

김환기

金煥基(1913. 2. 27~1974. 7. 25)

| 한국
| 한국 현대 미술사를 대표하는 인물로 서구 모더니즘을 한국의 미에 결합시켰다.
| 〈론도〉, 〈항아리와 여인들〉, 〈나무와 달〉, 〈항아리와 매화〉, 〈피난열차〉, 〈09-05-74〉 등

김환기는 한국 추상 미술의 선구자로, 전통적인 한국의 미에 서구 모더니즘을 결합시킨 화가이다. 20세기 한국 미술의 대표적인 인물로, 그를 논하지 않고는 한국 현대 미술의 좌표를 읽을 수 없다고까지 평가되는 작가이다. 친구이자 동료였던 화가 최순우는 그에 대해 "한국의 멋을 폭넓게 창조하고 멋으로 세상을 살아간 예술가"라고 말했다.

김환기는 1913년 2월 27일 전라남도 신안군 안좌면 읍동리 작은 섬에서 태어났다. 부농 집안의 1남 4녀 중 넷째로 유복하게 자랐으며, 후일 그의 작품에서 엿보이는 자연의 서정성은 이때의 영향이 크다고 할 수 있다.

김환기는 서울 중동중학교를 거쳐 19세 때 일본으로 유학을 떠났다. 도쿄 니시키시로錦城 중학교와 니혼日本 대학 예술학원 미술학부에서 공부했으며, 졸업 후에도 2년간 대학 연구소에 있었다. 이때 도고 세이지 등에게 입체파와 미래파 등 서구 미술 사조를 접했으며, 곧 아방가르드 계열의 추상화에 관심을 가졌다. 그리하여 대학 시절 '아카데미 아방가르드'라는 미술 연구회를 조직하고, 백만회를 결성했다.

1935년, 제22회 이과전二科展에서 입체주의적 표현 기법이 드러난 〈종달새 노래할 때〉로 입선하면서 일본 화단에 발을 들여 놓았고, 1936년에 도쿄에서 첫 개인전을 열었다. 1937년 유학을 마치고 서울로 돌아온 후에도 1940년까지 〈론도〉, 〈창〉 등 일본 자유미술가협회전(자유전)에 꾸준히 작품을 출품했다. 이 작품들은 기하학적 형태로 구성된 비대상 회화로, 우리나라 최초의 추상 회화이다. 특히 〈론도〉는 대한민국근대문화재로 지정, 등록되어 있다.

1940년과 1952년에 서울과 부산에서 개인전을 열었으며, 1948년에는 신사실파를 조직하고 홍익대학교 교수로서 후학을 양성했다. 귀국 후 해방과 전쟁을 거치는 동안 잠시 작품 활동을 하지 못했으나, 이 시기에 그는 한국적 소재에 관심을 가지고 조선 백자를 비롯해 산, 학, 매화, 사슴 같은 이미지에 탐닉했다. 이런 애정에서 탄생한 한 폭의 동양화 같은 독자적인 한국적 추상의 세계는 그의 작품 세계에서 많은 비중을 차지하는 '달과 항아리' 주제에서 잘 드러난다. 그 대표적인 작품으로는 〈항아리와 여인들〉, 〈항아리와 매화〉, 〈나무와 달〉, 〈달과 항아리〉 등이 있다.

해방과 한국 전쟁 등으로 혼란한 시대에 작품에 매진하는 것은 쉽지 않았다. 그러나 그는 전쟁과 피난이라는 비극적 상황 속에서도 붓을 놓지 않았고, 힘든 상황을 오히려 낭만적으로 승화시켰다. 〈판잣집〉, 〈피난 열차〉, 〈뱃놀이〉 등에서는 그가 지닌 예술적 낭만성이 풍부하게 배어 나온다.

〈론도〉, 국립현대미술관 ©(재)환기재단 · 환기미술관

1956년, 김환기는 작품 활동을 위해 파리로 떠났다. 파리에서도 그는 한국적 소재들을 조형적으로 재해석하고자 끊임없이 연구했고, 1959년 귀국할 때까지 파리, 니스, 브뤼셀 등에서 전시회를 열었다. 그는 이 시기에 서구 작가들의 작품에 영향을 받은 나머지 자신의 예술적 정체성을 잃을 것을 우려해 루브르 박물관에도 가지 않았다고 한다.

귀국한 후에는 유네스코 국제조형예술협회 한국본부 회장, 홍익대학교 미술학부장 및 홍익미술대학(홍익대학교가 1961년 대학정비령에 따라 일시 홍익미술대학으로 개칭) 초대 학장을 역임했고, 대한미술협회 부이사장, 한국미술협회 이사장 등 바쁘게 활동하면서 한국 미술 발전의 토대를 닦았다.

1963년, 그는 제7회 상파울루 비엔날레에 한국 대표로 참가하고자 브라질로 떠났다. 그리고 그곳에서 서구, 특히 국제 미술의 주류로 발전하던 미국의 추상표현주의 작품들을 접하고 큰 충격을 받았다. 그동안 바쁜 활동으로 작품을 소홀히 했던 데 조급함을 느낀 그는 붓을 들어야겠다는 일념으로 한국으로 귀국하지 않고 뉴욕으로 떠났다.

뉴욕에서 김환기는 점과 선으로 이루어진 완전한 추상 세계를 확립하고, 이전 작품들과 형식적, 내용적으로 완전히 다른 작품들을 선보이기 시작했다. 당시 미국 화단은 추상표현주의가 심화되는 단계에 있었고, 팝아트가 화단의 주류로 여겨졌다. 이런 경향 속에서 그는 미국적 추상표현주의의 영향을 받은 한편, 한국적 사상을 기반으로 한 자연주의적인 세계를 그려 냈다. 뉴욕에 도착한 이듬해 그는 첫 번째 개인전을 열고 〈산〉, 〈산월〉, 〈야상곡〉 등을 선보였다. 이 무렵까지는 색과 면을 이용한 추상화를 작업했으나, 1960년대 후반으로 갈수록 독창적인 방식의 점화點畵를 제작했다.

1970년, 김환기 작품 세계의 절정이라 일컬어지는 전면점화全面點畵 〈어디서 무엇이 되어 다시 만나랴〉가 탄생했다. 절친한 친구였던 김광섭의 시 〈저녁에〉의 마지막 구절을 제목으로 한 이 작품은 단색 톤의 점으로 가득 채워져 있는데, 한국 화단에 센세이션을 일으키며 그해 제1회 한국미술대상전에서 대상을 차지했다. 검은색, 회색, 청색 등의 절제되고 통일된 톤으로 화면을 가득 수놓은 점들이 하나의 형이상학적 공간, 우주를 창조하며 보는 사람에게 신비로운 감정과 경외감을 불러일으키는 작품이다.

이후 김환기는 대작 점화에 몰두하면서 수많은 걸작을 탄생시켰다. 만년의 대표작에서는 자연의 외형은 사라지고 활형과 직선으로 점들이 교차되는 형태가 두드러지는데, 이를 통해 화면 공간은 확장되고 우주적 에너지가 뿜어져 나온다. 또한 작품 전체에서 자연과의 정신적 합일, 한국적 감수성이 물씬 드러난다.

1974년부터 그의 건강이 점차 나빠져 아무것도 먹지 못하는 날이 이어졌다. 그럼에도 김환기는 죽는 순간까지 초인적인 창작 욕구를 발휘해 〈09-05-74〉, 〈07-VII-74〉 등의 작품을 그렸다. 그리고 1974년 7월, 갑작스런 뇌출혈로 쓰러져 끝내 일어나지 못하고 숨을 거두었다.

014

서양화로 표현된 민족의 서정시

박수근

朴壽根(1914. 2. 21~1965. 5. 6)

- 한국
- 향토성 짙은 작품으로 가장 한국적인 현대 회화를 그린 작가로 평가받는다.
- 〈봄이 오다〉, 〈일하는 여인〉, 〈할아버지와 손자〉, 〈노상의 소녀들〉, 〈유동〉 등

박수근은 서민의 일상을 소박하게 담아낸 향토성 짙은 작품들로, 가장 한국적인 현대 회화를 그린 화가로 평가된다. 그의 그림들은 치밀한 계산 아래 구성되어 있음에도 인위적이지 않으며, 진실하고 다정다감하여 우리나라 사람들에게 널리 사랑받고 있다. 오늘날에는 민족 화가로 여겨지지만, 생전에는 큰 평가를 받지 못하다 사후에야 인정받은 불운한 예술가 중 한 사람이기도 하다.

박수근은 1914년 2월 21일 강원도 양구에서 아버지 박형지와 어머니 윤복주 사이에서 장남으로 태어났다. 5세 때 마을 서당에서 천자문을 배웠고, 7세 때 양구 공립보통학교에 입학했다. 공부에는 흥미가 없었고 미술 성적

만 좋았는데, 일찍부터 밀레의 〈만종〉에 감동받아 그 같은 그림을 그리기로 결심했다고 한다. 자연에 대한 애정, 소박함, 일상의 평범성은 밀레에 대한 관심에서 시작되었다고 여겨진다. 박수근은 이렇게 말했다.

"나는 인간의 선함과 진실함을 그리려 한다는, 예술에 대한 대단히 평범한 견해를 가지고 있다. 따라서 내가 그리는 인간사는 다채롭지 않다. 나는 가정에 있는 평범한 할아버지와 할머니, 어린아이의 이미지를 즐겨 그린다."

박수근은 보통학교를 졸업하고 일본으로 유학하여 미술학교에 진학하고자 했으나 아버지의 사업이 실패하면서 집안이 곤궁해져 포기할 수밖에 없었다. 그러나 보통학교의 일본인 교장과 담임선생이 그의 재능을 아껴 계속 그림을 그리게 독려했고, 그 결과 1932년 조선미술전람회(선전)에서 〈봄이 오다〉로 입선했다. 이른 봄 고향의 농가를 수채화로 그린 작품이다. 당시의 화가 대다수가 일본 유학을 다녀오면서 서양화풍을 익혀 온 데 반해 시골집에서 독학으로 그림을 그린 박수근은 일본풍이나 서양화의 영향을 크게 받지 않았다. 이로써 오히려 향토색 짙은 한국적 회화를 확립할 수 있었다.

그는 18세의 어린 나이에 화가로 입문했으나 평생을 싸우게 될 가난으로 꿈을 제대로 펴지 못했다. 어머니가 병환 끝에 세상을 떠나고, 아버지가 돈을 벌고자 금강산으로 떠나자 어린 동생들이 그의 몫으로 남겨졌다. 그는 춘천과 포천 등지를 떠돌며 날품팔이 노동자 생활을 하면서 그림을 그렸다. 이런 상황에서 그는 1943년까지 매년 선전에 작품을 출품했다. 1936년에는 〈일하는 여인〉, 1937년에는 〈봄〉, 1938년에는 〈여일麗日〉 등이 입선하는 성과를 거두었고, 이즈음부터 본격적으로 유화를 익히기 시작했다.

1940년, 그는 윗집에 살던 김복순이라는 여성과 결혼하고, 평양시청에서

서기로 일했다. 직장이 안정되고, 상사병으로 앓아누울 정도로 좋아했던 여인과 맺어진 박수근은 인생의 가장 행복한 한때를 보냈다. 박수근은 1942년 아내와 아들을 그린 〈모자母子〉, 〈실을 뽑는 여인〉 등 아내를 모델로 많은 그림을 그렸다.

1945년 8월 15일, 조선이 독립하자 박수근은 평양을 떠나 강원도 금성 여자중학교에서 미술교사로 새로운 생활을 시작했다. 그러나 금성은 북한 체제 아래 있던 지역으로, 화가이자 독실한 기독교도였던 그는 북한 당국의 감시를 받게 되었다. 결국 6 · 25전쟁이 터지자 피난길에 가족이 뿔뿔이 흩어졌고, 박수근은 홀로 서울에 도착했다. 가족과는 1952년에야 극적으로 상봉했다.

박수근은 서울에서 미8군 PX에서 미군의 초상화를 그리며 생활을 꾸렸다. 1953년 대한민국미술전람회(국전)에서 〈집〉이 특선을, 1954년에 〈풍경〉, 〈절구〉가 입선하면서 초상화가 생활을 접고 본격적으로 작품 활동에 매진했다. 초상화가로 일하면서 간신히 펴진 생활은 다시 곤궁해졌고, 가족의 생계는 아내의 생활력에 의존해야만 했다. 박수근은 연필을 살 돈이 없어 큰딸이 쓰던 몽당연필로 데생을 했다고 한다.

이 시기에 박수근은 전업 작가로서 생활을 꾸려 나가기 위해 외국인이 드나드는 반도 호텔의 반도 화랑에 그림을 내다 걸었다. 한국의 토속적 정감이 물씬 배어나는 그의 그림은 외국인에게 조금씩 팔려 나갔다. 미국의 잡지기자 마가렛 밀러나 미 대사관 문정관의 부인 마리아 핸더슨, 미국 미술상 실리아 지머맨 등이 특히 그의 그림을 좋아해 주 고객이 되었다. 또한 그녀들은 친구에게 박수근의 그림을 적극적으로 홍보하며 구매를 주선했다. 자신이 사들인 박수근의 컬렉션으로 미국에서 작은 전시회를 개최하고, 미국 미술잡지에 그의 그림을 소개했다. 그러나 박수근의 그림은 국전에서 잇

따라 낙선했으며, 국내에서는 거의 팔리지 않을 만큼 제대로 평가받지 못했다. 아이러니하게도 외국인들이 그의 작품을 알아보고 후원해 주지 않았더라면, 가장 한국적이라는 평을 듣는 박수근의 작품들은 탄생하지 못했을 것이다.

〈할아버지와 손자〉, 국립현대미술관 ©박수근미술관

박수근은 1960년이 되어서야 국전에 추천 작가 자격으로 〈노상의 소녀들〉을 출품하는 등 세속적인 인정을 받았다. 그러나 얼마 지나지 않아 화가로서 치명적인 백내장에 걸렸고, 수술비를 마련하지 못해 끝내 왼쪽 눈을 실명했다. 그럼에도 그는 한쪽 눈만으로 매일 그림을 그렸고, 1964년 국전에 〈할아버지와 손자〉를 출품했다.

1965년 4월, 박수근은 외출했다가 복통을 일으켰다. 신장염과 간염 진단을 받은 그는 얼마 지나지 않아 혼수상태에 빠질 정도로 건강이 악화되었다. 간경화가 많이 진행되었음에도 매일 술을 마신 것이 원인이었다. 청량리 위생병원에 입원한 박수근은 5월 6일 병원에서 퇴원하고 집으로 돌아와 51세의 나이로 생을 마감했다. 마지막으로 "천당이 가까운 줄 알았는데 멀긴 멀어……."라는 말을 남겼다고 한다. 이후 유작인 〈유동〉이 국전에 출품되었고, 유작 전시회가 개최되었다.

평생 가난에 시달렸으며 자신의 화실조차 가지지 못했고, 개인전은 꿈도 꾸지 못했던 화가 박수근. 그러나 죽은 지 얼마 지나지 않아 연달아 회고전이 열리고, 작품들은 고가로 팔리기 시작했다. 그의 작품들은 오늘날 한국 근현대 미술사에서 가장 높은 평가를 받으며 가장 비싼 작품값을 기록하고 있다.

박수근은 '유화로 표현되지만 동양화'임이 분명한, 향토적 리얼리티를 발현한 작가로 평가된다. 이렇듯 그가 독창적인 시선과 화법을 구사할 수 있었던 것은 아이러니하게도 가난으로 독학한 덕분이기도 했다. 동시대 화가 대부분이 일본을 통해 서양 미술을 배웠으며, 점진적으로 발전된 서구의 다양한 화풍을 일시에 습득하면서 자기만의 화풍을 창출해 내지 못했다. 특히 해방 이후에는 서구화풍을 맹목적으로 추종하면서 향토적이고 풍속적인 소재, 토속적 정서에 부합하는 작풍을 무시하는 풍토가 형성되었다. 그런 상황에서조차 박수근은 "일률적이고 진부하기 쉬운 향토 주제를 들고 나오면서도 그것을 안가의 지방 취미로 타락시키지 않고 높은 민족의 서정시로 지향시켰다."라는 평가를 받은 유일한 작가이다.

015

한국 근대 서양화의 거목

이중섭

李仲燮(1916. 4. 10~1956. 9. 6)

| 한국
| 박수근과 함께 한국 근대 서양화의 양대 거목으로 불리며, 강인하고 굵은 선감의 화풍이 특징이다.
| 〈흰 소〉, 〈길 떠나는 가족〉 등

높고 뚜렷하고

참된 숨결

나려 나려 이제 여기에

고웁게 나려

두북두북 쌓이고 철철 넘치소서

삶은 외롭고

서글프고 그리운 것

아름답도다 여기에

맑게 두 눈 열고 가슴 환히

헤치다.

- 이중섭, 〈소의 말〉

소와 아이들을 즐겨 그린 화가, 화구를 살 돈조차 없을 만큼 궁핍하여 담배를 싼 종이에 그림을 그렸다는 화가 이중섭. 박수근과 함께 한국 근대 서양화의 양대 거목으로 꼽히는 그는 그림에 관심이 없는 사람이라도 이중섭 혹은 '소' 그림이라고 하면 알 만큼 가장 대중적인 화가 중 한 사람이다.

이중섭은 1916년 4월 10일 평남 평원군 조운면 송천리에서 태어났다. 호는 대향大鄕이다. 할아버지 때부터 부농 집안이었으며, 그의 형도 사업가로 크게 성공했다. 이 때문에 이중섭이 청년 시절 순수하게 화가로서 생활하기에 부족함이 없었다. 8세 때까지 마을의 한문 사숙에서 《동몽선습》, 《맹자》, 《논어》 등을 배우다가 평양의 외가로 가서 평양 종로 공립보통학교에 들어갔다.

이중섭은 삼남매 중 막내로, 형, 누나와는 10여 살 이상 차이가 나서 어울리기 쉽지 않았을 뿐더러 내성적인 성격이라 어렸을 때부터 혼자 그림을 그리며 많은 시간을 보냈다고 한다. 일찍부터 그림에 뛰어난 자질을 보였던 그는 학교에 들어간 이후에도 공부보다 그림에 열중했고, 방학 때 집으로 돌아가서도 그림만 그렸다. 그런 그를 형이 나무라면 광에 숨어 그림을 그렸다고 한다. 덕분에 학업 성적은 좋지 않아 보통학교 졸업 후 평양 고등보통학교 입시에 실패했다.

보통학교에서 이중섭은 당시 유화 화가였던 김찬영의 아들로 훗날 서양화가가 되는 김병기와 같은 반이 되면서 서구 미술의 세계에 눈을 떴다. 김병기의 집에 들락거리면서 유화 도구와 물감, 각종 서구 화집들을 접한 것이다.

보통학교를 졸업한 후 오산학교에 들어간 이중섭은 이곳에서 화가 임용련에게 그림을 배우며 본격적으로 서양화를 그리기 시작했다. 임용련은 후기 인상파 경향의 화가로, 예일대에서 공부하고 파리에서 활동한 인물이었다. 당시 화가나 미술교사들이 대부분 일본에서 공부했던 것과는 매우 다른 이력이다. 색채와 조형의 기초, 구상 등을 중시하는 임용련 아래에서 중섭은 소묘와 에스키스(esquisse, 작품 구상이 담긴 초벌 그림) 등을 그리면서 기본기를 익혔으며, 후기 인상파 화풍도 접했다. 무엇보다 오산학교는 민족의식이 강한 학교였는데, 이런 분위기 속에서 임용련은 일본의 조선어 말살 정책에 대비해 수업 시간에 한글 자모를 이용한 구상화를 그리게 했다.

조르주 루오
프랑스 야수파의 대표적 작가 중 하나로, 강인한 선 표현이 특징이다.

1936년, 이중섭은 오산학교를 졸업하고, 임용련의 권유로 도쿄 제국미술학교로 유학을 갔다. 그러나 스케이트를 타다 다치는 바람에 입학 1년 만에 학교를 그만두고 집으로 돌아왔다. 이때 그림을 반대하는 형 때문에 집에 붙잡혀 있었다고도 한다. 1년 후 분카가쿠엔文化學院에 입학한 이중섭은 이곳에서 친구인 김병기를 다시 만났고, 훗날 한국 모더니즘과 추상화의 선구자로 일컬어질 유영국, 북한의 천재 화가로 이름을 날릴 문학수 등과 교유했다. 절친한 친구인 시인 구상도 이때 만났다.

이중섭은 문화학원의 자유롭고 진취적인 분위기 속에서 당시를 풍미하던 전위 미술에 강하게 끌렸다. 강인하고 굵은 선이 특징인 이중섭의 화풍은 이 시기부터 형성되었으며, 그는 학내에서 곧 동방의 조르주 루오라고 불리며 주목을 받았다. 얼마 지나지 않아 츠다 세이슈의 관심을 받았는데, 그는 일본 최초로 추상미술을 표방하는 자유미술가협회를 결성한 인물이었다. 츠다는 이중섭의 가능성을 높이 평가하며 동양이라는 지역적 특성과 한국인으로서 한국을 표현할 수 있는 사람은 이중섭뿐이라고 격려했다. 이

〈흰 소〉, 홍익대학교 박물관

중섭은 그의 아래에서 문학수, 유영국, 안기풍 등과 함께 자유전에 그림을 출품하고 본격적으로 작품 활동을 펼쳤다.

키가 크고 잘생겼으며, 운동, 노래, 미술 등에 다재다능했던 이중섭은 학교 내 여학생들의 선망을 한몸에 받았는데, 그중에는 후일 부인이 되는 야마모토 마사코도 있었다.

그러나 시대는 이중섭에게 화가로서도, 인간으로서도 순탄치 않은 인생을 선사했다. 태평양 전쟁으로 군국주의 물결이 일본을 휩쓸면서 사상과 예술 활동이 억압받기 시작한 것이다. 전쟁 때문에 프랑스 유학길도 막혔으며, 일본 내에서 조선인에 대한 탄압도 심해져 이중섭은 결국 1944년에 고향으로 돌아올 수밖에 없었다.

마사코와 헤어지고, 화가로서의 길도 막힌 이중섭은 좌절하여 매일 들판에 나가 소를 그렸다. 그러나 이듬해 마사코가 전쟁의 포화를 뚫고 고향 원산(평원군)으로 찾아왔다. 두 사람은 다음 달 혼례를 치렀고, 이중섭은 마사코에게 이남덕이라는 한국 이름을 지어 주었다.

고향에서 사랑하는 여인과 함께하면서 그림을 그리던 이 시기가 이중섭 인생에 있어 가장 행복한 때였다. 안정적인 생활은 잠시, 곧 북한 사회가 급속도로 사회주의 체제로 이행하면서 다시 고난이 시작되었다. 1946년, 사업가였던 형이 지주 계급으로 지목받아 처형되었고, 그에게는 사회주의 체제를 위한 정치 선전용 그림을 그리라는 압력이 들어왔다. 예술을 혁명적 도구로 인식하는 공산주의 사회 체제에서 예술가 개인의 표현의 자유는 인정되지 않았다. 그는 곧 퇴폐적이고 부르주아적인 그림을 그린다는 이유로 당에 끌려가 고초를 겪었다. 친구인 구상을 비롯해 수많은 예술가들이 이런 상황을 이기지 못하고 남한으로 내려갔다. 이 무렵 이중섭은 첫아들인 태현을 병으로 잃는 개인적 슬픔도 겪었다.

1950년 6월 25일, 한국 전쟁이 일어났다. 이중섭은 아내와 두 아들, 조카를 데리고 피난길에 올랐다. 부산의 피난민 수용소에서 어려운 생활을 하던 중섭은 종교 단체의 주선으로 제주도로 건너가 서귀포의 한 농가에 자리 잡았다. 미쓰이 물산 중역의 딸로 고생을 모르고 자란 마사코는 물론, 생업에 종사한 일 없이 순수하게 화가로서만 살아온 이중섭에게는 생활력이 없었다. 그림을 팔아 생활한다는 것 자체를 상상하기 어려웠던 시기였기에 피난민에게 나오는 배급을 받고, 마사코가 이삭을 줍고, 이중섭은 바닷가에 나가 게를 잡아 근근이 먹고 살 수밖에 없었다. 이중섭은 아이들과 게, 물고기를 그리는 데 열중하며 어려운 상황을 극복해 나갔다. 1년이 채 지나지 않아 부산으로 돌아온 이중섭은 부두에 나가 막일을 하는 한편, 다방을 중심으로 화가들과 교류하며 단체전을 준비했다. 가족과 그림만이 생의 희망이었다.

1952년 7월, 이중섭은 아내 마사코와 아이들을 일본으로 보냈다. 기약 없는 피난민 생활로 추위와 배고픔에 시달린 끝에 내린 결정이었다. 이중섭은 가족을 떠나보낸 허전함으로 떠돌이 생활을 시작했다. 아내와 아이들을 만나고 싶어 하는 그의 간절함을 보다 못한 친구 구상이 이듬해 선원증을 구해 일본행을 주선했다. 그러나 일주일짜리 임시체류증이었던지라 곧 돌아올 수밖에 없었다. 게다가 패전 이후 혼란스러운 상황에서 마사코의 집안 역시 어려웠기에 이중섭까지 받아 줄 형편이 되지 못했다.

다시 부산으로 돌아온 이중섭은 화가 전혁림, 작가 유치환, 김상옥, 김춘수 등의 배려로 작품 활동을 계속했다. 1952년 12월에 한묵, 박고석, 손응성, 이봉상과 함께 기조전을 열었으며, 1953년에는 40여 점의 작품을 가지고 통영의 성림다방에서 첫 개인전을 열었다. 1955년에는 서울 미도파 화랑에서 개인전을 열었다.

1954년, 서울에 올라와 친구 집을 전전하던 이중섭은 하루에 빵 한쪽도 제대로 먹지 못하고 그림을 그릴 종이조차 살 수 없을 만큼 궁핍했다. 생활고, 가족을 떠나보낸 좌절감과 고독감은 점차 그의 정신을 좀먹었다. 종종 기이한 행동을 해 주변 사람들을 놀라게 했으며, 이따금 발작을 일으켰다.

결국 친구의 도움으로 병원에 입원했으나 거식증과 영양실조, 몇 차례의 탈출 소동 등으로 여러 병원을 옮겨 다녔다. 보다 못한 친구 한묵이 공기 좋은 곳에서 그를 곁에 두고 요양시키기로 결심하고 정릉 골짜기의 집으로 데리고 갔다. 이런 노력에도 이중섭은 약 반 년 후인 1956년 초여름, 우울증과 폭음, 간장염으로 적십자병원에 입원한 뒤 끝내 정신을 차리지 못했다. 그는 그해 9월 6일에 41세의 젊은 나이로 숨을 거두었다. 그의 시신은 화장되어 반은 망우리 공동묘지에 묻히고, 반은 일본으로 보내졌다. 죽어서야 반쪽이나마 그리워하던 아내와 아이들 곁으로 돌아간 것이다.

친구이자 동료 화가였던 김병기는 그의 죽음에 대해 이렇게 썼다.

> 사인은 간장염이지만 그는 굶어 죽었대도 좋고 미쳐 죽었다 해도 좋다. 혹은 자살이라 해도 좋다. 이 사회가 예술은 소용없다 해도 그림만은 그린 것이요, 그림으로 세상이 안 먹여 준다면 안 먹겠다는 처절한 순도이었다.

016

미술사상 최초의 비디오 아티스트

백남준

白南準(1932. 7. 20~2006. 1. 29)

- 한국에서 태어나 미국에서 활동
- 비디오 아트 예술가로 플럭서스 운동을 주도하는 등 예술의 표현 범위를 확대했다.
- 〈TV 정원〉, 〈달은 가장 오래된 TV〉, 〈비디오 물고기〉, 〈TV 시계〉, 〈삼원소〉 등

백남준은 비디오 아트를 만들고 발전시킨 현대 예술가이다. 뉴욕 구겐하임 미술관의 수석 큐레이터 존 핸하트는 백남준의 작품에 대해 이렇게 말했다.

"백남준의 작품은 20세기 말 미디어 문화에 강력하고 지속적인 영향을 끼쳤다. 덕분에 텔레비전 방송에 대한 재정의가 이루어졌으며, 비디오는 미술가의 예술적인 수단이 되었다."

비디오 아트란 비디오, 텔레비전 등의 전자 매체를 표현 매체로 활용하는 예술로, 영화의 연장, 미술의 확장된 개념으로 여겨진다. 비디오 아트의 탄생으로 미술은 회화나 조각의 형태에서 탈피해 규정할 수 없을 만큼 다양한 면모를 띠게 되었고, 그럼으로써 현대 미술의 지형이 바뀌었다. 특히

비디오 아트는 작품 자체만이 아니라 그 작품이 놓인 공간 구성과 긴밀하게 연관되어 있어, 앞으로 어떤 형태로 발전할지 가늠할 수 없을 만큼 가능성이 무궁무진하다.

백남준은 1932년 7월 20일 서울에서 태어났다. 3남 2녀 중 막내로, 아버지 백낙승은 매창방직을 경영하는 한편, 무역업을 하는 사업가였다. 부유한 가정환경에서 어린 시절부터 예술을 접하며 자랐고, 특히 피아노 치는 것을 좋아했다. 그는 수송국민학교와 경기보통중학교를 다니면서 피아니스트 신재덕에게 피아노를, 작곡가 이건우에게 작곡을 배웠다. 중학교 시절에는 몇 가지 작품을 작곡하기도 했는데, 그중 조벽암의 〈향수〉라는 시를 좋아해 곡을 붙인 작품도 있다. 또한 이 시절부터 인사동의 고서점가를 들락거리며 일본어판으로 된 철학 서적들을 즐겨 읽었다고 한다.

1949년, 아버지의 사업 때문에 홍콩에 따라갔다가 잠시 로이덴 스쿨에서 공부했으며, 이듬해 6·25전쟁이 일어나자 1951년에 가족이 모두 일본으로 이주했다. 1952년에 도쿄 대학교 교양학부에 입학했고, 1954년에 미학 미술사학과에 진학하여 미술사와 음악사를 전공했다. 1956년에는 대학을 졸업하고 독일 유학길에 올라 뮌헨 대학과 쾰른 대학에서 미술과 음악을 공부했다. 이때 현대음악가 존 케이지와의 만남을 계기로 전자음악에 몰입했다.

1959년, 백남준은 〈존 케이지에 대한 경의〉라는 피아노를 파괴하는 퍼포먼스를 선보이면서 아방가르드 예술가로서 두각을 드러내기 시작했다. 또한 이 작품으로 평생의 벗이 될 요제프 보이스와 인연을 맺었다.

1961년, 백남준은 조지 마키나우스, 요제프 보이스 등과 함께 플럭서스 Fluxus 운동을 주도했다. 플럭서스는 일종의 급진적 미술 운동으로, 1960년대에서 1970년대까지 독일에서 개화된 국제적 아방가르드 예술 운동을 일

킨는다. 이들은 예술의 관념주의와 형식주의에서 탈피하여 관념보다는 행위를, 형식보다는 내용을 중시하고, 예술과 일상적 삶의 접목을 지향점으로 삼았다.

백남준은 초기 전자음악을 바탕으로 파괴 행위가 주가 되는 퍼포먼스를 선보였으며, 공격적이고 도발적인 행위로 유명세를 떨쳤다. 얼마 후 그는 비디오 매체에서 음악과 시각을 결합해 다양한 형태를 창출할 수 있는 가능성을 발견했고, 1963년에는 〈음악 전람회—전자 텔레비전〉이라는 첫 번째 개인전에서 미술사상 최초의 비디오 아트를 선보였다. 13대의 TV와 3대의 피아노가 활용된 이 퍼포먼스에서는 영사막을 거꾸로 뒤집어 놓거나 관객이 발로 밟아야 소리가 나도록 조작한 TV가 설치되었다. 이는 관객 참여적, 임의적 예술 형태로, 매체가 지닌 일방적인 정보 전달 구조를 깨뜨리는 퍼포먼스였다.

이듬해 백남준은 뉴욕으로 건너가 비디오 예술을 본격적으로 발전시켰다. 1965년, 그는 비디오 캠코더로 뉴욕을 방문한 교황 요한 바오로 6세를 촬영하여 그 영상을 카페 어 고고cafe a go—go에서 방영했는데, 이것이 공식적인 최초의 비디오 아트 작품이다.

뉴욕에서 백남준은 첼리스트 샬럿 무어만과 함께 음악, 퍼포먼스, 비디오를 결합한 작품들을 선보였다. 이들은 〈성인을 위한 첼로 소나타 1번〉, 〈생상스 주제에 의한 변주〉 등 에로틱한 음악과 퍼포먼스로 센세이션을 일으켰다. 급기야 1966년 〈오페라 섹스트로닉〉 초연에서는 무어만이 상반신을 노출한 채 첼로를 연주하다 경찰에 체포되는 소동이 벌어졌다. 이 사건이 일으킨 파장은 대단했고, 그 결과 예술 현장에서 누드를 처벌할 수 없다는 법 개정이 이루어지기에 이르렀다. 이후에도 두 사람은 〈살아 있는 조각을 위한 TV 브라〉, 〈TV 첼로〉 등 다양한 퍼포먼스를 시도했다.

성을 주제로 한 선정적인 음악을 만들고 이를 테마로 하는 퍼포먼스에 대해 백남준은 이렇게 설명한다.

“왜 회화나 문학에서 중요하게 다뤄지는 주제인 성性이 음악에서만 금지되는가. …… 음악사는 ‘D. H. 로렌스’나 ‘지그문트 프로이트’를 요구하고 있다.”

〈다다익선〉 1988년 9월 국립현대미술관에 설치된 비디오 타워로, 1,003개의 TV를 쌓은 탑의 형태를 띠고 있다.

그는 음악에 누드와 섹스를 도입해 음악의 시각화 작업을 시도했으며, 무엇보다 음악을 시대에 뒤떨어지게 하는 금기의 사슬을 끊고자 ‘성’의 표현을 도입했다. 그러나 극단적인 에로티시즘과 충격적인 퍼포먼스는 그의 작품을 단순한 유흥 혹은 해프닝으로 여겨지게 하기도 했다.

백남준은 TV 모니터들을 여러 개 설치하고 제작된 비디오테이프 영상을 송출하는 비디오 아트 설치예술 개념을 도입했는데, 이런 작업들은 조각과 설치 미술의 가능성을 확장시켰다. 또한 그는 미술이 지닌 일방향성에서 탈피해 ‘상호작용’ 예술 개념을 도입했다. 예컨대 〈자석 TV〉는 모니터 외부에 자석 막대를 매달아 그것이 움직일 때마다 전자 시그널을 방해하여 TV

화면에 비추는 이미지를 변화시키도록 고안되어 있다. 관객은 자석 막대를 움직임으로써 다양한 추상적 형태 패턴을 볼 수 있다. 또한 〈참여 TV〉는 관객이 버튼을 눌러 화상을 바꿀 수 있는데, 이는 관객을 예술가 혹은 공동예술가로 작품에 참여시켜 관계를 맺는 시도였다.

1970년대에 들어 백남준은 비디오 설치 작업에 몰입했고, 대표작인 〈TV 정원〉, 〈물고기 하늘을 날다〉, 〈비디오 물고기〉, 〈달은 가장 오래된 TV〉, 〈TV 시계〉 등이 탄생했다.

1974년 작 〈TV 정원〉은 가장 널리 알려진 작품 중 하나로, 전시회장을 열대 숲으로 꾸미고, 그 사이사이에 〈글로벌 그루브〉의 화려한 이미지들이 나타나는 모니터들을 배치한 것이다. 미디어 테크놀로지와 지역적 문화유산의 결합과 상생을 표현한 것으로, 자연화된 문화, 문화화된 자연의 도래를 예견한 선구적인 작품이다. 또한 〈글로벌 그루브〉는 존 케이지와 앨런 긴즈버그의 작품을 활용한 것으로, 예술 행위가 재정의되는 계기를 만들었다. 1975년에 발표한 〈물고기 하늘을 날다〉에서는 모니터들을 천장에 매달아 관객이 누워서 보게 하여 감상의 시각을 바꾸는 한편, 여러 장면을 동시에 보여 줌으로써 관객의 지각 변화를 다차원적으로 요구하는 새로운 시도를 했다.

1982년, 휘트니 미술관에서 〈백남준 회고전〉이 개최되면서 그의 비디오 아트 세계는 뉴욕을 중심으로 미국 사회에 널리 알려졌다. 무엇보다 그를 유명하게 만든 것은 1984년 뉴욕 WNET 방송국에서 방송한 〈굿모닝 미스터 오웰〉이다. 그는 1970년대 중반부터 뉴욕 WNET, 보스턴 WGBH 방송국과 협력하여 비디오 아트를 TV로 송출했는데, 이는 예술의 전시 영역을 확장한 시도였다. 〈굿모닝 미스터 오웰〉은 이를 더욱 확장한 것으로, WNET와 파리 퐁피두 센터를 위성으로 연결하여 이브 몽탕, 요제프 보이스, 존 케이지, 앨런 긴즈버그 등 세계적인 아티스트들의 퍼포먼스를 생중계했다. 1986년 서울아시안게임에서는 〈바이바이 키플링〉이라는 인공위성 프로젝트를, 1988년 서울 올림픽에서는 〈손에 손잡고〉라는 인공위성 쇼를 발표했다.

1993년, 백남준은 베네치아 비엔날레 독일관 작가로 초대되어 최고 전시관 부문에서 그랑프리를 받았으며, 1995년에는 베네치아 비엔날레에 한국관을 설치하는 데 기여하면서 한국 미술이 세계에 진출하는 길을 열었다.

1996년, 백남준은 뇌졸중으로 쓰러져 몸의 왼쪽 신경이 모두 마비되었다. 그럼에도 그는 독일 비디오 조각전, 바젤 국제 아트 페어에 참가했으며, 2000년 뉴욕 구겐하임 미술관에서 열린 전시회에서는 〈야곱의 사다리〉, 〈삼원소〉와 같은 '레이저 아트'를 선보이는 등 끊임없이 새로운 시도를 했다. 이후 백남준은 2006년 1월 29일 미국 플로리다 마이애미의 자택에서 74세를 일기로 세상을 떠났다.

생 년

1267? 조토
1386? 도나텔로
1395? 얀 반 에이크
1400? 프라 안젤리코 / 판 데르 베이던
1401 마사초
1416? 피에로 델라 프란체스카
1420 셋슈 도요
1430? 조반니 벨리니
1444? 보티첼리
1450? 히에로니무스 보스
1452 레오나르도 다 빈치
1471 알브레히트 뒤러
1475 미켈란젤로
1477? 조르조네
1483 라파엘로
1488? 티치아노
1497? 소 홀바인
1518? 틴토레토
1525? 대 브뤼헐
1541 엘 그레

1215 영국 마그나카르타 제정
1337 프랑스 백년전쟁 발발
1446 조선 훈민정음 반포
1450 구텐베르크의 금속활자 발명
1506 조선 중종반정
1517 루터의 종교개혁

사 건

생 년

1791 제리코
1796 코로
1798 들라크루아
1814 밀레
1819 쿠르베
1832 마네
1834 윌리엄 모리스 / 드가
1839 세잔
1840 모네 / 로댕
1841 르누아르
1844 앙리 루소
1848 고갱
1853 고흐
1859 쇠라
1860 무하
1862 클림트
1863 뭉크
1864 스티글리츠 / 로트레크
1866 칸딘스키

1806 신성로마제국 멸망
1815 워털루 전투
1841 아편전쟁
1861 미국 남북전쟁

사 건

|13세기~현대|

1555 동기창
1560 카라치
1571? 카라바조
1577 루벤스
1581? 할스
1594 푸생
1599 벨라스케스
1606 렘브란트
1626? 팔대산인
1632? 베르메르
1684 와토
1696 티에폴로
1697 호가스
1699 샤르댕
1727 게인즈버러
1732 프라고나르
1746 고야
1748 다비드
1760 가쓰시카 호쿠사이
1774 프리드리히
1775 터너
1780 앵그르

1592 조선 임진왜란
1603 일본 에도 막부 성립
1627 조선 정묘호란
1640 영국 청교도 혁명
1776 미국 독립선언
1789 프랑스 대혁명

1867 케테 콜비츠
1869 마티스
1872 몬드리안
1876 브랑쿠시
1879 클레
1881 피카소
1884 모딜리아니
1886 디에고 리베라
1887 샤갈
마르셀 뒤샹
1893 호안 미로
1898 마그리트
1901 자코메티
1904 달리
1907 프리다 칼로
1909 프랜시스 베이컨
1912 잭슨 폴록
1923 로이 릭턴스타인
1928? 앤디 워홀

1884 조선 갑신정변
1894 청일 전쟁
1904 러일 전쟁
1905 대한제국, 을사늑약 체결
1914 제1차 세계대전
1918 윌슨 평화원칙 14개조 발표
1924 소련 연방 성립
1933 히틀러, 독일총리 취임
1939 제2차 세계대전
1941 태평양전쟁

017

창조성과 예술성을 모두 갖춘 화가

조토 디 본도네

Giotto di Bondone(1267?~1337. 1. 8)

I 이탈리아
I 회화사에서 빼놓을 수 없는 인물로, 감정 표현에 따른 묘사와 최초로 배경을 그려 넣는 등 르네상스 미술을 꽃피웠다.
I 〈성흔을 받는 프란체스코〉, 〈성모와 아기 예수〉, 〈죽은 그리스도에 대한 애도〉 등

조토 디 본도네는 토스카나, 나폴리, 북부 이탈리아에서 활동한 화가로, 유럽 미술사에서 창조성과 예술성을 지닌 최초의 화가로 일컬어진다. 그의 이름이 곧 '화가'라는 단어와 동의어로 여겨질 만큼 당대부터 죽은 지 7세기가 지난 오늘날까지 회화사에서 가장 중요한 작가로 꼽힌다.

르네상스 미술은 그의 스승인 치마부에부터 시작되었다는 관점도 있지만, 비잔틴 미술이라는 중세적 관습에서 벗어나 르네상스 미술의 물꼬를 튼 진정한 주도자는 조토였다. 그의 친구이기도 했던 단테는 《신곡》에서 "치마부에의 시대는 갔다. 지금부터는 조토의 시대다."라고 말했으며, 최초의 미술사가 조르조 바사리는 그가 자연에서 가장 아름다운 부분을 재현하

려는 화가의 본능과 잊힌 회화의 기법과 규칙을 부흥시켰다고 평했다. 또한 보카치오는 《데카메론》에서 "수세기 동안 어둠 속에 갇혀 있었던 회화예술에 빛을 던진 사람"이라고 극찬했다.

〈성 프란체스코의 생애〉, 아시시 산 프란체스코 성당

조토는 1267년경 이탈리아 피렌체 북부의 베스피냐노에서 농부 본도네의 아들로 태어났다. 조토는 어린 시절부터 그림에 뛰어난 재능을 보였다는데, 이와 관련해 재미있는 일화가 전한다. 어린 조토는 집안일을 도우려 양떼를 거느리고 다니면서도 돌이나 땅바닥에 수시로 그림을 그렸는데, 10세 무렵 피렌체의 화가 치마부에가 볼로냐로 가는 도중 땅바닥에 양을 그리는 그를 보고 재능에 탄복해 제자로 데려갔다는 것이다.

그의 그림 실력과 관련된 또 다른 일화가 있다. 어느 날 조토는 스승 치마부에가 잠시 자리를 비운 사이 치마부에가 그린 그림 위에 파리를 한 마리 그려 넣었다. 그림 속 인물의 코 위에 그린 파리가 어찌나 실감났던지 되돌아온 치마부에가 파리를 쫓으려고 손을 휘저었다고 한다.

조토는 치마부에 아래에서 로마, 피렌체 등지를 여행하며 그림을 그렸고, 1297년 무렵부터 치마부에가 작업하던 아시시의 산 프란체스코 성당 프레스코화를 그렸다. 성 프란체스코의 생애를 다룬 작품인데, 이를 비롯해 조토의 작품에서는 자연주의와 서사성이 돋보인다.

스승인 치마부에를 비롯해 동시대의 화가 두초가 그랬듯 조토의 그림 역시 대부분 제단 장식을 목적으로 한 종교화였다. 문맹률이 높았던 당시에는 사람들에게 성서의 내용을 전달하기 위해 그림으로 표현했고, 때문에 회화는 독립적인 예술 작품이 아닌 교훈과 교화 수단에 불과했다. 따라서 조토가 활동하기 전까지 회화는 평면적이고, 정적이며, 장식적이고 비사실적이었다. 그러나 조토는 등장인물 간에 깊이감을 표현하고 단축법, 투시법, 명암을 이용해 입체감을 부여했다. 또한 회화에 최초로 배경을 그려 넣었으며, 인물의 표정과 감정을 드러내고 동작을 사실적으로 표현하면서 이야기에 서사성을 불어넣었다. 그럼으로써 장식적 제단화에 불과했던 회화를 화가의 내면을 표현하는 매체, 즉 작품으로 승화시켰다. 이런 감정 표현에 따른 인간미와 사실적인 묘사는 이후의 화가들에게 크게 영향을 미쳤고, 사실주의와 자연주의, 즉 르네상스 미술이 꽃피는 토대가 되었다. 조토라는 위대한 천재 한 사람으로 인해 무려 10세기 가까이 회화를 지배한 비잔틴 양식이 소멸하고 르네상스적 미술이 새로이 탄생한다.

이후 조토는 교황 보니파시오 8세의 부름을 받고 로마에서 〈성흔을 받는 성 프란체스코〉, 〈십자가에 못 박힌 예수〉 등의 패널화를 그리면서 유명세를 타기 시작했다.

1306년경 조토는 파도바 아레나 예배당의 장식을 맡았다. 설계 단계부터 프레스코 벽화를 염두에 두고 지은 예배당 네 벽의 벽화와 천장화는 모두 조토의 작품이다. 예수 그리스도의 일생과 성가족의 이야기를 담은 작품들로, 〈성모와 아기 예수〉, 〈수태고지〉, 〈최후의 심판〉, 〈죽은 그리스도에 대한 애도〉가 대표작으로 꼽힌다. 각 그림들은 서사의 한 장면을 묘사하고 있

〈죽은 그리스도에 대한 애도〉, 파도바 아레나 예배당

는데, 조토는 스승 치마부에의 형식적인 인물 묘사에서 탈피해 감정과 동기를 지니고 행동하는 인간의 모습을 그려 냈다.

무엇보다 조토는 앞으로 닥칠 사건에 대한 궁금증을 자아내는 데 탁월한 능력을 지니고 있었다. 예컨대 세 살이던 성모 마리아를 성전에 데리고 갔을 때 마리아가 아무 도움 없이 15개의 계단을 올라갔다는 일화를 묘사한 〈성전에서 마리아의 봉헌〉을 살펴보자. 성모 마리아와 마리아의 어머니,

〈성전에서 마리아의 봉헌〉, 파도바 아레나 예배당

대제사장의 박진감 넘치는 표정과 동작, 다양한 포즈로 수군거리는 주변인들은 그림 안에서 벌어지는 사건의 중대성을 보여주며, 동시에 무슨 일이 일어날지 기대하게 만든다. 그러나 해부학적으로 정확한 인체 표현, 원근감에 따른 3차원적인 공간 묘사는 조토 시절에는 해결되지 않았고, 르네상스 시대에 이르러서야 발전된 양식으로 확립된다.

이후 조토는 로마에서 활동하며 오니산티 성당의 〈성모(오니산티의 성모)〉 등 제단화로 쓰일 패널화들을 그렸다. 1313년에는 로마 생활을 정리하고 피렌체 등지를 오가다 이듬해 산타 크로체 성당의 벽화를 그리기 시작했다. 세례 요한의 일생을 주제로 한 〈수태고지를 받는 자카리야〉, 〈세례 요한의 탄생과 명명〉, 〈헤롯 왕의 연회〉와 사도 요한의 일생을 그린 〈패트모스 섬에 있는 사도 요한의 환영〉, 〈드루시아나의 부활〉, 〈사도 요한 승천〉 등이다.

산타 크로체 성당에는 조토의 후기 걸작이 더 있다. 바로 1327년 바론첼리 가족 예배당 제단화로 그려진 '바론첼리 다폭 제단화'이다. 이 작품의 하단 중앙에는 '피렌체의 거장 조토의 작품'이라는 의미의 라틴어 'OPUS MAGISTRI JOCTI DE FLORENTIA'라는 명문이 새겨져 있다. 이 무렵 조토는 수많은 도제들을 거느리고 공방을 운영하는 명망 있는 화가였다. 이 명문은 화가로서 원숙미가 절정에 다다른데다 젊은 시절부터 거장으로 추앙받던 자신감의 표현인 동시에 장인으로 취급받았던 당시에 예술가로서의 정체성을 드러내고자 한 시도로 여겨진다.

〈오니산티의 성모〉, 피렌체 우피치 미술관

1329년부터 조토는 나폴리에서 앙주 왕의 궁정 화가로 활동했으며, 약 5년 후 피렌체로 돌아왔다. 피렌체 시는 그에게 '카포마에스트로' 작위를 내렸고, 조토는 시 전체의 건축을 총괄 감독하는 위치에 서게 되었다. 그는 피렌체 대성당(두오모)의 캄파넬라를 설계했고, 피렌체 성채 건설을 감독했다.

1337년 1월 8일, 조토가 사망하자 피렌체 시는 그의 업적을 크게 기려 성대하게 장례식을 치렀고, 그의 시신은 산타 레파르트타 성당(이 자리에 현재의 두오모가 세워졌다)에 안치되었다.

018

비잔틴 미술에서 르네상스 미술로의 전환

마사초

Masaccio, Tommaso di Ser Giovanni di Simone cassai(1401. 12. 21~1428)

❙ 이탈리아
❙ 최초로 원근법을 사용하여 그림을 그린 화가로 르네상스 회화의 창시자이기도 하다.
❙ 〈성 삼위일체〉, 〈성 안나와 성모자〉 등

마사초는 원근법을 사용해 그림을 그린 최초의 화가로, 비잔틴 미술에서 르네상스 미술로 나아가는 길을 닦았다고 여겨진다. 그는 실질적인 관찰을 토대로 대상을 입체감 있게 표현하고, 원근법을 바탕으로 공간을 묘사했으며, 자연광을 이용한 빛의 효과를 도입했다. 또한 인물의 감정에 비장미를 부여하는 등 기존의 장식적이고 우아한 비잔틴 양식에서 탈피해 이탈리아 회화를 완전히 뒤바꾸어 놓았다고 평가된다. 레오나르도 다 빈치는 "조토 이후 마사초가 등장할 때까지 미술은 쇠퇴일로를 걸었다. 마사초는 자신의 작품을 통해 거장의 진정한 스승은 자연이며, 그 외에 다른 방식을 추구하는 작가들의 작품은 덧없다는 것을 보여 주었다."라고 말하기도 했다.

마사초는 1401년 토스카나 지방의 아레초 산 조반니 발다르노에서 공증인인 세르 조반니 디모네 카사이의 아들로 태어났다. 본명은 톰마소 디 세르 조반니 구이디로, '마사초Masaccio'는 '덩치 크고 어줍은 톰마소'라는 의미이다. 세상 물정에 어두워 어리숙하고 선량했으며 얼빠져 보이기도 하여 이런 별명이 붙었다고 한다.

〈성 안나와 성모자〉, 피렌체 우피치 미술관

5세 때 아버지를 잃고 어머니가 재혼했으며, 어린 시절에는 약제사 공부를 했으나 조토의 그림을 보고 감동받아 화가가 되기로 결심했다고 한다. 21세 때 의사 · 약제사 조합에 가입했고, 23세 때 화가 조합인 성 루가 길드에 가입했다. 생애에 관해서는 물론, 도제 생활에 대해서도 거의 알려진 것이 없는데, 피렌체 화가 마솔리노 아래에서 잠시 화가 수업을 받았다고도 하며, 아예 도제 수업을 받지 않고 독자적으로 활동했다는 주장도 있다.

23세 때 그는 마솔리노와 함께 피렌체 산타 마리아 델 카르미네 성당의 봉헌식에 걸릴 〈성 안나와 성모자〉를 제작했는데, 그가 도제로서 작업한 것인지 마솔리노와 공동 작업을 한 것인지는 밝혀지지 않았다. 이 작품은 16세기 말 성당이 수도원으로 개축되면서 파괴되었으나 미켈란젤로를 비롯해 다른 화가들의 스케치를 통해 전해졌다. 이 작품부터 마사초는 브루넬레스코가 창안한 수학적 원근법을 최초로 회화에 도입하려고 시도했다. 마솔리노 역시 그림에 입체감을 구현하기 위해 명암 대비를 이용했으나, 수학적 원근법을 활용하여 입체감과 공간감을 부여한 마사초에는 미치지 못했다.

마사초가 1428년 로마에서 사망했다는 기록이 남아 있는데, 성 루가 길드 가입 이후부터 추산하면 그가 화가로서 활동한 것은 6년 정도밖에 되지 않으며, 지금까지 전하는 작품도 많지 않다. 그러나 이 짧은 기간 동안 그는 수많은 혁신적인 기법을 창안하여 르네상스라는 새로운 회화 양식을 태동시켰다. 그가 1424년 마솔리노, 필리피노 리피와 공동으로 그린 산타 마리아 델 카르미네 성당 예배당 프레스코화는 르네상스 시대가 끝날 때까지 막강한 영향력을 발휘했다.

기록으로 남아 있는 그의 첫 독립 작품은 1426년 산타 마리아 델 카르미네 성당의 대형 제단화인데, 이 제단화는 18세기에 해체되어 개인 소장가들과 미술관 등으로 뿔뿔이 흩어져 현재는 대부분 전하지 않는다. 배경에 금박을 넣고, 성모가 아기 예수를 안고 옥좌에 앉아 있는 주위를 성인과 천사들이 둘러싸고 있는 구도 등은 기존에 널리 사용되던 양식이다. 그러나 원근법과 명암 대비를 통해 공간감과 입체감 구현을 시도한 독자성이 드러나 있다.

이런 시도를 거듭한 끝에 마사초는 〈성 삼위일체〉에서 원근법을 완전히 회화에 적용했다. 산타 마리아 노벨라 성당에 그려진 이 벽화는 십자가에 매달린 그리스도를 중심으로 양옆에는 마리아와 성 요한이, 위로는 하느님이 십자가를 붙잡고 있는 모습이 묘사되어 있다. 주제는 평범하지만 완벽한 원근법을 토대로 그려진 작품이다. 마사초는 착시 현상을 이용한 중앙

원근법과 공기 원근법을 고려하고, 이를 브루넬레스코의 원칙에 따라 정밀하게 작품에 응용했다. 건물을 배경으로 성인들이 배치된 모습은 성당 벽면에 그려진 그림이 아니라 마치 벽 안쪽에 예배당이 하나 더 있는 듯 여겨진다. 정교한 선 원근법 배치 아래 빛과 그림자의 대비는 각 요소들의 입체감을 뚜렷이 드러내며, 전면을 감싸고 있는 어슴푸레한 빛의 효과는 중심인물을 부각시킨다. 당시만 해도 자연광으로 전면을 비추는 기법은 매우 드문 것이었다. 미술사가 조르조 바사리는 "너무나 정교하게 그려진, 입체 조형물처럼 보이는" 작품이라고 말했다.

〈성 삼위일체〉, 피렌체 산타 마리아 노벨라 성당

또한 마사초는 동시대의 거장 도나텔로가 작품에 부여한 인간적인 감성을 회화에 끌어들였다. 인물들의 얼굴에서는 격렬하고 강렬한 비통함이 뿜어져 나오는데, 이는 극도로 절제된 몸짓과 대비되어 비장미를 극대화한다. '신'을 중심으로 한 중세 예술에서 탈피해 인간을 중심으로 한 작품을 제작하는 방향으로 나아가기 시작한 것이다.

이 작품을 그리고 나서 마사초는 산타 마리아 델 카르미네 성당에서 〈테오필루스 아들의 부활〉을 그리기 시작했다. 그러다 마솔리노의 요청으로 잠시 작업을 중단하고 로마로 가 산 클레멘테 성당 제단화를 그리기 시작했다. 그러나 작업을 시작한 지 얼마 지나지 않아 27세의 젊은 나이로 죽었다. 원인은 전하지 않는데, 약물 중독이라는 설도 있고, 경쟁자였던 다른 화가가 그를 시샘해 독살했다는 소문도 있다.

"나는 그렸고 내 그림은 삶과 같았다. 나는 인물들에 움직임, 열정, 혼을 실었다."

6년이라는 짧은 기간 동안 그림에 모든 열정을 바친 마사초. 그가 이룩한 회화적 성취는 그 어떤 화가가 이룩한 것보다 위대했으며, 그의 삶이었던 그림들은 근대적인 회화를 의미하는 표상이 되었다. 마사초가 회화사에서 차지하는 비중에 대해 오늘날까지 그 어떤 의문도 없으며, 동시대는 물론, 후대 르네상스의 위대한 거장들은 그의 프레스코화를 연구하기 위해 피렌체로 갔다.

019

이탈리아 미술에 혁신을 불러오다

도나텔로

Donatello, Donato di Niccolò di Betto Bardi
(1386?~1466. 12. 13)

| 이탈리아
| 피렌체 르네상스의 화가이자 조각가로 전통적인 고대 조각 미술 양식을 변형하여 이탈리아 미술에 혁신을 가져왔다.
| 〈다비드〉, 〈추코네〉, 〈성 게오르기우스〉, 〈막달라 마리아〉 등

도나텔로는 피렌체 르네상스 정신을 구현했다고 일컬어지는 화가이자 조각가이다. 그는 고대 로마 조각에 대한 광범위하고 상세한 지식을 기반으로 고대 미술을 대담하게 변형, 재창조했으며, 인체 연구를 바탕으로 한 사실주의적 표현에 더해 다양한 동작과 표정으로 인간성을 불어넣으며 이탈리아 미술에 일대 혁신을 가져왔다.

본명은 도나토 디 니콜로 디 베토 바르디이며, 도나텔로라는 애칭으로 널리 알려져 있다. 도나텔로는 1386년경 피렌체에서 양털 소모공梳毛工인 니콜로 디 베토 바르디의 아들로 태어났다. 그는 초기에는 금세공 공방에서 도제로 일했으며, 1400년경 피렌체 대성당의 석공에게 석공 기술을 배웠다고 한다. 2년 후에는 청동 조각가인 로렌초 기베르티의 도제가 되었고, 얼마 지나지 않아 기베르티가 산 조반니 세례당 북문의 청동 부조 모형을 만들 때 참여했다.

1404년경부터 약 3년간 도나텔로는 로마에서 건축가 필리포 브루넬레스코와 함께 고대 미술품을 발굴하며 연구했다. 이로써 그는 당대 그 어느 미술가보다 고대 미술에 정통한 지식을 갖출 수 있었다.

〈추코네〉, 시에나 오페라 델 두오모 미술관

로마에서 돌아온 도나텔로는 고대 미술품에서 찾은 이상적인 미를 추구했다. 작품에 고전 시대 이래 중세 미술에서 단절되었던 이상적인 인체 표현과 인간성을 드러내는 외면 묘사 및 다양한 동작들로 작품에 인간성을 불어넣으며 기베르티를 능가하는 피렌체 최고의 조각가로 등극했다. 이런 능력은 오르산미켈레 성당의 〈성 마르코〉 상과 〈성 게오르기우스〉 상에서 유감없이 발휘되었다. 두 작품에서 인체는 자율적이고 기능적인 유기체로써 유려하게 표현되어 있으며, 옷자락과 주름은 몸무게와 동작에 따라 함께 움직인다. 고대 로마 시대 이후 최초로 인간의 육체에 개성과 감정을 깃들이고 사실주의적으로 신체를 재현한 작품이었다.

이후 피렌체 대성당의 〈아브라함과 이삭〉, 〈추코네〉, 〈예레미야〉 등에서 도나텔로는 한 단계 더 발전한 면모를 보여 주었다. 그는 이 작품들에 고대 로마 흉상들이 지닌 인간적인 면모를 불어넣었다. 즉 각 인물의 개성을 살려 표현했는데, 이는 이전까지 성서의 예지자들을 표현하던 방식에서 완전히 탈피한 '새로운 양식'이었다.

예컨대 〈추코네〉는 구약성서의 〈소선지서〉 중 여덟 번째 책의 주인공인 예언자 하박국을 조각한 것으로, 추코네zuccone란 '호박 대머리'라는 의미이다. 이렇듯 별칭으로 널리 알려진 이 작품에서 예언자는 벗겨진 머리에 도드라진 광대와 깊게 패인 주름, 멍하니 입을 벌린 모습을 하고 있다. 하박국은 인간 사회에 만연한 부패와 부정, 폭력을 목격하고 절망에 빠져 하느님께 '왜 이런 상황을 두고 보시느냐'라고 토로하는 인물이다. 도나텔로는 충격과 고뇌, 절망하는 인간을 추코네로 표현한 것이다. 성인을 영웅적이고 이상화된 방식으로 표현하던 중세 미술에서는 상상조차 하기 힘든 시도로, 인간적인 면모와 개성, 심리 표현이 두드러지는 혁신이었다. 표현 방식만이 아니라 작품 제작 방식에 있어서도 혁신성이 두드러진다. 이 작품들은 피렌체 대성당 종탑 벽감에 세우는 조상彫像인데, 도나텔로는 이것들을 보다 3차원적이고 독립적인 작품으로 제작하여 벽 장식의 일부에 불과했던 조각을 벽감으로부터 독립시킨 것이다.

도나텔로는 계속해서 독자적인 대리석 부조 양식을 개발했다. 평부조라고 불리는 스키아치아토schiacciato 기법이 대표적이다. 이는 조각칼로 그린 것처럼 아주 얕게 조각하는 것으로, 마치 회화 같은 느낌을 준다. 대표적으로 〈용을 무찌르는 성 게오르기우스〉와 〈승천하여 성 베드로에게 천국의 열쇠를 주는 그리스도〉 등이 이 방식으로 제작되었다.

또한 도나텔로는 당시까지 흔하지 않던 초상 흉상을 제작하기도 했다. 그는 동시대인인 니콜로 다 우차노의 초상 흉상을 만들 때 고대 로마의 흉상 기법을 따랐는데, 이는 고대 미술의 부활이라는 르네상스 정신을 담은 것이라 할 수 있다. 또한 대립교황 요한 23세의 묘비에도 그의 초상과 함께 성경 일화를 표현한 장면들을 새겨 넣음으로써 당시 묘비 제작 관행을 바꾸어 놓았다.

1425년경부터 도나텔로는 독자적으로 작품을 조각하는 한편, 건축가 미켈로초 디 바르톨로메오와 함께 일했다. 두 사람은 오르산미켈레 성당, 나폴리 산 안젤로 아닐로 성당, 프라토 대성당 등의 장식 작업을 함께 했는데, 미켈로초는 주로 건축 구조와 장식 조각을 맡았으며, 도나텔로는 중심 조각상과 부조를 제작했다. 또한 메디치 가문의 성당인 산 로렌초 성당의 고성물 보관소를 장식하기 위해 10여 점의 대형 부조들과 청동문을 만들었다.

도나텔로의 가장 유명한 걸작 중 하나는 1430년대에 제작된 〈다비드〉 상이다. 코시모 데 메디치가 주문했다고 알려진 작품으로, 르네상스 최초의 대형 독립 누드상이다. 다비드(다윗)는 〈구약성서〉에 등장하는 인물로 적장 골리앗을 돌팔매로 죽이고 나라를 구한 일화의 주인공이다. 나체의 소년은 적장의 잘린 머리를 딛고 살짝 고개를 숙이고 있으며, 오른손에는 적장의 머리를 자른 검을, 왼손에는 적장을 죽인 돌을 들고 있다. 당당하게 드러난 소년의 나체는 탄탄하기 그지없으며, 부드러운 인체의 곡선이 섬세하게 표현되어 관능미까지 느껴진다.

1443년부터 10년간 도나텔로는 이탈리아 북부 파도바의 산 안토니오 대성당 중앙 제단과 성당 앞에 세워질 기마상을 제작했다. 베네치아

〈다비드〉, 피렌체 바르젤로 미술관

의 용병대장 에라스모 다 나르미의 청동 기마상으로, 이 작품은 로마 시대 이래 통치자의 청동 기마상만 제작했다는 점에서 전례 없는 화제가 되었다. 말발굽 아래에는 천체가 놓여 있고, 주인공은 갑옷을 입고 지휘봉을 든 채 오른손을 치켜들고 있다. 이 포즈는 세계의 지배를 뜻하는 고대적 상징으로, 이 기마상은 후일 모든 기마상의 선례가 되었다. 이 작품은 시작부터 엄청난 화제를 낳았으며, 공개되기도 전에 나폴리의 왕이 도나텔로에게 자신의 기마상 제작을 의뢰할 정도였다.

에라스모 다 나르미의 청동 기마상, 파도바 산 안토니오 대성당

그러나 이 작품은 완성 이후 설치까지 3년이 넘는 시간이 걸렸다. 도나텔로는 그사이 대금도 받지 못하고, 파도바에 발이 묶여 다른 일을 제대로 할 수 없는 등 어려움을 겪었다.

1453년, 도나텔로는 피렌체로 돌아왔다. 말년에 이르러 도나텔로의 통찰력은 더욱 무르익었고, 그 결과 목조각상 〈막달라 마리아〉가 탄생했다. 이 작품에서 막달라 마리아는 기구한 젊은 날을 보내고, 정신적 고난에 억눌려 여위고 쇠약해진 모습이다. 건강하고 관능적인 젊은 육체를 잃은 늙은 여인은 경건한 마음으로 기도하며 기독교적 구원을 찾는다. 1966년 복원 작업이 이루어지면서 이 작품에 피부색과 머리색 등이 사실적으로 채색되어 있었음이 밝혀졌다.

도나텔로는 이후에도 시에나 대성당의 주문으로 〈세례 요한〉 등을 제작했으며, 산 로렌초 성당을 장식할 설교단을 설계하기도 했다. 예수의 수난과 관계된 일화들을 부조로 표현한 청동 설계단은 도나텔로 사후 다른 조각가들의 손에 완성되었으나, 정확하고 기하학적인 원근법에 기반한 도나텔로의 독창적인 공간 묘사 기법(깊게 파고들어 간 뒤 배경과 앞으로 튀어나온 전경, 각각 다른 깊이감으로 표현된 인물들), 격렬한 감정을 드러내는 인물들의 표정과 동작이 생생하게 살아 있어 도나텔로의 위대함을 보여 준다.

1466년 12월 13일, 도나텔로는 피렌체에서 사망했으며, 그를 높이 샀던 코시모 데 메디치의 뜻에 따라 산 로렌초 성당에 묻혔다. 대리석, 청동, 목재 모든 재료를 완벽하게 다루었으며, 다양한 혁신적인 기법, 이상적인 미 추구, 인본주의적 표현 방식으로 그는 역사상 가장 위대한 조각가 중 한 사람으로 추앙받는다.

020

그리스도의 소명을 회화로 표현하다

프라 안젤리코

Fra Angelico, Guido di Pietro, Giovanni da-Fiesole (?~1455. 2. 18)

| 이탈리아

| 초기 이탈리아 르네상스의 대표적인 화가로 3차원적인 공간 묘사와 정교한 기법에 뛰어났으며 평온하고 초월적인 작품을 선보였다.

| 〈수태고지〉, 〈최후의 심판〉, 〈성모의 대관식〉, 〈성 스테파누스와 성 라우렌티우스의 생애의 장면들〉 등

프라 안젤리코는 도미니코회 수도사이자 초기 이탈리아 르네상스의 대표적인 화가이다. '프라 안젤리코Fra Angelico'라는 이름은 그가 그리스도 신앙을 표현하고자 기도의 의미로 그림을 그렸다고 하여 '천사 수사'의 의미로 붙여진 별칭이며, 생전에 그 이름으로 불린 적은 없다.

그는 그리스도인의 소명을 가지고 그리스도의 메시지를 전하기 위해 작품을 그렸는데, 그림을 그리기 전 늘 기도를 했으며, 무릎을 꿇고 성스러운 마음을 유지한 채 그렸다고 한다. 미술사가 조르조 바사리는 종교화 분야에 있어 경건하고 성스러운 분위기를 만들어 내는 데 프라 안젤리코만큼 뛰어난 이는 없다며 "완벽하고 보기 드문 재능의 소유자"라고 평했다. 빅토리아 시대 미술사가 존 러스킨은 "화가가 아니라 영감을 받은 성인으로 부르는 것이 옳다."라고 말했으며, 1982년 2월 18일 교황 요한 바오로 2세는 그를 시복(죽은 뒤에 복자에 오르는 일)하면서 "그에게 미술은 기도와 다름없었다."라며 그를 기렸다.

본명은 구이도 디 피에트로이며, 이탈리아 피렌체 근교인 비키오에서 태어났다. 1417년에서 1420년 사이에 피에졸레의 도미니코회 수도원에 들어갔고, 수사로서의 이름은 조반니이다.

수도원에 들어가기 전 형 베네디토와 함께 화가로서 도제 수업을 받았으며 형은 필사가로, 그는 삽화가로 활동했다. 수도원에서 채색 필사본 작업을 하면서 화가의 재능을 드러냈고, 이후 바티칸에서 여러 차례 중요한 그림을 의뢰받으면서 명망이 높아져 대형 프레스코화와 제단화를 그리게 되었다. 초기에 대형 작품을 주문받은 이유는 수도회의 재정 문제를 해결하기 위해서였으나 얼마 지나지 않아 독자적으로 대규모 공방을 운영할 만큼 큰 명성을 얻었다. 그는 채색 필사본 작업을 하면서 세밀화 기법을 익혔고, 당시 급격히 발전하고 있던 마사초의 원근법도 습득했다. 3차원적 공간 묘사와 기하학적 정밀함, 세밀하고 정교한 형태 표현과 채색 등 능숙한 기교 위에 평온하고 초월적인 작품 분위기로 관람자에게 경건한 마음을 불러일으키는 데 탁월한 재능을 가지고 있었다.

1432년경 코르토나 성당 제단화로 그려진 〈수태고지〉에는 세밀화가로서의 기교가 유감없이 드러나 있다. 수태고지는 성서의 가장 핵심적인 메시지, 바로 말씀이 육화되는 순간을 표현하는 주제로, 프라 안젤리코가 가장 사랑한 주제였다. 주로 대천사 가브리엘이 동정녀 마리아를 찾아와 성령을 잉태한 사실을 알려주는 장면으로 표현된다. 이 작품에서 가브리엘은 고개를 숙이고 성모에게 경의를 표하고 있으며, 성모는 양손을 교차한 채

〈수태고지〉, 코르토나 성당

겸손하게 수락하고 있다. 이 그림의 구성 방식은 이후 수태고지를 다룬 피렌체 화가들에게 귀감이 되었다. 배경에는 초기 원근법 양식을 활용했으며, 인물들의 의상과 배경 장식은 르네상스 시대의 호화로운 디테일로 가득 차 있다. 무엇보다 인물을 숭고하게 보이게 하는 생생한 광휘 표현은 프라 안젤리코의 특기로 그림 전체에 경건함을 부여한다.

프라 안젤리코는 원근법을 비롯해 입체감을 구현하는 다양한 기교를 습득하고 있었으며, 사실주의적 표현 기법을 완벽히 알고 있었다. 〈최후의 심

〈최후의 심판〉, 피렌체 산 마르코 미술관

판〉, 〈성모의 대관식〉 등을 보면 마사초의 그림에서 볼 수 있는 깊이감 있는 공간 표현 방식이 드러난다. 그럼에도 자신이 다루는 주제의 목적을 명확히 알고 있던 그는 때때로 이런 기법을 과감히 무시하곤 했다. 예컨대 〈수태고지〉에서 두 인물은 배경에 비해 지나치게 크게 그려져 있다. 이는 그림이 보는 사람들과 멀리 떨어진 위치에 설치되는 것을 고려하여 보는 이들이 인물에 주목할 수 있게 한 것이다. 제단에서 멀리 떨어져서 그림을 보는 신도들에게 내면의 신앙심을 일깨우고 성서의 내용을 전달하는 종교화의 목적을 달성하기 위해 그는 사실주의적인 표현에 집중할 필요가 없다고 여겼다.

1436년, 도미니코회는 피렌체의 산 마르코 수도원과 교회를 사들였고, 코시모 데 메디치가 수도원과 교회 개조를 후원했다. 프라 안젤리코는 교회 제단화를 비롯해 수도원의 공공장소 및 개인 숙소 등에 수많은 프레스코화를 그렸다. 이때도 그는 〈수태고지〉를 여러 점 그렸는데, 이 그림에서는 장식성을 배재하여 수사들의 신앙심을 일깨우고 경건한 마음가짐을 가질 수 있도록 했다.

1440년대에 프라 안젤리코는 피렌체에서 대규모 공방을 운영했고, 1443년에는 교황 에우제니오 4세의 부름으로 로마로 갔다. 이곳에서 바티칸 궁과 성 베드로 대성당의 프레스코화를 그렸는데, 이때 그린 작품 중 전하는 것은 〈성 스테파누스와 성 라우렌티우스의 생애의 장면들〉 연작이 유일하다.

1450년대 프라 안젤리코는 피렌체로 돌아가 피에졸레의 산 도미니코 수도원 원장이 되었다. 이 시기의 작품에는 피렌체 산티시마 안눈치아타 성당의 지성소에 모셔진 은궤 문에 그린 그림들이 있다. 1453년경 안젤리코는 교황의 부름으로 로마로 갔다. 산타 마리아 소프라 미네르바 성당의 장식화를 그리기 위해서였다고 여겨지는데, 정확한 사실은 밝혀진 바가 없다. 프라 안젤리코는 1455년 2월 18일 도미니코회 수도원에서 세상을 떠났으며, 그곳에서 가까운 산타 마리아 소프라 미네르바 성당에 묻혔다.

021

플랑드르 회화를 확립한 선구자

얀 반 에이크

Jan van Eyck(1395?~1441. 7. 9)

❙ 네덜란드
❙ 최초의 플랑드르 화가. 사실주의를 바탕으로 초상화를 주로 그렸으며, 북유럽 회화의 르네상스를 이끌었다.
❙ 〈아르놀피니 부부의 결혼〉, 〈겐트의 제단화〉, 〈붉은 터번을 감은 남자〉 등

얀 반 에이크는 15세기 플랑드르 지방에 사실주의 양식을 정착시켜 북유럽 회화의 르네상스를 이끈 인물이다. 당시 이탈리아는 회화에 있어 장식적인 우아함을 특징으로 하는 비현실적인 고딕 양식에서 자연과 인물을 객관적이고 정밀하게 묘사하는 양식으로 전환되던 시점이었다. 하지만 플랑드르 지역은 이탈리아의 이러한 사실적인 표현 양식에 크게 영향을 받지 않았다. 얀 반 에이크는 사실주의를 바탕으로 한 정밀 묘사와 냉엄하고 신비로운 분위기를 결합하여 이탈리아와 구별되는 플랑드르만의 양식을 창출했다. 또한 그는 플랑드르 지역에 초상화 장르를 확립시켰으며, 유화를 탄생시키기도 했다. 거의 모든 작품에 서명을 한 최초의 플랑드르 화가이기도

12개의 패널로 구성된 겐트 제단화, 겐트 생 바봉 성당

하다.

얀 반 에이크는 1395년경(혹은 1390년경) 오늘날 벨기에에 속하는 마세이크 시에서 태어난 것으로 추측되며, 성장 과정과 화가가 되기까지의 기록이 전무하다. 다만 1422년 '네덜란드의 백작인 바이에른의 요한의 명예시종 겸 화가'라는 기록이 있는데, 이것이 화가 활동에 관한 최초의 기록이다. 그는 형인 휘베르트와 함께 활동했으며, 서양 회화사상 기념비적인 대작인 겐트의 생 바봉 성당 제단화(겐트 제단화라고 불린다)를 비롯해 다수의 작품을 형과 함께 그렸다.

1425년에 바이에른의 요한이 죽은 후 그는 부르고뉴 공작 필리프의 시종 겸 화가가 되었고, 이후 죽을 때까지 필리프의 궁정 화가로 일했다. 그는 필리프로부터 비밀 임무를 받아 수행하기도 했는데, 그중 가장 중요한 일은 1427년부터 1428년에 있었던 필리프와 스페인 이사벨라 공주의 결혼 교섭이었다. 그는 필리프의 청혼서를 전달했으며, 결혼 과정을 중재하는 과정에서 이사벨라의 초상을 그려 필리프에게 보냈다. 또한 필리프의 궁정 화가로서 프랑스 릴, 벨기에 투르네와 브뤼헤 등 여러 도시들을 여행했다. 궁정의 주요 행사를 기록했다고 여겨지나 당시의 그림으로 전하는 것은 없다.

얀은 1430년경 브뤼헤에 정착했으며, 1431년 마르그리트라는 여성과 결혼하여 두 자녀를 두었다. 그의 생애만큼이나 아내에 대해서도 전하는 정보가 없으나 아내의 모습만은 〈마르그리트 반 에이크의 초상〉으로 남겨졌다.

1432년, 얀은 형 휘베르트와 함께 후일 위대한 명작으로 꼽히게 될 겐트의 제단화 〈어린 양에 대한 경배(신비의 어린 양)〉를 완성했다. 이 작품은 겐트의 부시장이었던 요스 베이트가 생 바봉 성당 내 가족 예배당을 장식하기 위해 주문한 것이다. 12개의 패널로 구성된 다폭 제단화로, 병풍처럼 여닫을 수 있다. 닫으면 겉면에 〈카인과 아벨의 봉헌〉, 〈에리트리아의 무당〉, 〈쿠마에의 무당〉, 〈세례 요한〉 등을 비롯해 주문자인 요스 베이트와 아내 이사벨라가 그려진 9점의 그림이 있다. 열면 하단 정중앙에 위치한 그리스도의 희생을 주제로 한 〈어린 양에 대한 경배〉를 중심으로, 상단 바깥쪽 양옆에는 아담과 이브가, 안쪽 양옆으로 악기를 연주하는 천사들이 묘사되어 있고, 중앙에는 하느님과 성모, 세례 요한이 그려져 있다. 반 에이크 특유의 세밀하고 정교한 묘사, 독특하고 미묘한 색조 변화, 많은 인물들이 고도의 계산 아래 배치된 구도가 두드러지는 작품이다.

패널에는 '가장 위대한 화가인 휘베르트 반 에이크가 처음 시작했고, 두

겐트 제단화 중 〈어린 양에 대한 경배〉, 안트베르펜 왕립미술관

번째로 위대한 화가인 동생 얀이 완성했다'라고 쓰여 있다. 후대의 비평가들은 기교와 표현 방식에 있어 두 사람 사이에 어떤 차이점도 찾을 수 없고, 두 사람이 각기 어느 부분을 그렸는지 특정할 수 없다고 말한다. 이에 따라 일부 비평가들은 휘베르트가 이 작품을 제작하는 데 참여했는지의 여부 자체에 의문을 품고 있다.

얀은 겐트 제단화 같은 종교화를 비롯해 〈롤랭 대주교와 성모〉, 〈성모와 카르투지오회 수도사〉, 〈성모와 책 읽는 아기 예수〉, 〈샘가의 성모 마리아〉, 〈루카의 성모〉 등 성모를 그린 작품도 많이 남겼으나, 무엇보다 초상화가로도 유명했다. 〈니콜로 알베르가티 추기경의 초상〉, 〈티모테오스(남자의 초상)〉, 〈붉은 터번을 감은 남자〉 등이 대표적이며, 특히 1434년 작 〈아르놀피니 부부의 결혼〉이 가장 널리 알려진 작품이다.

〈아르놀피니 부부의 결혼〉은 얀이 이룩한 회화적 성과가 집결됐다고 평

〈붉은 터번을 감은 남자〉, 런던 내셔널 갤러리

가받는 작품이다. 그의 작품 기법은 유화 기법과 관계가 깊다. 그가 살던 시대까지 회화는 주로 채색 안료를 계란이나 물에 혼합한 템페라로 그려졌다. 템페라는 그림을 그리는 패널에 대한 접착력이 좋고 밝은 색조를 내는 데 용이하나 물감이 빨리 마른다는 단점이 있었다. 에이크 형제는 이런 단점을 보완하고자 기름에 안료를 혼합하는 유화 방식을 개발했는데, 유화 물감은 색조의 미묘한 농담과 점진적인 색채 변화를 표현하는 데 탁월했다. 정교하고 미묘한 변화까지 표현해 내는 얀의 색채 기법은 유화 물감을 사용하면서 터득한 것으로, 〈아르놀피니 부부의 결혼〉에서는 완벽한 유화 기법을 통해 빛과 원근법을 자유자재로 활용하는 기교를 보여 준다.

이 작품에서 얀은 화면과 정확히 평행을 이루는 벽면 너머에 소실점을 두어 보는 사람들이 화면 속에 묘사된 방 안에 들어온 느낌을 받게 했다. 이런 구성은 관람자들이 마치 부부의 결혼식 증인으로 참석한 듯한 효과를 준다. 또한 방 안에 놓인 사물 하나하나에 도상학적 의미가 내포되어 있다. 예컨대 부부의 포개진 두 손은 결혼을 의미하며, 발치에 있는 강아지는 결혼에 대한 충실함을, 샹들리에에 불이 켜진 양초가 하나인 것은 신혼부부(혹은 그리스도를 의미한다)임을 의미한다. 가운데 볼록 거울에는 부부 외에 제3의 관찰자가 비치는데, 그는 결혼식에 참석한 증인 혹은 신부, 화가 자신, 혹은 관

〈아르놀피니 부부의 결혼〉, 런던 내셔널 갤러리

키리아쿠스

남부 이탈리아, 그리스, 이집트, 근동 지역을 여행하면서 고대 그리스 문명과 관련된 지형학적 관찰을 하고, 유물, 명문을 조사했다. 수집한 명문들과 연구 결과를 〈주석서〉로 남겼으며, 고고학 조사와 고전학 연구에 큰 영향을 미쳤다.

람객일 수도 있다. 이렇듯 정교한 구성, 대상의 질감까지 생생히 전달하는 섬세하고 사실적인 세부 묘사가 마치 실제와 같은 착각을 불러일으킨다. 이 작품은 서정적인 부부 초상화의 진수라는 평을 받으며, 벨라스케스 같은 후대 화가들의 초상화에 본보기가 되었다.

프랑스의 미술사가 앙리 포시옹은 이렇게 말했다.

"얀 반 에이크는 그림을 그리기 전에 시인과 같은 끈기로 사물을 집요하게 연구한다. 마치 그 안에 숨겨진 어떤 신비로운 비밀을 포착하려는 듯하다. 그림을 그릴 때 그는 대상에 주술을 걸어 겉으로 드러나지 않은 또 하나의 은밀한 세계를 표현하려고 한다."

이렇듯 얀 반 에이크는 집요한 관찰자의 자세로 빛이 사물의 외관에 미치는 영향과 원근법을 이용한 공간 표현을 연구했고, 생생한 표면 묘사와 강렬하면서도 미묘한 뉘앙스를 품은 색채 표현을 통해 신비롭고 세련된 작품을 탄생시켰다. 또한 〈아르놀피니 부부의 결혼〉에서도 보이듯 다양한 도상학적 의미를 지닌 사물들을 화면에 배치하여 그림에 대한 은유를 즐겼는데, 후대 화가들은 이 때문에 그의 표현 방식을 완전히 이해하지 못하고 기교적인 부분만 받아들일 수밖에 없었다. 뒤러를 비롯해 르네상스 시대의 많은 미술가들도 그를 '모방의 대상'이 아닌 '경탄의 대상'으로 여겼으며, 15세기 이탈리아의 인문주의자 키리아쿠스는 그의 작품에 대해 "인간의 손에서 나온 것이 아니라 모든 것을 가지고 있는 자연 그 자체의 힘으로" 만들어진 듯하다고 찬탄을 보냈다.

1441년, 브뤼헤에서 사망했다.

022

종교화에 인간의 감정을 불어넣다

로히어르 판 데르 베이던

Rogier van der Weyden(1400?~1464. 6. 18)

- 플랑드르 인근 투르네 출생, 벨기에에서 활동
- 15세기 북유럽 회화를 대표하는 화가로 사실적인 기법을 통해 종교화 및 초상화에 리듬감을 불어넣었다.
- 〈미라플로레스의 성모〉, 〈골고다 언덕〉, 〈최후의 심판〉, 〈십자가에서 내려지는 그리스도〉 등

로히어르 판 데르 베이던은 얀 반 에이크와 함께 15세기 북유럽 회화의 가장 위대한 화가로 꼽힌다. 그는 어떤 그림에도 서명이나 날짜를 남기지 않았으며, 생애에 대한 정보도 거의 없다. 다만 동시대의 신뢰할 만한 기록들과 몇 점 남아 있는 작품을 토대로 그의 생애와 작품이 조금이나마 알려졌을 따름이다. 주로 종교화와 초상화를 그렸는데, 전통적인 고딕 양식 위에 사실주의를 절묘하게 결합시켰으며, 리듬감 있는 곡선미와 극적인 순간을 포착하여 성스러움을 불어넣는 데 뛰어난 재주를 가지고 있었다. 생전에 국제적으로도 명망 높았으며, 그가 활동하던 지역뿐만 아니라 이탈리아와 스페인 등지에서도 그의 작품이 발견되고 있다.

로히어르 판 데르 베이던

판 데르 베이던은 1400년경 프랑스 영토였던 플랑드르 인근 투르네(지금의 벨기에 남부 지방)에서 태어난 것으로 추정된다. 얀 반 에이크와 로베르 캉팽 아래에서 도제 수업을 받았다고 하는데, 로베르 캉팽의 제자였던 로지에 드 라 파스튀르와 동일 인물로 추정되기도 한다. 그는 반 에이크에게 섬세하고 세밀한 화풍을, 로베르 캉팽에게 사실주의적인 세부 묘사 기법을 배웠다.

1426년, 브뤼셀의 신발 장인인 얀 고페르트의 딸 엘리자베스와 결혼하여 네 자녀를 두었으며, 1432년 투르네 화가 조합에 가입하여 독립 장인으로 활동을 시작했다. 이 시기까지 화가로서의 활동에 대해서는 거의 알 수 없는데, 이는 투르네 지방이 제2차 세계대전 당시 완전히 파괴되어 부분적으로 복구가 진행되었기 때문이다.

1435년, 그는 브뤼셀로 이주했으며, 이듬해 브뤼셀 시의 화가가 되었다. 이때 '판 데르 베이던'이라는 이름을 사용한 것이 기록으로 남아 있다. 그해 브뤼셀에 공방을 차리고 왕성하게 작품 활동을 시작했다. 시 청사를 장식할 벽화를 주문받아 네 개의 대형 제단화를 그렸다고 전하나, 1695년 프랑스 군대가 침입했을 때 파괴되어 현재는 남아 있지 않다.

판 데르 베이던은 시 당국에서 대형 제단화 주문을 많이 받았으며, 국제적인 명성과 막대한 부를 쌓았다고 한다. 그가 그린 그림들은 따뜻한 색채와 인물들의 우아한 자세, 비장하면서도 온화한 감정이 배어 나오는 것이

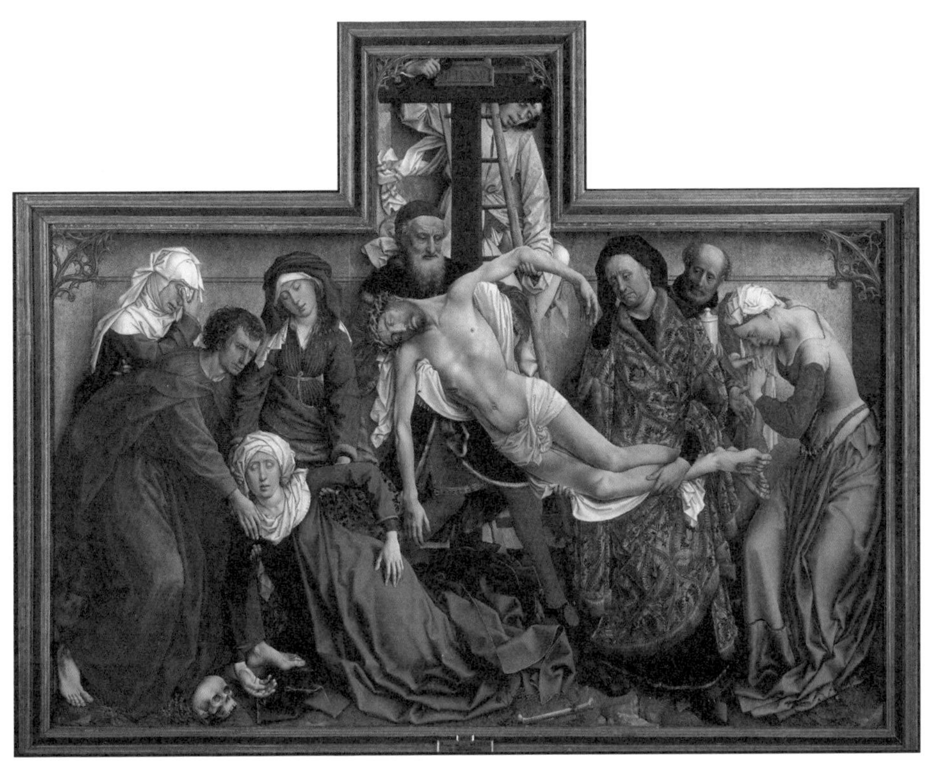

〈십자가에서 내려지는 그리스도〉, 마드리드 프라도 미술관

특징이다. 대표적인 작품들은 예수의 수난을 다룬 제단화들인데, 그중 〈십자가에서 내려지는 그리스도〉와 〈미라플로레스의 성모〉, 〈골고다 언덕〉 등이 유명하다.

특히 〈십자가에서 내려지는 그리스도〉는 루뱅의 노트르담 오르레뮈르 성당의 궁수 협동조합 예배당 장식화로 그려진 것으로, 15세기 플랑드르 지역 최고의 걸작으로 꼽힌다. 균형 잡힌 구도, 안정감 있게 배치된 인물들, 리듬감 있는 곡선을 그리는 인물들의 자세, 섬세하고 유려하게 표현된 옷주름 하나하나가 자연스러우면서도 운동감이 느껴진다. 또한 인물들의 옷

〈최후의 심판〉, 본 오텔 디유

차림 역시 따스한 색조와 차가운 색조가 섞여 전체적으로 균형을 이룬다. 무엇보다 실신하여 쓰러진 성모 마리아의 비애가 절실하게 드러나는 등 인물들의 표정이 작품 전체에 비통함을 부여하는데, 이 모든 요소가 조화를 이루어 비장미와 우아미를 풍긴다.

그는 그리스도의 수난과 같은 전통적인 주제를 묘사할 때도 인간적인 감정을 불어넣고 인물들의 심리 상태를 묘사했는데, 이는 관람자들의 유대감을 이끌어 내 감동을 극대화시키는 효과를 낳았다. 15세기 인문주의자 바르톨로메오 파초는 《명인록》에서 그에 대해 '인간의 슬픔을 표현하는 위대한 능력을 가진 화가'라고 평가했다.

또 다른 대표작은 부르고뉴 공국 필리프 공의 대법관 니콜라 롤랭이 주

문한 다폭 제단화 〈최후의 심판〉으로, 자선병원인 오텔 디유에 설치할 목적으로 제작한 것이다. 당시 병원은 환자의 회복을 돕기보다 임종을 준비하는 곳에 가까웠다. 때문에 이 제단화는 병자들에게 '최후의 심판'이 멀지 않았으니 마지막 순간까지 회개하고 믿음을 잃지 말라고 격려하는 의도에서 그려진 것이라고 한다. 9폭으로 이루어진 대형 작품으로, 화면 중앙 상단에는 심판의 주재자인 그리스도가 있다. 그리스도는 구원의 상징인 무지개 위에 앉아 한 손에는 순결을 의미하는 백합을, 다른 한 손에는 죽음을 의미하는 칼을 들고 있다. 양옆에는 천사들이 십자가, 가시관, 회초리 등 수난의 도구들을 들고 있으며, 그리스도 바로 아래 대천사 미카엘이 심판의 저울을 들고 있다.

당대 회화의 일반적인 구성을 따르면서도 복잡하고 운동감 있는 구성과 후경 묘사에 주의를 기울였던 기존 화풍과 달리 후경의 공간을 대폭 축소하고 중세 회화처럼 간결한 구성을 취하여 내용을 전달하는 데 힘썼다. 이렇듯 전통적인 방식으로 간명하게 묘사한 작품은 브라크 가문을 위해 제작한 세 폭 제단화나 블라델린 제단화Bladelin-Altar 등에서 종종 나타나는데, 이는 주문자의 취향과 의도에 맞춘 것이라고도 볼 수 있다.

판 데르 베이던은 두 폭 제단화를 창안하기도 했다. 한 판에는 성서의 내용을, 다른 한 판에는 헌납자의 모습을 그린 것이 특징이다. 대표적인 작품이 〈로랑 프루아몽〉이다. 또한 그는 풍경을 배경으로 하고 인물의 반신상을 담아낸 형태의 초상화 장르를 발전시켰으며, 플랑드르 지방에 '피에타'라는 소재를 소개한 최초의 화가이기도 하다.

판 데르 베이던은 강렬하면서도 절제된 감성을 담아 근대적인 작품을 그려 낸 동시에 중세적 전통에 따른 고딕 양식의 그림도 그렸다. 말년에 들어서 그의 작품은 구성이 간결해지고 유려한 곡선미가 사라지면서 선 중심의 뻣뻣한, 다소 고딕 양식에 가까운 모습으로 변했다. 그럼에도 수직적인 형태의 윤곽선 처리는 화면 전체에 팽팽한 긴장감을 부여함과 동시에 인물의 심리를 극적으로 표현한다.

그의 작품들은 사후에도 전 유럽, 심지어 르네상스 미술의 중심지인 이탈리아에까지 영향을 미쳤다. 15세기와 16세기에 걸쳐 얀 반 에이크에 못지않은 명성을 누렸던 그였으나, 어찌 된 일인지 17세기 무렵 세인의 관심에서 완전히 멀어졌다. 그의 위대함은 20세기 들어 재발견되었으나 오랜 기간 잊힌 화가였기에 작품과 생애의 많은 부분이 수수께끼로 남아 있다.

023

회화에 수학적 기법을 입히다

피에로 델라 프란체스카

Piero della Francesca, Piero di Venedetto
(1416?~1492. 10. 12)

| 이탈리아
| 완벽한 원근법을 구사한 르네상스 시대의 화가로 회화에 과학적인 표현 방식을 도입하여 회화와 건축의 대가로 명성을 얻었다.
| 연작 〈성 십자가의 전설〉, 〈콘스탄티누스 대제의 꿈〉, 〈채찍질 당하는 그리스도〉 등

피에로 델라 프란체스카는 초기 이탈리아 르네상스 시대 회화에 있어 가장 완벽한 원근법을 구사한 인물이다. 미술사가 로베르토 롱기는 그의 작품에 대해 '형태와 색채의 완벽한 원근법적 종합'이라고 평가했다.

그의 작품들은 균형 잡힌 구성, 치밀한 계산을 통한 원근법 구사, 기하학적 도형을 연상시키는 단순화된 형태, 맑고 부드러운 색채 표현으로 정적인 분위기 속에서 종교적 경건함을 불러일으킨다. 〈5개의 정다면체에 관하여〉와 같은 수학 이론을 세우고, 아르키메데스의 입체를 복원하는 등 뛰어난 수학자이기도 했다. 그는

아르키메데스의 입체
아르키메데스가 처음 언급한 입체. 정다면체의 모든 꼭짓점을 한 종류의 정다각형으로 잘라내 생긴 다면체로, 모두 13개가 있다. 아르키메데스의 저서가 소실되면서 구체적인 형태는 추정할 수 없다.

이런 수학적, 기하학적 지식을 바탕으로 《회화의 원근법에 관하여》를 집필해 르네상스 미술과 건축에 큰 영향을 끼쳤다.

1416년경 피에로는 이탈리아 북부 움브리아 지방의 보르고 산 세폴크로에서 제혁업자 베네데토 데이 프란체스카의 아들로 태어났다. 본명은 피에로 디 베네데토이며, 피에로 달 산 세폴크로라고도 한다. 어린 시절에 어떤 교육을 받았는지 알려져 있지 않으나 부유한 집안 덕에 라틴어와 기하학 등 당대의 교양 교육을 받았으리라고 여겨진다. 피렌체에서 미술을 공부한 것으로 추정되며, 1439년에는 당대 거장 도메니코 베네치아노의 도제로 일했다.

피렌체는 당시 무역의 중심지로 화가들에게 많은 기회를 제공했지만, 그는 이곳에서 활동하지 않고 고향 마을에 머물면서 로마, 리미니, 아레초 등지를 방문하며 활동했다. 그리고 생의 마지막 20년은 고향에서 학문 연구를 하며 보냈다.

1442년경 그는 고향으로 돌아와 시의원으로 선출되었고, 보르고의 콘프라테르니타 델라 미제리코르디아의 다폭 제단화를 비롯해 몬테르키 묘지 예배당 장식화 〈출산하는 성모〉 등을 그리며 명성을 쌓았다.

1445년에는 독립장인 자격을 얻었으며, 페데리코 다 몬테펠트로 2세의 부름을 받고 우르비노로 갔다. 〈채찍질 당하는 그리스도〉는 이때 완성된 작품으로, 그가 고대 건축과 르네상스 시대의 건축 설계에 적용된 브루넬레스코와 알베르티의 원근법에 완벽한 조예를 가졌음을 보여 준다. 이 작품은 예수 그리스도가 십자가에 못 박히기 전 채찍질당하는 모습을 그린 것이다. 후경에는 그리스도와 로마인 총독 폰티우스 필라투스 및 책형을 가하는 병사들이, 전경에는 누구인지 확실치 않은 세 남자가 묘사되어 있다. 그리스도의 수난을 담은 장면임에도 고요하고 정적인 분위기가 감돈다. 단출한 색

〈채찍질 당하는 그리스도〉, 우르비노 마르케 국립미술관

채로 미묘한 색조 변화를 표현하며, 여러 개의 광원을 이용한 완벽한 원근법이 구사되어 있다. 또한 소실점을 그리스도에게 놓던 당시의 종교화 표현에서 탈피해 그림 중앙에 소실점을 놓았는데, 이는 그리스도에게 구성이 치우치는 것을 방지하고 균형 있고 안정감 있는 구도를 만들어 냈다.

수학적으로 완벽하게 구성됐다고 평해지는 이 그림은 오늘날 형식적으로 가장 복잡하고 완벽한 그림이자 역사상 가장 불가사의한 그림 중 하나로 여겨진다. 피에로는 종교적인 장면을 당대의 모습으로 표현한 르네상스 시대의 대표적 인문주의자이자 수학자로, 그의 작품에서는 고대 고전 사상의 영향이 드러난다. 학계에서는 그리스도의 수난과 관계없어 보이는 전경의 세 사람이 누구인지, 무엇을 의도하는 것인지, 어떤 의미를 전달하고자

〈성 십자가의 전설〉 연작 일부, 아레초 산 프란체스코 성당 왼쪽 위부터 시계 방향으로 〈헤라클리우스 황제가 예루살렘으로 되찾아온 뒤 찬미를 받는 성 십자가〉, 〈다리 수송〉, 〈솔로몬을 찾아온 시바의 여왕〉.

하는 것인지는 끊임없이 의문이 제기되고 있다.

이후 베네치아, 리미니, 아레초 등지로 옮겨 다니면서 〈성 지기스문트와 지기스문트 판돌포 말라테스타〉, 〈십자가의 전설〉, 〈성 아우구스티누스의 다폭 제단화〉, 〈성 십자가의 전설〉 등을 제작했다. 특히 아레초 산 프란체스코 성당 프레스코화 〈성 십자가의 전설〉 연작은 단순하고 명쾌한 구도, 원근법의 정확하고 절제된 사용, 단출한 색채와 섬세한 색 배합, 광대한 공간 묘사, 정적인 분위기 등으로 그가 어느 화파의 영향도 받지 않고 독창적인 화풍을 확립했음을 알 수 있게 해 준다.

키아로스쿠로
chiaroscuro, 색채를 생략하고 단일한 광원으로 화면 내의 특정 부분은 선명하게, 나머지 부분은 어둡게 표현하는 것이다. 카라바조와 렘브란트가 이 기법을 이용하여 보다 극적이고 강렬한 빛 표현을 구사했다.

산 프란체스코 성당 프레스코화 중 하나인 〈콘스탄티누스 대제의 꿈〉은 서양 미술사 최초로 밤 장면을 창안한 작품이다. 로마의 콘스탄티누스 대제가 막센티우스와 밀비아누스 다리에서 최후의 전투를 벌이기 전 꿈속에서 황금빛 십자가를 보고, 천사로부터 "이로 인해 너는 승자가 될 것이다."라는 말을 듣고 전투에서 승리했다는 일화를 소재로 했다. 색과 빛의 변화를 적절히 구사하여 깊이감을 표현했는데, 특히 이 작품에 사용된 키아로스쿠로 기법은 중세 회화와 르네상스 회화의 차이점을 극명하게 드러낸다.

〈콘스탄티누스 대제의 꿈〉, 아레초 산 프란체스코 성당

1463년경 그는 고향 마을인 보르고 산 세폴크로의 공무 집행실이었던 레지덴차의 살라 데이 콘세르바토리 장식화인 〈그리스도의 부활〉을 작업했다. 이 작품 역시 완벽한 기하학적 구도를 비롯해 빛과 색채를 탁월하게 사용한 작품이다. 화면은 정확히 3등분 되어 화면의 3분의 2는 예수 그리스도에게, 3분의 1은 졸고 있는 로마 병사들에 할애되었으며,

〈그리스도의 부활〉, 산 세폴크로 미술관

예수를 정점으로 하여 로마 병사들이 정삼각형 구도를 이룬다. 위풍당당한 자태와 밝은 빛으로 표현된 예수와 잠이 든 채 어둡게 표현된 로마 병사들의 모습은 세속의 그늘과 불멸의 기독교 정신을 대비시킴으로써 종교적 엄숙함과 초월성을 드러낸다. 또한 수직으로 이등분되어 왼쪽 절반은 겨울 풍경을, 오른쪽 절반은 여름 풍경을 묘사하며, 아래쪽 병사들에서 위쪽 예수로 올라가는 시선 처리는 예수의 '부활'을 암시한다.

피에로는 생애 마지막 20년을 고향에서 보냈다. 그림도 다수 그렸으나 말년에는 그림보다 기하학과 수학에 열중했다. 그는 1474년 회화에 기하학적 원근법을 적용하는 방법을 기술한《회화에서 원근법에 관하여》를 썼다. 고대 그리스 기하학자인 유클리드의 방법론을 기초로 한 것으로 기하학, 균형, 원근법 문제와 관련된 삽화도 들어 있다. 1482년에는 플라톤과 피타고라스의 이론을 토대로 완전한 비례 개념을 다룬《5개의 정다면체에 관하여》를 썼으며, 수학과 대수학의 기초 지식을 실생활에 이용하는 방법을 담은《주판에 관하여》도 썼다.

피에로 델라 프란체스카의 그림은 독창적이기보다 수학적으로 계산된 감정 없는 그림으로 폄하되며, 생전이나 사후에 중부 이탈리아 미술에 그다지 영향을 미치지 못했다. 그러나 16세기 무렵 회화에 과학적인 표현 방식을 정립했다는 점이 부각되면서 '회화와 건축에 관한 대가'로 높은 명성을 얻었다. 그의 이론은 르네상스 회화와 건축에 적용되었으며, 20세기에는 그의 작품이 지닌 시적, 미학적 특질이 재조명되면서 '고도의 수학적 기법'과 '미학적 호소력'이 완전한 조화를 이룬다고 평가받았다. 말년에는 눈이 멀었다고 하며, 1492년 고향 마을에서 조용히 사망했다.

024

일본 산수화를 집대성하다

셋슈 도요

雪舟等楊(1420~1506)

- 일본
- 일본만의 독자적인 수묵화 양식을 창조한 화가로 과감하고 대담한 필법이 특징이다.
- 〈산수장권〉, 〈천교립도〉, 〈파묵산수도〉 등

셋슈 도요

셋슈는 일본 산수화를 집대성한 인물로, 송나라의 수묵화 양식을 답습하던 일본 화단에서 일본만의 독자적인 수묵화 양식을 창출했다. 1955년 오스트리아 빈에서 열린 세계평화회의에서 모차르트, 하이네, 도스토옙스키 등과 함께 '세계 10대 문화인물'로 선정되면서 일본의 '화성'으로 불린다.

셋슈는 1420년 오카야마 현에서 태어났다. 지방 무사 계급 출신으로, 어린 시절 교토에 있는 선종 사찰인 쇼코쿠지에 출가하여 슌린 슈토의 가르침을 받았다. 그런 한편 당대 수묵화의 대가였던 슈분에게 그림을 배웠다고 한다.

일본 수묵화의 역사는 14세기 가마쿠라와 교토의 선종 수도원들을 중심으로 송나라의 수묵화가 유입되면서 시작되었다. 송나라의 수묵화에서는 산수를 즐겨 그렸는데, 자연을 있는 그대로 묘사하지 않고 윤곽을 양식화하여 대담하고 과감하게 그리는 것이 특징이었다. 일본 수묵화의 대가로 불리던 슈분 역시 선종 사원인 쇼코쿠지의 승려였으며, 송나라 수묵화 양식을 토대로 일본적인 화풍을 만들었다. 그러나 일본의 독자적인 양식을 만든 것은 셋슈에 이르러서이며, 송, 원, 명나라 초기의 수묵화 양식을 중심으로 발전하던 일본 화단은 셋슈로 인해 큰 전환점을 맞이했다.

소년 시절 셋슈는 그림을 지나치게 좋아한 나머지 수행도 하지 않고 오로지 그림만 그렸다고 한다. 하루는 이에 화가 난 주지스님이 셋슈를 벌주고자 기둥에 묶어 놓았다. 그런데 얼마 후 셋슈를 풀어 주러 온 주지스님은 놀라지 않을 수 없었다. 셋슈의 발밑에 쥐들이 몇 마리 모여 있었는데, 바닥을 보니 실물과 똑같은 쥐 그림이 그려져 있었던 것이다. 셋슈는 손이 꽁꽁 묶이자 마룻바닥에 떨어진 눈물을 먹 삼아 발가락으로 그림을 그렸고, 그것이 실물과 흡사해 쥐들이 몰려든 것이었다.

셋슈는 1463년경 혼슈의 서쪽 야마구치 지역을 여행했다. 이때 지방 호족 오우치 가문과 친분을 맺고, 이들의 후원 아래 독자적인 화풍을 발전시킬 수 있었다. 특히 셋슈는 1467년 견명사절단으로 수묵화의 본고장 중국으로 건너갔는데, 이 역시 오우치 가문의 후원 덕분이었다. 셋슈는 명나라에서 약 3년간 머물렀으며, 이는 개인적으로도, 일본 화단에도 많은 수확을 안겨 주었다.

셋슈는 사절단의 일원으로 궁중에 머무르며 중국의 그림을 배웠다. 그는 명나라를 대표하는 궁정 화가 이재에게 채색 기법과 명나라 최신 화법을 배우고 최고의 화가들과 교류했다. 또한 중국의 명산과 대하大河를 돌아다니며 각지의 사찰을 찾아가 참선하는 법을 배우고, 수많은 산수화와 스케치를 그렸다. 일본에서 볼 수 없는 압도적인 풍광을 직접 본 일은 화가 인생에 큰 전기를 마련해 주었다. 그는 이렇게 말했다.

"자취를 보는 것만으로 배우는 데 충분하다. 명나라의 명승지, 산천초목과 인물, 풍경, 이것이 모두 나의 스승이다."

한편 당시 명나라에서는 절파浙派라고 하는 고전적이기보다는 개성을 중시하는 화풍이 유행하고 있었다. 따라서 보수적인 남송풍이 유행하고 있던 일본과 선진 중국의 작풍에는 큰 시차가 났다. 사절단으로 가기 전까지 셋슈는 슈분의 화풍에 충실했으며, 자신만의 독자성을 확립하지 못한 상태였다. 그러나 명나라에서 남송 시대의 고전적인 작품 대신 채색과 먹을 강렬히 대비시킨 새로운 양식을 흡수하고, 일본풍 수묵화와 조화시키는 방향을 모색한 끝에 일본에서 볼 수 없었던 완전히 새로운 양식을 창조했다.

1469년, 일본으로 돌아온 셋슈는 야마구치 시내에 암자를 짓고 분고쿠암이라는 이름을 붙였다. 이후 40여 년간 이곳에 머물며 명상을 하고 그림을 그렸으며, 때때로 일본의 명승지를 돌아다니기도 했다. 대표작으로는 일본 전역을 여행하고 그린 〈산수장권山水藏卷〉, 일본 동해안의 명승지를 그린 〈천교립도天喬立圖〉 등이 있다.

셋슈 이전까지 일본의 수묵화는 이미지를 상상으로 가공하여 그린 것이었다. 예컨대 슈분만 해도 송나라 수묵화의 영향을 받았으나 송 대의 대담한 필치, 전경, 원경, 근경으로 표현되는 화면의 깊이감 등을 구현하지는 못했다. 15세기 일본에서 유행하던 수묵화는 섬세하고 표현주의적인 관점에서 중국 풍경의 이미지를 상상하여 표현한 것이었는데, 이런 화풍은 맑고

〈천교립도〉, 교토 국립박물관

섬세하지만 한편으로는 깊이감이 없고 허약하다는 평을 받았다.

셋슈는 이렇게 '머릿속에 그려진' 풍경, 따라서 근본적으로 작품에 힘이 없을 수밖에 없던 경향에서 벗어났다. 명나라에 다녀온 후 그의 그림 곳곳에서 절파의 영향이 드러나는데, 송, 명 대의 수묵화에 뒤지지 않는 과감하고 대담한 필치를 사용한 것이 그것이다.

또한 셋슈는 자신의 독자적인 필법을 개발했다. 소재에 있어서도 중국의 달마나 선승들의 이야기를 소재로 삼기도 했지만, 무엇보다 일본 곳곳을 돌아다니며 직접 본 풍경을 화폭에 옮겼다. 그때까지 산수화는 중국풍 산수를 이상적으로 재현해 내는 데 치우쳤으나 셋슈에 이르러 일본의 실제 풍경을 그림으로써 일본의 실경산수화가 탄생했다. 중국 전역을 직접 눈으로 보고 여행하며 수행하듯 그림을 그린 노력이다.

대표작 〈산수장권〉은 그가 67세에 분고쿠암에서 그린 것으로, 길이가

〈파묵산수도〉, 도쿄 국립박물관

16미터에 이르는 대작이다. 일본 전역의 풍경이 계절에 따라 변화무쌍하게 변화하는 모습을 대담한 필치로 표현한 작품이다. 셋슈는 이 작품에서 불역불변不易不變하는 자연의 참된 실상을 표현하고자 했다.

76세 때 그린 〈파묵산수도〉에는 화가이자 승려로서 절정에 달한 셋슈의 자연관이 잘 드러나 있다. 뒤쪽에 큰 산이 배경으로 희미하게 깔리고, 앞쪽에는 물가와 절벽, 나룻배의 사공이 그려져 있다. 완전히 번진 먹선들은 마치 한 붓으로 그려 낸 듯 보이지만, 실제로는 정교한 계산 아래 배치되어 있다. 나룻배의 사공, 물가 근처의 지붕 등이 매우 섬세하게 묘사된 반면, 앞쪽 절벽과 뒤쪽의 배경인 산은 감상자가 볼 때 안개에 가려진 듯한 느낌을 주기 위해 먹선을 서서히 번지게 했다. 엷게 번진 담묵 표현과 진하고 섬세한 필선이 조화롭게 어우러져 있는 것이다. 극도로 생략되어 그려진 정교한 사물들이 넓은 공간 가운데 조그맣게 배치된 모습은 마치 변화하지 않는 대자연 속에서 생자필멸하는 우리들을 보여 주는 듯하다. 이 그림의 윗부분에는 셋슈의 예술적 생애가 간략히 기록되어 있어 일명 〈자찬산수도自讚山水圖〉라고도 불린다.

셋슈는 평생 분고쿠암에서 지내며 조용히 눈을 감았다. 어느 시기에 죽었는지는 알려져 있지 않다. 사후 일본에서는 그의 영향을 받은 화가들이 여러 유파를 형성하며 일본의 수묵화를 발전시켜 나갔다.

025

이탈리아 베네치아 화파의 창시자

조반니 벨리니

Giovanni Bellini(1430?~1516)

- 이탈리아
- 베네치아 화파의 거장으로 감미로운 색채와 서정적인 작품이 특징이다.
- 〈게세마네에서의 고통〉, 〈네 명의 성인과 함께 있는 옥좌의 성모자〉, 〈신들의 향연〉 등

〈자화상〉, 로마 카피톨리니 박물관

조반니 벨리니는 베네치아 화파의 창시자로, 그의 시대에 베네치아 미술은 이탈리아 르네상스 미술의 중심지 자리를 놓고 로마, 피렌체와 경쟁할 만큼 크게 성장했다. 그는 회화사에 있어 '만물의 봄'이라고 불릴 만큼 부드럽고 감미로운 색채와 빛 표현, 시적 감흥이 풍부한 서정적인 작품을 창조하여 베네치아 미술 최고의 거장으로 불린다.

조반니 벨리니는 1430년경 베네치아의 미

〈그리스도의 변용〉, 나폴리 카포디몬테 국립미술관

술가 집안인 벨리니 가에서 태어났다. 아버지 야코포 벨리니는 피렌체 르네상스 양식을 베네치아에 소개한 인물이며, 형 젠틸레 벨리니는 그와 함께 당대 베네치아에서 추앙받는 거장이다. 또한 화가 안드레아 만테냐는 그의 매부이기도 하다.

안드레아 만테냐
실험적인 원근법과 착시 효과를 활용한 15세기 이탈리아 르네상스의 대가.

조반니는 형 젠틸레와 함께 아버지의 공방에서 화가 수업을 받았다고 여겨진다. 그러나 아버지보다는 매부인 만테냐에게 많은 영향을 받았는데, 이는 초기작인 〈그리스도의 변용〉 등에서 뚜렷이 드러난다. 그는 만테냐에게 인본주의적 정신과 건물과 원근법 활용, 공간 구성법을 배웠고, 도나텔로, 파울로 우첼로, 필리포 리피 등 당대 최고의 거장들과 교류하며 빛과 색채 표현, 원근법 표현 등을 발전시켰다. 또한 우르비노 등지를 여행하면서 피에로 델라 프란체스카의 그림을 보고 영감을 얻었는데, 1473년에 그린 제단화 〈성모의 대관식〉에 그 영향이 드러난다. 이 작품은 르네상스 양식에 따른 최초의 베네치아 회화로 일컬어진다.

1460년, 독립하여 공방을 차린 벨리니는 서서히 만테냐의 영향에서 벗어나 독자적인 화풍을 확립하기 시작했다. 그는 평면적이고 화려한 장식적인 제단화에서 벗어나 현실적인 공간을 묘사했으며, 빛과 색채 표현법을 독자적으로 연구하고 자연광을 활용했다. 그는 하나의 장면을 묘사할 때 전경과 원경에 여러 사건을 묘사했고, 여기에 인간적인 정서와 깊이 있는 종교적 감성을 융합시켜 호소력 있는 작품을 그렸다.

그는 화가로 활동한 50여 년간 끊임없이 새로운 양식을 개발했는데, 안료에 계란을 섞어 그림을 그리는 템페라화에서 탈피해 네덜란드에서 발명된 기름 용매제, 즉 유화 기법을 채택해 그림을 그렸다. 이는 1475년 베네치아를 방문한 안토넬로 다 메시나에게 배웠다고 한다. 유화 기법으로 그리면서부터 그는 종래의 선적인 양식에서 벗어나 색채와 빛을 더욱 풍부하게 사용해 부드럽고 온화한 색감을 표현하기 시작했다. 자연을 사실적으로 묘사했고, 빛을 통해 공간, 형태, 색채를 유기적으로 결합시켰다. 또 빛에 노출된 정도에 따른 색조의 점진적이고 미묘한 변화를 단계적으로 표현하여 마치 색이 화면 전체에 스며들 듯이 그렸다. 이런 색채 표현 기법은 16세기 초 조르조네와 티치아노에게 영향을 미치며 베네치아 색채화파를 형성했다.

또한 그는 주제 선택에 있어 선구적인 시도를 했으며, 종교적 주제를 다룰 때도 독창적인 아이디어를 도입했다. 예컨대 〈게세마네에서의 고통〉이

〈황홀경에 빠진 성 프란체스코〉, 뉴욕 프릭 컬렉션

나 〈황홀경에 빠진 성 프란체스코〉 등은 종교적 소재를 다루고 있지만 광활하고 아름다운 풍경과 감미로운 색채 묘사로 시적인 분위기를 연출하고 있다. 〈게세마네에서의 고통〉은 죽음을 앞두고 고뇌에 싸여 기도하는 그리스도의 뒷모습을 그린 것으로, 이탈리아 미술 최초로 동틀 무렵 새벽녘의 빛을 표현했다. 〈황홀경에 빠진 성 프란체스코〉는 성 프란체스코가 거대한 암벽 앞에 서서 하느님과 대화를 나누는 장면을 묘사했는데, 담홍색으로 물들어 있는 화면과 망아지 한 마리가 서 있는 풀밭의 풍경이 목가적인 평

〈네 명의 성인과 함께 있는 옥좌의 성모자〉, 베네치아 산 자카리아 성당

화로움을 선사한다. 또한 그가 가장 좋아하는 주제 중 하나인 성모를 그릴 때도 〈들판의 성모〉에서처럼 광활한 초원을 배경으로 그리스도를 바라보는 다정한 어머니로 연출했고, 〈네 명의 성인과 함께 있는 옥좌의 성모자(성모자와 성인들)〉에서처럼 독창적인 구성과 함께 종교적 경건함보다 서정성이 물씬 풍기도록 그리기도 했다.

〈네 명의 성인과 함께 있는 옥좌의 성모자〉는 상단 중앙 옥좌에 성모자를 배치하고, 이를 바닥의 네 성인이 둘러싸는 독창적인 구도를 취하고 있다. 목가적인 전원 풍경과 각종 기하학적 문양이 새겨진 아름다운 건물이 배경인데, 벨리니가 그린 가장 서정적인 작품이자, 16세기 베네치아 제단화의 최고 걸작으로 꼽히며 조르조네에게 큰 영향을 끼쳤다. 벨리니는 이렇듯 종교적 주제에서도 신성성을 강조하는 각종 도상이나 구성을 취하기보다 생생한 자연 풍경과 사실적인 묘사를 중시

〈신들의 향연〉, 워싱턴 내셔널 갤러리

했으며, 신성한 세계와 세속적인 세계를 재현하는 데 차이를 두지 않았다.

1480년경 화가로서 최고의 전성기를 맞이한 벨리니는 형인 젠틸레가 콘스탄티노플에 사절단으로 파견되면서 수행하지 못하게 된 베네치아 두칼레궁 장식 작업을 맡았다. 1483년에는 베네치아 공화국 전속 화가가 되었다.

말년이 될수록 벨리니는 자연과 인간의 동화, 심리 표현에 집중했으며, 그림은 더욱 서정적으로 발전했다. 1514년에 그린 〈신들의 향연〉에서 벨리니는 조화롭게 균형을 이루고 있는 자연과 인간의 모습을 시적으로 탁월하게 묘사했다.

색채와 빛, 형태에 통일성을 부여하는 색채주의 기법을 창시한 벨리니는 생전에도 명성이 높았으며, 많은 제자가 그 뒤를 따랐다. 그중에서 특히 조르조네와 티치아노는 스승을 능가하는 명성을 얻었으며, 베네치아 색채주의를 완성했다고 평가받는다.

예술가로서도, 개인적인 일생에 있어서도 벨리니는 그의 그림만큼이나 평온하고 아름다운 삶을 영위하다 1516년경 베네치아에서 생을 마감했다.

026

성스러운 괴물

산드로 보티첼리

Sandro Botticelli, Alessandro di Mariano di Vanni Filipepi(1444?~1510. 5. 17)

| 이탈리아

| 르네상스 시대의 대표적 화가로 작업 방식이나 생애가 알려져 있지 않다. 그의 작품은 다양한 도상학적인 의미를 가진다.

| 〈비너스의 탄생〉, 〈봄(프리마베라)〉, 〈수태고지〉 등

보티첼리는 르네상스 시대의 대표적 화가로, 우리에게 〈봄(프리마베라)〉, 〈비너스의 탄생〉 등으로 유명하다. 미술사가 조르조 바사리는 그를 '비범한 두뇌'와 '강한 탐구심'을 지닌 화가라고 평가했다. 생전의 유명세를 생각한다면 불가사의할 정도로 생애나 작업 방식 등이 거의 알려져 있지 않다. 그의 작품들은 다양한 도상학적 의미를 품고 있어 많은 학자들 사이에서 끊임없이 연구되고 있는데, 이 때문에 그는 서양 미술사에서 '성스러운 괴물'이라고 불리기도 한다.

보티첼리는 '작은 술통'이라는 의미로, 작은 술통처럼 뚱뚱했던 형의 별명에서 따온 별칭이라고 한다(한편으로는 그가 어린 시절 수업받던 금세공사 장인

〈동방박사의 경배〉, 피렌체 우피치 미술관

의 별명이었다고도 한다). 본명은 알레산드로 디 마리아노 디 반니 필리페피로, 1444년 혹은 이듬해 제혁업자인 마리아노 필리페피의 넷째 아들로 태어났다. 피렌체에서 태어나고 성장했으며 어린 시절에는 둘째 형 안토니오와 함께 금세공사의 공방에서 도제 수업을 받았다. 그러다 18세 무렵 프라 필리포 리피의 공방에 들어가 화가 수업을 받았다. 당시 직업 화가들이 10세 무렵 도제로 들어가던 것을 생각하면 매우 늦은 나이였다.

그는 5년간 리피에게 물감 배합, 회화 기법, 금박 장식과 같은 교육을 받았고, 리피의 공방에서 비중 있는 도제로 활동했다. 초기 그의 그림에서는 과도한 장식성, 선원근법을 사용한 정밀한 공간 배치, 힘찬 선, 아름답고 세밀한 세부 묘사가 돋보인다. 이는 금세공 도제 수업을 받으면서 습득한 섬세한 표현력에 더해 스승이었던 리피의 영향을 받은 것으로 보인다.

도제 수업을 마칠 무렵 그린 〈동방박사의 경배〉와 〈성모자와 천사〉에서 리피의 영향이 명백히 드러난다. 구도의 부자연스러움에서 초보 화가의 약점이 보이지만, 여체의 아름다운 곡선과 우아한 자세 등 그의 대표적인 특징도 엿보인다.

동방박사의 경배
동방박사의 경배는 보티첼리가 평생 꾸준히 다룬 주제로, 대표적으로 알려진 것은 이 무렵 그린 것이 아니라 독립한 다음인 1470년경 그린 작품이다.

수태고지
현재 그의 작품이라고 전하는 〈수태고지〉는 1481년의 것으로, 1475년의 것이 아니다.

보티첼리는 1467년경 도제 수업을 마친 후 늦어도 1470년 피렌체에 자신의 공방을 차린 것으로 여겨진다. 1470년에 독립적인 화가로 상업회의소에 걸릴 〈용기〉를 그렸기 때문이다. 〈용기〉와 더불어 비슷한 시기에 그린 〈베툴리아로 돌아가는 유디트〉, 〈죽은 홀로페르네스의 발견〉 등으로 급격하게 명성을 얻었다.

보티첼리는 곧 피렌체 예술가들의 최대 후원자였던 메디치 가의 주목을 받았다. 그리스 철학에 큰 관심을 가지고 있었던 그는 플라톤 학회를 만들고자 한 로렌초 일 마니피코의 연회에 참가하며 플라톤 철학을 미술로 표현하는 데 주력했다. 그런 한편 수많은 초상화와 제단화를 그렸으며, 그중에는 대大 코시모에게 주문받은 그림들도 다수 있었다. 그러나 대 코시모의 마상 창 시합을 장식하기 위해 그린 〈나뭇가지로 장식된 방패를 든 팔라스〉나 〈수태고지〉(1475) 같은 작품들은 전하지 않는다.

메디치 가와의 긴밀한 관계는 1478년 로렌초 일 마니피코와 동생 줄리아노가 암살 습격을 받은 데 연루된 파치 가 인물들의 처형 모습을 그린 프레스코화에서 극명히 드러난다. 이 그림은 보티첼리가 수많은 주문자들의 그림을 그렸다 해도 메디치 가의 공식 화가로서 활동하고 있었고, 그가 피렌

〈봄(프리마베라)〉, 피렌체 우피치 미술관

체에서 가장 명망 높은 화가 중 한 사람이었음을 보여 준다. 이 시기에 보티첼리는 스승 리피의 영향에서 벗어나 자신만의 화풍을 확립해 나갔으며, 도상학적인 주제를 탐구하는 데 매달렸다.

그의 명성은 피렌체 밖에서도 자자했다. 독립 초기부터 다른 지역의 고객들에게 그림 의뢰를 받았던 그는 1481년 교황 식스토 4세의 의뢰로 시스티나 예배당 벽화를 그리기 위해 로마로 갔다. 식스토 4세는 도메니코 기를란다요, 코시모 로셀리, 피에트로 페루지노 등에게도 예배당의 벽화를 맡겼다. 그러나 이곳이 불후의 명성을 떨치게 된 것은 미켈란젤로의 벽화와 제단화 때문이며, 이때 그린 보티첼리의 벽화 중 제단 벽화는 미켈란젤로의 〈최후의 심판〉에게 자리를 내주었다.

이듬해 피렌체로 돌아온 보티첼리는 로렌초 데 메디치를 비롯해 친밀한 후원자들을 위해 새로운 유형의 그림을 개발했다. 이 시기에 그린 그림들이 오늘날 보티첼리 명성의 중심축을 이루는 것들로, 장차 르네상스의 아이콘이 되기까지 한 〈봄〉과 〈비너스의 탄생〉이 대표적이다. 〈봄〉은 로렌초 일 마니피코의 조카 로렌초 디 피에르프란체스코의 침실 곁방에서 발견된 것으로, 로렌초의 결혼을 축하하기 위해 그린 것으로 생각된다. 이 그림에는 그리스 신화에 등장하는 헤르메스, 비너스를 수행하는 삼미신, 비너스, 다산의 여신 플로라, 서풍 제피로스 등이 그려져 있다. 서로 연관성이 없는 이들을 한 화면에 배치하고 있다는 데서 이들이 각기 어떤 서사를 가지고 무엇을 암시하는지에 대해 학자들 간에 아직까지도 의견이 분분하다. 다만 보티첼리가 단순히 그리스 신화의 서사를 차용한 것이 아니라 신플라톤주의적 입장에서 사랑이라는 주제를 다양한 도상학적 아이콘으로 표현해 낸 작품이며, 그가 자신만의 시와 철학을 그림으로 표현했다는 데에는 큰 이견이 없다. 이 그림은 르네상스적 회화의 전형인 사실주의와 일관된 서사를 완전히 무시한 데다, 원근법조차 무시한 독특한 화풍을 지닌다. 그럼에도 유려한 선과 우아한 에로티시즘으로 시선을 사로잡는다.

이 주제가 보다 발전한 것이 〈비너스의 탄생〉이다. 이 그림 역시 메디치가의 주문으로 그려진 것이나 정확히 누구의 의뢰로, 어디에 걸려 있었는지 밝혀지지 않았다. 〈비너스의 탄생〉이라는 제목도 1900년대부터 일반화된 것으로, 제목과 그림의 도상이 일치하는가에 대한 여부조차 논란이 되고 있다. 화면 중앙에 떠 있는 조개 위에 비너스가 서 있는데, 정확히 말하자면 비너스의 탄생 순간이 아니라 탄생한 뒤 키프로스 섬에 도착한 모습을 묘사한 것이다. 왼쪽에서 바람의 신 제피로스가 날아오고, 오른쪽에서 플로라 여신이 붉은 외투로 그녀를 감싸려 하고 있다. 비너스의 자세는 해부학적으로 정확하다기보다는 고대 그리스와 로마 조각상에 토대를 두고

〈비너스의 탄생〉, 피렌체 우피치 미술관

그려진 듯 보인다. 이 작품의 토대는 고대 그리스의 시인 호메로스가 부른 비너스에 대한 찬가로, 이 역시 보티첼리(혹은 주문자인 메디치 가)의 고대 그리스 문학과 예술에 대한 관심이 크게 반영되어 있으며, 다양한 해석이 존재한다. 단순히 결혼식 장식 그림이라는 설부터 마르게리타 데 메디치의 출생을 계기로 정세가 복잡했던 피렌체에 여명이 밝아 오리라는 것을 표현했다는 설, 신플라톤주의적 관점에서 비너스를 우주의 조화에 대한 완벽한 인격화로 보고 '비너스의 탄생=인간성의 회복'을 표현한 것이라는 설도 있다.

대중에게는 잘 알려져 있지 않지만, 보티첼리는 이 무렵 종교화도 제법 그렸다. 그는 종교적 신심이 깊었는데, 고대 신화와 철학만큼 기독교적 이야기에도 크게 매료되어 있었다. 그는 활동 초기부터 꾸준히 동방박사의 경배, 성모자, 수태고지와 관련된 그림을 그렸고, 제단화 역시 꾸준히 그렸다. 일명 '바르디 제단화'로 불리는 〈세례자 성 요한과 복음사가 성 요한 사이에 앉은 성모〉를 비롯해 금세공사 길드에서 의뢰받은 〈네 성인과 성모 대관식〉, 〈수태고지〉, 〈두 천사와 성모자〉, 〈수도원의 방에서 집필 중인 성 아우구스티누스〉 등 그는 후기에 종교적인 주제에 더욱 몰두했다. 또한 로렌초 디 피에르프란체스코의 의뢰로 단테의 《신곡》 삽화도 제작했다. 말년에 이르러 독자적인 작품을 구상하기보다 이 작업을 필생의 포부로 여기고 전념했으나 건강이 악화되어 결국 완성하지 못했다.

1492년, 로렌초 일 마니피코가 죽으면서 피렌체는 국내외적으로 정치적 혼란에 빠져들었다. 또한 15세기 말이라는 세기말적 상황에서 대중은 종말론의 공포에 휩싸였다. 이런 분위기에서 도미니코회 수도사 사보나롤라가 대중의 허영을 지탄하고 갱생을 촉구하며 시뇨리아 광장에서 사치품을 불태우는 '허영의 화영식'을 열었다. 이때 보티첼리는 사보나롤라의 신봉자가 되어 자신의 '허영' 많은 그림을 불 속에 집어넣었으며, 이후의 그림에서 이교도적인 색채를 지우고 장식적인 요소를 배제했다고 한다. 이 때문인지 역동적인 리듬감과 유려한 곡선, 우아하면서도 에로티시즘이 함축되어 있던 종래의 그림과 달리 말년의 그림들은 구도가 단순하고 응집되어 있으며, 곡선이나 옷 주름 등의 표현이 매우 소박하고 절제되어 있다. 이런 화풍의 변화는 〈그리스도의 변용, 성 히에로니무스, 성 아우구스티누스〉나 〈성 히에로니무스의 마지막 영성체〉 등에서 뚜렷이 드러난다.

만년에 이르러 보티첼리의 창조력은 급격히 쇠약해졌다. 질병 때문에 똑바로 설 수도 없어 목발을 짚고 다닐 만큼 몸의 상태가 좋지 않아 그림조차 그릴 수 없었다고 한다. 한 시대를 풍미했던 그는 레오나르도 다 빈치나 미켈란젤로와 같은 젊은 화가에게 밀려 잊혔고, 65세의 나이로 쓸쓸한 죽음을 맞았다.

027

악마의 화가

히에로니무스 보스

Hieronymus Bosch(1450?~1516. 8. 9)

- 네덜란드
- 환상 세계와 현실 세계가 혼란스럽게 섞여 있는 초현실적인 회화가 특징이다.
- 〈쾌락의 정원〉, 〈건초 수레〉, 〈십자가를 운반하는 그리스도〉 등

"이제까지 그 누구도 그와 비슷한 것을 상상조차 해 본 적이 없다."

히에로니무스 보스에 대한 뒤러의 평이다. 보스는 독특하고 난해한 상징, 상상조차 하기 힘든 괴상한 창조물들과 영적이고 감각적인 세계를 표현한 신비주의적, 초현실적인 작품으로 유명하다. 15세기의 인물인 그는 동시대의 누구와도 비견할 수 없는 독보적인 존재로, 오히려 5세기나 지난 후인 20세기 초현실주의 화가들과 비견되곤 한다.

보스의 일생에 대해서는 알려진 것이 거의 없다. 본명은 히에로니무스 반 아켄으로 1450년경 네덜란드 스헤르토헨보스에서 태어났다. 화가였던 할아버지와 아버지에게 그림을 배웠으며, 남동생 역시 화가로 활동했다.

집안은 부유한 편이었으며, 1481년 부유한 연상의 여인과 결혼하여 지방의 유지로 풍족하게 살았다.

스헤르토헨보스는 번창하는 상업 도시로, 다양한 종파의 수도원이 자리하고 있는 곳이었다. 도시의 특성상 상대 종교 교단에 대한 비판도 드물지 않았는데, 중세 교회의 권위가 추락할 정도는 아니었지만 이는 상당히 독특한 모습이라 할 수 있다.

흡사 악마로 보이는 기괴한 형상과 지옥의 장면들을 소름끼치게 표현한 보스는 종교 교단에 대한 노골적인 비난을 담은 그림을 그리기도 했다. 당대는 물론, 후대에도 '이단적'이라고 평가받으며 '지옥의 화가', '악마의 화가'라고 불리곤 했는데, 이는 그가 평생을 산 도시의 분위기에 어느 정도 영향을 받았으리라 여겨진다.

1486년경 보스는 성모 형제회에 가입했다. 에라스뮈스가 젊은 시절 수학했던 단체로, 그는 성 보나벤투라의 청빈주의와 얀 반 뤼스브룩의 신비주의 사상에 감화받았다. 그의 초기작들은 성모 형제회 회원이 되면서 주문받은 것으로, 대개 유실되고 없지만 개인 소장 작품 몇 점이 전한다. 이 단체를 통해 네덜란드의 유력자, 귀족과 교류하며 작품을 주문받던 보스는 곧 뛰어난 솜씨와 상상력을 지닌 화가로 명성을 얻었다.

초기에 그는 〈십자가에 못 박힌 예수〉, 〈7가지 원죄〉와 같은 성서적 주제를 다룬 종교화를 그렸지만, 주제에 대한 독창적인 해석과 사실주의적인 묘사, 신비주의적 분위기로 기존 종교화들과는 확연히 차별되는 작품을 탄생시켰다. 또한 지금은 유실되었지만 복제화를 통해 알려진 〈마술사〉 역시 15세기 초의 전형적인 풍속화이지만, 돌팔이 약장수에게 속아 넘어가는 사람들의 면면과 표정을 사실적이면서도 유머러스하게 표현하고 있다.

귀족들은 보스의 그림이 지닌 신비주의, 혹은 악마적 이미지에 매료되었

〈7가지 원죄〉, 마드리드 프라도 미술관

다. 환상 세계와 현실 세계가 혼란스럽게 섞여 있는 그의 대표작들은 1503년 이후부터 제작되었는데, 대개 외국의 귀족, 왕족들의 주문으로 만들어졌다. 〈건초 수레〉, 〈성 안토니우스의 유혹〉, 〈쾌락의 정원〉, 〈최후의 심판〉 같은 작품들은 난해한 상징, 복잡한 구도, 사실주의적 묘사를 지닌 대작들이다.

〈건초 수레〉는 '인간은 세상이라는 건초더미에서 각자 자기 능력만큼의 건초를 가져간다'라는 플랑드르의 속담을 표현한 세 폭 제단화로, 에덴동산

〈건초 수레〉, 마드리드 프라도 미술관

에서의 원죄, 건초 수레 더미로 몰려오는 탐욕스런 인간들의 모습, 악마들이 지옥의 죄인들을 고문하는 장면으로 이루어져 있다. 부富와 욕망에 대한 인간의 어리석음과 광기가 적나라하게 묘사된 작품이다. 이와 유사하게 인간의 탐욕을 다루고 있는 〈죽음과 수전노〉, 〈탐식과 육욕의 은유〉 등도 15세기 말의 세기말적인 분위기와 결합되어 독특한 이미지를 뿜어낸다.

대표작인 〈쾌락의 정원〉은 에덴동산에서 여인의 창조, 최초의 유혹과 타락으로 어지럽혀진 세속적 낙원, 지옥의 고통 등 세 부분으로 구성되어 있다. 도상학적인 알레고리들과 독창성을 유감없이 활용한 작품으로, 낙원과 지옥이 뒤섞인 중앙의 세속적 낙원은 환상적이고 초현실적인 이미지들로 가득하다. 화면에 등장하는 수많은 요소에 각자의 개성과 감정이 정밀하게

〈쾌락의 정원〉, 마드리드 프라도 미술관

묘사되어 있고, 다양한 색채 활용과 대담한 구성이 전체적으로 완벽한 조화를 이루고 있다는 데서 보스의 화가로서의 역량을 짐작하게 한다.

보스는 평생 지칠 줄 모르는 열정으로 인간의 광기, 어리석음, 탐욕, 잔인성과 같은 악과 인생의 네 단계, 인간의 네 기질 등을 그렸다. 그의 그림들은 원죄를 다루고 있다는 점에서 지극히 종교적이었지만, 인간의 잔인성과 증오, 죽음, 초월적 형상들을 부각시키고 있다는 점에서 이단적이었다.

〈십자가를 운반하는 그리스도〉를 보면 그리스도의 수난을 다룬 기존 작품과 달리 그리스도의 주변에 있는 인물들의 증오와 광기, 무관심을 그리는 데 중점을 두고 있다. 보스가 주문자들의 취향에 맞추어 종교적 요소를 다루고 있지만, 실제로는 교회의 전통적인 견해에 도전하는 상징을 작품에 포함시켰다는 견해도 있다. 따라서 그의 작품 속 다양한 도상학적 알레고리와 메시지들은 매우 혼란스러울 수밖에 없고, 다양한 해석을 불러일으킨다.

〈십자가를 운반하는 그리스도〉, 겐트 왕립미술관

보스는 생전에 유럽 전역에 명성을 떨쳤고, 죽은 지 1세기가 지난 후까지 많은 화가들이 그의 양식을 도용하려 했지만 누구도 그가 이루어 낸 독창적인 세계를 구축하지 못했다. 그의 작품은 20세기 초현실주의자들에게 주목받기 전까지 악마와 지옥, 기괴한 형상들로 인해 혐오의 대상이 되기도 했다.

028

르네상스 시대 최고의 천재

레오나르도 다 빈치

Leonardo da Vinci(1452. 4. 15~1519. 5. 2)

❙ 이탈리아

❙ 이탈리아 르네상스 시대의 천재적인 미술가, 과학자, 사상가이자 과학적 탐구정신을 바탕으로 회화 양식에 변혁을 일으킨 위대한 예술가이다.

❙ 〈최후의 만찬〉, 〈모나리자〉, 〈성 안나와 성모자〉 등

〈자화상〉, 토리노 왕립도서관

미술, 조각, 건축, 토목, 수학, 과학, 음악 등 전 분야에 걸쳐 천재성을 발휘하며 '르네상스적 천재'라는 하나의 개념이 된 레오나르도 다 빈치. 르네상스 미술이 그에 이르러 완성되었다고 평해지는 이 위대한 예술가는 과학적 탐구정신을 토대로 한 정밀한 관찰과 체계적인 연구로 회화 양식에 변혁을 일으켰음은 물론, 공학 분야의 기기들, 건축 설계, 인체의 해부학적 구조, 원근법, 기체역학 등 각종 발명품과 기법, 이론을 창안했다.

〈수태고지〉, 피렌체 우피치 미술관

다 빈치는 1452년 4월 15일 피렌체 근교의 빈치에서 공증인 세르 피에로와 농민 여성 사이에서 사생아로 태어났다. 아버지의 집에서 풍족한 유년기를 보냈으며 다양한 학문을 공부했는데, 특히 수학, 음악, 그림에 재주가 뛰어났다고 한다. 그러나 사생아라는 출생의 한계로 아버지와 같은 전문직업을 가질 수 없었고, 1462년경(혹은 1460년) 피렌체로 가서 아버지의 친구인 안드레아 베로키오에게 도제 수업을 받았다. 당시 베로키오의 공방에서는 보티첼리, 도메니코 기를란다요, 페루지노 등 쟁쟁한 인물들이 도제 수업을 받고 있었다. 다 빈치는 1472년경 화가 길드에 등록된 독립장인 자격을 얻었으나 1476년경까지 베로키오의 그림 속 인물이나 풍경의 사실적인 세부 묘사를 맡는 한편, 공방에서 사용하는 기계 장비 등을 설계했다. 〈수태고지〉, 〈지네브라 데 벤치의 초상〉, 〈카네이션을 든 성모〉 등이 이 시기 작품으로 추정된다.

1482년, 다 빈치는 밀라노 공작 루도비코 스포르차의 초청으로 밀라노로

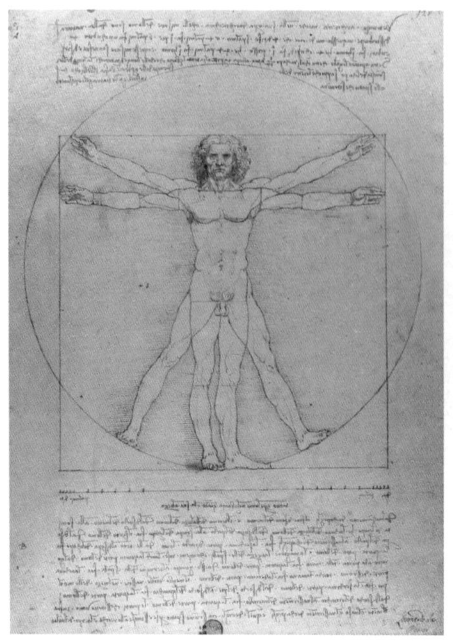
〈비트루비우스 인체 비례〉, 피렌체 아카데미아 미술관

향했다. 그 바람에 산 도나토 아스코페토 수도원에 그리던 제단화 〈동방박사의 경배〉는 미완으로 남았다.

다 빈치는 18년간 밀라노에 머물면서 화가, 조각가, 건축가, 군사 기술자, 도시 계획, 공식 행사 기획, 축제 무대 설계 등 다방면에 걸쳐 활동했다. 그가 도착했던 당시 밀라노는 베네치아와 전쟁 중이었고, 그는 스포르차 궁의 군사 기술 담당이자 건축가로 임명되어 석궁, 방화화살, 대포 등 다양한 무기를 설계하는 한편, 요새 건축 및 도시 계획 설계를 하는 등 기술자로서 최대의 능력을 발휘했다. 또한 궁정 화가로서 루도비코의 아버지 프란체스코 스포르차의 청동 기마상을 제작하는 데 힘을 기울였고, 1483년에는 산 프란체스코 그란데 성당 신자회의 의뢰로 〈암굴의 성모〉를 그렸다.

1485년경 밀라노에 전염병이 창궐하자 그는 스포르차 궁 사람들과 함께 몇 달간 파비아로 피신했는데, 이때 파치오 카르다노를 알게 되어 수학, 기하학, 생리학 등에 대한 지식을 넓혔다. 또한 시계 장치, 기중기, 활차滑車 같은 기계를 고안하는 등 토목공학에 있어서도 진일보한 성취를 이루었다.

1480년대 말부터 다 빈치는 인체 해부에 관한 기록을 남기기 시작했다. 그는 베로키오의 도제 시절부터 신체와 두개골 구조 등에 관심을 가지고 있

〈최후의 만찬〉, 밀라노 산타 마리아 델레 그라치에 성당

었다고 한다. 그는 인간의 두뇌와 신체 구조를 파악하여 인간의 인식과 행동, 상상, 기억 등의 정신 활동, 궁극적으로 영혼을 설명할 수 있다고 생각했다. 이는 그의 기록 중 가장 많은 부분을 차지하는 회화론과도 관련이 있다. 그는 자연에 존재하는 모든 대상의 비례를 정밀하게 따지고, 꼼꼼히 관찰하여 세밀하고 사실적으로 묘사해야 한다는 '예술-과학' 이론을 정립했으며, 인체 비례, 눈동자, 태아 등에 관련된 수많은 드로잉과 글을 남겼다.

또한 다 빈치는 일평생 비행 기구를 만드는 데 특별한 관심을 가졌는데, 소년 시절부터 갖가지 날개를 만들어 달고 비행을 시도했다고 한다. 그는 궁의 축제나 연극 도구로 날개 달린 기계 장치들을 설계했으며, 이를 군사용으로 활용할 도안을 그리기도 했다. 1494년에는 공기역학과 기계 장치에 대한 연구 성과를 토대로 정교한 글라이더 모형을 제작하여 시험 비행을 시도했다.

1495년경부터 다 빈치는 산타 마리아 델레 그라치에 성당에 〈최후의 만찬〉을 그리기 시작했다. 다 빈치의 최고작이자 서양 미술사상 최고의 걸작으로 꼽히는 이 작품은 구성, 빛, 원근법에 대한 그의 통찰이 고스란히 담겨 있다. 전통적인 프레스코화 방식이 아닌 마른 회반죽 위에 템페라로 그리는 실험적인 방식을 택했고, 모든 인물의 배치와 동작, 크기는 고도의 계산 아래 이루어져 있다. 예수와 열두 제자가 식사를 하는 동안 제자들이 예수에게 누가 배신할 것인지 묻는 장면이 드라마틱하게 표현되어 있는데, 다 빈치는 상징물을 사용하여 각 인물을 드러내는 대신 인물들의 반응을 통해 그가 누구인지 알게 했다.

1499년, 프랑스군의 밀라노 점령으로 루도비코 일 모로가 몰락하자 다 빈치는 밀라노를 떠나 여기저기를 떠돌다 피렌체로 돌아왔다. 1500년경부터 그는 산투시마 아눈치아타 성당의 주문으로 〈성 안나와 성모자〉에 착수했다. 새끼 양을 안고 있는 아기 예수와 몸을 굽혀 예수를 안으려는 성모 마리아, 그들 뒤에서 은은한 미소를 머금은 성모 마리아의 어머니 성 안나를 묘사한 이 그림은 피라미드형 구도와 스푸마토 기법, 공기 원근법과 부드러운 빛의 사용이 절묘하게 조화되어 완벽한 균형을 이루는 한편, 극도의 시적 감흥을 불러일으킨다. 미술사가 조르조 바사리는 "(이 그림이 걸리자) 남녀노소 할 것 없이 모든 사람들이 무리지어 이 그림을 보러 왔다. 이런 모습은 이틀 동안 이어졌으며, 모든 사람들이 경의를 표했다."라고 기록했다.

1503년, 다 빈치는 피렌체 공화정부로부터 〈앙기아리 전투〉를 의뢰받았는데, 이 그림은 미켈란젤로의 〈카시나의 전투〉와 한 쌍을 이루어 베키오 궁전을 장식하기로 되어 있었다. 여러 이유로 두 사람이 피렌체를 떠나면서 르네상스 최고 천재들의 대결은 이루어지지 못했고, 습작만이 전한다(다만 〈앙기아리 전투〉는 2012년 베키오 궁의 벽화 뒤에서 그 흔적이 발견되었다). 이 시기 다 빈치는 세계에서 가장 유명한 그림이 될 〈모나리자〉에 착수했다.

1506년, 다 빈치는 샤를 당부아즈의 초청으로 밀라노에 갔다. 이 시기에 〈암굴의 성모〉 두 번째 버전을 제작하고, 〈잔 자코모 트리불치오의 기마상〉 구상 소묘 등을 그렸으며, 해부학과 식물학, 공학, 물리학 등을 더욱 심도 있게 연구했다. 인체 각 부위에 대한 정교한 해부 연구에 착수한 다 빈치는 심장 혈류의 이동 과정을 알아보기 위해 유리관 끝에 인공심장 판막을 씌우고 실험했으며, 사체를 부검하여 인체 각 부위의 근육 계통 및 심장과 폐 해부도 등을 정밀하게 그림으로 남겼다. 그런 한편 미완성이었던 〈성 안나와 성모자〉를 완성하는 데 주력했다.

〈성 안나와 성모자〉, 파리 루브르 박물관

다 빈치는 1513년에 잠시 피렌체로 돌아왔지만 곧바로 교황 레오 10세의 동생 줄리아노 메디치의 후원을 받아 로마로 떠났다. 미켈란젤로와 라파엘로라는 걸출한 천재 예술가들이 활동하던 로마에서 다 빈치는 예술가보다는 과학자로 대우받았고, 이곳에서 과학과 기술 연구에 전념했다.

1516년, 줄리아노 메디치가 세상을 뜨자 다 빈치는 프랑수아 1세의 초청

〈모나리자〉, 파리 루브르 박물관

으로 프랑스로 가 앙부아즈의 클루 성에 머물렀다. 이때 그의 짐 속에는 〈모나리자〉, 〈성 안나와 성모자〉, 〈세례 요한〉이 들어 있었다고 한다. 프랑수아 1세는 다 빈치를 회화, 건축, 조각, 기계공학 등 전 분야에 있어 위대한 장인일 뿐만 아니라 위대한 철학자라고 일컬으며 특히 아꼈다. 다 빈치는 이곳에서 무대용 기계 장치 제작, 운하 설계, 궁궐 정원 조경 등 다양한 프로젝트를 진행했으며, 여러 점의 그림을 그렸다. 또한 미완성이었던 〈세례 요한〉을 완성했다.

1517년, 다 빈치는 뇌졸중으로 건강이 악화되어 수족을 제대로 쓰지 못했고, 그해 5월 2일 클루 성에서 세상을 떠났다.

029

르네상스의 정신을 구현한 전인

알브레히트 뒤러

Albrecht Dürer(1471. 5. 21~1528. 4. 6)

- 독일
- 판화가, 조각가, 건축가, 회화가, 이론가로 북유럽 르네상스의 완성자라고 평가받는다.
- 〈요한 계시록〉, 〈멜랑콜리아 1〉, 〈기사와 죽음과 악마〉, 〈네 사도〉 등

알브레히트 뒤러는 북유럽 르네상스의 완성자라고 평가받는 인물이다. 유럽 르네상스는 이탈리아를 중심으로 발전했는데, 그가 등장하기 전까지 독일은 미술계의 변방이었다. 뒤러는 서구 미술사상 가장 뛰어난 판화가로 꼽히는데, 미술사가 조르조 바사리는 뒤러를 '진실로 위대한 화가이자 가장 아름다운 판화의 창작자'라고 칭하기도 했다. 드로잉과 유화에서도 독자적인 양식을 확립했으며, 특히 자화상을 하나의 예술 양식으로 확립시켰다. 또한 본격적으로 작품에 서명을 남기며 화가의 지위를 수공업자가 아닌 예술가로 자리매김시키는 데 지대한 공헌을 했다.

1471년 5월 21일, 뒤러는 독일 뉘른베르크에서 금세공사인 알브레히트

〈요한 계시록〉 15점의 판화 중 일부, 카를스루에 주립미술관

뒤러의 셋째 아들로 태어났다. 이름은 아버지의 이름을 딴 것이다. 13세 때부터 아버지에게 금세공을 배웠으며, 이때 익힌 정밀하고 세심한 금속세공 기법은 후일 그의 동판화 기법에 큰 영향을 미쳤다. 얼마 후 아버지는 아들이 그림에 뛰어난 소질이 있음을 깨닫고, 15세 때 그를 명망 있는 화가 미하엘 볼게무트의 도제로 들여보냈다. 뒤러는 볼게무트의 화실에서 4년여간 목판화, 제단화, 초상화 등 다양한 작품을 접하고 그 기법을 익혔다.

뒤러는 19세 때 도제 수업을 마치고 고향을 떠나 독일과 스위스 등지로 그림을 배우러 다녔다. 그는 마인츠, 라인 강 유역, 네덜란드 등지로 유명한 장인과 화가들을 찾아다녔는데, 이는 당시 젊은 화가들의 일반적인 관행이었다. 1492년경에는 판화의 중심지 바젤에 정착해 목판화 공방에서 장인으로 일하기도 했다. 2년 후 그는 뉘른베르크로 돌아와 주철세공 장인의 딸 아그네스 프라이와 결혼했다. 그러나 두 달 후 다시 그림 여행을 떠나 이탈리아 볼로냐와 베네치아 등지에 머물며 화풍을 연구했고, 시골을 돌아다니며 스케치 여행도 했다.

〈기사와 죽음과 악마〉, 파리 루브르 박물관

1490년대 말에서 1500년경, 뒤러는 고향으로 돌아와 공방을 열고 본격적인 활동을 시작했다. 초상화, 제단화 등 주문받은 것은 무엇이든 그렸지만, 특히 목판화와 동판으로 명성을 얻었다. 그는 공방을 열기 전부터 이 분야에서 인정받는 장인이었는데, 특히 1498년에 간행한 목판화 〈요한 계시록〉으로 독일 전역에서 천재 판화가로 이름을 떨쳤다.

1512년, 뒤러는 막시밀리안 1세의 부름을 받고 그의 궁정 화가로 활동했다. 그는 막시밀리안 1세의 초상을 비롯해 황제의 저서에 들어갈 삽화, 황제의 기도서에 들어갈 소묘 등을 그렸다. 이 시기의 가장 큰 사업은 황제의 위업을 기리기 위해 목판화 〈개선문〉, 〈개선행진〉 등을 제작한 일이다. 192개의 판목으로 만들어진 〈개선문〉은 미술사상 가장 큰 목판화이며, 당대 독일 최고의 미술가들이 참여했다. 〈개선행진〉 역시 137개의 판목으로 구성됐으며, 전체 길이 55미터에 달하는 대작이다. 또한 그는 막시밀리안 1세의 무덤 조성 사업을 지휘했으며, 뉘른베르크 시청사 공사에도 참여하는 등 조각가, 건축가로서 재능을 발휘했다.

이 시기 그는 궁정 화가 활동 외에도 개인적인 창조성을 유감없이 발휘한 작품들을 많이 제작했다. 그의 대표적인 목판화 중 하나인 〈자기 방에 있는 성 히에로니무스〉, 〈기사와 죽음과 악마〉 등은 이 시기에 만들어졌다.

조르조 바사리가 전 세계를 경탄시키는 작품 중 하나라고 찬사를 보낸 〈멜랑콜리아 1〉도 이 시기의 작품이다. A4 용지 한 장 정도 크기의 작은 작품이지만, 제목의 의미를 비롯해 화면 중앙의 생각에 잠긴 듯한 여인이 상징하는 의미, 여인이 들고 있는 도구, 사냥개, 물, 무지개, 혜성, 화면 우측 상단의 숫자 조합 등 작품 속에 등장하는 도상학적인 아이콘들에 대해 수많은 해석이 난무한다. 미술사가뿐만 아니라 의사, 수학자, 천문학자, 프리메이슨 단원 등 각계각층 사람들이 여러 해석을 내놓았다. 무지개와 혜성

〈멜랑콜리아 1〉, 파리 루브르 박물관

을 묵시론적인 상징으로 보는 견해도 있고, 여성을 멜랑콜리(인간의 네 기질 중 하나의 표현)의 화신으로, 아기, 사냥개, 도구들과 각종 기하학적인 상징들은 인간의 창조적 재능을 의미한다는 신플라톤주의적 해석도 존재한다.

1519년에 막시밀리안 1세가 죽고, 이듬해 뉘른베르크에 역병이 들자 그는 아내와 함께 네덜란드로 떠났다. 1년 정도 수많은 소묘와 회화를 그리며, 마티아스 그뤼네발트 등 네덜란드 화가들과 교류했다. 뉘른베르크로 돌아온 후에는 초상화, 동판화, 목판화를 여러 점 제작했으며, 화가로서 가장 뛰어난 기량을 발휘했다고 평가받는 〈네 사도〉를 그렸다.

1517년, 마르틴 루터가 비텐베르크 대학교의 교회당 정문에 로마 가톨릭의 부정과 부패를 비판하는 95개조 반박문을 발표하면서 그리스도교 신앙은 가톨릭과 개신교로 양분되었다. 이로써 종교개혁 운동이 일어났고, 이것이 농민 운동과 결합되어 급진적으로 발전하자 시 당국은 폭력적인 진압을 시작했다. 뒤러는 신앙심이 깊었으며, 루터와 서신을 주고받을 만큼 종교개혁을 적극적으로 지지했다. 때문에 탄압이 극심해졌을 때 제자들과 함께 이 일에 연루되어 고초를 겪기도 했다.

〈네 사도〉, 뮌헨 알테 피나코테크

이런 상황에서 탄생한 〈네 사도〉는 새로운 종교적 횃불을 드러내고 있는 작품이다. 루터 성서에는 사도 요한, 베드로, 바울, 마가 등 네 사도의 서간들이 진정한 성서의 핵심이라고 쓰여 있는데, 뒤러는 이런 관점에서 이들을 신앙의 왜곡과 거짓 예언자들에게 주의하라고 경고하는 상징으로 사용했다. 즉 종교개혁의 상징적인 인물로 그린 것이다. 그런 한편 네 인물을 인문학적 도상으로 읽을 수 있다고 주장하는 학자도 있다. 각각이 르네상스 시기에 유행하던 인간의 네 기질(다혈질, 점액질, 담즙질, 우울질)을 표현하고 있다는 해석이다.

이 시기에 뒤러는 작품 활동만큼이나 이론적인 저술 작업에도 힘썼다. 그는 예술에도 인문학적 성찰과 과학적 방법이 필요하다고 믿었다. 《측정술 지침서》, 《인체 비례론》, 《요새론》 등의 저술에는 예술적 상상력도 합리적이고 과학적인 방식으로 다듬어야 한다는 뒤러의 인문주의적 믿음이 내포되어 있다. 《측정술 지침서》 서문에는 '오늘날까지 독일의 젊은 화가들은 작업 경험으로만 제작하고 있는데 이는 얼마나 무모한 일인가. 독일의 작가들은 측정에 관한 과학을 전혀 모르고 있다'라고 쓰여 있다.

판화가, 조각가, 건축가, 회화가, 이론가 등 르네상스적 전인全人이었던 뒤러. 미술 전 분야를 아우르는 탁월한 재능을 비롯해 인문주의자로서 르네상스 정신을 구현하고 과학적 방법론을 전개했던 인물은 레오나르도 다 빈치 외에는 뒤러가 유일하다.

또한 뒤러는 서양 미술사상 가장 위대한 판화가 중 한 사람이지만, 수공업자나 장인의 취급을 면치 못했던 미술가의 지위를 독립적이고 창조적인 '예술가'의 지위로 확립시키는 데 지대한 공헌을 했다. 그는 어린 시절부터 예술가로서의 비전을 마음속에 가지고 있었고, 독립한 이후에는 화가의 사회적 지위에 많은 관심을 가졌다. 그는 작품 활동 초기부터 자신의 작품에

서명을 넣었는데, 당시에는 흔치 않은 일이었다. 이는 자신의 창조적 작업에 자부심과 책임감을 가지고 있다는 예술가로서의 독립 선언이라 할 수 있다.

〈자화상〉, 뮌헨 알테 피나코테크

또한 그는 '자화상의 화가'로 널리 알려질 만큼 평생 수많은 자화상을 그렸다. 화가 수업을 받기 전인 13세 때부터 자신의 모습을 그리기 시작했는데, 이 시기에 그린 자화상이나 주변 사람들의 소묘는 선이 정교하고 동작과 비례가 정확하며 인물의 특징과 감정이 잘 표현되어 있다. 대중에게 가장 잘 알려진 그리스도를 닮은 〈자화상〉은 개인 공방을 열었을 무렵인 1500년경에 그린 것으로 예술가로서의 자부심이 드러나 있다.

스스로 '미술의 1인자'라고 여겼던 뒤러는 생전은 물론, 사후에도 그 자부심에 걸맞은 대우를 받았다. 1528년에 뒤러가 죽은 이후 수많은 제자와 숭배자들이 그의 화풍을 따랐고, 1600년경 독일에서는 뒤러 르네상스가 일어나 그의 작품은 '신성한 그림'으로 취급되었다. 3세기가 지나도 그의 인기는 식을 줄 몰랐는데, 1800년대 독일 낭만주의가 태동할 때는 가장 위대한 독일 미술가로서 하나의 아이콘이 되었으며, 1870년대 프랑스-프로이센 전쟁으로 민족주의가 태동할 때는 '궁극적 독일인'으로 추앙받았다.

030

르네상스 시대의 위대한 예술가

미켈란젤로 부오나로티

Michelangelo di Lodovico Buonarroti Simoni
(1475. 3. 6~1564. 2. 18)

- 이탈리아
- 르네상스 시대 이탈리아의 대표적인 조각가이자 화가로 예술가로서의 자유와 독립성을 인정받은 최초의 인물이다.
- 〈다비드〉, 〈최후의 심판〉, 〈천지창조〉, 〈피에타〉 등

미켈란젤로는 1475년 3월 6일 토스카나 지방의 카프레세에서 태어났다. 아버지 로도비코 디 레오나르도 부오나로티 시모니는 카노사 출신의 귀족으로, 카프레세의 치안판사였다. 본명은 미켈란젤로 디 로도비코 부오나로티 시모니로, 로도비코의 둘째 아들이었다. 6세 때 어머니가 병으로 죽으면서 유모의 손에서 자랐는데, 유모의 남편이 석공이었던 터라 채석장에 드나들면서 조각에 관심을 가졌다고 한다. 또한 유년 시절부터 조토와 마사초의 작품을 따라 그리는 등 그림에 관심을 보여 아버지에게 자주 꾸중을 들었다. 아버지는 미켈란젤로를 공부시키고자 프란체스코 다 우르비노가 운영하는 학교에 보내 문법(라틴어)을 배우게 했으나 미켈란젤로의 관심은 온통

그림뿐이었다.

미켈란젤로는 13세 때 아버지의 임기가 끝나자 가족과 함께 피렌체로 올라왔다. 이곳에서 그는 화가 도메니코 기를란다요의 제자를 알게 되었고, 그 제자가 미켈란젤로의 데생을 기를란다요에게 보여 주면서 재능을 인정받아 도제가 되었다. 미켈란젤로는 어린 나이임에도 뛰어난 기량을 보여 스승을 놀라게 했다. 기를란다요가 산타 마리아 노벨라 성당의 벽화를 제작하던 무렵의 일이다. 미켈란젤로는 스승과 선배 도제들이 그림을 그리는 모습을 스케치하고 있었는데, 이를 본 기를란다요가 "이 소년은 나보다 아는 게 많구나."라고 감탄했다고 한다.

조각에도 관심이 많았던 미켈란젤로는 1년 후 도나텔로의 조수였던 조각가 베르톨도 디 조반니 아래로 들어갔다. 그리고 곧 메디치 가의 수장 로렌초 데 메디치의 눈에 띄었다. 메디치 가는 고대 조각과 인문주의에 큰 관심을 갖고 피렌체의 문화, 예술을 후원하여 이탈리아 르네상스를 꽃피운 가문이다. 이후 미켈란젤로는 로렌초의 집에 기거하며 그가 수집한 고대 로마 조각들을 모방하고, 고대 사상과 신화 등을 연구하며, 로렌초의 정원에 놓일 조각상들을 제작했다. 이 시기의 대표작이 헤라클레스와 켄타우로스 간의 전투를 묘사한 〈켄타우로스족의 전투〉로, 이 작품으로 미켈란젤로는 어린 나이임에도 거장으로 명성을 떨치게 되었다.

21세 때 그를 지극히 총애한 로렌초가 죽자 미켈란젤로는 깊은 슬픔에 빠져 집으로 돌아왔다. 그리고 얼마 후 크기가 너무 커서 누구도 사지 않아 방치되어 있던 대리석 조각을 사들여 〈헤라클레스〉를 조각했다. 여기에는 메디치 가의 후원이 있었다고도 한다. 이 시기에 그는 피렌체 카사 부오나로티의 〈십자가에 못 박힌 예수〉를 만들었는데, 이때 처음으로 실제 인체 해부를 시도했다고 한다.

〈피에타〉, 바티칸 성 베드로 성당

1494년, 프랑스 왕 샤를 8세가 이탈리아를 침공하고 피렌체에서 메디치가가 몰락하며 미켈란젤로의 인생에 전환기가 찾아왔다. 그는 전란을 피해 베네치아를 거쳐 볼로냐로 가 약 1년 여간 조반 프란체스코 알도브란디의 후원 아래 미완성이었던 성 도메니코의 묘지에 놓일 조각상들을 제작했다. 〈성 프로클로스〉, 〈성 페트로니우스〉, 〈천사〉가 그것이다.

1496년, 미켈란젤로는 잠시 피렌체로 돌아가서는 〈잠자는 큐피드〉를, 로마에서는 고대 조각상들을 연구하면서 〈바쿠스〉를 제작했다. 〈바쿠스〉는 추기경 라파엘레 리아리오의 주문으로 만든 것이었으나 지나치게 이교적이라는 이유로 거부당했다.

1499년, 미켈란젤로는 〈피에타〉를 완성했다. '피에타Pieta'는 이탈리아 어로 '슬픔' 혹은 '비탄'을 뜻하는 말로, 예수의 죽음에 대한 성모 마리아의 비애를 표현하는 주제이다. 프랑스 추기경 장 빌레르 드 라그롤라가 주문한 것으로, 바티칸 성 베드로 대성당에 소장되어 있다. 미켈란젤로의 서명이 들어 있는 유일한 작품이기도 하다.

1501년, 피렌체에 공화정이 수립되고 정국이 안정됨에 따라 돌아온 미켈란젤로는 시의 위탁으로 〈다비드〉의 제작에 착수했다. 35년간 피렌체 대성당의 소유였으나 성당의 정책 변화와 작업상의 난점으로 다른 예술가들이 손대지 못하고 방치되어 있던 커다란 대리석이 그에게 주어졌다. 3년여에 걸쳐 완성된 대작은 많은 논의 끝에 정치적 목적에 따라 베키오 궁전 앞 시뇨리아 광장에 설치되었다. 골리앗을 쓰러뜨리기 전 다윗의 모습을 묘사한 이 조각상이 피렌체 공화국의 상징으로 쓰이길 바랐기 때문일 것이다.

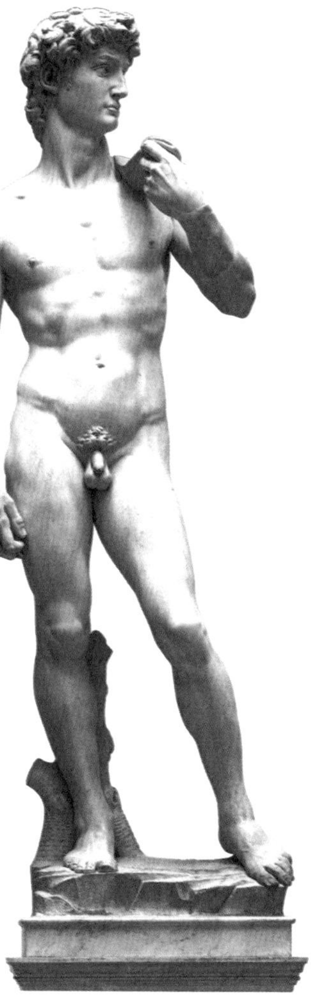

이제 미켈란젤로는 한 사람의 후원자에게 의존

〈다비드〉, 피렌체 아카데미아 미술관

하는 예술가가 아니었다. 〈피에타〉와 〈다비드〉로 그는 거물 예술가가 되었고, 이탈리아뿐만 아니라 유럽 각지에서도 작품 의뢰가 밀려들었다.

미켈란젤로는 예술가가 천시받던 시대에 스스로 작품을 선택하고 해석하는 예술가로서의 자유와 독립성을 인정받았던 최초의 화가 중 한 사람이다. 그럼에도 그 역시 작품을 명예의 수단으로 이용하고자 했던 권력자들로 인해 고난을 겪었다.

그중 미켈란젤로를 가장 괴롭힌 동시에 명성을 드높여 준 일은 교황 율리오 2세와 관련 있다. 율리오 2세는 도나토 브라만테에게 성 베드로 대성당 재건축, 라파엘로에게 바티칸의 교황 집무실 인테리어를 맡기는 등 전성기 르네상스를 꽃피운 인물이다. 1505년, 미켈란젤로는 교황 율리오 2세로부터 영묘를 조성해 줄 것을 의뢰받고 로마로 갔다. 그러나 자재 구입, 비용, 설계안에 대한 갈등 등으로 작업이 지연되자 미켈란젤로는 1년 반 만에 피렌체로 돌아갔다. 율리오 2세는 피렌체 시의회에 그를 설득해 달라고 요청했고, 영묘 작업이 지연되는 동안 다른 일들을 맡겼다. 그리하여 탄생한 것이 생애 최고의 역작인 시스티나 성당 예배당의 천장화이다. 미켈란젤로는 율리오 2세에게 자신은 화가가 아니라며 거듭 거절했다. 수많은 조각상에 대한 야심 찬 계획이 제대로 진척되지 않은 상황에서 그림을 그리느라 시간을 낭비하고 싶지 않았으며, 무엇보다 도제 시절 이후 프레스코화를 그려 본 적이 없었기 때문이다. 그러나 영묘 조성 계약 때문에 교황에게 묶인 그는 결국 수락할 수밖에 없었다. 그는 높은 비계 위에 서서 익숙하지 않은 천장화를 그리느라 허리가 꺾이는 듯 고통스럽다고 불만을 토해 냈고, 시력을 잃을지도 모른다는 불안감에 시달렸다. 그러나 바로 이 천장화, 즉 〈천지창조〉로 미켈란젤로는 37세의 나이에 당대 가장 위대한 화가로 명성을 날리게 되었다.

〈천지창조〉, 바티칸 미술관

〈천지창조〉가 완성되고 1년 후 율리오 2세가 죽고, 후임 교황들도 그에게 여러 가지 작품을 의뢰했다. 율리오 2세의 영묘 조성 작업이 지연되는 와중에도 그는 계속해서 대규모 일들을 의뢰받았다. 미켈란젤로는 그중 산 로렌초 대성당의 파사드 조각에 흥미를 느끼고 율리오 2세의 영묘 조성이 다 끝나지 않은 상태에서 피렌체로 돌아와 분란을 일으켰다. 그는 3년간 이로 인한 분쟁으로 시달렸다. 미켈란젤로는 이후에도 야심 차고 흥미로운 일에서 눈을 떼지 못하는 성격으로 수많은 작품을 중도에 포기하곤 했다. 이런 분란 속에서도 미켈란젤로는 메디치 가 예배당의 조각상 조성, 산 로렌초 성당 부속 도서관 입구 건축 등을 맡아 활발하게 활동했으며, 1529년 신성로마제국 카를 5세가 피렌체를 침공했을 때는 방위위원이 되어 성을 쌓았다.

1534년, 미켈란젤로는 메디치 가의 알레산드로와 불화를 겪고 피렌체를 떠나 로마로 갔다. 로마로 향한 것은 교황 클레멘스 7세가 몇 년 전부터 '자네가 꿈조차 꾸지 못한 일'을 주겠다고 접촉했기 때문이었다. 로마에 도착

〈최후의 심판〉, 바티칸 시스티나 성당

한 지 이틀 만에 클레멘스 7세가 죽고 바오로 3세가 즉위했으나, 그는 미켈란젤로의 재능을 아끼는 인물이었다. 미켈란젤로는 바티칸의 최고 건축가,

화가, 조각가로 임명되었고, 시스티나 예배당 정면 대벽화를 의뢰받았다. 손상된 예배당이 복원되고, 그사이 미켈란젤로는 다시 한 번 율리오 2세의 영묘 조성 때와 같은 분란에 휩싸였다. 이후 미켈란젤로가 벽화 제작에 착수한 것은 61세가 되어서였다. 이 작품은 많은 사람들의 관심을 끌었으며, 미켈란젤로는 노년의 몸으로 잠도 자지 않고 작업에 매달렸다. 그리하여 완성된 것이 〈최후의 심판〉이다. 그러나 이 작품은 반개혁적이라는 교회의 비난에 직면했고, 교회는 후일 몇몇 예술가들에게 이 그림에 대한 수정을 의뢰했다.

1542년, 미켈란젤로는 율리오 2세의 영묘 조성 작업에 다시 착수했다. 그러나 초기 설계보다 많은 작품이 빠져 있고, 조각상들의 배치가 바뀐 상태였다. 미켈란젤로는 불만 속에서도 작업을 완성했다. 1550년에는 바티칸 파울리나 예배당의 벽화 〈사도 바오로의 개종〉, 〈성 베드로의 순교〉를 그렸으며, 성 베드로 대성당 돔, 피렌체 성당의 피에타, 팔레스티나의 피에타, 론다니니의 피에타 등 왕성하게 작업했다.

젊어서부터 거장으로 명망을 떨친 미켈란젤로는 하나의 '화파'라고 불릴 만큼 로마와 피렌체 미술가의 중심에서 존경을 받았다. 1564년 2월 18일 81세를 일기로 죽었을 때, 그는 하나의 신화가 되어 있었다. 그의 장례식은 성 베드로 대성당에서 치러질 예정이었으나 조카가 고향인 피렌체에서 치러야 한다고 주장하는 바람에 로마와 피렌체 사이에 그의 시신 쟁탈전이 벌어지는 웃지 못할 일도 벌어졌다. 소동 끝에 장례식은 22일이나 지나서야 그의 옛 교구인 피렌체 산타 크로체 성당에서 성대하게 거행되었다.

031

풍경화로 미술에 혁신을 일으키다

조르조네

Giorgione, Giorgio Barbarelli da Castelfranco
(1477?~1510)

- 이탈리아
- 16세기 베네치아 회화의 창시자로 자연 현상과 풍경 묘사에 뛰어났다.
- 〈폭풍우〉, 〈세 명의 철학자〉, 〈잠자는 비너스〉 등

〈자화상〉, 브라운슈바이크 헤르조그 안톤 울리히 미술관

조르조네는 16세기 베네치아 르네상스 양식의 창시자로 일컬어진다. 빛과 색채를 이용해 그림에 이야기와 시적 감흥을 담았으며, 철학에도 조예가 깊어 그림 속에 다양한 암시를 심어 놓아 그의 작품들은 유럽 회화에서 가장 미스터리하다고 평가된다. 16세기와 17세기 내내 높은 명성을 누리며 이탈리아 회화에 막대한 영향력을 끼쳤으며, 이탈리아 바로크 양식의 선구자인 티치아노가 그로부터 출발했

다. 그러나 조르조네의 작품이라고 전하는 것은 극히 드물며, 이마저도 논쟁의 여지가 있다.

그의 생애에 대해서는 단 두 가지 기록만이 전하며, 미술사가 조르조 바사리가 《이탈리아의 건축가, 화가, 조각가들의 생애》에 기록한 전설 같은 이야기가 전부이다. 본명은 조르조 바르바렐리 다 카스텔프랑코로, 조르조네(혹은 초르촌)라는 이름은 대大 조르조라는 의미이다. 초르촌은 베네치아 사투리로 키가 큰 조르조, 몸집이 큰 조르조라는 의미이다. 바사리에 따르면 그는 온화한 성격의 미남으로, 화가이자 탁월한 류트 연주자이며 가수였다고 한다.

1477년경, 베네치아 카스텔프랑코에서 태어난 조르조네는 어린 시절 조반니 벨리니의 공방에서 도제 수업을 받았다. 전하는 그림 수가 적고 기록이 전무한 만큼 그가 언제, 어떤 방식으로 누구에게 주문을 받아 그림을 그렸는지에 대해서도 알려진 바가 없다. 다만 1507년 베네치아 두칼레 궁 접견실 장식화를 그렸으며, 이듬해 독일인 교역소 폰다코 데이 테데스키 외벽에 프레스코화의 일부를 그렸다는 기록이 있다. 이 두 작품은 모두 소실된 상태이다.

조르조네의 작품이라고 전하는 것 중 확실한 것은 베네치아 귀족 마르칸토니오 미키엘이 작성한 베네치아 개인 박물관에 있던 것들로 〈폭풍우〉, 〈세 명의 철학자〉, 〈잠자는 비너스〉, 〈전원의 합주〉 등 약 5점에 불과하다. 이 중 〈세 명의 철학자〉는 세바스티아노 델 피옴보가, 〈잠자는 비너스〉는 티치아노가 완성했으며, 〈전원의 합주〉는 티치아노의 작품이거나 두 사람의 공동 작품이라는 등 견해가 분분하다.

조르조네의 작품을 특정할 수 없는 이유는 그가 화가로 활동한 1500년 전후부터 흑사병으로 요절한 1510년까지 극히 짧은 시간 동안 베네치아 회화

〈세 명의 철학자〉, 빈 미술사 박물관

에 위대한 변혁을 일으켰기 때문이다. 또한 티치아노, 팔마 베키오, 로렌초 로토 같은 동시대 화가들을 비롯해 후대의 화가들이 그의 그림을 수없이 모방했다.

조르조네는 그림의 배경을 중시했으며, 특히 배경 풍경을 그리는 데 뛰어났다. 그는 종교화를 그리거나 신화, 고전을 다룰 때도 풍경을 주체적으로 담았다. 조반니 벨리니의 작품으로 여겨졌으나 오늘날 조르조네의 초기작으로 인정되는 〈모세의 불의 심판〉, 〈솔로몬의 심판〉 등에서도 이야기 소재에 비해 풍경이 독립적이고 큰 비중을 차지하고 있으며, 차분하고 감미롭게 묘사되어 있다. 〈성모자〉, 〈양치기들의 경배〉 같은 작품에서도 색채의 완벽한 조화와 몽환적인 배경 묘사가 뛰어나다.

스푸마토 기법
'연기'라는 뜻의 이탈리아어 '스푸마레(Sfumare)'에서 유래된 말로, 회화에서 색깔 사이의 윤곽을 명확히 구분하지 않고 부드럽게 처리하는 기술적 방법이다.

조르조네는 따뜻한 빛으로 전체 화면을 감싸고, 스푸마토 기법을 사용해 부드럽게 표현했으며, 그림 속 요소들을 하나로 통합하여 시적인 분위기를 연출했다. 스푸마토 기법은 레오나르도 다 빈치가 앞서 사용한 기법이고, 후일 티치아노 기법의 특징이었는데, 조르조네가 다 빈치의 스푸마토 기법을 직접 접했다거나 영향을 받았다는 증거는 없다.

〈잠자는 비너스〉, 드레스덴 국립미술관

또한 조르조네는 풍경만을 다루기도 했는데, 당시까지만 해도 풍경을 배경이 아니라 독자적으로 다루는 일은 매우 드물었다. 〈폭풍우〉를 비롯해 〈잠자는 비너스〉 같은 작품들은 목가적인 전원 풍경을 주체적으로 다루며 풍경화라는 새로운 장르의 개척에 영향을 미쳤다. 이로써 풍경화는 17세기 이후 회화의 한 장르를 차지했다.

밤과 폭풍우 같은 자연현상과 이에서 비롯된 정취를 묘사하는 데 특히 뛰어났던 조르조네의 대표작은 〈폭풍우〉이다. 풍경을 독자적인 주제로 다룬 혁신적인 그림으로 르네상스 풍경화의 이정표가 되는 작품이다. 이 작품은 1506년경 베네치아의 귀족 가브리엘레 벤드라민의 주문으로 제작되었다. 폭풍우 치는 언덕과 도시, 아기에게 젖을 물리는 여인, 병사 등 연관성 없는 요소들이 한데 어우러져 주제와 의도가 무엇인지 해석이 분분한

〈폭풍우〉, 베네치아 아카데미아 미술관

작품이다. 애초에 등장하는 소재들이 특정 주제 아래 상징적 알레고리로 작용하는지, 그렇지 않으면 주제 없이 자유롭게 그린 그림인지조차 알 수 없다. 번개를 제우스의 상징으로 보아 신화적으로 해석하기도 하며, 아기를 모세로 보고 구약성서에서 이집트를 떠나 피신하는 중 휴식을 취하는 모세를 의미한다는 견해도 있다. 또한 군인을 아담, 여인을 이브로 보고, 젖을 먹는 아기는 죄를 짓지 않은 상태의 카인으로 보기도 한다. 전경에 숨어 있는 뱀은 이브를 꼬여 낸 뱀으로, 배경의 번개 치는 언덕과 마을은 이들이 추방된 낙원으로 여긴다. 또한 베네치아에서 당시 유행하던 포에지로 보기도 한다.

포에지
시, 여러 문학적 소재를 서정적이고 친숙한 풍경에 담아 인물의 심리나 감정을 관람자의 해석에 맡기는 삽화 양식의 그림이다.

1510년, 조르조네는 흑사병으로 서른셋의 짧은 생을 마감했다. 작품 활동 기간은 10여 년에 불과했지만, 베네치아 회화에 이룩한 혁신은 컸다. 동시대의 화가인 세바스티아노 델 피옴보와 티치아노는 그가 이룩한 혁신을 계승했으며, 그의 미완성 작품들을 완성했다. 이들의 지나친 열광으로 조르조네와 세바스티아노, 티치아노의 초기 작품 사이에 경계가 분명치 않아 조르조네는 후대에 이르러 그 존재 자체를 의심받기도 했다. 19세기 이탈리아의 시인 가브리엘레 단눈치오는 이렇게 말했다.

"우리는 그에 대해 아무것도 알지 못한다. 그의 존재 자체를 부정하는 이도 있다. 그의 이름은 어느 작품에도 나타나 있지 않으며, 무엇이 그의 작품인지조차 분명치 않다. 조르조네는 예술에 있어 불을 인간에게 전해 준 프로메테우스와 같다."

032

베네치아 미술계의 거장

베첼리오 티치아노

Vecellio Tiziano(1488?~1576. 8. 27)

| 이탈리아

| 전성기 르네상스 시대에 활동했던 화가로 종교화, 장식화, 초상화에서 다채로운 색채 표현 기법을 선보였으며 유럽 회화 발전에 큰 영향을 끼쳤다.

| 〈가시 면류관을 쓴 그리스도〉, 〈에우로파의 겁탈〉, 〈성모 승천〉 등

〈자화상〉, 마드리드 프라도 미술관

16세기 중반 베네치아 미술계를 풍미했던 베첼리오 티치아노는 1488년경 베네치아 인근의 피에베 디 카도레에서 태어났다. 아버지는 공증인이라고 하며, 종교계 인사, 혹은 정부 관리였다고도 한다. 10세 전후로 베네치아의 모자이크 장인 세바스티아노 주카토에게 도제 수업을 받았는데, 주카토가 그의 뛰어난 재능을 깨닫고 젠틸레 벨리니에게 보냈다고 한다. 젠틸레 벨리니 아래에서 그림 공부를 마친 뒤 17세 무렵 젠틸레의 동생 조반니 벨리니의 공방에 들어갔다. 그의 세 스승은 베네치아의 국가적 사업을 도맡아 작업하던 최고의 화가들이었고, 티치아노는 이들에게 그림 기교를 배운 것 외에도 정치적 배경과 후원자를 얻었다.

〈성모 승천〉, 베네치아 산타 마리아 글로리오사 데이 프라리 성당

1508년, 티치아노는 화재로 소실되었다 새로 건축된 독일인 교역소 벽화를 그렸다. 조르조네의 조수로 참여했지만, 조르조네가 밑그림을 그리고 완성은 티치아노가 맡았다. 이 벽화가 완성되자 사람들은 '조르조네의 최고 걸작'이라고 찬사를 보냈지만, 조르조네는 조수의 재능에 낙담하여 며칠 동안 작업실에서 두문불출했다고 한다.

그는 스승인 조반니 벨리니를 비롯해 조르조네, 미켈란젤로의 화풍을 매우 흠모했다. 특히 초기 작품 중 몇 점은 조르조네의 작품과 혼동을 일으켜 지금까지 논란의 대상이 되고 있다.

1510년, 베네치아에 페스트가 창궐하여 조르조네가 죽고, 티치아노는 역병을 피해 파도바로 떠났다. 그는 파도바의 성 안토니오 성당에서 성 안토니오의 기적을 주제로 한 3점의 프레스코화를 그렸다. 이때까지만 해도 티치아노는 조르조네와 유사한 작품을 그렸으며, 조르조네가 급사하는 바람에 미완성으로 남은 작품들을 완성했다.

1년 후 베네치아로 돌아온 티치아노는 교황 레오 10세의 비서관인 피에트로 벰보의 중재로 교황청을 방문했다. 그는 베네치아 공화국의 국가적 사업을 맡았다. 첫 번째 공공 사업은 1518년에 완성된 산타 마리아 글로리오사 데이 프라리 성당의 주제단 장식화 〈성모 승천〉이다. 이는 티치아노가 남긴 종교화 중 가장 혁신적인 대작으로 꼽힌다. 종교화지만 극적인 구도와 명암 표현, 세심한 사실 묘사로 인간의 다양한 감정이 극명하게 드러난 작품이다. 이런 면모가 종교화의 엄숙함을 해치기보다 오히려 더욱 장엄해 보이게 한다. 이 작품은 베네치아 르네상스 화가들을 비롯해 루벤스, 반 다이크 등 바로크 시대 화가들에게 널리 영향을 끼쳤다.

이 시기에 티치아노는 알폰소 1세 데스테의 페라라 성에서 장식화도 그렸다. 〈비너스의 경배〉, 〈안드로스인들의 주신제〉, 〈바쿠스와 아리아드네〉 등 신화를 주제로 한 그림들로, 밝고 부드러운 색채, 투명한 공기감이 깃든 배경과 아름답고 관능적인 인체 표현이 조화롭게 어우러져 있다. 〈비너스의 경배〉에서 보이듯 리듬감 있는 자세와 균형 잡힌 데생으로 여체를 관능적으로 묘사하는 일은 티치아노가 평생 반복적으로 탐구한 주제였다.

티치아노는 황제, 교황, 제후 등 많은 유력자들의 초상화를 그렸는데, 특히 이탈리아의 유력자 중 그에게 초상화 의뢰를 하지 않은 사람이 없다는 과장 섞인 말이 돌 정도였다. 그는 인물의 심리를 보다 명확하게 표현하기 위해 간결한 구성을 취했고, 조르조네의 양식이었던 반신半身 표현을 더욱 발전시켰다. 그는 인물의 표정이 좀 더 자세히 드러나도록 기존 방식보다

<장갑 낀 남자의 초상>, 파리 루브르 박물관

더 가까이 접근하고, 난간을 가로 좌표로 설정한 뒤 엄격하게 구조화된 화폭 위에 인물의 포즈를 치밀하게 계산해 그렸다. 이는 화려한 색채 속에 엄격한 절제미와 안정감을 부여하는 효과를 낳았다. 〈장갑 낀 남자의 초상〉

〈카를 5세의 기마상〉, 마드리드 프라도 미술관

과 〈파란 소매 남자의 초상〉, 시인 피에트로 아레티노를 그린 초상들은 이런 특징을 잘 보여 준다. 티치아노의 초상화는 렘브란트와 반 다이크의 자화상에 영감을 주었다.

1530년대부터 티치아노는 유럽 군주들의 초상화를 본격적으로 그렸다. 특히 신성로마제국 카를 5세의 초상화를 몇 차례 그렸는데, 카를 5세는 그의 초상화에 만족하고 그에게 기사 작위와 백작 작위를 내렸다. 카를 5세뿐만 아니라 엘레오노르의 곤차가 공작, 바스토의 알폰소 다발로스 후작, 우르비노의 프란체스코 로베레 공, 프랑스의 프랑수아 1세, 스페인의 펠리페 2세 등 수많은 군주들이 그에게 초상화를 의뢰했다. 그는 실물을 본 적이 없어도 금화나 메달에 새겨진 황제의 모습을 보고 그리곤 했는데, 대표적인 작품이 〈프랑수아 1세의 초상〉이다.

카를 5세 덕분에 이후 합스부르크 가문은 티치아노의 최대 후원자가 되었으며, 교황 바오로 3세와 알레산드로 파르네세 추기경 또한 경쟁적으로 그를 후원했다. 티치아노는 교황의 요청으로 볼로냐로 가서 〈모자를 쓰지 않은 교황 바오로 3세〉를 비롯해 〈바오로 3세와 조카들〉 등을 그렸다.

1545년경 티치아노는 로마 바티칸 궁에 머물렀다. 그는 이곳에서 미켈란젤로와 라파엘로의 작품들을 비롯해 고대 로마의 유물들을 접했으며, 교황 바오로 3세의 집안인 파르네세 가 및 벤드라민 가의 가족 초상화 등을 그렸으나 전하는 것은 몇 점 되지 않는다. 이미 완숙기에 접어들었다 해도 미켈란젤로와 라파엘로의 작품을 직접 본 것은 그에게 어느 정도 영향을 끼쳤다. 티치아노는 특히 미켈란젤로의 강렬한 색채 구사와 자유롭고 대담한 필치, 건장한 남성의 인체 표현에 매료되었다. 이후 그의 작품에서 절제미보다 극적인 구도와 생기발랄한 색채 표현이 등장하기 시작했다. 또한 종교화에서는 서사보다 강렬한 감정을 전달하고, 웅장하고 기념비적인 작품이 등장하기 시작했다. 미켈란젤로의 영향이 드러나는 대표적인 작품으로는 〈가시 면류관을 쓴 그리스도〉와 산토 스피리토 성당의 천장화들이 있다.

로마를 떠난 후에도 그는 아우크스부르크의 카를 5세 궁전과 스페인 펠리페 2세의 궁에서 작품을 그렸고, 1551년 베네치아로 돌아와 이곳에서 여생을 마쳤다. 말년에도 그는 수많은 도제와 직공들을 데리고 왕성하게 작품 활동을 했다. 카를 5세의 개인 예배실 장식화인 〈하늘의 영광(성 삼위일체)〉 등을 그렸고, 펠리페 2세를 위해 산토 스피리토 성당과 예수회 성당의 장식화를 비롯해 〈다나에와 유모〉, 〈비너스와 아도니스〉, 〈에우로파의 겁탈〉, 〈디아나 여신과 악타이온〉, 〈타르퀴니우스와 루크레티아〉 같은 신화를 주제로 한 그림들도 그렸다. 신화를 소재로 한 그림들은 더할 나위 없이 유쾌하고 밝으며 우아한 화풍을 자랑한다. 특히 여러 겹의 붓질로 완성해 다양한 색이 뿜어져 나오는 배경은 티치아노 색 표현의 절정을 보여 준다. 대표적으로 〈에우로파의 겁탈〉을 살펴보면, 희미하게 원경 처리된 푸르고 붉은

〈에우로파의 겁탈〉, 보스턴 이사벨라 스튜어트 가드너 박물관

저녁노을, 진줏빛의 광활한 바다 등에서 여러 겹의 붓질로 다채로운 색감을 표현해 환상적인 아름다움을 선사한다.

말년에 그는 〈그리스도의 매장〉, 〈십자가에 못 박힌 예수〉, 〈수태고지〉 같은 종교화들을 통해 인간의 정념과 존재에의 고찰을 표현했다. 어둡고 가라앉은 색조, 거칠고 역동적인 필치는 작품의 웅장함과 비장미를 드러내며 등장인물의 고뇌를 느끼게 한다.

티치아노는 자신이 죽은 뒤 예배당에 걸릴 작품으로 〈피에타〉를 그렸다. 가라앉은 화면 전체가 죽음이 지닌 운명적 속성을 비극적으로 표현한 작품이다. 그러나 1576년, 베네치아에 페스트가 창궐하여 티치아노는 〈피에타〉를 완성하지 못하고 죽었고, 작품은 제자인 팔마 일 조바네가 완성했다. 얼마 후 아들이자 선임 조수인 오라치오도 페스트로 죽고 공방은 문을 닫았다. 그의 조수였던 화가들이 화풍을 계승했으나 그들 중 진정한 티치아노의 제자는 없었다. 그러나 티치아노의 다채롭고 풍요로운 색채 표현 기법은 베로네세를 시작으로 루벤스, 벨라스케스, 들라크루아, 렘브란트 등에게 영향을 주어 수세기 동안 유럽 회화 발전에 큰 영향을 끼쳤다.

033

서양 미술사의 고전적 규범

라파엘로 산치오

Raffaello Sanzio(1483. 4. 6~1520. 4. 6)

| 이탈리아
| 이탈리아 전성기 르네상스를 이끈 인물로 레오나르도 다 빈치, 미켈란젤로와 함께 르네상스의 3대 거장으로 불린다.
| 〈아테네 학당〉, 〈사도행전〉, 〈성모자와 아기 성 요한〉 등

라파엘로 산치오는 서른일곱 해라는 짧은 생을 살았으나 레오나르도 다 빈치, 미켈란젤로와 함께 르네상스 고전주의 양식을 완성하며 전성기 르네상스를 이끌었다. 그는 서양 미술사에서 하나의 고전적 규범이 되었고, 그의 양식은 19세기까지 유럽 미술 아카데미에서 장려되었다. 미술사 전반을 통틀어 가장 큰 영향을 끼친 화가라고 해도 과언이 아니다.

라파엘로 산치오는 1483년 4월 6일 이탈리아 우르비노에서 태어났다. 어린 시절 우르비노의 궁정 화가였던 아버지 조반니 산치오의 영향으로 이탈리아의 사상적, 예술적 중심지였던 우르비노의 궁정 문화를 접했고, 10세가 되기 전에 아버지에게 그림의 기초를 배웠다. 11세 때 아버지가 죽은 후일 페루지노의 공방에 견습 도제로 들어갔으며, 성직자인 삼촌 바르톨로메오의 후견과 외할아버지의 유산으로 상당히 유복한 생활을 했다.

〈성모의 결혼〉, 밀라노 브레라 미술관

16세 때 일 페루지노의 조수로 성당 제단화를 제작했는데, 이 무렵부터 계약서에 '대가 라파엘로'라는 호칭이 명기되어 있는 것으로 미루어 일찍부터 재능을 인정받았던 것으로 보인다. 첫 작품인 성 니콜로 다 토렌티노 제단화와 안시데이 성당의 제단화에서는 스승 페루지노의 영향이 크게 엿보인다.

1500년경부터 그는 페루자, 시에나, 베네치아, 피렌체, 로마 등지를 여행하며 당대 화가들의 그림 제작 기법과 관행을 배웠으며, 선배 화가와 동시대 화가의 작품을 통해 고전주의를 빠르게 습득했다. 라파엘로는 1504년부터 약 4년간 피렌체에서 머물며 레오나르도 다 빈치, 미켈란젤로, 프라 바르톨로메오 등 동시대 거장들의 새로운 미술 기법을 생생히 보고 느끼며 완전히 흡수했다. 다 빈치의 스푸마토 기법을 통해 우아하고 은은한 채색 기법을, 프라 바르톨로메오의 장중하고 웅대한 종교화 제작 기법을, 미켈란젤로의 긴장감과 활력 넘치는 인물 데생을 자신의 것으로 만든 라파엘로는 이때부터 화가로서의 인생을 새롭게 꽃피웠다.

〈성모의 결혼〉을 통해 그는 여성의 아름다움의 기준을 새로이 제시했다. 감각적이면서 우아한 자태를 한 그의 작품 속 여인들은 레오나르도 다 빈치의 회화 속 여인들에 비견할 만한 아름다움을 뽐낸다는 평을 들었다. 갓 21세가 된 라파엘로는 단숨에 명망을 얻었다. 르네상스 고전주의 거장으로 거듭 나는 첫 걸음이었다. 이 시기의 대표작은 〈대공의 성모〉, 〈코네스타빌레의 성모〉, 〈성모자와 아기 성 요한〉, 〈삼미신〉 〈유니콘과 함께 있는 여인의 초상〉 등이다.

1508년, 라파엘로는 교황 율리오 2세의 부름을 받고 로마로 향했다. 그는 바티칸 궁 시스티나 성당의 교황 개인 집무실 벽화와 천장화 작업에 참여했다. 옛 도서관의 양식을 따와 꾸민 교황의 집무실은 〈미덕〉, 〈파르나소스〉, 〈아테네 학당〉 등의 작품들로 둘러싸여 있다. 이 집무실은 현재 '서명의 방'이라고 불린다.

〈아테네 학당〉은 우리에게 잘 알려진 그림으로, 인본주의와 철학의 본거

〈아테네 학당〉, 바티칸 박물관 서명의 방

지였던 아테네를 주제로 한다. 중앙부의 왼쪽에는 플라톤이 《티마이오스》를 들고 하늘을 가리키고 있으며, 그 옆에는 아리스토텔레스가 《니코마코스 윤리학》을 들고 지상을 가리킨다. 플라톤 옆에서 사람들에게 무언가를 설파하는 인물은 소크라테스이다. 화면 오른쪽에서 허리를 굽혀 컴퍼스로 도형을 그리며 설명하는 인물은 유클리드이며, 반대편에 쭈그리고 앉아 무

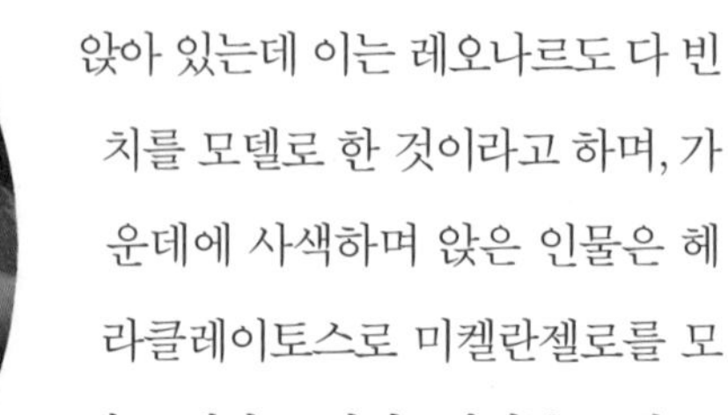

〈의자에 앉은 성모〉, 피렌체 피티 궁

언가를 기록하는 인물은 피타고라스이다. 중앙 계단에는 철학자 디오게네스가 앉아 있는데 이는 레오나르도 다 빈치를 모델로 한 것이라고 하며, 가운데에 사색하며 앉은 인물은 헤라클레이토스로 미켈란젤로를 모델로 했다고 한다. 이렇듯 고대 그리스 시대의 현인들을 한 자리에 그린 이 작품은 고대 그리스의 문명과 인문주의가 발달했던 르네상스 시대의 분위기를 잘 드러낸다. 또한 완벽한 화면 구성, 생생한 인물 묘사, 자연스럽게 배치된 인물군 등이 전체적으로 조화롭게 어우러지면서 평화로운 분위기가 감돌아 라파엘로의 뛰어난 균형 감각을 엿볼 수 있으며, 르네상스 고전주의적 이상에 가장 잘 부합한다고 평가되는 작품이다.

라파엘로는 1511년에 서명의 방, 1512년에 교황의 접견실인 엘리오도르의 방, 1517년에 연회실인 보르고 화재의 방을 완성했다. 이 벽화들을 작업하면서 라파엘로의 명성은 점점 높아졌고, 수많은 주문이 들어왔다. 이 시기 미켈란젤로는 시스티나 성당 예배당 천장화를 완성했다.

1514년, 라파엘로는 교황 레오 10세의 의뢰로 성 베드로 대성당 건축을 맡았다. 이듬해에는 시스티나 성당의 태피스트리 밑그림을 그렸는데, 〈사도행전〉이 대표적인 작품이다. 이 시기에 〈푸른 관을 쓴 성모〉, 〈의자에 앉은 성모〉, 〈성 세실리아〉 등도 그렸다. 성모를 그린 화가는 수없이 많지만 라파엘로의 그림만큼 아름답고 온유하며 우아한 기품을 표현한 성모가 없

〈그리스도의 변용〉, 바티칸 미술관

로지아

loggia, 한쪽에 벽이 없는 복도 모양의 방으로, 복도가 되기도 한다. 이탈리아 건축에서 볼 수 있다.

다는 극찬을 받는다.

대부분의 예술가들이 괴팍스럽고 자신만의 세계에 갇혀 있거나 오만하다는 이미지를 가지고 있는데 반해 라파엘로는 유순하고 우아한 사람이었다고 한다. 그의 회화에 나타나는 온유하고 다감한 아름다움을 지닌 인물들이 빚어내는 평화로움은 라파엘로의 성격에서 기인하는 것이 아닐까 하는 추측도 있다.

1519년에는 은행가 아고스티노 키지의 위임으로 그의 저택의 로지아 장식과 성 마리아 델 포폴로 교회의 가족 예배당 건축과 장식을 맡았다. 라파엘로는 모자이크, 조각, 묘비 등을 직접 설계하고 제작했다.

화가이자 조각가, 건축가로 미켈란젤로와 함께 당대 로마에서 가장 명망 높았던 천재 예술가 라파엘로는 지나치게 많은 일을 한 탓인지, 아니면 조르조 바사리의 말대로 지나친 색욕 때문인지 37세 생일에 세상을 떠났다. 교황 레오 10세는 "신께서 자신이 가장 사랑하던 천사를 잠시 지상에 내려 보냈다 데려가셨다."라며 통곡했다고 한다. 그의 장례식은 바티칸 궁에서 치러졌으며, 유작이 된 〈그리스도의 변용〉은 장례식 때 바티칸 궁에 전시되었다.

034

독일 르네상스 시대를 대표하는 초상화가

소 홀바인(한스 홀바인)

Hans Holbein the Younger(1497?~1543)

| 독일
| 르네상스 시대의 대표적인 초상화가로 인물을 꿰뚫어보는 통찰력과 정확한 사실주의적 묘사가 특징이다.
| 〈대사들〉, 〈글 쓰는 에라스뮈스〉, 〈게오르그 기체의 초상〉 등

한스 홀바인은 르네상스 시대 가장 유명한 초상화가 중 한 사람으로, 아우크스부르크 지역을 중심으로 독일 미술을 발전시킨 인물이다. 당대 종교화로 명성을 떨쳤던 아버지 한스 홀바인과 구분하기 위해 아버지를 대大 홀바인, 그를 소小 홀바인이라고 부른다. 소 홀바인은 후대에 '북구의 라파엘로'로 불렸으며, 생전에 라파엘로나 티치아노 등에 비견할 만한 명성을 누렸으나 그에 대해서는 알려진 바가 거의 없

〈자화상〉, 피렌체 우피치 미술관

다. 자신을 드러내길 좋아하지 않았으며, 자신의 화풍을 이론화하는 데나 사교 생활에 큰 관심이 없었기 때문이다.

소 홀바인은 1497년경 독일의 아우크스부르크에서 명망 높은 화가 한스 홀바인의 둘째 아들로 태어났다. 아버지 한스는 독일 후기 고딕 양식, 종교화 부문에 있어 가장 명망 있던 패널 화가였다. 소 홀바인은 형 암브로시우스와 함께 아버지의 공방에서 그림을 배웠는데, 얼마 지나지 않아 형을 압도할 만한 실력을 보였다.

홀바인은 1514년 가족과 함께 바젤로 이주했다. 바젤은 라인 강 상류에 위치한 도시로, 오래전부터 여러 문화가 교차하여 교육과 예술의 중심이 된 곳이었다. 특히 에라스뮈스의 영향으로 유럽 지식인들이 몰려들면서 인문주의의 중심지가 되었고, 그에 따라 인쇄술과 출판업이 성장해 독일 전역의 화가들을 끌어모았다. 그해 홀바인은 바젤의 한스 헤르브스트의 공방에 조수로 들어갔고, 이듬해부터 독립 화가로 활동했다. 그러나 화가 길드에는 가입하지 않았다. 형 암브로시우스도 이 무렵 바젤에서 독립 화가로 활동하고 있었다.

홀바인은 부유한 상인들을 대상으로 한 초상화, 귀족 저택을 장식하는 벽화, 종교화, 책 삽화 등을 그렸다. 1519년 형이 젊은 나이로 죽자 그의 공방을 이어받고 화가 길드에 가입했으며, 한 제혁업자의 미망인과 결혼했다. 이 무렵 홀바인은 에라스뮈스와 접촉하며 인문학적 교양을 쌓았다. 홀바인은 에라스뮈스의 《우신예찬》 삽화를 비롯해 그의 초상화도 여러 차례 그렸는데, 대표작으로 〈글 쓰는 에라스뮈스〉가 있다.

홀바인은 바젤에서 10여 년간 활동하면서 시청 대회의실과 춤탄츠 저택의 파사드를 장식하는 벽화를 그렸다. 또한 〈그리스도의 수난〉 제단화, 〈무덤 속의 그리스도〉, 〈졸로투른의 성모〉, 마이어의 제단화로 불리는 〈다름슈타트의 성모〉 등을 그렸다.

1524년경부터 1526년경까지 홀바인은 프랑스를 여행하면서 〈모나리자〉를 비롯한 레오나르도 다 빈치의 작품을 접했다. 이전에도 그는 아버지 아래에서 르네상스적 양식을 습득했는데, 1526년경 그린 〈다름슈타트의 성모〉에서는 이탈리아 르네상스 양식과 다 빈치의 영향이 동시에 엿보인다. 홀바인은 독일 고딕 미술의 전통을 계승했으나 유럽 전역의 다양한 양식을 받아들이는 데 꺼리낌이 없었고, 개방적인 태도로 뒤러 이후 독일 미술을 한 단계 진보시켰다.

〈글 쓰는 에라스뮈스〉, 파리 루브르 박물관

이 무렵 바젤은 종교개혁의 물결로 성상 파괴, 폭동, 언론 및 예술가에 대한 검열로 혼란스러운 상황이었다. 예술가들은 탄압을 받은 데다 일거리까지 줄어들자 바젤을 떠났다. 가톨릭 교단이 혼란을 겪으면서 주 수입원이었던 제단화 의뢰가 여의치 않았고, 그마저도 지나치게 종교적이어서는 안 된다는 자체 '검열'이 있었기 때문이다. 홀바인도 종교개혁을 피해 1526년 말 네덜란드를 거쳐 영국으로 갔다.

홀바인은 에라스뮈스의 소개장으로 《유토피아》의 작가이자 훗날 대법관이 된 토머스 모어와 친분을 쌓았다. 그는 얼마 지나지 않아 영국 화단에서 세밀하고 사실주의적인 화풍으로 큰 명성을 떨쳤고, 영국 상류층들이 가장 그림을 의뢰하고 싶어 하는 초상화가가 되었다. 그는 토머스 모어의 개인 초상화를 비롯해 그의 가족 초상화, 〈헨리 길포드 경의 초상〉, 〈워햄 대주교의 초상〉, 〈레이디 길퍼드, 메리 워턴의 초상〉 등 많은 초상화를 그렸다. 특히 토머스 모어의 가족 초상화는 유럽 북부에서 최초로 그려진 실물 크기의 집단 초상화로, 모델의 개성이 생생히 드러난 수작이다.

1528년, 홀바인은 바젤로 돌아갔으나 그곳은 여전히 혼란스러웠다. 1529년에 성상파괴령이 내려졌고, 바젤 시는 공식적으로 신교로 개종했다. 이로써 에라스뮈스는 바젤을 떠났다. 홀바인은 종교나 정치에 무심한 사람이었고, 이후에도 화가로서의 작업에만 전념하여 바젤 시청사의 역사화 프레스코, 바젤 성당의 파이프 오르간 날개 그림 등을 그렸다. 에라스뮈스는 그의 이런 태도에 실망을 감추지 못하고 '기회주의자'라고 경멸하며 관계를 끊었다. 이후 그는 의식적으로 종교화 그리는 것을 피했는데, 무심했던 그도 종교개혁이 불러온 혼란의 영향에서 자유로울 수 없었다.

1532년, 홀바인은 가족을 바젤에 남겨두고 다시 영국으로 떠났으나 영국의 상황도 좋지 않았다. 헨리 8세의 결혼 문제로 촉발된 분란으로 과거 그를 후원했던 런던의 유력자들은 정치적 위험에 노출되어 있거나 몰락한 상황이었다. 특히 토머스 모어는 왕의 미움을 사 후일 처형되기까지 한다.

그럼에도 홀바인은 다시 궁정 저명인사들의 후원을 받을 수 있었고, 헨리 8세의 궁정 화가로 일하면서 생애 마지막 예술혼을 꽃피웠다. 그의 대표작들은 이때 탄생했다. 이 시기 초상화들은 극단적일 만큼 사실적인 표현을 추구하면서도 인물의 감정과 성품이 생생히 드러난다. 또한 그는 인물의 신분을 상징하는 물건들을 배치함으로써 다양한 암시를 전달하는 데 탁

〈게오르그 기체의 초상〉, 베를린 국립미술관

월한 재능이 있었다.

예컨대 젊은 상인 게오르그 기체를 그린 초상을 살펴보자. 남자의 생생한 혈색과 거뭇한 수염 자국, 부드럽게 주름진 벨벳 옷 등 화면에 등장하는 모든 대상들은 그 질감까지 느껴질 만큼 극도로 사실적으로 그려져 있다. 주위에 있는 물건들은 인물의 지위를 보여 주는 동시에 다양한 도상학적 암시를 담고 있다. 탁상시계 같은 사치품, 베네치아산 유리, 아나톨리아산 융단, 모래상자, 동전, 가위, 금, 저울, 장부 일지 등은 부유한 상인임을 나타내며, 시들어 가는 꽃다발과 시계는 빠르게 지나가는 시간 앞에 누구도 자유로울 수 없다는 암시를, 카네이션과 로즈마리, 우슬초 등의 꽃다발은 사랑과 정절, 겸손을 상징한다.

초상화 곳곳에 인물의 특징을 대변하고 인간에 대한 보편적인 진실을 암시하는 물건들을 배치하는 방식은 1533년 작 〈대사들〉에서 절정에 달한다. 이 작품은 홀바인 초상화의 정수이자 가장 복잡한 암시를 내포한 작품으로 여겨진다. 영국 주재 프랑스 대사 장 드 댕트빌과 그의 친구이자 라보르의 주교 조르주 드 셀브를 그린 실물 크기 초상화이다. 두 인물은 섬세하고 극사실주의적인 필치로 묘사되어 있으며, 왼편의 인물이 들고 있는 단도에 새겨진 29라는 숫자와 오른쪽 남자가 기댄 책에 쓰인 24라는 숫자가 인물들의 나이를 알려주는 등 홀바인 특유의 재치 넘치는 정보 전달 기법이 눈에 띈다. 그러나 무엇보다도 주의를 끄는 것은 주변의 물건들이다. 중앙에 있는 천구의, 류트, 수학책과 수학 도구들, 항해 도구, 필사본 등은 두 사람의 정치적 성공을 드러내는 동시에 이들이 산술, 음악, 기하, 천문학 등 과학과 예술에 대한 지식이 풍부한 인물임을 알려준다. 그런 한편 그림 왼쪽 위 모서리 녹색 커튼 뒤에 숨겨져 살짝 드러난 십자가상은 세속적 성공과 지식의 덧없음을 드러낸다. 이를 암시하는 또 하나의 상징은 중앙 바닥에 그려진 길쭉하고 이상한 형체에 담겨 있다. 이 형체는 해골인데, 정면에서 보면 형태가 뚜렷하지 않지만 측면에서 보면 형태가 분명하게 드러나는

〈대사들〉, 런던 내셔널 갤러리

아나모르포시스Anamorphosis 기법을 사용한 것이다. 해골은 죽음과 삶의 유한성을 암시하는 도구다. 한편으로 이 해골은 홀바인의 서명이라는 주장도 있는데, '홀바인Holbein'이 '텅 빈 해골hohels gebein'이라는 단어를 연상시킨다는 것이다. 또한 해골에만 아나모르포시스 기법을 사용한 이유는 해골을 보기 위해 시선의 각도를 바꾸면 멀쩡했던 그림이 모두 일그러져 보인다는 데서 인생의 아름다움과 풍요가 덧없는 환각이라는 점을 암시하기 위함이라는 견해도 있다.

홀바인은 영국에서 보낸 10년 동안 150여 점의 왕족과 귀족들의 초상화를 그렸으며, 헨리 8세의 예복 디자인과 앤 불린의 보석 디자인, 왕족의 무기와 마구, 보석, 책 장정 등 수많은 제품을 디자인하여 궁정 문화를 주도했다. 헨리 8세의 초상화는 물론, 그의 세 번째 아내 제인 시모어의 초상을 그렸고, 외국에 나가 헨리 8세의 신붓감 후보들의 초상화를 그려 오기도 했다.

1543년, 화가로서 최고의 명성을 누리던 홀바인은 런던에 창궐한 페스트로 목숨을 잃었다. 시대의 불운을 타고 많은 시간을 가족과 떨어져 살았던 그는 무덤덤한 평소 성정과 달리 죽기 직전 자신의 심정을 자화상에 표현했다. 그해에 그린 자화상 상단에는 '바젤의 한스 홀바인'이라는 명문이 쓰여 있다. 엄청난 부와 명성, 자유로운 작품 활동으로 얻은 화가로서의 충족감도 고향과 가족에 대한 그리움을 보상해 줄 수 없었던 것이 아닐까 싶다.

035

강렬하고 역동적인 작품 세계

틴토레토

Tintoretto(1518?~1594. 5. 31)

- 이탈리아
- 바로크 회화의 기초를 마련했으며 19세기 초 마니에리스모 양식 운동을 대표하는 화가이다.
- 〈성 마가의 기적〉, 〈십자가에 못 박힌 예수〉, 〈최후의 만찬〉 등

틴토레토는 베네치아 색채주의 회화의 거장으로, 이탈리아 르네상스를 마무리 짓고 바로크 회화의 기초를 마련했다고 평가된다. 그는 미켈란젤로의 견고한 조형성과 동적인 신체 표현에 티치아노의 풍부한 색채를 완벽히 결합시켜 감성이 풍부한 작품들을 탄생시켰다. 그의 작품들에 역동적인 에너지가 요동치는 듯하다고 하여 '일 푸리오소(Il Furioso, 격정적인)'라는 별명을 얻었다.

틴토레토는 1518년경 이탈리아 베네치아에서 태어났다. 본명은 야코포 로부스티(혹은 야코포 코민)이다. 틴토레토tintoretto란 이탈리아어로 '어린 염색공'이라는 의미인데, 아버지가 염색공이었기 때문에 붙여진 이름이다. 생애

전반에 대해서는 알려진 바가 없으나, 전기 작가 카를로 리돌피에 따르면, 어린 시절 티치아노의 공방에 도제로 들어갔으나 거만한 성격과 스승을 뛰어넘는 자질 때문에 쫓겨났다고 한다.

틴토레토는 미켈란젤로와 티치아노의 영향을 많이 받았는데, 인물들의 역동적인 움직임과 완벽한 소묘는 미켈란젤로를, 빛의 효과를 최대한 활용한 생생한 색채 표현은 티치아노를 연구함으로써 형성되었다. 이 두 거장의 장점에 더해 인물의 과장된 포즈와 역동적인 구성, 극적인 명암 대비를 사용함으로써 단순히 두 가지 양식을 결합한 것 이상의 성취를 이루어 냈다.

그는 1539년부터 독립 장인으로 활동했고, 1540년경 피사니 가의 성에 신화를 주제로 한 천장화를 그렸다고 전한다. 1545년경에는 베네치아에서 인기 있는 초상화가로 자리매김했고, 1548년에 〈성 마르코의 기적〉을 그리면서 크게 명성을 얻었다. 이 작품은 산 마르코 형제회의 주문으로 제작된 것으로, 중세 시대 성인전인 야코부스 데 보라지네의 《황금전설》에 수록된 성 마르코와 노예의 전설에서 소재를 따온 것이다. 베네치아에 성 마르코의 유해가 안장되자 프로방스 지방의 한 노예가 주인의 허락도 없이 순례에 올랐다 돌아간 후 극형을 받았다. 그러나 성 마르코의 기적으로 아무리 고문을 해도 노예의 몸에 상처가 남지 않자 고문자들이 참회한다는 이야기이다. 타원형의 구도로 군중들이 밀집되어 있는 가운데, 중앙 상단의 성 마르코와 하단의 노예가 미켈란젤로의 단축법으로 표현되어 있다. 완벽한 신체 묘사, 풍부한 색채 감각, 극대화된 조명 효과와 격정적인 에너지가 넘치는 이 작품으로 틴토레토는 단숨에 거장의 반열에 올랐다.

1550년대에는 성당과 종교 단체의 주문으로 종교화를 그렸다. 〈창세기〉, 〈목욕하는 수산나〉, 〈구약성서의 여섯 장면〉 등을 통해 그의 기법은 더욱 완숙해졌으며, 1560년대 이후 전성기를 누리며 수많은 걸작들을 탄생시켰다.

〈성 마르코의 기적〉, 베네치아 아카데미아 미술관

그는 활동 초기부터 죽을 때까지 그리스도의 생애가 갖는 의미와 목적을 탐색하는 데 몰두했다. 1562년부터 약 4년간 〈성 마르코의 기적〉 연작, 마돈나 델 오르토 성당의 〈최후의 만찬〉 등을 비롯해 수많은 종교화를 제작했고, '최후의 만찬'과 관련된 주제는 평생 여덟 번 이상 그렸다.

특히 1564년에 착수한 산 로코 대신도 회당의 벽화는 틴토레토 예술의 집대성이라고 평가된다. 틴토레토는 이 시기에 다른 주문도 받았으나 이 작업에만 20여 년을 매달렸다. 이곳의 벽화는 신약과 구약성서의 이야기들을 묘사한 것으로, 〈수태고지〉, 〈성모 승천〉, 〈세 왕의 예배〉, 〈그리스도의 유혹〉, 〈그리스도 승천〉, 〈십자가에 못 박힌 예수〉 등 70여 점의 작품들로

〈십자가에 못 박힌 예수〉, 베네치아 산 로코 대신도 회당

이루어져 있다. 틴토레토는 이 연작을 통해 종교적인 주제를 해석하는 데 있어 자신의 천재성을 입증했다. 수많은 인물들이 역동적으로 움직이는 꽉 찬 화면 속에서 그는 그다지 복잡하지 않게 사건과 행위의 의미, 작품의 메시지를 전달하는 데 탁월한 재능을 지니고 있었다.

틴토레토는 야심이 큰 인물로, 대규모 공방을 운영하며 빠른 속도로 엄청난 양의 작품을 제작한 것으로 유명하다. 여덟 자녀 중 세 명이나 공방에서 조수로 일하며 그의 뒤를 이었다. 틴토레토는 일을 따내기 위해 때로 다른 이보다 저렴한 비용으로 주문을 받았고, 주문자의 취향에 맞춰 때로는 티치아노풍으로, 때로는 베로네세풍으로 바꿔 그려 주기도 했다. 신성로마제국 루돌프 2세의 취향에 맞춘 〈은하수의 기원〉은 전형적인 티치아노풍 작품으로, 다른 작품들과 달리 따뜻하고 조화로운 색상과 부드러운 명암 처리, 우아함이 돋보인다.

가끔은 파렴치한 행동도 했는데, 산 로코 대신도 회당의 벽화를 맡게 된 일화가 재미있다. 회당의 상위 관리자들은 당초 회당 벽화를 그릴 화가를

〈최후의 만찬〉, 베네치아 산 조르조 마조레 성당

경합으로 선발할 계획이었다. 이를 안 틴토레토는 미리 회당에 가 대형 패널을 설치하여 밑그림을 그리고 채색하는 모습을 보였고, 이로써 그림 주문을 받을 수 있었다고 한다.

1594년, 틴토레토는 76세의 나이로 죽을 때까지 평생 바쁘게 작품 활동을 했다. 죽기 전에는 아들 도메니코에게 미완성 그림을 완성하는 지침들을 전했다고 할 만큼 죽는 순간까지 화가로서 충실했다.

최후의 걸작인 〈최후의 만찬〉은 그가 죽기 몇 달 전 완성한 것으로, 일반적인 '최후의 만찬'과는 다른 독창성을 지닌다. 이 주제는 서양화가들이 8천 번 이상 그렸다고 할 만큼 자주 그려진 것인데, 대체로 엄숙함과 성스러운 느낌, 긴장감이 감도는 분위기로 표현된다. 그러나 틴토레토의 〈최후의 만

마니에리스모
Manierismo, 영어식 표현으로 매너리즘이라고 하며, 1520년경부터 17세기까지 유행한 양식이다. 르네상스적 고전주의에 대한 반동적 표현으로 탄생했으며, 불분명한 구도, 길쭉하거나 구불거리는 등 극단적인 형태의 변형, 기괴한 분위기와 강렬한 색채로 20세기 초현실주의의 탄생에 영향을 주었다.

찬〉은 마치 일상적인 식사 장면처럼 서민적인 분위기가 감도는데, 마치 교회의 성찬식을 주제로 풀어낸 듯하다. 제자들에게 빵을 먹이고 있는 예수의 모습은 마치 성찬 의식을 거행하는 사제의 행위를 연상시킨다. 또한 서민적인 분위기와 제자들의 초라한 행색은 청빈과 자선의 미덕, 그리스도 안에서의 평등이라는 메시지를 전달한다. 그는 사건 표현뿐만 아니라 화면 구성과 빛의 사용에 있어서도 혁명적인 성취를 보였다. 원근법을 대각선 구도로 사용하고 있는데, 예수는 3분의 2 지점에 서 있음에도 양편에 위치한 제자들의 크기와 조명 효과를 적절히 이용하여 그림의 중심에서 관람객의 시선을 모을 수 있게 배치되었다. 또한 천장에 매달린 기름 램프를 통해 예수와 성인들의 머리 뒤에 후광을 비추는 동시에 역광으로 성인들의 얼굴이 어둠 속에서 밝게 빛나는 효과를 주었다. 이로써 반대편에서 음식 시중을 드는 서민과 구별된다. 미술사학자 피에르뤼지 데 베키는 이 작품에 대해 "서민의 일상적인 식사 장면을 천상과 현실의 이중적 빛을 통해 성스러운 만찬으로 승화시켰다."라고 평가했다.

과장된 표현, 격렬한 운동감, 감정과 에너지가 넘쳐 나는 그의 비범하고 개성 강한 그림들은 그의 사후 많은 논쟁을 불러일으켰다. 보수적인 귀족과 성직자들은 그의 그림을 지나치게 도발적이라고 여겼으나 지식인들은 종교적인 요소와 세속적인 요소가 복잡하게 얽혀 인간 감성을 표현한 것에 찬사를 보냈다. 그러나 한편으로 작품에 운동감을 부여하는 빠른 붓 터치로 마무리가 허술하고, 표현에 있어 절제가 부족하고 거칠다는 평도 받았다. 이후 19세기 초에 이르러 틴토레토는 존 러스킨 같은 낭만주의적 비평가들에 의해 마니에리스모라는 유럽 미술 운동을 대표하는 화가로 추앙받았다.

036

농민의 화가

대 피터르 브뤼헐

Pieter Bruegel(Brueghel) the Elder(1525?~1569. 9. 9)

❙ 네덜란드
❙ 북유럽의 대표적인 화가이자 판화가로 농민의 일상을 담은 풍속화를 주로 그렸으며 지역적 특색이 담긴 독자적인 회화 세계를 이룩했다.
❙ 〈눈 속의 사냥꾼〉, 〈추수하는 사람들〉, 〈사계〉, 〈농부들의 춤〉 등

대 피터르 브뤼헐은 16세기 북유럽의 위대한 화가이자 판화가이다. 평범한 농민들의 일상을 애정 어린 시선으로 유머러스하게 그린 풍속화로 '농민의 브뤼헐'이라고 불리는 한편, 플랑드르 지방의 자연 풍광을 장대하고 밀도 높게 그리면서 플랑드르 지역에 풍경화 장르를 창시했다.

얀 반 에이크, 판 데르 베이던, 히에로니무스 보스 등이 일군 15세기 북유럽 르네상스는 16세기에 들어 지역 화가들이 이탈리아의 양식을 모방하고 답습하는 데 그치면서 쇠락해 갔다. 17세기 루벤스가 등장하기까지 독자성을 잃어 가던 북유럽 미술계에서, 북유럽의 사실주의 수법 및 고딕적인 환상 세계를 계승하고 지역적 특색을 풍부하게 담아 독자적인 회화 세계를

이룩한 이가 바로 브뤼헐이다.

브뤼헐은 1525년경 지금의 독일 지역인 브라반트 북부의 브레다 근처 브뤼헐에서 태어났다. 생년에 대해서는 1527년경, 혹은 1530년이라는 설도 있으며, 출생지 역시 분명한 것은 아니지만 그의 성 브뤼헐은 출생한 곳의 지명을 딴 것으로 여겨진다. 그는 안트베르펜에서 활동하던 화가 피터르 쿠케 판 알스트에게 그림을 배운 것으로 보인다.

1551년, 안트베르펜의 화가 길드에 장인으로 등록한 그는 이듬해 남유럽과 알프스로 여행을 떠났다. 16세기 중반에는 젊은 화가가 이탈리아로 여행을 떠나는 일이 드물지 않았다. 이탈리아는 고대 및 르네상스 미술의 메카로 유럽 각지에서 젊은 화가들이 몰려들었고, 대규모 공방에서는 외국 화가들을 고용하곤 했다. 브뤼헐은 여행 동안 알프스와 나폴리의 광활한 풍경에 매료되었고, 수많은 드로잉을 그렸다. 그는 또한 줄리오 클로비오라는 세밀화가의 공방에서 일했는데, 광활하고 깊이감 있는 자연 풍경 묘사 기법과 정밀한 세부 묘사 양식은 이 시기부터 형성되기 시작했다.

1553년, 브뤼헐은 고향 안트베르펜으로 돌아와 출판업자 히에로니무스 코크와 함께 일했다. 이 시기 브뤼헐은 플랑드르 지방에서 인기가 높던 히에로니무스 보스의 환상적인 그림을 흉내낸 판화 도안을 많이 그렸다. 군소 미술가들이 보스의 작풍을 그대로 모방했다면, 그는 자신만의 독창적인 구도를 취하고 거기에 보스적인 색채를 추가했다. 〈7가지 원죄〉, 〈탐욕의 우의〉와 같은 우의allegory 연작 등이 이에 속하며, 코크에 의해 〈죽음의 승리〉, 〈미치광이 그리트〉 등은 보스의 작품으로 팔려 나갈 뻔했다.

브뤼헐은 보스의 작풍을 다양한 구도로 그리는 실험을 하는 한편, 1556년 무렵부터 풍자적이고 교훈적인 주제를 다룬 풍속화에 몰두했다. 그는 특히 플랑드르 지역의 속담에서 착안한 주제와 농부들, 축제 등 일상의 모습

〈아이들의 놀이〉, 빈 미술사 박물관

을 유쾌하게 그려 냈다. 〈농부의 결혼식〉, 〈플랑드르 지방 속담〉, 〈사육제와 사순절의 싸움〉, 〈아이들의 놀이〉와 같은 작품에 등장하는 인물들은 자못 진지해 보이지만 자세히 들여다보면 매우 익살스러운 몸짓과 표정을 하고 있어 보는 이들을 즐겁게 한다. 브뤼헐의 세심한 관찰력과 유쾌한 이야기꾼으로서의 면모가 잘 드러나 있다.

1563년 봄, 브뤼헐은 스승 쿠케의 딸 마이켄과 결혼하여 브뤼셀에 정착했다. 그녀와의 사이에서 두 아들을 두었는데, 큰아들 피터르와 작은아들 얀 모두 화가가 되었다. 피터르는 아버지의 작풍을 답습했으나 얀은 뛰어난 재능으로 명망을 떨쳤고, 손자들 역시 존경받는 화가가 되었다.

〈십자가를 진 그리스도〉, 빈 미술사 박물관

브뤼헐은 브뤼셀에 정착한 후 매우 다양한 방식의 그림을 그렸다. 보스의 작풍을 활용하기도 하고, 코크와 함께 판화 작업도 계속했다. 또한 〈십자가를 진 그리스도〉, 〈성모의 죽음〉, 〈동방박사의 경배〉 등 종교화도 그렸다. 그리고 그의 대표작이 된 〈눈 속의 사냥꾼〉, 〈추수하는 사람들〉 등 변화하는 자연 풍경 속에 플랑드르 지역의 풍속과 일상을 담은 〈사계〉 연작이 탄생했다.

〈사계〉 연작은 브뤼헐의 대표적 풍경화로, 후에 네덜란드와 플랑드르 화가들에게 막대한 영향을 미치며 네덜란드의 풍경화 전통을 확립하는 데 크게 기여한 작품이다. 당시 북유럽에서 풍경화는 달력용 그림 정도로 취급

〈사계〉 연작 위에서부터 차례로 〈눈 속의 사냥꾼〉 빈 미술사 박물관, 〈추수하는 사람들〉 뉴욕 메트로폴리탄 미술관.

〈농부의 결혼식〉, 빈 미술사 박물관

받았으며 독립된 장르가 아니었다. 〈사계〉 연작 역시 독립된 회화가 아니라 안트베르펜의 은행가가 주문한 달력 그림 중 하나였다. 광대한 자연 속에 다양한 인간 군상들이 자연스럽게 녹아 있는 브뤼헐의 풍경화들은 사실적이면서도 시적 감흥을 불러일으키며, 대자연 속에서 인간이 얼마나 작고 나약한지 일깨운다.

말년이 되면서 브뤼헐은 다시 풍속화로 회귀하여 농부와 축제라는 소재를 즐겨 그렸다. 〈농부들의 춤〉, 〈농부의 결혼식〉, 〈농민의 축제 장터〉 등이 그런 작품이다. 민초들을 다룬 풍속화에서 그는 늘 따듯하고 정감 어린 시선을 유지했으나, 그런 한편 〈맹인의 우화〉, 〈염세주의자〉 등에서는 인간의 어리석음을 신랄하게 비판하기도 한다. 이는 네덜란드가 스페인과 전쟁을 시작하면서 정치적 혼란에 빠진 상황과 무관하지 않다. 이에 따른 스페인의 정치적 억압과 종교적 박해를 지켜보면서 점점 더 비관적이 된 듯하다. 그러나 그는 드러내 놓고 반스페인적 혹은 반가톨릭적인 요소를 담은 작품을 그리지 않았고, 인간의 나약함과 어리석음에 대한 보편적인 우의를 표현했다.

브뤼헐은 1569년 세상을 떠나 브뤼셀의 노트르담 드 라샤펠 교회에 묻혔다. 그가 죽고 5년 후에 편찬된 아브라함 오르텔리우스의 《교우록》에서는 브뤼헐을 16세기 최고의 화가로 묘사했는데, 이 찬사가 무색하지 않게 그의 작품들은 사후 4세기가 지날 때까지 큰 인기를 끌었다. 그의 판화 작품들은 17세기까지 꾸준히 발행되었으며, 그의 드로잉과 회화를 토대로 한 작품도 수없이 그려졌다. 수집가들 또한 활기차고 유머러스한 그의 작품에 열광했다. 스페인의 펠리페 2세, 루돌프 2세를 비롯해 합스부르크 왕가의 인물 대다수가 그의 작품을 수집했다. 모작의 수도 엄청나서 〈동방박사의 경배〉와 〈유아 학살〉은 현재 전하는 모작만 20여 점이 넘는다. 그의 풍경화와 풍속화는 이후 네덜란드 화풍을 지배했으며, 네덜란드의 풍경화는 아들 얀에 의해 다시 한 번 새로운 변화를 맞이하게 된다.

037

강렬하고 독창적인 개성의 발로

엘 그레코

El Greco(1541? ~ 1614. 4. 7)

| 크레타 섬에서 태어나 스페인에서 활동
| 의도적인 왜곡과 강렬한 색채의 사용으로 독창적인 작품 세계를 펼친 그는 20세기 초 독일 표현주의에 큰 영향을 끼쳤다.
| 〈오르가스 백작의 매장〉, 〈성 마우리티우스의 순교〉, 〈목자들의 경배〉 등

엘 그레코는 베네치아 화파를 기초로 한 마니에리스모 양식을 대변하는 화가로, 서양 미술사에서 그만큼 강렬하고 독특한 개성의 작가가 없다고 평가될 만큼 독창적인 작품 세계를 이룩했다. 길쭉하게 왜곡된 형태, 독특한 공간 배치, 극적이고 불안정한 색채 표현, 강한 영성을 뿜어내는 작품들은 그를 미친 사람 혹은 시각장애자로 오해하게 만들기도 했다.

엘 그레코의 본명은 도메니코스 테오토코풀로스로, 크레타 섬 출신의 후기 르네상스 화가이다. 엘 그레코란 '그리스 사람'이라는 의미로, 이탈리아에서 지낼 때 얻은 별명이다. 1541년경, 크레타 섬의 수도 칸디아에서 세무 공무원의 아들로 태어났으나 생의 40여 년을 스페인에서 머물며 화가이자 조각가로 활동했다. 초기 생애에 대해서는 밝혀진 바가 거의 없고, 1560년경 베네치아로 가서 그림을 배웠으며 티치아노에게 사사했다는 정도가 알려져 있다. 크레타 섬은 당시 베네치아의 영토였으니 베네치아 시민이었던 그가 화가가 되고자 베네치아로 간 것은 당연해 보인다. 이전 작품에서는 비잔틴 양식의 영향이 보이나, 베네치아에서 활동하면서 틴토레토, 파올로 베로네세의 작품을 접하며 베네치아 르네상스 양식을 습득했다. 이 시기에 그린 〈소경을 치료하는 그리스도〉, 〈성전을 정화하는 그리스도〉 등에서 전성기 르네상스 양식이 뚜렷이 드러난다.

〈자화상〉, 마드리드 프라도 미술관

1570년경, 그는 로마에 머물며 성 루가 길드에 가입하고, 파르네세 추기경의 지원으로 개인 공방을 열었다. 그는 파르네세 추기경의 의뢰로 〈촛불을 붙이기 위해 불씨를 부는 소년〉 등의 작품을 비롯해 파르네세 궁의 장식에 참여했다. 또한 빈센초 아나스타지 총독을 비롯한 유력자들의 초상화와 〈피에타〉, 〈성 세바스티아누스〉, 〈수태고지〉 등의 종교화도 그렸다. 그러나 베네치아와 비슷하게 로마에도 천재 화가들이 차고 넘쳤고, 엘 그레코 같은 이방인에게는 큰 기회가 주어지지 않았다. 그는 1577년 스페인으로 자리를 옮겼다.

톨레도에 정착한 그는 파르네세 궁전 장식화를 그릴 때 알게 된 스페인 성

〈성 마우리티우스의 순교〉, 엘 에스코리알 궁전

직자 루이스 데 카스티야를 통해 스페인에서 자신을 후원해 줄 인물을 찾았다. 그는 루이스의 도움으로 카스티야 가문의 후원을 받을 수 있었고, 그의 아버지 디에고 데 카스티야의 의뢰로 산토 도밍고 엘 안티구오 성당의 장례 예배당 장식화를 주문받았다. 그는 이 의뢰로 〈성모 승천〉, 〈세례자 성 요한〉, 〈복음사가 성 요한〉, 〈삼위일체〉 등의 작품을 그렸으며, 장식 조각, 제단 건축 조형 등 일체를 제작했다. 톨레도 대성당의 〈그리스도의 옷을 벗김〉도 이 무렵의 작품이다.

당대 천재 화가들이 이른 나이부터 대가로 명성을 떨쳤던 데 비해 엘 그레코는 스페인에 정착하고 난 뒤 마흔이 다 되어서야 명성을 얻기 시작했다.

1580년경, 그는 펠리페 2세의 의뢰로 교외의 엘 에스코리알 궁전 장식을 맡았다. 그는 2년이나 걸려 〈성 마우리티우스의 순교〉를 완성했으나 이 그림은 펠리페 2세의 마음에 들지 않았다. 성자의 그림은 누구라도 그 앞에서

기도하고 싶을 만큼 경건함을 불러일으켜야 하지만, 엘 그레코의 그림은 그렇지 않다는 게 이유였다. 그리고 무엇보다도 순교 장면이 부각되는 전통적인 회화와 달리 순교 장면은 뒤로 밀려나고 화면 전면에 군인들이 부각되어 있었다. 더구나 이 군인들이 당시 군부의 인물이라는 게 펠리페 2세의 심기를 불편하게 했다. 유럽 최대의 건축물을 축조함으로써 자신의 권위를 사방에 떨치고 싶었던 펠리페 2세로서는 현존하는 인물들이 부각된 그림이 마음에 들지 않았던 것이다. 엘 그레코는 결국 궁정화가의 자리에서 물러나 톨레도로 돌아왔다.

〈오르가스 백작의 매장〉, 톨레도 산토 도메 교회

이런 시련을 겪었으나 톨레도 상류층의 주문은 계속됐고, 1586년 대표작 〈오르가스 백작의 매장〉이 탄생했다. 산토 도메 교회 사제인 안드레스 누네스의 주문으로 그려진 이 그림은 교회의 후원자였던 오르가스 백작 곤살로 데 루이스의 장례식을 묘사한 것이다. 1332년 타계한 오르가스 백작의 장례식에 성 아우구스티누스와 성 스테파누스가 나타나 그의 시신을 무덤 속에 눕혔다는 일화를 표현한 것이다. 화면의 상단은 천상, 하단은 지상이며, 서로 다른 방식으로 묘사되어 있다. 천상 세계는 밝고 화려하며, 인물들은 환영과 같은 모습에 크기와 형태가 왜곡되어 있다. 반면 지상 세계는 어둡고 무거우며, 수평적 구도에 인물들의 크기와 균형이 정상적이다. 또한 인물들의 행위는 모두 화면 전면에서 이루어지는 독특한 구성을 취했다.

엘 그레코는 종교화를 그릴 때 그림 속 공간을 압축하고 사람의 형상을 길쭉하게 그렸으며, 차갑고 생생한 색조를 사용했다. 이런 의도적인 왜곡과 강렬한 색채는 극적인 효과를 극대화하고 작품에 초월적, 영적 분위기를 부여했다. 〈오르가스 백작의 매장〉에서 뚜렷이 나타나는 이런 경향은 후기 〈그리스도의 세례〉와 〈성모의 대관〉, 〈십자가에 못 박힌 그리스도〉, 〈목자들의 경배〉로 가면서 절정에 달했다.

후기의 대표작인 〈목자들의 경배〉는 도미니크 수도회의 산토도밍고 엘 안티구오 수녀원 지하 무덤을 위해 그린 것으로, 인간의 형태가 비현실적인 수직으로 일그러져 있다. 극단적으로 왜곡된 인체, 전체적으로 차가우면서도 형광을 발하는 빨강, 진홍, 노랑 등의 부조화한 색채 배합 등이 그로테스크하다. 하지만 이런 효과가 초월적, 극적인 분위기를 부여하면서 보는 이들에게 경건함과 황홀감을 불러일으킨다. 이 작품은 그레코의 후기 종교화들과 함께 당시 스페인의 종교적 분위기와 신비주의를 가장 생생하게 시각적으로 승화시킨 작품이라는 평을 받는다.

엘 그레코는 부와 명성을 동시에 누렸고, 역사가 살라사르 데 멘도사, 펠리페 3세의 사제이자 시인 돈 루이스 데 곤고라, 수사이자 시인인 호르텐시오 펠릭스 파라비시노 등 당대 추앙받는 지식인들과 교류했다. 종교화 외에 초상화도 많이 그렸는데, 친구이자 인문학자였던 코바루비아스 이 레이바, 돈 페르난도 니뇨 데 게바라 추기경, 호르텐시오 펠릭스 파라비시노 등의 초상이 대표적이다.

〈목자들의 경배〉, 마드리드 프라도 미술관

엘 그레코는 1614년 톨레도의 집에서 병으로 죽었는데, 죽기 1년 전부터 투병 생활을 했다고 하나 자세한 병명은 전하지 않는다. 생전에 〈목자들의 경배〉를 그린 대가로 그와 아들 호르헤 마누엘의 시신은 산토도밍고 엘 안티구오 수녀원에 묻히기로 했으나, 호르헤가 수녀원과 다투는 바람에 산토르콰토 성당에 안치되었다. 19세기 산토르콰토 성당이 파괴되면서 그의 무덤도 사라졌고, 독창적이고 개성 강한 그의 예술 세계 역시 이어받는 이가 없어 맥이 끊겼다.

차가운 색의 조화와 격렬한 필치로 유례없이 극적인 효과를 거두었다는 평을 받는 엘 그레코는 바로크 시대를 거쳐 20세기에 들어설 때까지 제대로 된 평가를 받지 못했다. 스페인 화가들조차 그의 작풍이 지나치게 과장됐으며 기괴한 왜곡과 무미건조한 색채를 사용했다고 평가했다. 그러나 20세기 초 프랑스의 전위 예술가, 작가, 미술 평론가들이 그의 작품에 주목하면서 다시 한 번 명성을 떨쳤고, 독특한 스페인적 미술의 전형을 창출했다는 평가를 받았다.

038

중국화의 계보를 정리하다

동기창

董其昌(1555. 1. 19~1636. 11. 11)

- 명나라
- 화가이자 서예가로, 중국화의 계보를 북종화와 남종화로 나누었다.
- 〈방미가산수〉, 〈추경산수도〉, 《화선실수필》, 《화지》 등

동기창은 명나라 말기의 화가이자 서예가로, 명나라 시대 가장 뛰어난 예술가 중 한 사람으로 꼽힌다. 그는 시, 서, 화에 두루 능했을 뿐만 아니라 《화안畵眼》, 《화지畵旨》, 《화선실수필畵禪室隨筆》 등의 저술을 통해 중국화론을 정립했다. 그는 중국화를 북종화와 남종화로 나누고 그 계보를 정리하여 분석하면서 남종화를 문인화로 규정짓고 우대했다. 그리하여 이후 직업 화가들까지 양

동기창

식적으로 문인화풍을 따랐다. 그의 화론과 문인화 양식은 조선에도 영향을 끼쳤으며, 중국화는 지금까지도 동기창이 정리한 방식으로 분류된다.

동기창은 명나라 말기였던 1555년 1월 19일에 강소성에서 태어났다. 자는 현고元宰, 호는 사백思白, 향광香光, 시호는 문민文敏이다.

그는 어린 시절부터 남에게 지는 것을 싫어한 성격으로 유명했는데 13세 때 향시에서 조카 동부서보다 글씨가 부족하여 2등으로 합격하자 17세 무렵부터 서예에 매진하여 위대한 서예가가 되었다는 일화가 대표적이다. 또한 그는 관직 생활과 서화가로서의 모습이 극명히 다른 인물로도 유명하다. 서화가로서의 그는 세속에 초탈하고 고고함을 유지할 것을 중시하며 문인화의 이상을 세웠다. 그러나 정치가로서는 야망이 컸으며, 부를 축적하는 데도 열심이었다. 수많은 그림 요청을 받아들이고, 대필을 서슴지 않았으며, 토지 겸병을 일삼았다고 한다. 또한 당대 명망을 떨치던 화가 서위가 죽었을 때 다른 사대부 화원들은 그의 전기를 썼으나, 누구보다 그림에 대해 해박한 이론가이자 화가였던 동기창은 화론을 쓸 때조차 서위를 언급하지 않았다.

동기창은 청년 시절 집이 가난하여 동네 서당에서 글을 가르쳐 생계를 꾸렸다. 그림을 그리기 시작한 것은 23세 때부터로, 막여충, 육수성 등에게 배웠다. 초기에는 원말 사대가의 작품을 모방했으나 관직에 등용된 이후에는 저명한 수집가들을 비롯해 동료들의 집에서 고서와 명화를 보고 배웠으며, 송 대의 회화 기법을 주로 익혔다. 그는 그림 그리는 법에 대해 이렇게 설명했다.

"먼저 옛 사람을 스승으로 삼고, 다음으로 자기 스스로 노력해 발전해야 하며, 여기에서 더 나아가면 천지자연을 스승으로 삼게 된다."

동기창은 35세 때인 1589년에 진사 시험에 급제해 한림원 서길사에 제

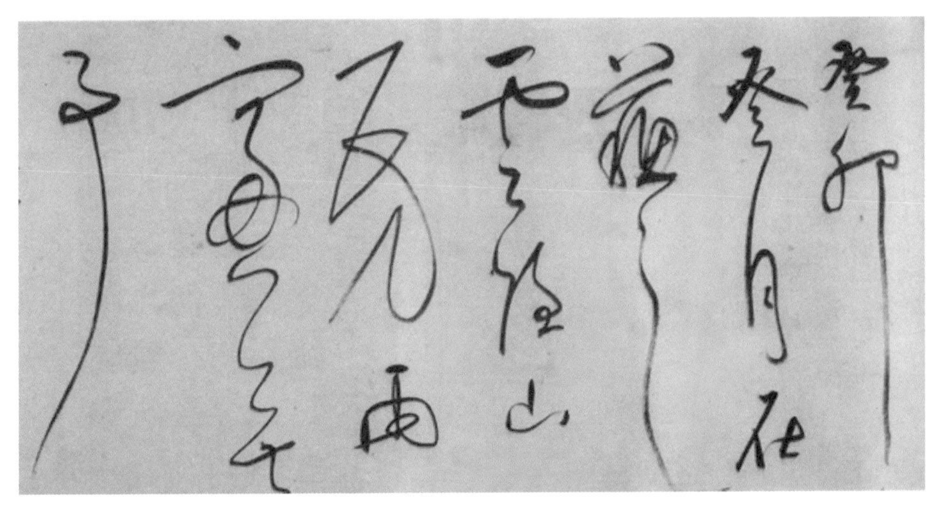

동기창의 초서체, 도쿄 국립박물관

수되었으며, 이후 승진을 거듭하여 남경예부상서, 태자태보까지 이르렀으나 관직 생활은 평탄하지 않았다. 왕세자 책봉이 잘못되었음을 아뢰는 상소 사건에 참여했다가 황제의 미움을 사 자진해 귀향한 적도 있었으며, 호북과 호남 지역을 감찰할 때 세도가들의 청탁을 받아 주지 않아 관직에서 물러난 일도 있었다. 또한 환관들이 정국을 좌우하면서 당쟁이 극심해지자 스스로 은거 생활에 들어가기도 했다.

동기창은 관직 생활 초기에 이미 서예와 그림의 대가로 정평이 나 있었다. 그는 서예와 그림을 체계적으로 공부하고 분류했으며, 감식에도 뛰어났다. 37세 때 《논서화법論書畵法》을 시작으로 화론을 집필하기 시작해 화론가로도 상당한 영향력을 발휘했다. 서예에서는 왕희지의 글씨체를 바탕으로 한 행서와 초서에 뛰어났는데, 글씨체보다는 내용을 중시해 당대 제일의 문인으로 이름을 날렸다. 그림에서는 남종화를 대성하였고, 이후 중국 회화가 남종화풍으로 흘러가는 데 일조했다.

〈추경산수도〉, 샌프란시스코 동양 미술관

그는 《화선실수필》, 《화지》 등에서 벗이자 동료인 막시룡이 제시한 바에 따라 중국화를 북종화와 남종화로 나누어 그 계보를 분류하고 각각을 정의했다. 남종화는 문인화라고도 불리는데, 화가의 내면 표현과 직관을 중시하며 추상성이 강하다. 반면에 북종화는 사실주의적인 경향이 강하며, 기교 표현이 중요하다. 동기창은 북종화는 주로 직업 화가들이 그린 것으로 내면의 본질을 표현하기보다 시각적으로 아름다운 화면을 만들고 기교에 충실한 반면, 남종화는 주로 시인과 문인화가들이 그린 바답게 직관적인 표현과 감수성이 풍부하게 담겨 있다고 평했다. 문인적 이상이 담겼다는 이유로 남종화를 북종화보다 우위에 두었으며, 서에 역시 개인의 진정한 본질을 추상적으로 표현하는 것이라 하여 우대했다.

이처럼 동기창은 화론에 있어 형식과 기교보다 표현과 해석을 중시했지만, 그는 누구보다 다양한 방식의 기교에 능한 화가였다. 필법과 묵법을 다양하게 운용하여 화면에 입체감과 변화를 풍부하게 했으며, 화면 한쪽에서 그려 나가는 기존 방식에서 탈피해 체계적으로 화면을 분할하고 적절히 통합하여 통일감 있는 구도를 취하기도 했다.

〈추흥팔경도〉, 상하이 박물관

〈고일도高逸圖〉, 〈방장승요산수仿張僧繇山水〉에서는 선명하고 다양한 필법으로 대상을 표현하는 솜씨가 정교하기 이를 데 없으며, 〈방미가산수仿米家山水〉에서는 물로 먹의 농담을 조절하여 색이 지닌 느낌을 탁월하게 표현했다. 나이가 들수록 느슨한 필법과 묽은 색채를 자유롭게 운용하면서 부드럽고 자연스러운 그림을 그렸는데, 〈추경산수도秋景山水圖〉에서는 추상에 가까운 공간 배치와 여유로운 필치, 서정적인 주제가 돋보인다.

동기창은 세속적인 속박에서 벗어나 천지만물의 근원을 탐구하고 표현해야 한다고 생각했다. 그는 문인의 이상 한가운데서 문인화의 전통을 일구었으며, 더 나아가 체계적인 연구를 토대로 내용과 형식 측면에서 고대의 화법과 새로운 화법을 융합했다. 그의 작품과 화론으로 문인화는 명말 청초 최고의 경지에 이른다.

동기창은 예부터 전해지는 진귀한 화첩들을 수집하고 정리해 간행했다. 뿐만 아니라 만력, 태창, 천계 세 왕조의 실록을 편찬하는 사업에도 참여하여 명나라 시기에 학술과 문화가 발전하는 데 주도적인 역할을 했다.

그는 80세에 이르기까지 관직 생활을 한 뒤 사직소를 올리고 정계에서 은퇴했다. 은퇴 후에는 고향으로 돌아가 약 2년간 은거하며 서화를 즐겼다. 그가 죽은 시기는 확실치 않으나 1636년 겨울 무렵으로 추정된다. 이듬해 태자태부에 추증되었으며, 1944년 문민文敏이라는 시호를 받았다.

039

바로크 회화를 완성하다

안니발레 카라치

Annibale Carracci(1560. 11. 3~1609. 7. 15)

| 이탈리아
| 바로크 회화를 완성하며 17세기 다양한 회화 장르의 가능성을 열었다.
| 〈이집트로의 도피〉, 〈쿠오 바디스〉, 〈푸줏간〉, 〈그리스도의 세례〉 등

안니발레 카라치는 카라바조와 함께 초기 바로크의 2대 거장으로 꼽히며, 고전주의적 회화에 장식적 특성을 가미한 바로크적 회화를 완성했다고 평가받는다. 또한 사실적인 풍속화와 생생하고 직접적인 풍경 표현이 돋보이는 자연주의적 장르화 등에서 이탈리아 회화사상 최초로 사실주의적인 작품을 선보였으며, 실물 크기의 전신 인물화를 그리는 등 17세기 발전하게 되는 다양한 회화 장르의 가능성을 열었다.

안니발레 카라치는 1560년 11월 3일 볼로냐에서 태어났다. 카라치 가문은 명망 높은 화가 집안으로, 당대에만 가장 명망 높은 세 명의 화가를 배출했다. 그를 포함해 형 아고스티노 카라치, 사촌형 로도비코 카라치가 그 주

〈푸줏간〉, 옥스퍼드 크라이스트 처치 미술관

인공이다. 그의 첫 회화 스승은 사촌형 로도비코 카라치로 알려져 있으며, 이후 프로스페로 폰타나에게 배웠다.

안니발레는 정확한 데생을 중시했고, 인체 골격 구조에 대해 탁월한 지식을 갖추고 있었다. 사실주의적 표현을 추구했던 그는 정교한 데생 위에 질감을 생생히 살려 내는 채색 기교를 갖추고 풍부한 색채를 사용했다. 카라치 삼형제는 각각 기질과 기호가 달랐으나 당시 유행하던 기교적이고 과장된 마니에리스모 표현 방식을 지양하고 사실주의적인 표현 기법을 중시했다는 공통점이 있다. 안니발레의 초기 작품인 〈푸줏간〉만 보아도, 마니에리스모 양식의 인위적인 표현법과 대조적으로 솔직한 표정과 사실적인 묘사, 진실된 감정 표현이 돋보인다. 그는 풍속화뿐만 아니라 종교화에도 이런 '감정적인 울림'을 담아내기 위해 노력했으며, 이런 표현 방식은 17세기 바로크 회화의 전범으로 여겨진다.

1583년, 안니발레는 아고스티노, 루도비코와 함께 볼로냐에 데시데로시 미술 아카데미를 세웠다. 데시데로시는 '열망'이라는 의미로, '과거를 한탄하고 현재를 혐오하며 더 나은 미래를 열망하는 학교'를 세우겠다는 취지에서 붙여졌다고 한다. 이들은 평소의 신념대로 기초 데생을 중시했고, 실제 모델을 기초로 그림을 그리게 했으며, 베네치아 화파의 감각적인 색채 묘사 기법을 가르쳤다. 이곳은 '혁신주의자들의 아카데미'로 불리며 전 유럽에 명망을 떨쳤고, 유럽에 생긴 수많은 아카데미들의 원형이 되었다.

또한 세 사람은 자연에 대한 모방, 르네상스적 고전주의를 바탕으로 하여 이상적인 회화 규범을 창출했는데, 이는 함께 작업한 볼로냐 파바 성 벽화 〈이아손 이야기〉, 〈아이네이아스 이야기〉 등의 프레스코화 연작에 잘 드러나 있다.

안니발레는 1585년에 산 그레고리오 교회 제단화 〈그리스도의 세례〉, 1587년에 산 로코와 레지오 에밀리아 교회의 제단화 〈성모 승천〉을 그렸다.

그런 한편 1585년 파르마 여행을 하면서 코레조의 영향을 받았으며, 1587년부터 1592년경까지 베네치아 등지를 여행하면서 베로네세의 풍부한 색채 표현, 다 빈치의 이상적인 비례와 자연주의적 기법을 받아들여 자신의 기법을 한층 발전시켰다. 볼로냐 지역 귀족들의 주문을 받아 형제들과 함께 볼로냐 마그니니 성, 삼피에리 성 등의 프레스코화 작업도 했다.

1595년, 안니발레는 파르마 공작 라누치오 파르네세의 추천으로 오도아르도 파르네세 추기경의 초청을 받아 로마에 갔다. 그는 파르네세 궁에 있는 추기경의 서재와 대회랑을 장식하는 일을 맡았다. 얼마 후 아고스티노가 합류하여 이후 10여 년간 자신들의 최고 걸작이 될 작품들을 제작했

〈그리스도의 세례〉, 볼로냐 산 그레고리오 교회

다. 그는 학자들과 함께 모임을 구성하여 고대 미술을 연구했으며, 파르네세 천장화를 그릴 때는 라파엘로의 바티칸 궁 장식화와 미켈란젤로의 시스티나 성당 천장화 등 르네상스 미술을 참고했다. 그리고 이를 고전으로의 회귀가 아닌 고전과 새로운 미술 양식의 융합으로 활용했다. 〈디오니소스와 아리아드네의 승리〉, 〈목신과 아르테미스〉, 〈헤르메스와 파리스〉 등으로 이루어진 천장화는 고대 신화에서 소재를 취해 '사랑의 힘'이라는 주제

성모 승천을 주제로 한 그림 차례로 1587년에 그린 〈성모 승천〉 마드리드 프라도 미술관, 1601년에 그린 〈성모 승천〉 로마 산타 마리아 델 포폴로 성당.

를 표현하는 데 활용했다. 또한 두 거장에게 배운 웅장한 아름다움과 조화롭게 구성된 화면 배치, 고전적인 누드화 기법을 자연주의적 기법과 융합시켰다. 환상적이면서도 전통적인 양식에 따른 그의 작품은 후일 바로크의 환상적인 스타일에 많은 영향을 주었다.

한편 그는 개인적으로 종교화의 주문도 계속 받았다. 1601년에 그린 산타 마리아 델 포폴로 성당의 〈성모 승천〉이 그것이다. 이 제단화는 중앙은 카라치, 양옆은 카라바조가 그렸는데, 카라바조가 이 주제를 이상화하지 않고 사실적으로 표현한 반면, 카라치는 보다 전통적인 종교화 방식으로

〈쿠오 바디스〉, 런던 내셔널 갤러리

그렸다. 현대의 우리들은 카라바조의 강렬한 그림과 일생에 매혹되어 카라치를 다소 폄하하지만, 두 사람의 개성은 완전히 달랐다. 카라치는 미켈란젤로가 창출한 근육질의 역동적인 인체 표현에 화려한 풍경을 더해 풍부한 감수성을 불어넣었으며, 르네상스적 고전미와 바로크가 지닌 역동성, 인간적인 감성 표현을 융합한 혁신적인 선구자였다. 그의 이런 방식은 하이퍼-이상주의라고 불린다.

카라치는 종교화, 풍속화, 풍경화 등 모든 부분에 있어 새롭고 다양한 시도를 했다. 예컨대 1602년 작 〈쿠오 바디스(Domine, Quo Vadis?, 주여, 어디로 가시나이까?)〉를 보면 두 인물의 구도와 포즈가 먼저 눈에 띈다. 놀람과 두려움으로 뒤로 물러나 움츠리고 있는 베드로와 팔을 쭉 뻗은 포즈를 취한 채 로마로 향하는 그리스도는 극명한 대조를 이룬다. 특히 흥미로운 부분은 그리스도가 오른쪽 손가락으로 무언가를 가리키고 있는 것이다. 이는 보는 사람들의 궁금증을 불러일으키는 동시에 손을 뻗은 방향으로 시선을 옮기게 하여 화면 속 사건에 동참시키는 효과를 준다. 이렇듯 화면 속 사건 및 구성과 유기적으로 작용하는 인

〈이집트로의 도피〉, 로마 도리아 팜필리 미술관

물의 제스처 사용은 카라치의 특기였다.

〈이집트로의 도피〉에서는 처음으로 배경을 먼저 그린 후 인물을 그렸는데, 이런 방식은 교묘한 화면 구성과 맞물려 관람자에게 전경부터 세부적인 인물 하나까지 시선을 주게 한 다음 다시 배경을 주목하게 만들었다. 그의 풍경화 제작 방식은 17세기 고전주의 화가들과 푸생 등에게 큰 영향을 끼쳤다. 또한 그는 최초로 캐리커처를 그렸으며, 풍속화에서는 자유로운 터치로 인물의 감정을 진솔하게 드러냈다.

1605년, 안니발레는 우울증과 건강 악화 등으로 추기경의 일을 그만두었다. 그러나 화실 운영은 중단하지 않았으며, 프란체스코 알바니, 귀도 레니 등 많은 제자들이 그의 작품 세계를 계승했다. 1609년 로마에서 사망했고, 그의 유해는 판테온의 라파엘로 무덤 곁에 쓰였다.

040

관념적인 화풍을 파괴한 혁신가

카라바조

Michelangelo Merisi da Caravaggio
(1571?~1610. 7. 18)

❙ 이탈리아
❙ 빛을 이용한 극적인 구성과 사실주의 표현 기법으로 르네상스 이후 바로크 미술 탄생에 기여했다.
❙ 〈바쿠스〉, 〈과일바구니를 든 소년〉, 〈황홀경에 빠진 성 프란체스코〉, 〈세례 요한의 참수〉 등

"그가 없었다면 디에고 리베라, 베르메르, 조르주 드 라 투르, 렘브란트는 존재하지 않았을 것이다. 또한 들라크루아, 쿠르베, 마네의 그림은 지금과 완전히 달랐을 것이다."

이탈리아 바로크 회화 연구자로 잘 알려진 미술사가 로베르토 롱기의 말이다. 카라바조는 미술사를 통틀어 가장 큰 영향을 끼친 혁신가로 일컬어진다. 그는 르네상스의 관념적인 화풍에서 벗어나 빛과 그림자의 대비와 극적 구성, 사실주의적 표현 기법으로 르네상스 이후 근대 사실주의 회화 기법을 탄생시켰다고 평가받는다. 동시대를 산 화가 푸생의 말이 자못 의미심장하다.

"그는 회화를 파괴하려고 이 세상에 태어났다."

카라바조는 1571년경 이탈리아 북부 베르가모의 카라바조에서 태어났다. 본명은 미켈란젤로 메리시로이며, 카라바조는 태어난 마을의 이름이다. 아버지는 밀라노 공작 프란체스코 스포르차 1세 아래에서 일하는 건축 장식가였는데, 그가 6세 무렵 흑사병으로 사망했다. 카라바조는 어린 시절부터 그림에 재주가 뛰어나 화가로 활동하면서 밑그림도 그리지 않고 바로 그림을 그려 사람들을 놀라게 했다고 한다. 스포르차 1세가 죽은 후 밀라노 공이 된 콜론나 공이 그의 재능을 알아보고 후원하면서 화가의 길을 걷기 시작했다. 13세 때 어머니가 죽자 그는 콜론나 공의 도움으로 시모네 페테르차노의 도제로 들어갔다. 시모네는 티치아노의 수제자로 당시 밀라노에서 가장 이름을 떨쳤던 화가였다. 시모네의 작업실에서 그가 어떤 그림을 그렸는지는 알려져 있지 않으나, 이곳에서 르네상스적 회화 기법을 모두 습득했을 것으로 여겨진다.

1592년, 카라바조는 로마로 떠났다. 로마는 당시 전 세계 문화와 예술의 중심지로, 건축가, 화가, 조각가, 판화가 등 예술가들이 모두 이곳으로 모이던 시기였다. 일설에 따르면 그가 싸움에 휘말려 경찰을 다치게 하는 바람에 로마로 도망갔다고도 한다. 그는 생전에 위대한 천재 화가로 대접받았지만, 그 명성만큼 난봉꾼으로도 유명했다. 평생 난투, 도박, 살인, 남색 등으로 여러 번 체포되어 감옥을 들락거렸으며, 38세의 젊은 나이에 감옥에서 도망쳐 수배자로 죽었다.

로마에 도착한 젊은 카라바조는 예술적 이상과 뛰어난 재능을 지녔지만 당시 유행하던 미켈란젤로나 라파엘로의 그림을 모사해야만 했다. 아무것도 가진 게 없었던 그는 매춘굴과 노숙자 소굴을 전전하며 밑바닥 생활을 했고, 먹고 살기 위해서는 어쩔 수 없이 독창적인 작품보다 유행을 따를 수

왼쪽부터 차례로 〈바쿠스〉 피렌체 우피치 미술관, 〈과일 바구니를 든 소년〉 로마 보르게세 미술관

밖에 없었다.

그러던 중 기회가 찾아왔다. 추기경의 동생이었던 판돌포 푸치가 그의 예술적 재능과 자유분방한 성격에 매료된 것이다. 그러나 카라바조는 몇 년 지나지 않아 그의 후원을 마다하고 다시 부랑자로 되돌아왔다. 이후에도 수차례나 로마를 방문한 유럽의 귀족, 대사를 비롯해 로마 부호들의 후원을 받다가 거리의 부랑자가 되는 생활을 반복했다. 호기롭고 자신만만했던 카라바조는 자신의 재능을 믿었고, 따라서 귀족들의 후원 아래 얌전히 작업실에 들어앉아 유행하던 그림이나 모사하는 생활을 견딜 수 없었다. 그는 총기 소지, 경찰 폭행, 음주 등 온갖 사건을 일으키며 감옥을 드나들었다. 이런 과정에서 탄생한 대표작이 바로 〈바쿠스〉와 〈과일 바구니를 든 소년〉이다. 선정적이고 도발적인 시선, 노출된 어깨와 발그레한 볼 등 에로티시즘이 두드러지는 작품으로, 단순한 구성이지만 배경을 어둡게 하고 인

물에 스포트라이트를 비추는 극적인 대비가 보는 사람들의 시선을 사로잡는다.

그가 본격적으로 유명세를 떨치기 시작한 것은 〈황홀경에 빠진 성 프란체스코〉를 그리면서부터였다. 돈이 필요했던 카라바조는 종교화를 주문받아 그렸는데, 이 경우에도 그는 기존의 관습적인 종교화가 아닌 잘 알려지지 않은 주제를 택했다. 또한 빛을 이용한 강한 명암 대비와 극적인 장면 연출, 관습적인 묘사가 아닌 사실주의적인 묘사로 완전히 새로운 회화를 그려냈다. 비평가들은 이 그림에서 '바로크 미술'이 탄생되었다고 평한다. 이 관능적인 종교화는 당대에도 찬사와 비난을 동시에 받았으며, 논란을 일으켰다. 그러나 개방적인 사고방식의 소유자였던 프란체스코 마리아 델 몬테 추기경은 이 그림으로 그의 재능을 알아보고 적극적으로 후원하기 시작했다. 카라바조는 델 몬테 가의 후원 아래 산 루이지 데이 프란체시 성당의 〈성 마태오의 순교〉, 〈성 마태오의 소명〉을, 산타 마리아 델 포폴로 성당의 〈성 베드로의 십자가형〉, 〈성 바오로의 개종〉 등을 그렸다.

카라바조는 선구적인 종교화가로 이름을 떨쳤으나, 도발적이고 사실주의적인 그의 작품들은 여전히 종교화가 아니라는 이유로 거부당하거나 철거되는 수모를 겪곤 했다. 종교화뿐만 아니라 〈정복자 큐피드〉, 〈나르키소스〉 등의 그림 역시 외설적이라는 이유로 파문을 일으켰다. 격렬한 성격의 카라바조는 자신에게 쏟아지는 비난을 참지 못하고 친구들과 어울려 방탕하게 생활하며 사고를 치고 다녔다. 그중에는 그의 작품을 비난했다는 이유로 폭행당했다는 고소도 있었고, 그에게 살해 위협을 받았다고 경찰에 신고한 사람도 있었다. 1604년, 카라바조는 로마에서 도망가기로 하고 어린 시절 후원자였던 제노바의 콜론나 공 저택으로 잠시 몸을 피했다.

콜론나 공의 후원으로 그는 로마로 돌아와 다시 활동을 시작했고, 성 베

〈나르키소스〉, 로마 국립 고대미술관

드로 대성당에 놓일 성모화를 주문받았다. 그러나 그는 창녀를 모델로 삼고, 성스러운 상징이 되어야 할 종교화를 서민적이고 자연주의적으로 그리는 '사고'를 쳤다. 성 베드로 대성당의 주교들은 이 〈마부회의 성모〉를 불경스럽고 저속하며 신에 대한 모독으로 가득 찬 그림이라고 비난하며 제단에 놓기를 거부했다.

카라바조는 밤중에 로마 시내를 돌아다니며 싸움질을 계속했고, 그 과정에서 경찰을 죽이기도 했다. 살인죄로 감옥에 갇힌 그를 친구들이 탈옥시켜 주었지만, 도주하면서도 다시 싸움에 휘말리는 등 정신을 차리지 못했다. 수배범이 되어 쫓기던 중인 1606년 5월, 그는 내기를 하던 상대가 속임수를 썼다며 싸우다가 단검으로 상대를 찔러 죽였다. 그동안 다양한 방식으로 죄를 피했지만 이번에는 사형을 피할 수 없었다. 후원자들은 계속 사고만 일으키고 다니는 그를 더는 구제해 주지 않았고, 늘 그를 감쌌던 콜론나 공은 여행 중이었기 때문에 도와줄 수 없었다. 결국 카라바조는 로마를 떠나 도망쳤다.

이듬해 카라바조는 나폴리로 가서 다시 활동을 시작했다. 〈로사리오 기

〈로사리오 기도 중의 성모〉, 빈 미술사 박물관

〈잠든 큐피드〉, 피렌체 피티 궁

도 중의 성모〉, 〈황홀경에 빠진 막달라 마리아〉, 〈그리스도의 책형〉 등을 그리며 완숙한 기량을 뽐냈다. 나폴리에서 명성을 얻은 것도 잠시, 카라바조는 몰타 섬으로 향했다. 그 이유에 대해서는 경찰이 체포하러 왔기 때문에 도망쳤다는 설도 있고, 기사단의 공훈 기사가 되어 로마로부터 사면령을 받아내려 했다고도 한다. 그는 몰타 섬에서 예루살렘 기사단 단장인 알로프 드 위냐쿠르의 주문으로 〈세례 요한의 참수〉를 그렸다. 이 그림은 위냐쿠르를 만족시켰고, 그는 공훈 기사 작위를 받았다.

그러나 곧 다시 한 번 소란에 휩싸였는데, 바로 〈잠든 큐피드〉 때문이었다. 벌거벗은 아이가 잠들어 있는 이 그림은 지나치게 외설적이라는 이유로 수도사들의 분노를 샀으며, 선배 기사와 싸움을 벌이기까지 했다. 곧 그는 기사 자격을 박탈당하고 감옥에 갇혔다. 그 와중에 그가 살인죄로 로마에서 도망친 수배범이라는 소문이 돌았다. 목숨에 위협을 느낀 그는 다시 탈옥하여 시라쿠사, 메시나, 시칠리아 등을 전전했다.

1610년, 카라바조는 도망자 생활에 지쳐 붓을 놓았다. 지극히 쇠약해져 자신의 앞날을 기약할 수 없던 그는 로마에 사면령을 청하고, 나폴리를 떠났다. 짐 속에는 〈골리앗의 머리를 들고 있는 다윗〉을 비롯해 마지막으로 그렸던 작품들이 들어 있었다. 교황령 밖인 포르토 에르콜레 항구에서 사면령을 기다리던 그는 결국 로마로 들어가지 못하고 죽었다. 그의 시체는 해변에서 발견되었다고 한다. 죽음의 원인은 오해 때문에 스페인 군대에 체포된 후 열병에 걸렸다는 설과 부랑자들에게 살해당했다는 설, 암살되었다는 설 등 다양하다.

041

절제된 고전적 전통과 대비되는 격렬함

페테르 파울 루벤스

Peter Paul Rubens(1577. 6. 28~1640. 5. 30)

- 독일에서 태어나 벨기에에서 활동
- 바로크 시대 플랑드르 출신의 대표적인 화가로 초상화, 풍경화뿐만 아니라 신화나 역사를 바탕으로 한 다양한 그림을 그렸다.
- 〈십자가를 세움〉, 〈루벤스와 이사벨라 브란트〉, 〈레우키포스 딸들의 납치〉 등

〈자화상〉, 캔버라 오스트레일리아 국립미술관

페테르 파울 루벤스는 렘브란트와 함께 17세기 바로크 미술의 양대 거장으로 일컬어진다. 그는 이탈리아를 중심으로 한 남유럽 거장들의 회화 기법을 온몸에 체득하고 여기에 플랑드르를 중심으로 한 북유럽 회화의 전통을 융합시켜 두 전통 사이의 경계를 허물었다고 평가된다.

루벤스는 1577년 6월 28일 독일 서부의 지겐에서 태어났다. 벨기에 안트베르펜 출

신 가문이었으나 법학자였던 아버지가 정치적인 이유로 지겐으로 망명했기 때문이다. 10세 때 아버지가 죽으면서 가족들은 안트베르펜으로 돌아왔다. 루벤스는 이곳에서 라틴어학교에 다녔고, 귀족의 시종으로 일하며 궁정 생활 교육을 받았다. 때문에 당시 화가들이 10세 전후로 도제 수업을 받던 것에 비해 미술에 입문한 시기는 다소 늦은 편이었다. 어머니는 아들이 회화에 관심이 많다는 것을 알고 친척인 풍경화가 토비아스 베르하흐에게 교육을 맡겼다. 베르하흐에게 기초 교육을 받은 루벤스는 아담 판 노르트, 오토 베니우스 등을 사사했고, 1598년 20세의 젊은 나이로 성 루가 길드에 가입해 독립 장인이 되었다.

1600년, 루벤스는 이탈리아로 떠났다. 그리고 약 8년간 만토바 공작 빈첸초 1세의 궁정 화가로 일하며 베네치아, 만토바, 피렌체, 제노바, 로마, 스페인 등지를 여행했다. 이 시기에 루벤스는 만토바 공작이 수집한 고대 및 르네상스 미술품들을 비롯해 각지 왕족들의 수집품을 접할 기회를 가졌는데, 이것이 화가로서의 역량을 키우는 데 밑거름이 되었다. 루벤스는 고대와 근대 이탈리아 예술을 사랑했고, 특히 동시대의 젊은 거장 카라바조의 혁신적인 기법을 좋아하여 이를 고전 방식과 융화하는 작업을 시도했다. 만일 1608년에 어머니가 위독하지 않았다면 그는 안트베르펜으로 돌아오지 않고 평생 이탈리아에서 살았을 만큼 이탈리아와 궁정 생활에 매료되어 있었다.

안트베르펜으로 돌아온 루벤스는 1609년 스페인 총독 알브레흐트 대공의 궁정 화가로 활동하는 한편, 자신의 공방을 차렸다. 또한 그해 이사벨라 브란트와 결혼했고, 결혼 기념으로 아내와 자신의 모습을 담은 〈루벤스와 이사벨라 브란트〉를 그렸다. 이 그림 속에서 루벤스는 화가라기보다는 교양 있는 신사로 그려져 있는데, 발타자르 그라시안의 《궁정인》에 표

〈루벤스와 이사벨라 브란트〉, 뮌헨 알테 피나코테크

현된 신사를 이상형으로 삼고 행동했던 루벤스의 모습이 엿보인다. 루벤스는 이사벨라와의 사이에서 세 아이를 낳았다.

이후 루벤스는 약 10여 년간 안트베르펜을 대표하는 궁정 화가로 일하며 귀족들의 초상화를 비롯해, 〈동방박사의 경배〉, 〈십자가를 세움〉, 〈십자가에서 내려지는 그리스도〉 같은 대형 제단화, 〈술 취한 헤라클레스〉, 〈레우키포스 딸들의 납치〉, 〈네 사람의 철학자〉 같은 신화적, 역사적 소재를 다룬 작품 등 다양한 그림을 그렸다. 그는 모든 분야의 유화에 능했으며, 특히 역사, 종교, 신화적인 소재를 다룬 대규모 그림에서 재능을 발휘했다.

이 시기에 루벤스는 티치아노와 카라바조에게 받은 영향과 이탈리아 르네상스 작품을 연구한 결과를 플랑드르 화풍과 융합시켜 자신만의 독창적인 화풍을 정립하는 데 성공했다. 루벤스의 작품은 '절제되고 차분한 고전적 전통과 대비되는 격렬함'을 지녔다고 평가된다. 세세하고 정교한 데생 위에 격렬하고 역동적으로 움직이는 선과 풍부하고 생생하며 화려한 배색 표현이 특징인 그의 그림들은 생동감이 넘치고 강렬한 힘을 뿜어내는 동시에 부드러움이 한데 어우러져 보는 이들의 시선을 사로잡는다.

루벤스는 안트베르펜의 대표적인 화가이자 교양인으로서 자신의 사회적 지위에 신경을 많이 썼다. 그는 1610년부터 5년간 제자들과 함께 작업할 공간, 전시와 판매를 목적으로 한 거실, 고대 미술품을 수집한 방 등으로 이루어진 대저택을 지었다. 수많은 제자를 거느리고 대규모의 그림 주문을 받아 빠르게 그렸는데, 그럼에도 모든 그림을 꼼꼼하게 관리하기 위해 새벽 4시에 일어나 미사를 드리고 오후 5시까지 쉬지 않고 붓을 놀렸다고 한다. 루벤스는 유럽 전역에 라이벌이 없을 정도로 명성을 떨쳤으며, 1611년경에는 한 해 동안에만 그의 공방에 들어오고 싶다는 젊은 화가를 100여 명이나 거절했다는 일화도 있다.

〈레우키포스 딸들의 납치〉, 뮌헨 알테 피나코테크

유럽 지역에서 루벤스의 명성은 화가로서만이 아니었다. 그는 각국 황실 및 유력자, 지식인들과 교우 관계를 맺고 있었으며, 뛰어난 중재력을 지닌 외교 사절이기도 했다. 1621년, 루벤스는 스페인과 네덜란드 북부 주들의

12년 휴전 협정이 끝남에 따라 플랑드르 지역 섭정인 이사벨라 공주의 조언자가 되어 두 나라의 관계를 중재하려고 애썼다. 이 시도는 결과적으로 실패했지만, 루벤스의 외교적 수완은 국제적으로 널리 알려졌다.

1622년, 프랑스 루이 13세의 어머니이자 섭정인 마리 데 메디치가 루벤스에게 자신의 일생을 담은 그림 연작을 그려 줄 것을 주문했다. 루벤스는 파리에서 약 3년간 머물며 21점에 달하는 그림을 그렸다. 그는 이 그림을 완성한 후 프랑스, 네덜란드, 스페인, 영국을 오가며 외교 대사로 활발히 활동했다. 사랑하는 아내 이사벨라를 페스트로 잃은 비탄을 바쁜 일정으로 달래기 위함이었다. 1628년에는 스페인의 펠리페 4세가 영국을 침공하고자 프랑스와 밀약을 맺자 자신들은 영국과 평화조약을 맺어야 한다고 설득하여 영국에 사절로 갔다. 이듬해 영국의 찰스 1세가 프랑스와 동맹을 맺으면서 스페인의 입장이 난처해지자, 루벤스는 찰스 1세를 설득하여 영국과 스페인 사이에 평화조약을 성사시켰다. 그 공로로 그는 기사 작위를 비롯해 케임브리지 대학의 명예박사 학위를 받았다.

1630년, 루벤스는 안트베르펜으로 돌아와 작품 활동에 전념했다. 그리고 그해에 16세의 헬레나 푸르망과 재혼하여 다섯 명의 자식을 두었다. 루벤스는 일생 두 번 결혼했고, 두 번 다 행복한 생활을 영위하며 아내와 아이들의 모습을 많이 그렸다.

1635년, 루벤스는 메헬렌 근처의 스텐 성을 사들여 머물면서 시골 풍경을 묘사하며 평화롭게 지냈다. 〈목동들이 있는 풍경〉, 〈무지개가 있는 풍경〉 같은 풍경화들은 주문받아 공방에서 제작한 그림이 아니라 그저 자신의 즐거움을 위해 그린 것으로, 서정적인 풍취가 담뿍 담겨 있다.

또한 이해에 스페인 왕 펠리페 4세의 궁정 화가로 임명되어 마드리드 토레 데 라 파라다 궁전의 장식 그림을 그렸다. 오비디우스의 《변신이야기》

〈미의 세 여신〉, 마드리드 프라도 미술관

에서 112개의 장면을 뽑아내어 그린 작품이다.

이 무렵부터 그는 통풍에 시달렸고, 1640년 초부터는 손을 쓸 수 없는 지경에 이르렀다. 그럼에도 죽는 순간까지 〈베누스의 축제〉, 〈미의 세 여신〉, 〈성인들에게 둘러싸인 성모〉 같은 걸작을 남겼다. 루벤스는 1640년 5월 30일 통풍으로 인한 심장발작으로 사망했다.

042

웃음의 화가

프란스 할스

Frans Hals(1581?~1666. 8. 26)

- 네덜란드
- 네덜란드의 초상화가이자 풍속화가로 인물들의 표정과 동작을 생생하게 표현했다.
- 〈해골을 들고 있는 남자〉, 〈하를럼의 성 아드리안 시민군의 장교들〉, 〈웃고 있는 기사〉 등

〈자화상〉, 뉴욕 메트로폴리탄 박물관

프란스 할스는 네덜란드의 초상화를 창시하고 완성한 인물로, 네덜란드의 가장 위대한 초상화가이자 풍속화가로 꼽힌다. 그는 얼굴 표정과 감정, 분위기를 표현하고, 인물들의 동작을 즉석에서 포착해 생생하게 재현하는 데 탁월했다. 〈홍겨운 사람들〉, 〈유쾌한 주정꾼〉 등의 작품에서는 순간적인 미소를 포착하는 그의 재능이 단연 돋보인다. 후기의 몇 작

품을 제외하면 그의 작품 대부분에 등장하는 인물들과 삶의 모습은 유쾌하고 자유분방하기 그지없어 관람객마저 즐겁게 만든다. 때문에 그는 '웃음의 화가'라는 별칭을 얻었으며, 베를린 분리파의 창시자 중 한 사람인 화가 막스 리버만은 "나는 할스의 그림을 보면 그림을 그리고 싶어진다."라고 말하기도 했다.

프란스 할스의 생애나 작품에 대해서는 기록으로 남겨진 것이 거의 없다. 다만 1581년경 플랑드르 안트베르펜에서 태어났으며, 1591년 가족과 함께 하를럼으로 이주한 후에는 평생 그곳에서 활동했다. 네덜란드의 조르조 바사리로 일컬어지는 미술사가이자 풍속화가 카렐 반 만데르에게 그림을 배웠으며, 1610년 하를럼 성 루가 길드에 등록하여 독립적인 활동을 시작했다.

그가 활동을 시작했던 당시 네덜란드는 경제적 번영을 중심으로 각종 문화와 산업이 성장하고 있었고, 그의 활동 무대인 하를럼은 암스테르담에 뒤이어 네덜란드 금융과 경제의 중심지였다. 이런 경제적 풍요를 바탕으로 상공업에 종사하는 부유한 시민들이 자신들의 초상화를 비롯해 장식용 정물화, 풍경화 등을 주문하면서 미술 시장도 커졌다. 할스는 네덜란드 중산층과 교류하면서 초상화를 전문적으로 그리기 시작했다.

전하는 작품 중 가장 오래된 작품은 1611년작 〈야코부스 자피우스의 초상〉인데, 그마저도 일부가 전한다. 할스는 현대에 들어서 가장 위대한 초상화가 중 한 사람으로 꼽히지만, 19세기 중반까지는 '유행에 뒤처진 그림'이라는 평가를 받으며 많은 작품이 유실되었기 때문이다. 완전한 그림으로 전하는 가장 오래된 작품은 〈해골을 들고 있는 남자〉이다. 마치 스냅 사진을 찍듯 등장인물의 순간적인 포즈와 표정을 생생히 포착해 내는 그의 능력은 이 무렵에 이미 확립되어 있었는데, 이런 표현 방식은 당대에는 완

〈해골을 들고 있는 남자〉, 버밍엄 바버 미술관

전히 새로운 것이었다. 자유분방하고 활력이 넘치는 큼직한 붓놀림으로 그려 낸 인물들은 자세가 자연스럽기 이를 데 없고, 혈색 역시 생생하다.

1616년, 그는 등신 크기의 집단 초상화 중 첫 번째 작품인 〈성 조지 시 수비대 장교들의 연회〉를 그렸다. 여기에서도 그는 각 인물들의 표정과 자세를 개성 있게 표현하는 한편, 인물들의 성격을 드러내고 생동감을 부여했으며, 구성에서도 인물들의 관계를 나타내는 방식을 도입했다. 이는 당대의 집단 초상화에서 볼 수 없던 혁신적인 방식이었다. 그는 이 초상화를 통해 큰 명성을 얻었다.

할스는 1620년대와 1630년대에 엄청난 명성을 누리며 대형 집단 초상화들을 주문받았다. 〈하를럼의 성 아드리안 시민군의 장교들〉, 〈하를럼에서 열린 수비대 장교들의 연회〉를 비롯해 〈암스테르담 라이니에르 레알 대위와 C. M 블라우 중위〉 등 실물 크기로 제작된 작품 속에서 인물들은 마치 살아 움직이는 듯 보이며, 얼굴 주름과 손동작, 옷 주름 하나까지도 예리하고 사실적으로 묘사되어 있다. 또한 귀족 후원자들의 초상화를 주문받아 그렸을 뿐 아니라 〈류트를 연주하는 어릿광대〉, 〈흥겨운 사람들〉, 〈유쾌한 주정

〈하를럼의 성 아드리안 시민군의 장교들〉, 하를럼 프란스 할스 미술관

꾼〉, 〈집시 소녀〉, 〈말라 바베〉 등 술 마시는 사람, 젊은 여인, 노래를 부르는 사람 등 평범한 인물들을 화폭에 담았다.

그가 인물의 찰나적인 포즈와 표정을 생생하게 담아낼 수 있었던 것은 스케치를 하지 않고 단번에 그림을 그리는 실력과 빠르고 자연스러운 붓놀림이 있었기에 가능했다. 그는 준비 단계 없이 캔버스에 바로 그림을 그렸으며, 물감이 채 마르기 전에 덧칠을 해 작품을 완성했다. 그럼에도 이 모든 작업들은 고도의 계산 아래 이루어졌다. 그는 먼저 약간의 물감을 칠해서 질감을 부여한 다음 밝게 강조해야 할 부분, 섬세한 작업이 필요한 부분은 마지막 단계에서 추가로 처리했다. 그럼으로써 즉흥성을 포착한 동시에 인물의 혈색까지 살아 숨 쉬는 듯 표현할 수 있었다. 그런 한편 세심하게 다양한 톤의 검은 색조를 사용하여 인물에 우아함과 기품을 더했다. 〈암스테르

〈암스테르담 라이니에르 레알 대위와 C. M 블라우 중위〉, 암스테르담 국립미술관

담 라이니에르 레알 대위와 C. M 블라우 중위〉를 본 반 고흐는 "여태껏 이보다 신성한 아름다움을 지닌 사람을 본 적이 없다. 그야말로 유일하다. 들라크루아 역시 열광했을 것이다."라고 말했다.

할스의 전성기 작품은 유쾌하고 해학적인 면모가 가득 넘쳐 나는 반면, 중년 이후 그린 작품은 이런 특질이 사라지고 어두운 분위기를 풍긴다. 〈코이만스 가족의 초상〉, 〈여인의 초상〉, 〈하를럼의 성 엘리자베트 병원 관계자들〉, 〈바이올린을 켜고 있는 다니엘 반 아켄〉 등과 같은 작품에서는 어딘지 그늘져 보이고 세상사에 지쳐 초탈함까지 느껴지는 인물들이 등장한다.

그는 높은 명성을 누리며 많은 돈을 벌었으나 경제적인 부분에는 문외한이었던지 재정 상태가 좋지 않았다. 결국 파산 선고를 받을 지경에 이르러, 1662년에는 시 당국으로부터 빈민 연금을 받아 생활했으며, 말년에는 하를럼의 양로원에서 지내다 쓸쓸하게 죽음을 맞이했다.

이러한 불운에도 그는 계속 그림을 그렸으며, 말년에 들어 인간의 고뇌와

〈하를럼 양로원의 여성 이사들〉, 하를럼 프란스 할스 미술관

비극에 대한 깨달음이 느껴지는 걸작들을 탄생시켰다. 구도가 단순화되고, 색채 사용이 절제된 반면, 흑백의 색조를 더욱 폭넓고 다양하게 구사하여 장중하고 엄숙한 분위기를 자아낸다. 색채가 최소화된 것은 물감을 살 수 없을 만큼 궁핍했기 때문이었는데, 결과적으로 두세 가지 색만으로도 표현하고자 하는 것을 모두 나타낼 수 있는 방법을 고안한 셈이었다. 말년에 그린 〈하를럼 양로원의 여성 이사들〉, 〈하를럼 양로원의 이사들〉 등은 할스의 이런 특징이 극대화된 작품으로, 심리 묘사의 걸작으로 꼽힌다. 이 작품들을 그릴 때 그는 여든이 넘은 노인으로, 손이 떨리고 시력이 약해져 형태를 비례에 맞춰 제대로 그릴 수조차 없었다고 한다.

할스가 죽은 후 그의 작품들은 유행에 뒤떨어진 작품으로 취급받으며 사

〈웃고 있는 기사〉, 런던 월리스 컬렉션

람들의 뇌리에서 잊혔다. 19세기 중반에 이르러 테오필 토레 등의 비평가들이 즉흥적이고 유쾌한 그의 작품을 네덜란드의 상징적인 표현 방식으로 인정하면서 재평가가 이루어졌다. 1865년 〈웃고 있는 기사〉를 둘러싼 하트포트 후작과 로스차일드 남작의 치열한 경매 경쟁은 그가 네덜란드에서 가장 위대한 초상화가로 자리매김하는 데 일조했다. 어떤 유파에도 속하지 않는 자유분방한 양식, 빠르고 활달한 붓 터치와 물감 덧칠 기법은 마네를 비롯한 인상파 화가들에게 큰 영향을 끼쳤다.

043

프랑스 근대 회화의 시조

니콜라 푸생

Nicolas Poussin(1594. 6. 15~1665. 11. 19)

| 프랑스
| 종교화, 신화화, 풍경화에 뛰어났으며 고전주의를 재해석해 수준을 높이는 등 18세기 후반 신고전주의 태동에 기여했다.
| 〈게르마니쿠스의 죽음〉, 〈성 에라스무스의 순교〉, 〈아르카디아의 목자들〉 등

〈자화상〉, 파리 루브르 박물관

니콜라 푸생은 루벤스, 렘브란트와 함께 17세기 프랑스 회화에서 가장 큰 영향력을 발휘한 화가로, 프랑스 고전주의의 상징이자 프랑스 근대 회화의 시조라고 일컬어진다. 주로 신화와 역사, 성서 속 이야기들을 소재로 삼아 고대의 풍경 속에 균형과 비례가 정확한 고전미 넘치는 인물들을 등장시켰는데, 조화로운 구성과 완벽한 데생, 거기에 시적이고 풍부한 감성을 불어넣었다고 평가된다.

니콜라 푸생은 1594년 6월 15일 노르망디의 레장들리라는 시골 마을에서 태어났다. 아버지는 공증인 혹은 군인 출신의 농부라고 한다. 친구이자 미술사가인 조반니 피에트로 벨로리에 따르면, 어린 시절 라틴어학교에 다녔으며 16세부터 그 지방의 화가 캥탱 바랭에게 미술을 배웠다고 한다. 하지만 푸생이 캥탱 바랭의 눈에 띄기 전까지는 집안이 가난해 어떤 교육이나 기술을 익히지 못했다고 보는 것이 일반적이다. 푸생은 18세 때 파리로 가서 노엘 주브네, 페르디낭드 엘르, 조르주 랄르망 등을 사사했으나 이 시기까지의 일에 대해서는 거의 알려져 있지 않다.

푸생은 1622년 예수회에서 그림 주문을 받아 6점의 종교화를 그리면서 본격적으로 화가 인생을 시작했으며, 퐁텐블로 성을 장식하는 일에 참여하기도 했다. 이때 그는 왕궁에 소장된 라파엘로의 작품을 보고 크게 감명을 받아 로마를 동경했으며, 평소 이탈리아 고전에 관심이 많았다고 한다. 이 무렵 친분을 쌓은 이탈리아 시인 잠바티스타 마리노의 추천으로 1624년에 로마로 떠났다. 이후 루이 13세의 궁정 화가로 보낸 2년간을 제외하면 그는 전 생애를 로마에서 보냈다.

로마에 도착한 푸생은 도메니키노의 공방에서 일하며, 카라치파의 작품 경향을 습득했다. 그의 분명하고 단정한 구도와 다소 차갑게 절제된 색조는 이곳에서 받은 영향으로 보인다.

또한 푸생은 로마의 주요 인사들을 많이 알게 되었는데, 그중 가장 중요한 인물은 바르베리니 추기경의 비서인 카시아노 달 포초이다. 포초는 유명한 미술 수집가로, 푸생에게 고전에 대한 지식을 많이 알려주었으며, 당시 가장 중요한 후원자인 교황에게 닿는 끈이 되어 주기도 했다. 우르비노 8세의 조카인 바르베리니 추기경과의 만남은 그가 주선한 것이다.

〈게르마니쿠스의 죽음〉, 미네소타 미니애폴리스 미술관

1628년, 푸생은 바르베리니 추기경을 위해 〈게르마니쿠스의 죽음〉을 그렸다. 고대 로마 역사에서 소재를 따온 것으로, 명망 높은 장군 게르마니쿠스가 양아버지인 티베리우스 황제의 견제로 독을 마시고 죽기 전 친구와 가족들에게 당부의 말을 남기는 순간을 그렸다. 고대 조각 같은 명확한 인물 표현과 비례, 선명하고 단순한 구성 속에 역동감과 장중함, 강렬한 감정이 배어 나오는 푸생 특유의 고전주의적 역사화가 탄생했음을 알리는 작품이다. 또한 푸생은 최초로 영웅의 승리가 아닌 영웅의 비극을 그렸는데, 구도와 인물 표현, 주제 등 모든 면에서 이 작품은 2세기가 넘도록 수많은 작품들의 전범이 되었다. 영향을 받은 작품으로는 다비드의 〈호라티우스의 맹

〈성 에라스무스의 순교〉, 바티칸 미술관

세〉가 대표적이다.

또한 이 시기에 푸생은 교황의 주문으로 성 베드로 성당의 제단화 〈성 에라스무스의 순교〉를 제작했다. 그러나 절제되고 차분한 화풍은 시선을 끌어야 하는 대형 제단화에 맞지 않았고, 무엇보다 카라바조 등의 화려하고 역동적인 화풍을 애호했던 우르비노 8세의 눈에 차지 않았다.

큰 성공을 거두지는 못했으나 〈성 에라스무스의 순교〉로 이름을 알리기 시작한 푸생은 교회의 주문을 드문드문 받았다. 그러던 중 1629년, 자신이 세 들어 살던 집주인의 딸과 결혼했는데, 이로 인해 사회적 신분 상승의 기회를 잃었고, 드문드문 이어지던 교회의 후원마저 끊겼다. 이후 그는 고전을 애호하는 개인 미술 애호가들의 주문을 받아 〈에코와 나르키소스〉, 〈아도니스의 죽음〉, 〈플로라의 승리〉와 같은 작품 등을 그렸다.

〈아르카디아의 목자들〉, 파리 루브르 박물관

그의 고전적인 작품을 좋아한 대표적인 애호가는 프랑스의 리슐리외 추기경, 시칠리아의 파브리치오 발구아르네라, 크레키 공작 등이다. 리슐리외 추기경의 주문을 받아 그린 작품으로 〈판의 승리〉, 〈바쿠스의 승리〉, 〈넵튠의 승리〉 등이 있다.

1640년, 푸생은 〈아르카디아의 목자들〉을 완성했다. 아르카디아는 로마 시인 베르길리우스의 〈전원시〉에서 유래한 이상적 낙원으로, 르네상스와 바로크 시대에 인기 있던 주제였다. 목가적인 전원 풍경 속에 한 명의 여사제와 세 명의 목자가 비석 하나를 둘러싸고 있는데, 그곳에는 '아르카디아에도 나는 있다et in arcardia ego'라는 비문이 새겨져 있다. 즉 이상향인 아르카디아에도 죽음이 있음을 의미하는 것으로, 인생의 무상함을 표현하고 있다. 화면 전체에 평온함이 감도는 한편, 시간을 초월한 듯한 고요함과 우수가 풍기며, 삶과 죽음, 그 너머에 존재하는 이상향에 대한 고대 철학에의 조예 그리고 고전미에 대한 푸생의 애정이 고스란히 담겨 있는 그림이라고 할 수 있다.

푸생은 이 작품을 완성하고 프랑스로 떠났다. 리슐리외 추기경의 추천으로 루이 13세의 궁정 화가가 된 것이다. 그는 왕실 수석 화가로서 약 2년간 〈성찬〉, 〈시간의 진실〉 등을 그렸고, 루브르 박물관 대화랑 장식에 착수했다. 그러나 이 대업을 완성하지 못한 채 로마로 떠나야 했다. 프랑스 화가들의 질투로 국왕의 대신들과 불편한 관계에 놓였고, 그가 우려했던 대로 프랑스 궁정의 분위기와 그의 작품이 잘 맞지 않았기 때문이다.

로마로 돌아온 뒤 푸생의 화가로서의 기량은 절정에 달했다. 그는 스토아 철학과 세네카에 심취했고, 로마 역사 및 성서, 신화를 주제로 한 그림을 통해 이를 표현했다. 《플루타르코스 영웅전》에 등장하는 포키온의 이야기에서 주제를 따온 〈포키온의 재를 모으는 미망인〉과 〈포키온의 매장〉, 오비디우스의 《변신이야기》를 바탕으로 한 〈오르페우스와 에우리디케가 있는 풍경〉, 그리스 신화를 바탕으로 한 〈다이아나와 오리온이 있는 풍경〉, 고대 철학자 디오게네스의 일화를 묘사한 〈디오게네스가 있는 풍경〉 등이 그것이다. 이런 작품에서 푸생은 신화의 내용보다는 이상화된 자연을 묘사하는 데 중점을 두었다. 때문에 푸생이 묘사한 풍경은 이들을 다룬 전형적인 도상과 차이를 보인다. 웅장하고 생명력이 넘치는 자연과 대조적으로 인물들을 간결하게 축소해서 표현했는데, 이는 인간과 인간의 일생이 자연의 영원한 힘 앞에서는 찰나에 불과할 뿐임을 깨닫게 한다.

푸생은 당대 프랑스는 물론, 이탈리아 화가들과 다른 길을 걸은 '비주류 화가'였다. 푸생의 작품들은 당대 유행하던 바로크 미술 경향과 근본적으로 달랐다. 그는 시대의 조류에 휩쓸리지 않고 자신이 추구하던 길, 즉 고대의 정신을 복원하고 고전주의를 재해석해 한 단계 높이 끌어올리는 데 매진함으로써 높은 명성을 쌓았다. 푸생은 화가이자 철학가로 널리 알려졌고, 그가 정원을 산책할 때면 미술 철학과 인생에 대해 듣고 싶어 하는 추종자 한 무리가 뒤를 따랐다고 한다.

〈디오게네스가 있는 풍경〉, 파리 루브르 박물관

1655년경부터 푸생은 수전증으로 그림을 더 이상 그리기 힘든 상황이 되었다. 붓을 바꾸거나 기법을 달리하는 시도를 했지만, 건강은 계속 나빠졌다. 그는 1665년에 마지막 작품 〈아폴론과 다프네〉를 완성하고 그해 가을 죽었다.

시대의 흐름에서 고고하게 비켜나 있었던 푸생은 평생 제자나 조수를 두지 않고 홀로 일했다. 그럼에도 그의 화풍은 동시대 및 후대의 수많은 고전주의 화풍에 영향을 미쳤으며, 18세기 후반 신고전주의를 태동시키는 데 결정적으로 기여했다.

044

진정한 리얼리티를 구현한 화가

디에고 벨라스케스

Diego Rodríguez de Silva Velázquez
(1599. 6. 6~1660. 8. 6)

- 스페인
- 세심한 관찰력으로 정확하게 묘사하는 화풍이 특징이다.
- 〈시녀들〉, 〈실 잣는 여인들〉, 〈달걀부침을 만드는 노파〉 등

디에고 벨라스케스는 17세기 스페인 펠리페 4세의 궁정 화가로 왕과 왕실 가족, 귀족들의 초상화를 많이 그렸다. 세심한 관찰력을 토대로 자연과 인물, 현실 세계를 정확하게 묘사했으며, 특히 인간의 심리 표현에 뛰어났다. 그는 당대에도 명망 높은 화가로 화려한 생활을 영위했고, 19세기 들어 회화가 문학적 주제에서 벗어나 하나의 예술 작품으로 인식되면서 더욱 명성을 떨쳤다. 인상주의자들은 그의 작품을 기점으로 회화가 순수 시각미술로 전환했다고 말하며, 파블로 피카소는 그에 대해 '진정한 리얼리티를 구현한 화가'라고 평했다.

벨라스케스는 1599년 6월 6일 스페인 세비야에서 태어났다. 본명은 디에

고 로드리게스 데 실바 벨라스케스이며, 하급 귀족 집안 태생이다. 그는 12세 때부터 화가이자 전기 작가인 프란시스코 파체코에게 그림을 배웠다. 7년 후 그의 딸과 결혼했으며, 1617년 화가 길드에 가입했다.

〈세비야의 물장수〉, 런던 웰링턴 국립미술관

파체코는 그에 대해 "미덕과 성실성, 훌륭한 재능을 갖추고 있다. 그는 실물을 토대로 그리고, 모델의 다양한 자세를 수없이 스케치하여 인물 묘사 실력이 뛰어나다."라고 평했다.

벨라스케스는 초기 작품인 〈세비야의 물장수〉에서부터 구도, 색채, 명암, 자연스러운 인물의 자세와 사실적인 정물 묘사 등에 뛰어난 면모를 보인다. 그는 활동 초기부터 화가로서 완성되어 있었으나 이에 만족하지 않고 카라바조풍부터 전기 인상주의 양식에 이르기까지 평생 끊임없이 새로운 기법을 발전시켰다. 그는 '보데곤bodegón'이라는 새로운 양식을 창안했는데, 이는 정물을 모티프로 하여 일상을 주제로 다룬 양식으로 17세기 스페인에서 크게 유행했다. 보데곤 양식이 사용된 그림으로는 〈달걀부침을 만드는 노파〉, 〈마르타와 마리아의 집에 있는 그리스도〉 등이 대표적이다.

1622년, 벨라스케스는 세비야를 떠나 마드리드로 갔다. 이듬해 펠리페

〈달걀부침을 만드는 노파〉, 국립 스코틀랜드 미술관

4세의 궁정 화가로 임명되었으며, 왕의 전속 초상화가가 되었다. 그의 후원자였던 올리바레스 백작이 펠리페 4세의 초상을 보고 "이제껏 누구도 진정한 왕의 초상을 그린 적이 없다." 하고 감탄하는 등 모든 궁정인이 찬탄했다고 한다. 펠리페 4세는 궁 안에 그의 화실을 마련해 주고 시간이 날 때마다 그림 그리는 모습을 지켜볼 만큼 그를 총애했다. 1627년, 벨라스케스는 왕의 의전관으로 임명되었다. 그는 궁정 화가로서 펠리페 4세의 다양한 모습을 화폭에 담았으며, 카를로스 왕자, 마르가리타 왕비, 올리바레스 백작 등

〈술주정꾼들〉, 마드리드 프라도 미술관

왕실 가족과 대귀족들의 초상화를 많이 그렸다. 그는 궁정 인물들의 사회적 지위가 반영된 위엄 있고 장중하며 장식적인 그림을 그려야 한다는 자신의 의무를 잘 알고 있었다. 그는 의무에 충실하여 인물들의 아름다움과 기품을 손상시키지 않는 한편, 화가로서 창조력을 유감없이 발휘하여 해당 인물의 개성을 사실적이고 중립적으로 담아냈다.

벨라스케스는 왕실에 머무는 동안 티치아노와 루벤스의 작품에 크게 영향을 받았다. 〈바쿠스의 승리〉, 〈술주정꾼들〉 등에는 미묘하게 변화하는 빛의 뉘앙스가 표현되어 있으며, 보다 장식적이고 화려한 채색 기법을 활용했다는 데서 루벤스와 티치아노의 화풍이 엿보인다. 그럼에도 벨라스케

〈말을 탄 펠리페 4세의 초상〉, 마드리드 프라도 미술관

스 특유의 사실주의적, 자연주의적 접근 방식은 그대로 유지되고 있다.

1629년, 벨라스케스는 루벤스의 후원으로 제노바, 베네치아, 나폴리 등을 여행한 뒤 로마에 약 1년간 머물렀다. 이 여행에서 그는 틴토레토, 미켈란젤로, 라파엘로 등의 그림을 모사하고, 특히 카라치의 그림에 큰 감화를 받으면서 다시 한 번 화풍을 발전시키는 계기를 맞았다. 공기 원근법, 빛과 색채 묘사에 있어 더욱 기법을 성숙시켰고, 그 결과 〈야곱에게 보내진 요셉의 피 묻은 외투〉와 〈불카누스의 대장간〉이 탄생했다.

마드리드로 돌아온 벨라스케스는 펠리페 4세의 수석 화가가 되어 화려한 생활을 하며 수많은 걸작을 탄생시켰다. 〈발타사르 카를로스 왕자와 난쟁이〉, 〈말을 탄 펠리페 4세의 초상〉, 〈카스타네다〉 등 수많은 왕실 가족의 초상화를 그렸으며, 종종 궁정 광대들도 그렸다. 벨라스케스는 초상화를 그릴 때 다소 전통적인 구도를 사용했으나 틀에 박히지 않은 자세와 인물들의 개성을 섬세하고 감각적으로 표현함으로써 궁정 화가로서의 의무와 화가로서의 개성을 모두 만족시켰다.

그런 한편 그는 왕실의 수석 집사 역할을 하면서, 궁정 생활 기록화와 왕실 예배당 및 알현실 장식화를 제작하고, 축제와 관련된 일들을 집행하면서 왕실 생활 전반에 관여했다. 1649년 벨라스케스는 왕의 침실 책임자로 펠리페 4세가 인노첸시오 10세에게 보내는 그림들을 전하고, 왕궁을 장식할 미술품들을 구입하기 위해 다시 한 번 이탈리아로 떠났다. 그는 베네치아, 모데나, 로마 등지를 여행하며 수많은 미술품들을 접하고 구입했으며, 그런 한편 인노첸시오 10세의 초상화를 비롯해 〈거울을 보는 비너스〉, 〈후안 데 파레하〉, 〈빌라 메디치의 정원〉 등 수많은 그림을 그렸다. 이 시기의 그림들에는 티치아노를 연상시키는 섬세한 붓놀림과 화려하고 강렬한 색채들이 벨라스케스 특유의 사실적인 묘사 방식과 조화롭게 어우러져 있다. 특히 인노첸시오 10세의 초상화는 '지나치게 사실적'이라는 이유로 교황에게 거부당했지만, 스페인 밖에서 벨라스케스의 명성을 드높이며 오랫동안 수없이 복제되었다.

1652년, 스페인으로 돌아온 벨라스케스는 다시 펠리페 4세의 침실 담당

〈실 잣는 여인들〉, 마드리드 프라도 미술관

이자 직속 시종이 되었다. 그는 펠리페 4세의 재혼 상대인 오스트리아의 마리아나 왕비 초상화를 비롯해 큰딸 마리아 테레사 공주, 마르가리타 공주의 초상 등을 그렸다. 이런 공식적인 초상화 외에 매우 독창적인 작품인 〈시녀들〉과 〈실 잣는 여인들(아라크네의 우의)〉 등이 이 시기에 탄생했다.

〈실 잣는 여인들〉은 알려지지 않은 사적인 후원자를 위해 그린 작품이다. 산타 이사벨라 왕립 태피스트리 제작소의 전경을 묘사한 그림으로, 아테나 여신과 아라크네의 베 짜기 경합에 관한 그리스 신화에서 영감을 받았다. 자신의 실 잣는 솜씨에 자부심이 있었던 아라크네는 베 짜기의 수호신인 아테나 여신에게 도전하여 경합하는데, 이때 제우스가 황소로 변해 에우로페를 납치하는 이야기 등을 베로 짜 신성모독을 범한다. 이에 아테나의 분노를 사 거미로 변한다는 이야기다. 이 그림의 전경에는 실내에서 실을 잣는 여인들이 있으며, 원경에는 아테나 여신과 아라크네가 대치하고 있고, 그 뒤에 아라크네가 짠 제우스의 에우로페 납치를 묘사한 태피스트리가 걸려 있다. 즉 그림 속 그림과 이야기 속 이야기라는 이중 구조를 갖추고 있다. 다양한 시공의 이야기가 교차되어 있어 '시간'을 주제로 한 그림이라고 해석되기도 하며, 아테나 여신 앞에 당당히 서 있는 아라크네의 모습을 통해 벨라스케스가 가지고 있던 예술가로서의 자존심을 표현하고 있다고도 해석된다.

〈시녀들〉은 벨라스케스 최고의 걸작이자 미술사에서 대단히 불가사의한 작품 중 하나로 꼽히는 것이다. 알카사르(스페인 남부의 궁전)에 있는 방을 배경으로, 왕위 계승자인 마르가리타 공주가 시녀들에게 둘러싸여 있다. 벨라스케스가 붓과 팔레트를 들고 캔버스 앞에 서 있으며, 뒤쪽에는 시종이 그늘에 가려져 있고, 뒷면 중앙 거울에는 왕과 왕비의 모습이 비친다. 일견 왕실의 일상을 담은 평범한 그림으로 보이지만, 다양한 구도가 복잡하게 교차되어 있으며, '그림 속 풍경이 그림 밖으로 걸어 나올 것 같이' 실재적으로 느껴진다. 미술사가들은 오랫동안 이 작품의 용도가 무엇인지, 장면이 묘사된 정확한 장소와 거울 속 왕과 왕비가 어디에 있는지, 그림 속 벨라스케스의 캔버스에 그려진 그림이 무엇인지, 또한 궁정의 주요 인물인 왕과 왕비는 작게 그려져 있으나 일개 화가 자신이 그토록 눈에 띄는 위치에 있는 이유가 무엇인지 수많은 의문을 품었다. 궁정 초상의 기본 예법이 모두 무시된 이 작품은 미술에 대한 철학적인 관념이 표현된 '회화의 신학'이라고 일컬어지며, '회화로서 무엇을 나타낼 수 있는가를 치밀하게 표현한 걸작이자 이젤을 사용한 회화 방식이 가진 가능성을 가장 철저하게 보여주는 작품'이라고 평가된다.

〈시녀들〉, 마드리드 프라도 미술관

벨라스케스는 1660년 마리아 테레사 공주와 루이 14세의 결혼식 장식 담당자로 스페인과 프랑스의 접경에 있는 푸엔테라비아로 향했다. 그리고 일을 마치고 마드리드로 돌아온 지 한 달 만에 병으로 세상을 떠났다. 시신은 알카사르에 안치되어 수많은 왕실 가족과 귀족들의 추도 아래 성대한 장례가 치러졌고, 산 후안 바우티스타 성당에 매장되었다.

045

빛과 어둠의 마술사

렘브란트

Rembrandt Harmenszoon van Rijn
(1606. 7. 15~1669. 10. 4)

- 네덜란드
- 네덜란드 예술의 황금시대를 열었으며 서양 미술사상 17세기의 가장 위대한 화가로 꼽힌다.
- 〈야경〉, 〈니콜라스 튈프 박사의 해부학 강의〉, 〈플로라처럼 분장한 사스키아〉 등

〈34세의 자화상〉, 런던 내셔널 갤러리

빛의 마술사, 빛과 어둠의 화가로 불리는 렘브란트 하르멘스존 반 레인은 네덜란드의 최고 화가로 네덜란드 예술의 황금시대를 열었으며, 서양 미술사상 17세기의 가장 위대한 화가로 꼽힌다. 그는 특히 초상화에 인물의 개성과 심리를 담아내는 데 탁월한 재능을 가지고 있었으며, 이런 재능을 〈자화상〉에서도 발휘했다. 22세 때의 모습을 그린 자화상은 괴테에게 영감을 주었는데, 이

로 인해 탄생한 작품이 《젊은 베르테르의 슬픔》이다. 괴테는 이 작품 속에서 젊은 날 꿈을 접고 우울과 방황의 날을 보내던 자신을 떠올리며, "꿈이 없는 청춘은 시체나 다름없으니 살아가지 않느니만 못하다."라고 말했다.

〈발람의 당나귀〉, 파리 코냑 제 박물관

렘브란트는 1606년 7월 15일 네덜란드 레이덴에서 제분업자 하르멘 헤리트스존 반 레인의 9번째 아들로 태어났다. 1620년 레이덴 대학에 입학했으며, 야코브 반 스바넨뷔르흐 아래에서 도제 생활을 하며 그림과 판화를 배웠다. 1624년경부터 독립 화가로 활동했으며, 1630년경에는 암스테르담으로 이주해 역사화가 피터르 라스트만을 스승으로 모시며 도제들을 가르쳤다. 라스트만의 공방에 있던 기간은 약 반년에 불과하지만, 이 시기는 렘브란트의 화풍을 결정짓는 데 큰 역할을 했다. 그는 라스트만의 영향으로 장르적인 구성, 완벽한 데생과 이상적인 인체 표현 등의 고전적인 회화 방식에서 탈피해 인물의 표정과 동작을 통해 심리 묘사를 강조하기 시작했다. 초기 작품 〈발람의 당나귀〉, 〈토론하는 두 철학자〉, 〈성 베드로의 부인〉 등에서는 라스트만의 화풍이 엿보인다.

렘브란트는 미술상 헨드릭 윌렌부르흐와 함께 일하면서 화가로서 활발

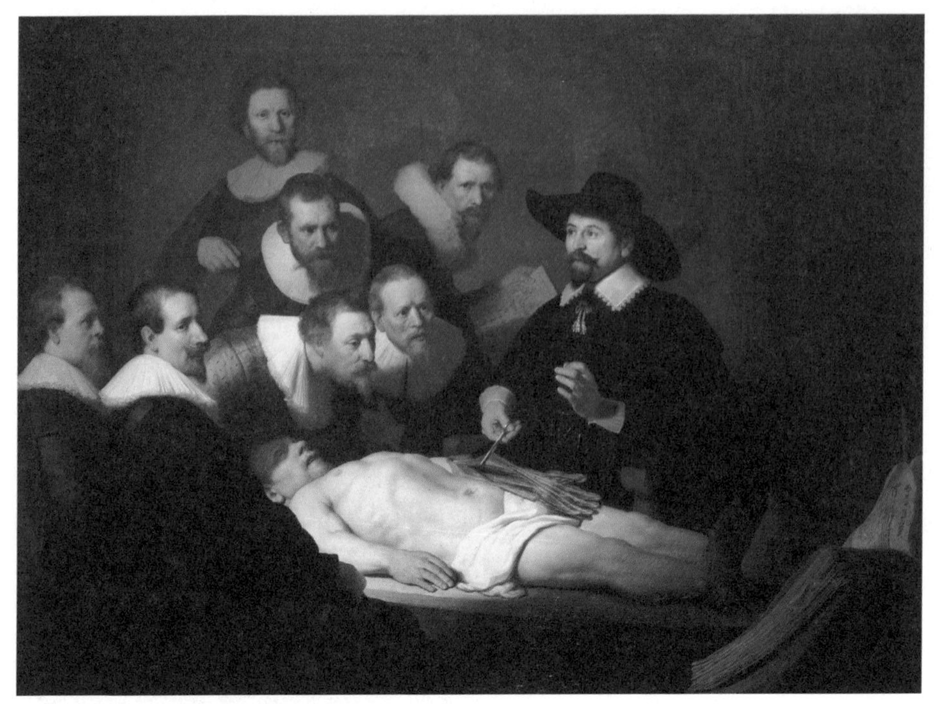

〈니콜라스 튈프 박사의 해부학 강의〉, 헤이그 마우리츠하이스 미술관

하게 활동하기 시작했고, 1632년 외과의사 조합의 의뢰로 첫 번째 집단 초상화인 〈니콜라스 튈프 박사의 해부학 강의〉를 완성하면서 암스테르담에서 가장 인기 있는 초상화가가 되었다. 튈프 박사의 공개 해부 강연을 그린 이 불멸의 명작에서 렘브란트는 자신이 인물들의 개성을 담아내는 데 뛰어난 재능을 지니고 있음을 보여 주었다.

1634년, 렘브란트는 윌렌부르흐의 조카 사스키아 반 윌렌부르흐와 결혼했다. 렘브란트는 그녀를 모델로 수많은 소묘와 유화를 그렸는데, 대표적인 작품이 〈플로라처럼 분장한 사스키아〉, 〈깃털이 달린 모자를 쓰고 웃고 있는 사스키아〉 등이다. 또 그해에는 성 루가 길드에 가입하여 독립 장인의 지위를 받았다. 윌렌부르흐에게서 독립한 렘브란트는 초상화가로서 수많은 부를 축적했고, 많은 제자들을 거느렸다. 초상화 주문은 줄을 이었고, 많지는 않지만 성서를 주제로 한 연작과 대작 역사화들도 주문받아 화가로서 높은 명성을 얻었다.

〈플로라처럼 분장한 사스키아〉, 상트페테르부르크 에르미타주 박물관

렘브란트의 그림은 강렬한 명암 대비가 특징으로, 밝은 부분과 어두운 부분을 대비시켜 입체감을 드러내 그림에 극적인 효과를 주었다. 이를 키아로스쿠로라고 하는데, 16세기 이탈리아의 천재 화가 카라바조가 창안한 것이다. 또한 렘브란트는 독일 화가 아담 엘스하이머의 명암법에서도 큰 영향을 받았다.

렘브란트는 유화뿐만 아니라 에칭과 드라이포인트 기법을 이용한 판화도 많이 제작했다. 그는 어린 시절부터 동판화를 독학으로 연구할 만큼 판화에 특별한 애정을 기울였다고 한다. 화가로서 본격적인 활동을 시작하기 전에 어머니를 모델로 제작한 〈늙은 여인의 흉상〉, 〈늙은 여인의 얼굴〉과 암스테르담 시절에 제작한 〈십자가에서 내려지는 그리스도〉, 〈빌라도 앞에 선 그리스도〉는 이 위대한 화가가 판화에 있어서도 특출난 재능을 가졌음을 보여 준다. 또한 초상화가로서 자신의 자화상을 평생 그렸던 그답

〈십자가에서 내려지는 예수〉, 상트페테르부르크 에르미타주 박물관

게 사스키아와 자신의 모습을 그린 동판화도 남겼다.

1630년대에 렘브란트는 성서를 주제로 한 에칭을 여러 점 제작했다. 〈십자가에서 내려지는 예수〉, 〈빌라도 앞에 선 그리스도〉, 〈목동들에게 예수 탄생을 알리다〉 등이다. 그는 에칭에 있어서도 빛과 어둠의 대비 효과를 극대화하여 표현했다. 가령 윤곽선을 진하게 그리는 경우에는 색조를 연하게 사용하거나 아예 윤곽선을 지우고 형태와 광휘를 드러내도록 색채를 사용하여 어둠 속에서 빛이 뿜어져 나오는 듯한 효과를 주었다.

1642년, 아내 사스키아가 한 살 된 아들 티투스를 남기고 세상을 떠났다. 두 사람 사이에서는 다섯 아이가 태어났으나 살아남은 건 티투스 하나뿐이었다. 사랑하는 아내를 잃고 실의에 빠졌으나 화가로서의 렘브란트는 완숙기에 접어들어 풍부한 작품 세계를 펼쳤다. 대표작 〈야경〉은 이때 탄생했다. 이 작품은 암스테르담 사수 길드 클로베니에르 회관이 완공된 기념으로 그려진 단체 초상화로, 스페인으로부터 독립한 네덜란드 시민들이 자체적으로 민병대를 조직해 활동하는 모습을 그린 것이다. 렘브란트는 기존의 단체 초상화와 달리 극의 한 장면을 보듯 화면을 연출했으며, 등장하는 인물들의 생기 있는 표정과 몸짓, 극적 효과를 더해 주는 명암 대비로 전체 화면에 긴장감과 활력을 부여했다. 그러나 부유한 시민들의 의뢰로 그려진 이 작품은 단체 초상화로서 큰 결함을 가지고 있었다. 등장인물들의 비중이 각기 다른 점은 차치하고라도, 다른 인물이나 명암 효과로 인해 얼굴이 가린 인물이 생긴 게 문제였다. 자신의 얼굴이 잘 보이지 않는 사람들이 항의하면서 이 그림은 후원자들의 외면을 받았고, 렘브란트의 명성도 떨어졌다.

여기에 〈야경〉의 일로 작품 주문이 줄어들었고, 사스키아가 죽기 전 무리하게 집을 장만한 데다 무모하게 투기를 하면서 렘브란트는 파산 지경에 이르렀다. 또한 렘브란트는 사스키아가 죽은 후 집안 하녀들과 관계를 맺

〈야경〉, 암스테르담 국립박물관

었는데, 재혼할 경우 사스키아의 재산을 관리할 수 없기 때문에 결혼을 하지 않았다. 이 때문에 게르테라는 하녀와의 사이에서 문제가 생겨 렘브란트의 명성은 더욱 떨어졌고, 하녀 헨드리케가 그의 아이를 임신하여 교회 위원회에 간음죄로 소환되기까지 했다. 헨드리케는 그의 딸 코르넬리아를 낳았다.

채권자와 경제적 어려움에 시달리던 렘브란트의 말년에 대해서는 알려진 바가 거의 없다. 어려운 환경 속에서도 그는 〈율법의 석판을 깨뜨리는 모세〉, 〈성 베드로의 부인〉, 〈포목상 조합 이사들〉 등의 작품에서 화가로서 절정의 기량을 보였으며, 하녀들과 아들 티투스, 자신을 모델로 끊임없이 그림을 그렸다.

〈웃고 있는 제욱시스〉, 쾰른 발라프-리하르츠 박물관

렘브란트만큼 자화상에 매료되어 있던 화가도 없다. 그는 청년 시절부터 꾸준히 자신의 모습을 화폭에 담았으며, 말년에는 더욱 많은 자화상을 그렸다. 그는 자신을 때로는 화가로, 때로는 신사로, 때로는 이야기 속의 인물로 표현했다. 예컨대 〈웃고 있는 제욱시스〉는 고대 그리스의 화가 제욱시스가 죽어 가는 와중에도 늙고 주름진 노파를 그리면서 웃음을 참았다는 이야기에서 모티프를 따 자신의 모습을 그린 것이다.

렘브란트는 1669년 10월 4일 암스테르담에서 사망했다. 가난 속에서 죽어 간 늙은 화가의 무덤은 비석 하나 없이 초라했다. 죽을 무렵 렘브란트는 유행에 뒤떨어지고 한물간 잊힌 화가였으나, 18세기 초 프랑스에서 진가를 인정받기 시작하여 19세기에 네덜란드인이 과거의 황금시대를 돌이켜보며 네덜란드를 빛낸 천재 화가로 적합한 인물을 찾으면서 다시 부각되었다.

046

문인화에 독창적인 양식을 결합하다

팔대산인

八大山人(1626?~1705)

- 중국
- 명, 청 교체기에 한족 유민의 정서를 표현한 대표적인 화가로 산수, 화훼, 영모 등에 뛰어났다.
- 작품집 《전계사생책》, 〈묵화권〉, 〈수선도〉 등

석도
청나라 초기에 활동한 화가. 명나라 종실 출신으로 독창적인 구도와 개성 있는 설채로 망국의 한을 표현했다.

금지옥엽 같은 늙은 유민

연마한 솜씨는 세속을 훌쩍 초월하네.

홍에 겨워 그린 꽃은 그림자놀이인 듯

전생은 도솔궁의 천신이었으리.

17세기 청나라 시대의 회화를 논하는 데 가장 중요한 인물은 팔대산인과 석도이다. 이 글은 석도가 팔대산인의 그림 〈수선도水仙圖〉에 써 준 발문이다. 팔대산인은 명나라의 왕족으로, 명이 멸망하자 미치광이가 되어 세상을 떠돌았고, 승려 생활을 하면서 망국의 정한을 간소하고 탈세속적인 화풍으로 표현했다.

팔대산인은 1626년경 남창南昌에서 태어났다. 명 태조 주원장의 16번째 아들인 영왕 주권의 9대손으로, 성은 주朱, 이름은 탑耷이며, 본명은 통란統鑾, 자는 설개雪個이다. 팔대산인이라는 이름을 사용하기 시작한 시기는 정확히 밝혀지지 않았다.

할아버지 주다정과 아버지 주모기가 서화에 능했으며, 그는 어린 시절 조부와 아버지의 영향으로 시서화에 능해 황실의 신동으로 불렸다. 8세 때 이미 시로 이름을 날렸고, 11세 때는 청록산수를 그렸으며, 글씨에도 뛰어났다고 한다. 그는 산수, 화훼, 영모 등을 잘 그렸는데, 동기창의 미론을 토대로 예찬, 동원 등 남종 문인화가들과 서위, 남송 시대 선종화가들의 영향을 받았다.

팔대산인

전도유망한 황족이었던 그의 일생은 18세 때 일대의 전환점을 맞게 된다. 명나라 말기 조정의 부패와 청나라와의 잦은 전쟁으로 인한 세금 징발 등 농민에 대한 수탈이 가속화되자 각지에서 농민 봉기가 일어났다. 결국 1644년 3월 19일 천민 출신이었던 이자성이 농민군을 이끌고 베이징을 점령하면서 명 왕조가 몰락하였다. 이듬해 고향인 남창마저 점거되자 그는 산속으로 숨어들어 신분을 숨기고 살았다.

23세 때 불가에 입문하여 5년 만에 정식으로 승려가 되었고, 선승으로 참선에 몰두했다. 그리고 얼마 지나지 않아 불자拂子를 세우고 종사宗師라 칭하며 불교의 가르침을 설파했는데, 따르는 이가 100여 명에 달할 정도로 이름이 널리 알려졌다고 한다.

35세 때 그는 어떤 이유에서인지 홀연히 환속하여 도교로 개종했다. 이듬해 친구들과 함께 청운보도원靑雲報道員을 세우기 시작했으며, 그곳에서 형제들을 비롯해 어머니, 같은 종실 사람인 주통분 등과 지내며 논밭을 가는 평범한 생활을 했다. 또한 승려 생활을 할 당시 처자를 잃었는데 이때 다시 아내를 얻어 자식을 보았으며, 서화를 본격적으로 그리기 시작했다.

팔대산인은 이곳에서 약 20여 년을 평화롭게 지냈으나 시대는 그를 가만히 내버려 두지 않았다. 1679년 그의 나이 53세 때 청 왕조는 명나라의 사대부 유민들을 회유하고자 박학홍사과를 설치하여 관리로 임용하는 정책을 폈다. 그해 팔대산인은 임천 현령인 호역당의 초청으로 임천에 가서 문인들과 시를 짓고 교류했는데, 이때 청나라 조정에 투신할 것을 수차례 권고받았다. 그러자 그는 갑자기 승복을 찢어 불에 태우고 홀로 고향인 남창으로 돌아왔다고 한다. 그리고 약 1년간 말 한 마디 하지 않고 누군가 말을 걸으면 벙어리 아啞 자를 써서 보여 주며 지냈다. 갑자기 울다 웃었고, 미친 듯이 춤을 추며 돌아다니기도 했다. 청나라 조정의 주목을 받고 있던 상황에서 미친 척하여 위기를 넘기고자 기행을 벌인 것이라고 하는데, 그는 노년이 될 때까지 망국의 유민으로서의 한과 예술가적 광기 사이에서 오가며 한 많은 세월을 보냈다.

62세 때 그는 다시 청운보도원을 떠나 떠돌이 생활을 하면서 그림을 그려 팔았다. 그러다 남창 장강문 밖 북란사北蘭寺에서 같은 명나라 출신 유민인 승려 담운을 만나 시와 그림을 교류하였다. 담운이 청나라 군인의 손에 죽임당한 뒤에는 그 옆에 오가초당寤歌草堂을 짓고 은거하며 그림에 몰입했다. '오寤'는 '자다, 깨우치다'라는 의미로, 이곳에서 그는 그림을 통해 회한을 노래하고 깨우침을 얻으며 보냈다. 팔대산인이라는 서명은 이 시기부터 등장한다.

1705년 10월 15일, 80세의 나이로 생을 마감할 때까지 약 20여 년간 오가초당에서 보낸 생활은 그의 회화 세계에서 절정기라 할 수 있다. 청운보도원에서 지낼 때 그는 많은 그림을 그리지 않았다. 친구들에게는 그림을 그려 주는 정도였고, 귀족이나 권력자들에게 그림을 그려 주지도, 팔지도 않았다. 또한 이전까지는 울분과 회한을 기행으로 표출했던 데 반해 이 시기에는 그림으로 자신의 내면세계를 표출하는 데 몰두했다.

〈하화소조도〉, 워싱턴 프리어 미술관

이 시기에 그는 화가 석도와 우정을 나누었는데, 두 사람은 서로의 작품에 발문을 써 주고, 서신과 그림을 주고받았으며, 〈난죽도蘭竹圖〉를 합작으로 그리기도 했다. 석도는 이 그림의 발문에서 '팔대산인은 난을 치고 청상척자(석도를 이름)는 죽을 쳤는

양주팔괴
청나라 건륭제 시절 양주에서 활약한 8명의 화가. 파격적인 화풍으로 당시 사람들에게 '괴물'이라고 불리면서 '팔괴'로 칭해졌다.

데, 두 사람 필묵의 원류가 자신을 향하여 스스로 정제되었다'라면서 작품에 대한 만족감을 드러내기도 했다.

현재 전하는 그의 작품은 약 1천여 점에 이르며, 세계 각국의 박물관 및 개인 소장가들에게 흩어져 있다. 초기의 작품은 전하는 것이 거의 없으며, 34세 때 엮은 작품집《전계사생책傳棨寫生册》, 41세 때 그린〈묵화권墨畵卷〉외에 남아 있는 것은 대부분 만년에 그린 작품들이다. 화훼, 영모, 산수화 등을 주로 그렸는데, 형태와 여백 구성, 필법 등에 있어 중국 역대 화가들과 다른, 전통적인 범주에 넣기 힘든 파격적인 화풍을 선보였다. 특히〈영모도〉에서는 개성 강한 포즈와 표정으로 그 어떤 회화에서도 보기 힘든 파격을 선보이며 양주팔괴라는 독창적인 화가들에게 영향을 미쳤다.

말년으로 갈수록 그는 불가와 도가 수행을 바탕으로 한 탈속적인 화풍을 전개했다. 그의 작품들은 당시 문인화가들이 으레 그랬듯이 직접 써서 발제한 시와 함께 해석해야 한다는 것이 정석인데, 그는 옛 문헌이나 민간에 전해 내려오는 이야기를 빌어 청나라의 통치를 풍자했으며, 자신의 회한을 달래기도 했다. 시, 서, 화를 결합시킨 문인화의 이상적 경지에 더해 독창적, 개성적인 양식으로 파격을 선보인 그는 석도와 함께 명-청 교체기 한족 유민의 정서를 표현한 대표적인 화가로 꼽힌다.

047

우아하고 섬세한 필치로 빛을 그리다

요하네스 베르메르

Johannes Vermeer(1632?~1675. 12. 15)

| 네덜란드
| 빛을 자연스럽게 묘사하는 섬세한 표현과 채색 기법으로 아름다운 그림을 남겼다.
| 〈진주 귀걸이를 한 소녀〉, 〈회화의 기술, 알레고리〉, 〈우유를 따르는 여인〉 등

큰 눈동자와 살짝 벌어진 입술, 머리에 터번을 두른 채 고개를 돌리고 있는 관능적인 소녀의 그림. 단순한 구성이지만 눈을 뗄 수 없을 만큼 강렬하고 신비로우며 사랑스러운 그림 〈진주 귀걸이를 한 소녀〉. 동명의 소설과 영화로도 유명한 이 작품은 네덜란드 화가 요하네스 베르메르의 작품으로, 이 그림은 '북유럽의 모나리자', '네덜란드의 모나리자'라고 불린다.

요하네스 베르메르는 네덜란드의 풍속화가로, 당시 네덜란드는 정치, 문화, 경제적으로 전성기를 구가하던 때였다. 그는 일생을 델프트 지방에 살았고, 직업 화가라기보다는 화상, 여관업, 술집 운영 등 다양한 직업을 갖고 경제 활동을 하면서 그림을 그렸다. 베르메르는 당대 지역에서 존경받는 화

〈진주 귀걸이를 한 소녀〉, 헤이그 마우리츠하이스 왕립미술관

가였으나 전 유럽에 명성을 떨치게 된 것은 사후 200년이나 지난 뒤였다. 때문에 그의 일생에 관해서는 알려진 바가 거의 없다. 다만 1632년 10월 31일에 세례를 받았다는 기록이 남아 있어 그해에 태어났으리라고 추정된다. 아버지는 비단 제조업자라는 설도 있고, 화상으로 활동했다는 설도 있으며, 그가 태어났을 무렵 여관을 경영하고 있던 것만은 확실하다. 베르메르가 누구에게 그림을 배웠는지는 알 수 없다. 하지만 1653년 12월 29일 델프트의 성 루가 길드에 가입한 것으로 미루어 최소 6년은 화가 수업을 받았을 것으로 여겨진다. 당시 길드에 들어가려면 길드가 인정하는 화가 아래에서 도제 수업을 받아야 들어갈 수 있다는 규정이 있었기 때문이다.

베르메르는 이 시기에 화가보다 화상으로 일하며 수입을 얻었다. 그는 꽤 유능한 화상으로, 길드 조합의 대표를 지냈을 만큼 명망 있는 인사였다. 위조품을 식별하는 데도 탁월해서 틈틈이 그림을 감정했으며, 아버지가 죽고 나서는 여관을 물려받아 경영하고, 술집도 운영했다. 전문 화가로서 그림을 팔아 생계를 유지하려고는 하지 않았고, 주로 자신의 작품을 아끼는 후원자들을 위해 그림을 그렸다. 일 년에 한두 점 정도 그린 것으로 여겨지며, 지금까지 남아 있는 작품 수는 40여 점에 불과하다.

우리에게 알려진 작품 대부분은 풍속화지만, 초기에 그는 주로 역사화를 그렸다. 역사화는 성서, 신화, 역사적 사건과 관련된 주제를 그리는 것으로, 당시 가장 교양 있고 고상한 종류의 회화로 대접받았다. 길드 가입 초기에 그린 작품에는 〈마리아와 마르타의 집에 있는 예수〉, 〈다이애나와 님프들〉 등이 있다. 이 시기의 작품들은 이탈리아 바로크 양식을 충실히 따르고 있는데, 인물들의 자세가 어색하고 관습적인 구성을 띠는 등 서툴고 촌스럽다.

얼마 지나지 않아 그는 네덜란드 중산층 가정의 일상을 표현한 풍속화를 그리기 시작했다. 이 분야에 있어서 그는 불과 몇 년 사이에 초기의 결함이

왼쪽부터 차례로 〈여자 뚜쟁이〉 드레스덴 알테 마이스터 갤러리, 〈연애편지〉 암스테르담 국립박물관

눈에 띄지 않을 만큼 탁월한 기량을 보이기 시작했다.

베르메르의 풍속화는 단순히 일상을 섬세한 필치로 아름답게 그린 것이 아니라 다양한 도상학적 해석을 지니고 있기도 하다. 매춘 장면을 그린 〈여자 뚜쟁이〉는 당시 유행하던 매춘부를 그린 풍속화일 수도 있고, 정절과 도덕에 관한 십계명의 가르침을 담고 있기도 하다. 술에 취해 식탁에서 졸고 있는 여인을 그린 〈술에 취해 잠든 여인〉 역시 태만의 주제를 표현하고 있다고 할 수 있다. 또한 그가 즐겨 그린 중산층의 여인을 담은 작품들도 일상을 매혹적으로 그려 냈다기보다는 다양한 알레고리를 사용해 악덕을 비판하고, 도덕적으로 훈계하는 내용을 담고 있다. 〈편지를 읽는 푸른 옷의 여인〉, 〈연애편지〉 등은 유부녀가 연애편지를 읽는 모습을 그린 것으로, 결혼이라는 속박에서 벗어나 바깥으로 나가고 싶어 하는 여성의 은밀한 욕망을 그리는 한편, 결혼과 정절의 의무 등을 일깨운다. 안주인에게 편지를 전

왼쪽부터 차례로 〈레이스 짜는 여인〉 파리 루브르 박물관, 〈우유를 따르는 여인〉 암스테르담 국립박물관

달하는 하녀를 그린 〈연애편지〉를 살펴보면, 안주인 옆의 벽난로는 사랑의 열기를, 바닥에 널브러진 빨래 바구니와 쿠션, 아무렇게나 세워둔 빗자루 등은 안주인과 하녀가 사랑이라는 몽상에 빠져 가사를 소홀히 하고 있음을 드러낸다. 또한 한 여인이 거울을 보면서 진주 목걸이를 걸어 보는 장면을 그린 〈진주 목걸이를 한 여인〉도 다양하게 해석된다. 여인의 허영심을 의미하는 모티프로 이용되는 진주 목걸이가 치장에 사용된다는 점에서 '결혼에 대한 정절 의무'를 저버리려는 여인에 대한 도덕적 경고를 담고 있다고 해석되며, 진주가 순결과 신뢰를 의미한다는 점에서 정절과 신뢰라는 결혼 생활의 의무를 표현한 그림이라고도 읽힌다. 세속적인 재물에 집착하는 여인들의 허영을 암시하는 〈진주 무게를 재는 여인〉과 같은 작품도 있다.

이런 '경고'의 의미와 반대로 '미덕'을 묘사하는 그림들도 있다. 걸작으로 칭송받는 〈레이스 짜는 여인〉, 〈우유를 따르는 여인〉에서는 여인의 미덕인 집안일에 몰두하는 현숙한 여인을 묘사했다.

이처럼 베르메르의 그림들은 네덜란드의 교훈주의를 답습하고 있지만, 그럼에도 극적인 장면 구성과 섬세한 표현력, 평화롭고 담담한 필치로 우아하고 아름답기 그지없다. 무엇보다 서구 미술사가들이 주목한 베르메르의 이같이 섬세한 표현력은 붓질과 채색 기법을 통해 빛이 가지고 있는 뉘앙스를 정밀하게 묘사한 데서 나온다.

〈레이스 짜는 여인〉의 경우, 베르메르의 풍속화 대부분이 그렇듯 실내를 묘사한 그림이다. 창문에서 쏟아져 들어오는 빛은 깊이감과 공간감을 표현하는 것에는 물론, 극적인 효과를 연출하는 데도 이용된다. 베르메르는 빛이 비치는 방향에 따라 윤곽선의 형태를 달리하고, 빛이 풍부한 부분은 반짝이는 밝은 안료를 사용한 점묘법으로 표현해 공간감과 깊이감, 원근감을 달리 표현했다. 만년의 걸작인 〈회화의 기술, 알레고리〉와 〈진주 귀걸이를 한 소녀〉에서는 이런 표현 기법이 완전히 무르익어 있는데, 한 비평가는 〈회화의 기술, 알레고리〉에 대해 "(빛의) 환영을 능숙하게 이용하여 덧없이 사라지는 효과들을 영원한 어떤 것으로 바꾸는 방법을 보여 준다."라고 표현했다.

빛을 자연스럽게 이용하는 그의 표현 기법은 동시대 (그보다 명망을 떨친) 다른 화가들의 능력을 뛰어넘는 것이었다. 그는 생전에 화가 길드의 대표가 될 만큼 존경받는 화가였으나 실질적으로는 네덜란드 델프트 지역의 지방 화가에 불과했다. 그의 재능은 2세기나 지난 후에야 제대로 인정받기 시작했다. 1850년대 프랑스의 미술사가 테오필 토레가 베르메르를 연구하기 시작하면서 베르메르의 표현법은 빛과 색채의 관계를 연구하던 인상주의자들에게 큰 영향을 미쳤다.

베르메르는 1953년 카타리나 볼네스라는 여성과 결혼하여 15명의 자녀를 낳았고, 그중 11명이 살아남았다. 그는 가장으로서 다양한 수입원을 가

〈회화의 기술, 알레고리〉, 빈 미술사 박물관

지고 평생 큰 어려움 없이 살았다. 그러나 말년인 1672년 프랑스와 네덜란드 사이에 전쟁이 발발하면서 재산을 잃고, 네덜란드 경제마저 파탄 상황에 이르러 자산을 회복하기 불가능한 지경이 되었다. 결국 재정 상태가 급속도로 악화된 그는 극심한 가난에 시달리며 고생하다 점차 쇠약해져 1675년 12월 15일 병으로 사망했다. 시신은 델프트의 오우데 케르크 가족 묘지에 묻혔고, 가족에게 남긴 재산은 〈회화의 기술, 알레고리〉와 〈진주 귀걸이를 한 소녀〉 두 점이 전부였다고 한다.

048

상류사회의 일상을 화폭에 옮기다

장 앙투안 와토

Jean Antoine Watteau(1684. 10. 10~1721. 7. 18)

- 프랑스
- 18세기 초 프랑스 로코코 양식의 대표적인 화가로 '페트 갈랑트'라는 회화 양식을 창출했다.
- 〈질〉, 〈키테라 섬으로의 순례〉, 〈제르생의 간판〉, 〈프랑스 배우들〉 등

장 앙투안 와토는 18세기 초 프랑스 로코코 양식의 대표적인 화가이다. 로코코 양식이란 루이 15세 시절 프랑스에서 유행하던 화려하고 장식적인 미술 양식을 일컫는다. 그는 우아하고 목가적인 전원 풍경을 배경으로 남녀의 연애나 축제 같은 여흥을 화려하게 표현하는 데 특출났다. 그가 창출한 '페트 갈랑트(la fête galante, 달콤한 연회 혹은 사랑의 연회)'라는 회화 양식은 야외에서 우아하게 차려입은 남녀가 사랑을 속삭이는 낭만적인 장면을 묘사하는 것이다. 그러나 작품과 달리 그는 우울증을 앓을 만큼 불행하고 고생스럽게 살았으며, 결핵에 걸려 37세의 나이로 요절했다. 꿈결같이 아름답고 지나치리만큼 명랑하고 화려한 그의 작품 기저에는 멜랑콜리한 분위기가

이탈리아 극장
당시 프랑스에서는 이탈리아 극단이 이탈리아풍의 극장을 설치해 희극을 공연하는 것이 유행이었다. 이를 위해 설치된 극장을 이탈리아 극장이라고 한다.

깔려 있는데, 즐거운 시간은 언젠가 덧없이 사라진다는 것을 지나친 화려함으로 표현한 것 같기도 하다.

와토는 1684년 발랑시엔의 변두리 마을에서 태어났다. 아버지는 지붕 기와공이었다. 가난한 집안에서 병약하게 태어난 그는 자못 우울한 성장기를 보냈으며, 그는 일생 불안장애와 우울증을 앓았다. 13세 때 아버지의 손에 이끌려 게랭의 화실에서 도제 생활을 했으며, 18세 때 파리로 올라왔다. 처음 2년간 그는 도우의 화실에서 대량으로 생산되는 복제화를 그리는 모사화가로 일했다. 이때 티치아노와 루벤스의 그림들을 모사하며 실력을 쌓았다. 스무 살부터는 무대 미술가였던 클로드 질로의 공방에서 일하며 실내 장식 소품이나 무대 소품을 만들었다.

처음에는 돈이 없어서 친구의 집에서 더부살이를 했지만, 죽기 전 엄청난 명성과 부를 거머쥐었음에도 일정한 거처를 얻지 않고 친구나 후원자의 집을 전전하며 살았다. 그는 그림 외에는 달리 취미도 없었고, 자신의 내면세계에만 몰입한 괴짜로 알려져 있다. 사교 생활도 거의 하지 않았고, 친구도 고향에서 올라온 몇 사람 외에는 없었다고 한다. 그의 유일한 즐거움은 연극, 특히 희극을 관람하고 그리는 것이었다. 어린 시절에도 틈날 때마다 약장수의 모습을 그리면서 놀았다고 하는데, 그 때문인지 당대의 유행과 풍속을 유머러스하게 그리는 데 특출난 재능을 지니고 있었다. 그는 이 무렵 이탈리아 극장을 주제로 한 그림들에 몰두해 〈달빛 속의 황제 아를르캥〉, 〈발루아 박사〉, 〈어린 배우들〉 등을 그렸다.

그는 연극 장면을 묘사할 때 보통의 화가들이 연극의 한 장면이나 무대 뒷모습이라는 '장면'을 그리는 것과 달리 '연극적'인 모습을 그리는 데 몰두했다. 그의 작품 속 인물들은 연기하는 배우인지 분장을 하고 축제나 일상을 즐기는 인물인지 모호하게 보일 때가 많다. 이런 성향은 일상적인 모습을 그린 작품에서도 나타나는데, 그의 작품 속 일상은 사실적이기보다 즐거움을 주기 위해 연출된 '상상 속 일상'이라는 표현이 더 적합하게 느껴진다.

코메디아 델라르테
16세기부터 18세기에 걸쳐 이탈리아에서 발달한 가벼운 가면극으로, 당시 프랑스에서 크게 유행하고 있었다.

클로드 질로는 와토의 재능을 알아보고 그를 뤽상부르 궁전 장식을 담당하고 있는 클로드 오드랑 3세에게 보냈다. 그는 이곳에서 아라베스크적인 장식 미술을 담당하는 한편, 왕궁에 소장된 루벤스의 그림에 경도되어 모사하며 독학한다.

그리고 1709년 왕립 아카데미에서 공부하며 이탈리아 유학의 기회를 주는 로마대상에 응모했으나 2등에 그쳐 유학을 가지는 못했다. 그는 평생 아카데미가 우대하는 역사화, 종교화, 초상화 등의 장르를 거의 다루지 않았는데, 그가 2등에 그친 것은 아마 이 때문인 듯하다. 그의 작품에 감명받은 심사위원들은 그를 아카데미 회원으로 받아들이고자 어떤 주제든 좋으니 그림을 한 점 더 제출하라는 파격적인 제안까지 했다. 그러나 와토는 1717년까지 아카데미에 작품을 제출하지 않았다. 그는 그동안 〈메즈탱의 옷을 입고〉, 〈질투하는 사람들〉, 〈쌍쌍파티〉 등 희극을 소재로 삼은 작품을 그리느라 정신이 없었다. 이때 그는 코메디아 델라르테에 푹 빠져 있었다. 바로크 시대의 웅장함과 허식에 반발해 탄생한 일견 경박하기까지 한 로코코 양식은 코메디아 델라르테의 가벼움과 상통하는 부분이 있다.

와토는 이 시기에 재상 피에르 크로자의 후원을 받았다. 크로자의 집에서 잠시 기거하며 그가 수집한 이탈리아와 플랑드르의 미술품들을 보고 많은 영향을 받았으며, 플랑드르와 베네치아 화풍을 융합한 양식을 만들어 나갔다. 그러나 사교 생활이 잘 맞지 않았던 듯 얼마 지나지 않아 크로자의 집에서 나와 세상과 동떨어져 살았다. 이 시기에 그는 공원이나 정원을 배

〈키테라 섬으로의 순례〉, 파리 루브르 박물관

경으로 남녀의 애정 행각, 연회 등을 홍겹게 그리는 페트 갈랑트 양식을 발전시켜 나갔으며, 〈대화〉, 〈페트 갈랑트〉, 〈전원오락〉 등이 탄생했다.

와토는 1717년 〈쌍쌍파티〉로 아카데미 심사위원들에게 인정을 받았다. 그러나 우아한 연회 장면을 그린 그의 작품은 아카데미가 인정하는 양식(초상화, 역사화, 신화 소재 등) 어디에도 속하지 않았고, 이에 아카데미는 그를 위해 '페트 갈랑트'라는 특별한 범주를 만들어 그를 받아들이기로 한다.

그리고 그해 〈키테라 섬으로의 순례〉를 공식적인 입회 작품으로 제출하면서 아카데미 회원이 되었다. 키테라 섬은 고대 비너스 신전이 모셔진 곳으로, 비너스가 바다의 물거품에서 탄생한 후 파도 위를 떠돌 때 바닷속에서 홀연히 솟구쳐 그녀를 받아 주었다는 섬이다. 비너스를 묘사할 때 그녀의 탄생이나 일화를 묘사하는 전통적인 방식에서 벗어나 와토는 사랑의 성지로 알려진 섬으로 떠나는 젊은 남녀들을 주제로 삼았다. 이 작품으로 그는 전례 없는 주목을 받으며, 페트 갈랑트의 대가로 자리매김했다. 그리고 〈세레나데 연주자〉, 〈사랑의 축제〉, 〈무도회의 즐거움〉, 〈공원에서의 모임〉, 〈전원오락〉, 〈생의 기쁨〉 등으로 대중적으로 엄청난 명성을 누리게 되었다.

〈질〉, 파리 루브르 박물관

그런 한편 〈이탈리아극의 사랑〉, 〈프랑스극의 사랑〉, 〈깜찍한 아가씨〉 등 연극을 다룬 주제들에도 여전히 열정을 발휘했다. 1718년에 완성한 〈질〉은 우둔하지만 천진난만한 피에로 역할을 주로 맡았던 희극배우 질 르니에를 그린 작품이다. 눈부신 빛과 호화로운 색채로 표현되어 있지만, 질의 표정에는 애수가 깃들어 있으며 자세는 어색하기 그지없다. 이 작품과 질의 인기로 당시 '질'은 광대 혹은 희극배우를 일컫는 말로 통용되곤 했다.

1719년, 와토는 폐결핵에 걸려 진찰을 위해 런던으로 떠났으나 차가운 런던의 공기 탓에 병은 더욱 깊어졌다. 이듬해 파리로 돌아온 그는 미술상이자 친구였던 제르맹의 집에 머물면서 최후의 걸작 〈제르생의 간판〉, 〈프랑스 배우들〉을 완성했다. 얼마 후 병세가 악화일로를 걷자 그는 후원자였

〈프랑스 배우들〉, 뉴욕 메트로폴리탄 미술관

던 크로자의 집에서 보살핌을 받았으나, 결국 1721년 7월 18일에 37세의 나이로 요절했다.

그의 작품들은 생전에도, 사후에도 유럽 전역에서 엄청난 인기를 끌었으며, 이후 프랑스에서 로코코 양식이 화려하게 개화되는 데 큰 영향을 미쳤다. 그러나 혁명기에는 인위적이고 부자연스럽다는 평과 함께 경박하고 퇴폐적이라는 비난을 받았다. 19세기 후반 들어서 18세기의 사회상과 다양한 정서를 담고 있다고 재평가받았으며, 여전히 우아하고 세련되며 재치 넘치는 그의 작품들은 대중적으로 큰 사랑을 받고 있다.

049

다채로운 프레스코 천장화를 선보이다

조반니 바티스타 티에폴로

Giovanni Battista Tiepolo, Giambattista Tiepolo
(1696. 3. 5~1770. 3. 27)

- 이탈리아
- 이탈리아 장식 회화의 장엄함과 화려함을 집대성하여 17세기 베네치아 로코코 회화의 전형을 보여 주었다.
- 〈안토니우스와 클레오파트라의 연회〉, 〈바르바로사의 결혼식〉, 〈피사니 일가의 신격화〉 등

티에폴로는 17세기 유럽에서 가장 사랑받았던 화가 중 한 사람으로, 선명한 색채와 광채, 화려하고 우아하며 유쾌한 화풍으로 17세기 베네치아에 장식적인 로코코 양식을 유행시켰다. 그는 전성기 르네상스 양식과 바로크의 환각법 등 위대한 회화의 유산을 모두 습득하여 이탈리아 장식 회화의 장엄함과 화려함을 집대성했다고 평가받는다. 우피치 궁을 미술관으로 개조한 18세기 미술사가 루이지 란치는 티에폴로에 대해 "프레스코화에 전례 없는 빛의 효과와 즐거움을 도입했다."라고 표현했다.

티에폴로는 1696년 3월 5일 베네치아에서 태어났다. 그에게는 위로 5남매가 있었으며, 그가 태어나던 해에 아버지가 죽었다. 그러나 베네치아의

세습 귀족 집안이었고 아버지가 해운업으로 큰 부를 일구어 놓았기 때문에 유복하게 자랐다. 또한 집안의 연줄은 그가 활동 초기 큰 주문을 받는 데 도움이 되었다.

어린 시절 그림에 대한 재능을 드러내자 12세 때 어머니가 그레고리오 라차리니에게 보내 그림을 배울 수 있게 해 주었다. 이후 그는 그레고리오 라차리니와 페데리코 벤코비크에게 그림을 배웠으며, 1717년 베네치아의 화가 길드에 가입했다. 최초의 작품으로 여겨지는 것은 1716년에 그린 〈이삭의 희생〉이다.

1718년, 당대 명망 높은 화가 과르디의 누이 체칠리아와 결혼했고, 두 사람은 10명의 자녀를 두었다. 그중 아들 잔 도메니코와 로렌초가 아버지의 뒤를 이었는데, 특히 잔 도메니코는 베네치아의 대표적인 화가로 성장한다.

티에폴로는 평생 정력적으로 작업하면서 다양한 화풍을 구사했는데, 활동 초기부터 이탈리아의 고대 거장들을 비롯해 동시대 유럽 화가들의 작품까지 모두 섭렵하고 있었다. 그는 전성기 르네상스 시대 베네치아의 거장들을 존경했으며, 특히 파올로 베로네세와 조반니 바티스타 피아체타에게 많은 영향을 받았다.

독립 화가로 활동한 지 얼마 지나지 않아 티에폴로는 베네치아의 대표적인 프레스코 화가가 되어 교회와 궁의 천장화와 제단화 같은 굵직한 주문들을 받았다. 당시 베네치아가 정치적, 경제적으로 몰락하던 때라 대형 주문이 줄어들고 있었던 것을 생각하면, 그의 재능이 어느 정도였는지 짐작할 수 있다. 첫 번째 대작 팔라초 산디 포르토(지금의 치폴라토) 천장화 〈웅변의 힘〉을 시작으로 스칼치 교회의 〈성 테레사의 영광〉, 우디네 대주교관의 〈솔로몬의 재판〉, 돌핀 가 저택에 그린 〈스키피오의 승리〉를 비롯한 로마 역사화 10점 등 그는 많은 주문을 열정적으로 처리했다. 웅장하면서도 화려하고 환상적인 그의 프레스코 작품들은 곧 이탈리아 전역에 유명세를 떨쳤다.

〈웅변의 힘〉, 베네치아 팔라초 산디 포르토

1731년, 그는 초청을 받고 밀라노로 갔다. 그리고 아르킨토 궁에 〈예술의 승리〉를 그렸는데, 제2차 세계대전 때 폭격으로 소실되어 지금은 전하지 않는다. 또한 두냐티 궁에는 역사적 일화들을 바로크 양식으로 표현한 〈스키피오 이야기〉를 그렸다. 이듬해에는 베르가모의 콜레오니 예배당에 〈세례 요한의 일생〉을, 1734년에는 비첸차의 빌라 로스키(지금의 칠레리 달 베르메) 천장화 〈힘, 온도, 정의 그리고 진실〉을 그렸으며, 다시 베네치아로 돌아와 〈산타 마리아 데이 제수아티 교회 천장에 〈성 도미니코에게 나타난 성모〉, 산 알비세 교회에 〈그리스도의 수난〉 3부작을 그리는 등 '(그의 표현에 따르면) 밤낮으로 쉬지 않고' 그림을 그렸다.

1740년대에 티에폴로는 베네치아에 정착하여 스쿠올라 델 카르미네 천장화 〈성 시몬 스톡 앞에 나타난 성모〉와 같은 작업들을 했다. 그런 한편 프란체스코 알가로티와 친분을 나누며 고전에 대한 조예를 넓히면서 당대 유행하던 고전적인 주제를 다루기도 했다. 알가로티는 오페라에 관한 글

스투코
stucco, 천정, 벽면, 기둥 등을 부조나 채색 등의 방식으로 장식한 것.

을 쓰며 오페라 개혁 운동을 주도했고, 미술 중개인, 시인 등으로 당시 베네치아에서 다방면으로 활동하던 예술가였다. 그리하여 탄생한 대표적인 작품이 〈안토니우스와 클레오파트라의 연회〉(제2차 세계대전 때 피폭되어 전하지 않음)인데, 이 작품에서 그는 고전을 주제로 다루면서 멜로 드라마적 감수성을 불어넣었다고 한다. 이는 18세기에 유행한 전형적인 방식이라고 할 수 있다.

1750년, 그는 뷔르츠부르크 영주이자 주교인 카를 필리프 폰 그라이펜클라우로부터 주교관의 벽화를 제작해 달라는 주문을 받고 두 아들 잔 도메니코, 로렌초와 함께 독일로 떠났다. 이들은 약 3년간 이곳에서 〈바르바로사의 결혼식〉, 〈교황 해럴드의 임관식〉 등을 그렸다. 〈바르바로사의 결혼식〉은 1156년 뷔르츠부르크에서 있었던 신성로마제국 프리드리히 1세(바르바로사)와 부르고뉴의 공주 베아트리스의 결혼식을 묘사한 것이며, 〈교황 해럴드의 임관식〉은 1168년 바르바로사 황제가 1156년의 결혼식에서 뷔르츠부르크 주교 해럴드가 베푼 호의에 보답하기 위해 그를 신성로마제국의 공작으로 임명한 임관식을 그린 것이다. 두 작품을 그리면서 티에폴로는 벽감에 장식되어 있던 스투코를 활용했다. 그 아래 커튼을 그려 넣어 무대의 막이 올라간 듯 보이게 함으로써 마치 연극 무대에서 본 사건을 보는 듯한 효과를 준 것이다. 또한 독일에 있는 동안 그는 렘브란트, 루벤스 등과 교류하면서 이들에게도 영향을 받았다.

독일에서 베네치아로 돌아온 이후 그는 베네치아 미술 아카데미 수장으로 선출되었고, 베네치아의 축제나 귀족들의 초상화, 궁 장식화 등을 그리면서 바쁘게 지냈다. 1761년, 그는 스페인 황제 카를로스 3세의 초청을 받아 마드리드로 갔는데, 이후 베네치아로 돌아오지 못하고 마드리드에서 죽었다. 여기에 대해서는 그가 일종의 볼모였다는 설이 존재한다. 즉 스페인

〈바르바로사의 결혼식〉, 뷔르츠부르크 궁전

과 베네치아 공화국 사이의 잦은 충돌 때문에 베네치아는 티에폴로를 데려 가겠다는 카를로스 3세의 강력한 요구를 거절할 수 없었고, 이후에는 카를로스 3세의 의지로 마드리드에서 벗어나지 못했다는 것이다.

베네치아에서 마지막으로 그린 작품 중 〈성모의 대관식〉, 〈피사니 일가의 신격화〉는 원숙기에 들어선 티치아노의 절정의 기교를 보여 준다. 인물들은 마치 허공에 떠 있는 듯 가볍게 천상 세계를 부유하며, 연극적인 연출

〈피사니 일가의 신격화〉, 앙제 미술관

방식, 단축법으로 표현된 화려한 옷차림, 강렬한 빛이 구름 사이로 뿜어져 나오는 듯한 창공 등은 화려하면서도 웅장하기 그지없다.

그랜드 매너
grand manner, 주로 역사화나 고전적인 주제를 다루는 고상하고 화려한 양식.

1762년, 티에폴로는 〈피사니 일가의 신격화〉를 마무리하고, 아들 잔 도메니코와 로렌초를 데리고 마드리드로 떠난다. 이곳에서 그는 마드리드 왕궁의 공식 알현실 천장에 〈스페인 군주제의 힘〉, 〈스페인 군주제의 숭배〉 등 스페인 군주제의 영광을 기리는 작품 2점과 〈비너스 신전으로 인도된 아이네이아스〉를 그렸다.

1770년, 티에폴로는 마드리드에서 갑자기 세상을 떠났고, 시신은 마드리드의 산 마르티노 교회에 안장되었다. 그는 베네치아의 그랜드 매너 양식으로 작업한 최후의 대가였다. 그의 작품은 18세기 화가들, 프라고나르, 들라크루아, 부셰 등에게 영향을 미쳤으나, 말년부터 사후에는 지나치게 감상적이고 사치스러우며 인위적이라는 비판을 받으며 서서히 잊혔다.

050

나의 회화는 나의 무대

윌리엄 호가스

William Hogarth(1697. 11. 10~1764. 10. 26)

| 영국
| 영국의 풍속과 사회상을 해학적으로 묘사했으며, 연극적인 장면 구성을 도입해 연작 형식으로 그림을 그렸다.
| 연작 판화 〈매춘부의 편력〉, 연작 〈당대의 결혼 풍속〉, 〈새우 파는 소녀〉, 저서 《미의 분석》 등

자화상 〈화가와 그의 퍼그〉, 런던 테이트 브리튼 갤러리

윌리엄 호가스는 인간 본성에 대한 예리한 통찰력을 토대로 18세기 영국의 풍속과 사회상을 해학적이고 풍자적으로 표현했다. 가장 독창적인 영국 화가로 평가되지만, 영국 회화사에서 그 비중을 제대로 인정받은 것은 최근의 일이다. 오랫동안 회화의 불모지였던 영국은 르네상스와 바로크 시대를 거치면서 외국 출신 화가 몇몇을 제외하고 그다지 주목받는 화가를 배출한 적이 없다. 특히 영국 화가가 영

국적인 특징을 담아 그리기 시작한 것은 18세기에 이르러서이며, 그 중심에 바로 윌리엄 호가스가 있다.

윌리엄 호가스는 1697년 11월 10일 런던에서 태어났다. 중산층 집안에서 부족할 것 없이 자랐으나 아버지가 카페 사업에 실패해 파산하면서 진 빚 때문에 빚쟁이들에게 시달리며 고통스러운 성장기를 보냈다.

16세 때 그는 은세공사이자 조각가였던 앨리스 갬블의 공방에서 도제 생활을 했으나 이 일을 매우 지긋지긋해했다고 한다. 20세 무렵부터 독학으로 그림을 공부하다 1720년 사설 미술 아카데미에 들어갔으나 중도에 그만두었다. 그로부터 4년 후 그는 조지 1세의 궁정 화가 제임스 손힐의 집에서 소묘를 배웠다. 이때 손힐의 딸 제인과 사랑에 빠졌고, 1729년에 사랑의 도피를 감행하여 결혼에 성공했다.

호가스는 돈 때문에 시달린 전력이 있었기 때문인지 가장 돈벌이가 잘되고 명망 높은 역사화가가 되어 대작들을 제작하고 싶어 했다. 활동 초기부터 그는 영국 귀족 사회에서 수요가 많은 집단 초상화나 귀족들의 초상화를 그리면서 순조롭게 성공 가도를 걸었다. 〈스티븐 베킹엄과 매리 콕스의 결혼식〉, 〈우러스턴 가〉, 〈폰테인 가〉 등이 이 시기의 작품이다. 그러나 그는 곧 이것이 돈벌이에 비해 시간만 잡아먹는다는 것을 깨달았고, 무엇보다 귀족의 초상화보다 당대 생활을 사실적으로 다루는 데 더 관심이 많았다. 그리하여 그는 방향을 전환하기로 마음먹는다.

1732년, 그는 영국 사회의 풍속에 교훈을 담아 익살스럽게 표현한 연작 판화 작품을 제작하기 시작했다. 그는 처음 그림을 그리기로 마음먹었을 때 동판화 기법을 연구했으며, 은세공사의 도제로 일하면서 익힌 판각 솜씨가 매우 뛰어났다. 1724년에 이미 런던 상류층의 풍속을 꼬집은 판화 〈가장무도회와 오페라〉를 제작했을 정도였다. 그는 손으로 모사하는 것보다

비용적, 시간적 측면에서 더 경제적인 판화로 작품을 대량 복제하여 대중적으로 보급하는 것이 낫다고 여겼다. 1728년에는 존 게이의 희곡 장면을 그린 〈거지 오페라〉로 명성을 얻었는데, 이 작품을 몇 점 복제하여 판매했으나 들인 시간에 비해 수입이 신통치 않았다. 이때 그는 이미 〈거지 오페라〉 등에서 대중의 삶을 사실적으로 그린다는, 종래의 회화가들과 다른 태도를 취했다.

그리하여 순진한 시골처녀가 타락하는 이야기를 담은 6점의 연작 판화 〈매춘부의 편력〉이 탄생했다. 이 작품은 엄청난 성공을 거두며 수많은 표절작을 양산했다. 자신의 작품들이 싼 값에 유통되자 그는 이를 저지하기 위해 저작권 보호 법률 제정 캠페인을 시작했다. 1733년 그는《디자이너, 판화가의 사례-의회 의원들에게 보내는 편지》를 출판했다. 이런 노력으로 1735년 '호가스 법령'으로 불리는 '판화가의 저작권 법령'이 통과되었으며, 그는 그해에 〈탕아의 편력〉 연작을 발표했다. 〈탕아의 편력〉은 원래 〈매춘부의 편력〉을 끝낸 직후 제작을 시작했으나 저작권 법령이 통과될 때까지 미루었다고 한다.

이런 작품들은 1655년경 베네치아에서 제작된 풍속 판화나 1730년 헨리 필딩의 희극에서 영감을 얻은 것으로 여겨진다. 술 취한 젊은 탕아들, 여인, 매춘부 등 런던 사회의 각양각색 인물들을 로코코 양식으로 화려하게 그린 한편, 인물의 표정과 자세, 연극적인 장면 구성으로 희극성을 한껏 고조시켰다. 그의 작품들은 특히 문학 작품에 많은 영감을 주었으며, 동시대의 소설가이자 극작가였던 헨리 필딩은《톰 존스》에 호가스의 작품과 연관해 묘사한 장면으로 도입부를 시작하기도 했다.

그런 한편 〈조지 아널드〉, 〈토마스 코람 선장〉, 〈윈체스터 주교 벤저민 호들리〉 등 당대 부르주아들의 주문을 받아 초상화를 제작했으며, 〈착한

〈당대의 결혼 풍속〉 중 〈결혼 직후〉, 런던 내셔널 갤러리

사마리아인〉, 〈베데스다 연못의 그리스도〉, 〈파라오의 딸 앞에 데려온 모세〉와 같은 종교화들도 그렸다. 그는 종교화에서 로코코 양식과 고전주의 양식을 융합하여 자신의 기량을 유감없이 발휘했으나 그의 희망대로 대형 주문이 이어지지는 않았다.

그가 가장 재능을 발휘한 주제는 당대의 사회적 병폐를 날카로운 시각으로 풍자하는 익살스러운 작품들이었다. 1745년, 가장 유명한 작품인 〈당대의 결혼 풍속〉이 제작되었다. 돈 없는 귀족들이 신분 상승을 꿈꾸는 신흥 부르주아와 정략결혼을 하던 당시 사교계의 풍습을 6점의 연작으로 묘사하

〈새우 파는 소녀〉, 런던 내셔널 갤러리

여 풍자한 그림이다. 스콴너더필드 백작의 아들과 부유한 상인의 딸이 작품의 모델이라고 한다. 결혼 지참금을 두고 계약 조건을 나누는 신랑 신부의 아버지들이 묘사된 〈결혼 계약〉을 비롯해 각기 따로 밤을 지새우고 서로에게 관심이 없이 앉아 있는 신혼부부의 결혼 이튿날 아침을 그린 〈결혼 직후〉 등 작품 속에서 등장인물과 세부 요소들은 직접적으로 비판과 풍자의 상징물이 되어 서사를 효과적으로 전달한다. "나는 극작가처럼 주제를 다룬다. 나의 그림은 나의 무대이다."라는 말처럼 호가스는 정지된 희극의 한 장면과 같은 구성으로 대중에게 이야기와 풍자가 주는 교훈을 보다 잘 전달할 수 있었다.

또한 〈새우 파는 소녀〉, 〈양장점에서〉, 〈무도회〉 같이 대중의 일상을 다룬 회화 작품들에서는 생기 있고 자유로운 필치로 인물의 개성을 포착하고 자연스러운 모습을 그리는 데 특히 탁월한 면모를 보였다.

그는 계속해서 교훈적인 판화들을 제작하는 데 몰두했고, 데생을 기초로 한 단순한 목판화들을 제작했다. 〈맥주 거리〉, 〈진 거리〉, 〈잔혹의 4단계〉 등이 그 작품이다. 이때 그는 수많은 스케치를 했는데, 여기에는 역사화가로서 성공하려는 욕망이 좌절된 심리가 반영되었다고 할 수 있다. 그는 종교화, 역사화가로서의 야심을 쉽사리 포기하지 못했고, 〈무덤가의 세 성모〉,

〈예수 승천도〉, 〈무덤의 봉인〉과 같은 작품들을 주문받아 야심만만하게 작업을 진행했다. 그러나 결국 소망대로 역사화가로서의 명망은 얻지 못했다.

〈진 거리〉, 대영박물관

1753년, 그는 《미의 분석》이라는 미학 저서를 출판했다. 여기에서 그는 자신의 회화론을 견지하고 외국 화가만 우대하고 영국 화가는 인정하지 않는 영국 화단에 대한 비판을 전개했다. 그는 이 저술에서 고전주의를 논박하는 한편, 영국 회화만이 지닌 특징을 강조했으며, 다양하고 동적이며 과장된 표현으로 보다 풍부하게 표현할 수 있다고 주장했다.

1757년에는 조지 2세의 궁정 화가가 되어 초상화를 다수 제작했다. 그러나 말년에 이르러 그의 특기인 풍자적인 판화의 인기가 떨어진 데다 명예욕이 충족되지 못한 강박관념으로 고통스러워했다고 한다. 호가스는 1764년 10월 26일 런던에서 사망했으며, 18세기 영국 사회상을 풍자한 그의 판화 및 회화 작품들은 계몽주의 및 낭만주의 작가들에게 영향을 미쳤다.

051

일상의 사물을 신비롭게 표현한 화가

장 바티스트 시메옹 샤르댕

Jean Baptiste Siméon Chardin(1699. 11. 2~1779. 12. 6)

- 프랑스
- 서민의 생활과 일상의 정물들을 미묘한 구성과 은은한 색채로 표현했다.
- 〈식사 기도〉, 〈가오리〉 등 다양한 정물화

〈안경을 쓴 자화상〉, 파리 루브르 박물관

장 바티스트 시메옹 샤르댕은 18세기 프랑스의 화가로, 면밀하고 무게 있는 필치, 간결하고 미묘한 구성 및 색채로 서민의 견실한 일상생활이나 일상의 정물들을 표현했다. 그의 그림 속에서 조용하고 교묘하게 배합된 색채들은 화면 전체를 은은하게 감싸는 특유의 분위기를 창출하며, 일상의 사물과 인물들은 신비로운 아름다움을 풍긴다.

샤르댕은 1699년 11월 2일 파리 생 제르

맹 데 프레에서 태어났다. 아버지는 왕궁 부속 소목장이였다. 어린 시절 피에르 자크 카즈와 노엘 니콜라 쿠아펠에게 사사했다고 알려져 있으나, 이들의 화실에서 일을 했을 뿐 그림 수업을 받은 것이 아니라는 견해도 있다. 대부분의 기록에서는 그가 독학으로 그림에 입문했다고 한다. 출신 배경이 보잘 것 없고, 제대로 된 교육도 받지 못한 데다 평생 스케치 여행은커녕 태어난 생 제르맹 데 프레를 벗어나지도 않은 그는 동시대 화가들과 매우 다르게 화가의 길을 걸었다. 그럼에도 성실하고 묵묵히 그림을 그렸으며, 조용하게 명성을 얻기 시작했다. 이런 부분은 그의 성격 및 작풍과도 일맥상통해 보인다.

1724년, 생 뤽 아카데미에 들어갔으며, 1728년 왕립회화 조각 아카데미에 〈가오리〉와 〈찬장〉을 출품하여 회원으로 인정받아 아카데미에 입학할 수 있었다. 두 작품으로 그는 '동물과 과일에 재능이 있는 화가'로 알려졌다. 이곳에서 고전 조각과 모델을 앞에 두고 소묘하는 법을 비로소 배우게 되었으며, 면밀한 관찰을 통해 일상적인 소재들이 보여 주는 질감과 형태를 표현하는 데 큰 흥미를 느꼈다. 그는 매년 살롱전에 정기적으로 작품을 출품했으며, 또한 아카데미 활동에도 성실하게 임해 1755년부터 아카데미의 재정 담당자로 일했으며, 역시 그해부터 아카데미의 전시회 기획도 맡았다.

부엌 기물, 채소, 과일, 상자 등과 같은 정물과 서민의 일상을 담은 실내 풍경 그림들은 당시 프랑스에서 크게 대우받는 장르가 아니었다. 아카데미는 역사나 고전을 다룬 대형 회화 작품들을 선호했으며, 정물화는 회화 장르 중 가장 하위 취급을 받았다. 또한 화려하고 장식적인 로코코 양식이 지배하던 화단에서 소박하고 은은한 그의 작품들은 유행과 크게 동떨어져 큰 주목을 받지 못했다. 그럼에도 그가 이 시기부터 비슷한 주제를 여러 점 그리고(예컨대 가오리와 양파를 다룬 정물화를 일생 10여 번 이상 그렸으며, 시장에서 돌아온 여인을 묘사한 작품은 4점, 〈식사 기도〉는 2점 이상 그렸다) 지속적으로 화풍을 유지할 수 있었던 것은 아카데미나 주류 평단의 반응과 달리 미술 시장에서 그의 작품들이 대중적으로 인기가 있었음을 반증한다.

1730년경부터 독자적으로 그림 주문을 받았으며, 1731년에는 마르게리트 생타르와 결혼하여 그해에 아들 장 피에르를 얻었다. 장 피에르 역시 후일 역사화가가 되었는데, 현재 전하는 작품은 없다. 그의 첫 번째 결혼 생활은 아내의 죽음으로 약 5년 만에 끝이 났다. 이때 한 차례 재산 목록을 작성했는데, 꽤 많은 재산을 소유하고 있었던 것으로 보아 그가 화가로서 어느 정도 기반이 있었음을 추측할 수 있다.

1730년대에 그는 〈악기와 앵무새〉, 〈양고기 덩어리〉, 〈물병, 은 물잔, 껍질을 벗긴 레몬 등이 있는 정물〉과 같은 정물화를 그렸으며, 1733년부터 〈편지를 봉하고 있는 부인〉을 시작으로 인물화도 그렸으며, 〈식사 전의 기도〉, 〈시장에서 돌아옴〉, 〈카드로 만든 집〉 등과 같이 가정생활과 인물을 다룬 그림으로 영역을 확장했다. 이런 풍속화에서도 그는 정물화에서처럼 소박하고 평범하게 보통 사람들을 묘사하여 시간을 초월한 인간의 평범한 모습을 담아냈다. 그런 작품들은 살롱전을 통해 발표되면서 중산층부터 귀족, 외국인 등 다양한 계층에서 사랑을 받았다. 특히 1737년 작 〈끽연도구 상자〉로 큰 명성을 떨치면서 유럽 전역에서 그의 작품을 모방한 판화 작품들이 널리 팔렸다.

〈끽연도구 상자〉는 18세기 정물화의 걸작으로 평가되는 그림으로, 샤르댕의 방 한쪽을 그린 듯 여겨진다. 샤르댕 자신이 가지고 있던 담뱃대, 담배가 든 나무 상자, 물병, 물잔 등이 놓인 탁자를 그렸는데, 형태를 단순화하고 간결하게 대상의 본질을 표현했다. 여러 번 겹쳐 두텁게 바른 물감에서는 한 겹씩 색채가 스며 나와 미묘한 색감을 만들어 내는 동시에 질감을 사실적으로 표현한다. 또한 담뱃대를 화면에 대각선으로 가로지르게 하는 구도를 취함으로써 정적인 그림에 동적인 느낌을 부여했다. 은은하게 빛이 뿜어져 나오는 듯한 대상 표현과 풍부한 질감 표현으로 그의 작품들은 따뜻하고 온화하며 신비롭게까지 보인다. 동시대 사람들은 '그림에 빛이 뿌려져 있는 것 같다'라고 말하기도 했다. 샤르댕은 스스로 재능을 타고난 화가가 아니라고 생각했고, 거듭 노력한 끝에 이런 방식을 개발했다. 그는 이렇게 말했다.

〈식사 기도〉, 파리 루브르 박물관

"내가 본 모든 것을 잊어야 한다. 심지어 다른 이들이 대상을 묘사한 방식조차도."

1740년, 샤르댕은 루이 15세를 알현하고, 그해에 〈일하는 어머니〉, 〈식사 기도〉 등을 그려 루이 15세에게 헌정했다. 살롱전에 출품된 〈식사 기도〉는 가장 유명하고 대중적인 그림이다. 어린 두 딸이 식사 기도를 올리며 음식을 기다리는 동안 어머니가 식탁을 차리는 사소한 일상의 모습이 온화하고 아름답게 그려져 있다. 평범한 사람들의 소박한 행위를 신비로우리만큼 아름답게 표현한 이 작품은 '어떻게 세속적인 행복과 종교적인 행복을 결합시키는지 보여 주는 작품'이라는 평을 듣는다. 특히 19세기에는 부르주아 계급이 성장하면서, 중산층의 견실한 생활이 타락한 귀족들의 생활상과 대비되어 '가장 프랑스적인 회화'로 추앙받기까지 했다.

1750년대와 1760년대에 그는 다시 정물화에 몰두했다. 초기보다 더욱 복잡하고 견고한 구성, 화려하면서도 정적인 분위기로 작품 속 대상들은 평범한 물건임에도 아름답고 우아하기 그지없다. 이 시기에는 물감을 두텁게 칠해 덩어리 감을 표현했던 기존 방식에서 더욱 발전해, 물감들을 섞지 않고 개별적으로 칠해 색채를 더욱 조화롭게 표현했다. 마치 모자이크처럼 보이는, 점묘화와 유사한 이런 기법은 빛과 공기를 더욱 투명하고 신비롭게 표현하고, 작품에 심오하고 고요한 분위기를 부여한다. 이런 방식으로 그려진 대표적인 작품은 〈올리브 병〉이다. 디드로는 이 작품을 보고 "가까이 다가가서 보면 모든 것이 뒤섞여 혼란스러운가 싶지만 단조롭고, 사라져 없어져 버리는가 싶지만 조금 뒤로 물러서서 보면 그 모든 것이 다시 살아난다."라고 표현하면서 "샤르댕의 작품은 불가사의한 마력을 지녔다."라고 말했다.

1770년, 샤르댕은 아카데미의 모든 직책에서 물러났다. 이 무렵 시력이 급격히 악화된 그는 납이 포함된 안료를 사용하는 유화를 포기하고 파스텔을 사용하여 그림을 그리기 시작했다. 파스텔화를 그릴 때도 다양한 색채와 빛을 자유롭게 묘사했는데, 말년의 그림들에는 소박하고 솔직하게 인간과 대상의 본질을 포착하는 샤르뎅의 능력이 절정에 달해 있다. 특히 파스텔로 그린 〈자화상〉에서 그는 야위고 늙었지만 비범한 통찰력을 지닌 늙은 철학자, 화가의 모습을 호소력 있게 담았다. 프루스트는 이 작품을 보고 '우스꽝스러운 복장과 우중충함으로 미의 법칙과 질서, 순수한 색채학적 견지를 담은 색채주의의 역작'이라고 표현했다. 샤르댕의 추종자라 할 만한 디

〈올리브 병〉, 파리 루브르 박물관

드로 역시 '대담하고 확신에 찬, 마술적인 걸작'이라고 평했다.

샤르댕은 1779년 80세의 나이로 루브르의 자택에서 사망했다. 사후 신고전주의가 유행함에 따라 잠시 잊혔다가, 1840년대 이후 테오필 토레, 공쿠르 형제 등에 의해 세밀한 묘사를 뛰어넘어 사물과 인생의 진실을 소박하고 고요하게 표현했다는 평을 받으며 재평가되었다. 마네, 세잔, 마티스 등에게 영향을 미쳤다.

052

가장 영국적이고 독창적인 화가

토머스 게인즈버러

Thomas Gainsborough(1727. 5. 14~1788. 8. 2)

| 영국
| 서정적이고 생동감 넘치는 화풍은 영국 풍경화 발전에 선구자 역할을 했다.
| 〈파란 옷을 입은 소년〉, 〈셰리단 부인〉, 〈아침 산책〉, 〈성 제임스 공원〉 등

〈자화상〉, 런던 내셔널 갤러리

토머스 게인즈버러는 18세기 영국 풍경화의 선구자이며, 당대 가장 인기 있는 초상화가이기도 했다. 농가의 전원생활을 서정적이고 생동감 넘치게 표현한 그의 풍경화들은 살아생전 상업적으로 인기를 끌지는 못했지만, 컨스터블이나 터너 등 후대 미술가들에게 많은 영향을 미치면서 영국 풍경화 발전에 지대한 공헌을 했다.

게인즈버러는 1727년 5월 14일 서퍽 주의

작은 도시 서드베리에서 모직물 제조업자의 아들로 태어났다. 그는 어린 시절부터 고향의 풍경을 사랑하여 늘 풍경을 그렸다고 한다. 13세 때 그림을 배우기 위해 런던으로 올라왔고, 판화가 위베르 그라블로와 삽화가 프랜시스 헤이만의 공방에서 도제 생활을 했다. 그리고 1740년 초반 런던의 세인트 마틴스 레인 아카데미에 입학해 공부했다고 한다.

"초상화는 밥벌이요, 풍경화는 사랑이요, 음악은 뗄 수 없는 애인이다."라고 말할 만큼 풍경화를 매우 좋아했던 그는 풍경화를 그리고 싶었으나 초상화로 데뷔해야 했다. 당시 영국의 미술 애호가들은 외국의 역사화, 종교화를 선호했으며, 특히 프랑스 화가들의 작품을 좋아했다. 풍경화와 정물화는 하위 장르로 취급받았으며 거실 장식용으로 여겨졌다. 이 때문에 영국 화가들의 생계 수단은 대체로 귀족들의 초상화였는데, 영국에서는 다른 유럽 국가와 달리 통치자나 선조의 초상화보다는 시민 초상화가 많이 그려졌다. 사람들은 축하할 만한 일이 생긴 때나 기념일에 초상화를 그렸다. 초상화 장르는 17세기 안토니 반 다이크 이후 완전히 정착되어 있었는데, 게인즈버러 역시 초상화의 구도와 표현적 측면에서 반 다이크의 영향을 많이 받았다.

그러나 다른 화가들이 있는 그대로의 모습을 사실적으로 그렸던 반면, 게인즈버러는 자연스런 포즈로 생기 있으면서도 우아하게 인물을 묘사했고, 캐리커처처럼 과장하여 인물의 성격을 표현하는 것도 주저하지 않았다. 이 때문에 게인즈버러의 초상화들은 큰 인기를 끌었다. 그러나 정작 본인은 부유층의 허영심을 충족시키는 초상화가 생활을 매우 넌더리나 했으며, 늘 시골에서 풍경화나 그리고 싶다고 말했다. 그는 자신의 고객인 귀족들이 '더욱 멋지게' 그려 달라고 요구하는 것을 특히 싫어해서 그림을 그리던 도중 붓을 던지고 나갈 때도 있었고, "그들에게 볼 만한 것은 딱 하나, 지

〈앤드루스 부부〉, 런던 내셔널 갤러리

갑밖에 없다." 하고 시니컬하게 내뱉기도 했다.

그는 풍경화를 그리기 위해 한 가지 꾀를 냈는데, 바로 주문자들을 야외로 불러내 풍경을 배경으로 초상화를 그리는 것이었다. 1749년경 그려진 앤드루스 부부의 초상화는 '풍경 초상'에 대한 그의 명성을 확립하게 해 준 작품이다. 부유한 시골 영주인 신혼부부의 결혼을 기념하기 위해 그린 이 그림에서 부부는 목가적이고 비옥한 대지를 배경으로 우아하고 자연스럽게 포즈를 취하고 있다. 넓은 들판과 풀을 뜯고 있는 가축들, 부부의 고급스러운 옷차림, 사냥을 즐김을 암시하는 사냥개와 사냥총은 이들의 경제적 능력을 과시한다. 게인즈버러는 풍성한 옷 주름 하나까지 정교하게 묘사했는데, 재미있는 것은 주인공 부부와 비등한 수준으로, 혹은 더욱 힘써 풍경을 묘사한 것이다. 뭉실한 구름들, 빛이 비치는 것에 따라 섬세하게 달라지는 대지와 하늘의 색 표현 등에는 영국의 시골 풍경을 서정적이고 낭만적으로 그리는 데 탁월했던 게인즈버러의 기교가 마음껏 발휘되어 있다. 이러한 게인즈버러의 시도는 이후 영국 화단에 새로운 '풍경 초상' 장르를 확립하는 데 크게 영향을 미쳤다.

고향인 서퍽 주에서 부유층을 대상으로 한 초상화가로 활동하던 그는 1759년경 바스로 이주했다. 이는 더 많은 고객을 확보하기 위한 것으로 보이며, 실제로 그는 이후에도 앤드루스 부부의 초상화같이 풍경을 배경으로 한 목가적이고 감미로운 전신 초상화를 많이 제작했다. 바스로 이주한 후에는 너무 바쁜 나머지 풍경을 그릴 시간이 없어 작업실에 작은 모형을 꾸며 놓고 그것을 통해 고향 풍경을 상상해 그림을 그렸다고 한다. 이 시기에 그린 작품으로는 〈시장에서 돌아오는 농부〉, 〈추수 마차〉 등이 있는데, 현실의 풍경과 이상화된 이미지(목가성)가 완벽히 어우러진 작품이라는 평을 듣는다.

1760년대, 그는 런던에서 열리는 전시회에 정기적으로 작품을 출품했으며, 1768년에는 왕립 아카데미의 창립 회원이 되었다. 이 시기에 그는 자신의 초상화 양식을 확립하여 단순한 구도와 미묘한 색조 표현으로 한결 세련되고 우아한 초상화들을 작업했다. 〈파란 옷을 입은 소년〉, 〈아가일의 4대 공작 존 캠벨〉, 〈브리스틀의 3대 백작 어거스터스 존〉 등이 이 시기의 작품이다.

그는 주문받은 그림뿐만 아니라 친구나 지인들의 그림도 많이 그렸다. 〈파란 옷을 입은 소년〉 역시 죽은 친구의 아들을 그린 것이다. 1769년 왕립 아카데미에 출품되었으며, 이듬해 전시되어 엄청난 찬사를 받으며 그의 명망을 굳건히 해 주었다. 의기양양하면서도 자연스러운 포즈에서 소년의 활달하고 대담한 성격이 생생히 드러난다. 여기에 빛의 반사까지 고려한 파란 비단 옷의 주름과 질감 표현은 게인즈버러의 뛰어난 기교를 유감없이 보여

〈파란 옷을 입은 소년〉, 산 마리노 헌팅턴 아트 갤러리

준다.

1774년, 게인즈버러는 런던으로 이주했으며, 조지 3세의 총애를 받게 되었다. 조지 3세는 그의 가식 없는 태도를 특히 좋아했다고 한다. 그는 평소 지식인이나 귀족에 대해 경멸의 말을 서슴지 않았고, 왕 앞에서도 가식 없는 행동을 하는 것으로 유명했다. 당대 그의 최고 경쟁자이자 아카데미의 초대 회장인 조슈아 레이놀즈는 게인즈버러에 대해 '변화무쌍한 친구'라며 종종 불만을 토로하기도 했다.

1784년, 〈세 명의 공주들〉을 아카데미 전시회에 전시할 때는 주최 측이 정해진 높이에 걸라고 하자 더 낮춰 걸어야 작품의 진가가 보인다며 말다툼을 벌였다. 그는 세밀하고 부드럽게 묘사하기보다 깃털처럼 나부끼는 듯 가벼운 필치로 그림을 그렸는데, 멀리서 볼 때 이런 방식은 그의 작품을 섬세하고 빛나 보이게 했다. 그는 종종 그림 앞에 가까이 다가가서 보는 사람들에게 "그림은 냄새를 맡는 것이 아니다."라고 조롱했다고까지 한다. 결국 규칙을 고수하려는 아카데미와 자신의 작품 감상에 대한 원론적인 주장으로 말다툼이 벌어진 끝에, 그는 자신의 그림을 떼어 내고 다시는 아카데미에 전시하지 않았다.

그러나 이런 면모가 화가 생활에 걸림돌이 되지는 않았다. 게인즈버러는 런던에서도 엄청난 성공을 거두었으며, 활동 초기부터 초상화로 얻는 수입으로 부유한 생활을 누렸다. 그럼에도 그는 당시 화가들이 여러 번씩 떠나던 이탈리아로 고전을 보러 가는 여행에 동참하지 않은 것은 물론, 일생 영국 바깥으로 나가지도 않았다. 또한 그림 주문이 밀려들어도 다른 화가들처럼 세부 묘사만 전문으로 하는 도제를 고용하지도 않았다.

후기에 들어서 그는 풍경 속에 형상이 녹아들도록 그릴 수 있게 되었으며, 더욱 낭만적이고 생생하게 풍경을 이미지화했다. 〈셰리단 부인〉, 〈성

〈셰리단 부인〉, 워싱턴 내셔널 갤러리

제임스 공원〉, 〈아침 산책〉 등이 후기의 대표작으로, 그는 아름다우면서도 과장하지 않되, 상상력으로 가득한 풍경을 그렸다.

게인즈버러는 1788년 8월 2일 후두암으로 런던의 자택에서 사망했다. 그는 당대 영국 화단, 아카데미적 전통에 따른 그림을 비웃으며 직관에 따라 시적인 정취가 가득 담긴 작품들을 그렸으며, 18세기 영국 화가 중 가장 영국적이고 독창적인 화가로 평가받는다.

053

사랑을 노래한 로코코 화가

장 오노레 프라고나르

Jean Honoré Fragonard(1732. 4. 5~1806. 8. 22)

| 프랑스
| 프랑스 로코코의 마지막 대가로 생기발랄하고 유쾌한 풍속화가 특징이다.
| 〈코레수스와 칼리로에〉, 〈그네〉, 연작인 〈구애〉, 〈밀회〉, 〈화관 쓰는 연인〉, 〈연애편지〉 등

장 오노레 프라고나르는 프랑스 로코코의 마지막 대가다. 감성적이며 충동적인 기질을 타고난 예술가로, 1789년 혁명 전 프랑스 상류 계층의 열망과 분위기에 관능과 생기발랄함을 담아 가볍고 유쾌하게 표현했다. 그의 작품들은 '장르 갈랑트genre galante' 일명 연애풍속화로 분류되는데, 사랑을 즐겁고 쾌락주의적인 시각에서 대담하게 묘사하고 육체적 에로티시즘을 함축하고 있다. 미술비평가 헤럴드 로젠버그는 이렇게 표현했다.

> 그가 그린 세상 속에는 삶의 기쁨, 쾌활함, 솔직함, 행복, 생기가 넘쳐흐른다. 그는 황홀함을 담아 확신에 찬 시선으로 묘사했다.

18세기 말 사회 체제의 전복을 생각해 보면, 그의 작품에서 느껴지는 지나치게 근심 걱정 없는 유쾌한 분위기는 오히려 쾌락이나 인생의 아름다움이 짧고 덧없음을 느끼게 한다.

프라고나르는 1732년 4월 5일 프랑스 남부 그라스에서 태어났다. 부모는 장갑을 만들어 파는 제작자이자 상인으로 집안은 그리 풍족하지 않았으며, 6세 때 부모가 돈을 벌고자 파리로 이주하면서 파리에서 성장했다. 13세 때 공증인 사무실에서 사환으로 일하며 돈을 벌었는데, 그런 와중에도 그림으로 명성을 얻겠다는 일념에 화가가 되기로 했다. 14세 때 장 바티스트 시메옹 샤르댕의 화실에서 그림을 공부하기 시작했으며, 17세 때부터는 프랑수아 부셰에게 그림을 배웠다. 그는 특히 부셰의 영향을 많이 받았으며, 로코코 양식에 뛰어난 자질을 보였다.

20세 때 로마대상을 수상했으며, 이듬해부터 프랑스 국립미술학교 에콜 데 보자르에서 공부했다. 또한 그는 로마대상 수상자를 이탈리아로 유학을 보내 주는 특전에 따라 24세 때인 1756년 로마로 건너가 아카데미 드 프랑스에서 공부했다. 이 시기에 프라고나르는 이탈리아 르네상스 시대 거장의 작품들, 고대 유물과 유적을 보며 견문을 넓혔는데, 특히 카라치와 티에폴로에게 큰 영향을 받았다. 또한 이탈리아 전역을 여행하며 스케치를 했는데, 이때 후원자가 되는 미술 수집가 생 농 수도원장 장-클로드 리샤르와 동행했다.

프라고나르는 거장들의 작품에서 많은 배움을 얻었으나, 그럼에도 전통적인 화가 수업 방식인 모사를 극히 싫어했다. 그는 예비 스케치나 밑그림 없이 직접 캔버스에 유화 작업을 했으며, 신속하게 그리는 것으로 유명했다. 때문에 모사처럼 끈기 있고 세심하게 일하는 방식은 그에게 잘 맞지 않았다. 예컨대 1769년 작 〈생 농 신부〉는 한 시간 만에 그렸다는 전설적인 작품이다. 신속하고 두껍게 물감을 칠하고 인물의 세부 묘사는 무시했지만, 인물의 성격과 생동감이 생생히 살아 있다.

〈자화상〉, 그라스 프라고나르 미술관

1761년, 로마에서 5년간의 유학을 마치고 파리로 돌아온 프라고나르는 자신이 걸어야 할 길에 대해 숙고하게 되었다. 그는 1765년 살롱전에 역사화 〈코레수스와 칼리로에〉를 출품하면서 엄청난 찬사를 받았고, 이로 인해 아카데미 회원이 되었다. 이 작품은 루이 15세의 왕궁에 걸렸으며, 그는 역사화를 재건할 신진 대가로 기대를 한몸에 받았다. 그러나 이후로는 역사화를 그리지 않았으며, 국가나 교회 같은 공적 기관의 주문도 거의 받지 않았다. 아카데믹한 종교화나 역사화는 그리는 데 시간이 많이 걸렸으며, 작업 방식을 비롯해 여러 가지 여건에 제약이 많았는데 이것이 그에게 맞지 않았던 것이다. 그는 즐겁고 유쾌하게 작품을 제작하고 싶어 했으며, 명예보다는 환금성이 높은 작품을 원했다. 그리하여 그는 귀족 계층의 취향에 맞는 가볍고 유쾌하며 관능적인 주제를 다룬 장식화로 눈을 돌렸다.

초기에 그는 전원 풍경을 배경으로 가족들의 정겨운 한때를 담은 그림을 제작했다. 그러던 1767년, 프라고나르는 후원자였던 상 쥘리앙 백작으로부터 '그네 타는 여인과 자신'을 그려 달라는 주문을 받았다. 울창한 숲 속, 두 남자 사이에서 화려한 드레스를 입은 젊은 여인이 그네 타는 모습을 그린 〈그네〉는 여인의 벗겨진 신발과 바람에 날리는 드레스 자락, 여인의

〈그네〉, 런던 월리스 컬렉션

아래에서 치마 속을 훔쳐보는 남자(상 컬리앙 백작) 등 에로티시즘과 사치, 쾌락의 분위기가 물씬 풍기는 작품이다. 이 작품은 프라고나르에게 엄청난 명성과 부를 안겨 주었고, 그는 점차 〈셔츠를 벗는 여인〉, 〈입맞춤〉, 〈고대한 순간〉 등 로코코의 에로티시즘을 화려하게 개화시켰다.

또한 이 시기에 프라고나르는 새로운 유형의 인물화를 그렸다. 〈생 농 신부〉, 〈기마르 아가씨〉, 〈음악〉, 〈작가〉, 〈책 읽는 여자〉 등 '상상의 인물들Figure de fantaisie'이라고 칭해지는 이 유형은 당시 인물의 세부 묘사 및 심미 분석 등에 초점을 맞추던 초상화 양식에서 완전히 벗어나 있으며, 특정 모델을 위해 그린 그림도 아니었다. 이 분류로 그린 작품은 총 14점인데, 그중에는 〈음악〉, 〈작가〉처럼 모델이 알려져 있지 않은 경우도 제법 많다.

풍경식 정원
18세기 프랑스 상류 계급에서는 전원 취미가 유행했는데, 귀족들은 성 안에 풍경식 정원을 조성한 뒤, 각각 역할을 정하고 분장을 한 채 색다른 연애 놀음을 즐기곤 했다. 이와 관련해 마리 앙투아네트가 베르사유 궁전에 트리아농 궁을 짓고 연극놀이를 하거나 농가를 만들어 목가적인 취미 생활을 즐긴 것이 유명하다.

1771년, 프라고나르의 대표작이자 18세기 로코코 문화의 아이콘 '사랑의 단계'를 주제로 한 연작 그림이 탄생했다. 〈구애〉, 〈밀회〉, 〈화관 쓰는 연인〉, 〈연애편지〉로 구성된 이 연작은 루이 15세의 애첩 뒤 바리 부인이 루브시엔 성에 연회를 위한 파빌리온 궁을 신축하면서 주문한 장식화이다. 이 작품들은 풍경식 정원을 배경으로 귀족들의 연애 모습을 그린 것이다. 그러나 이 작품은 뒤 바리 부인에게 거부당했다. 그 이유는 알려지지 않았으나 그림에 뒤 바리 부인 자신의 밀회 내용이 담겨 있었기 때문이라고도 한다.

프라고나르의 이런 작품들은 지식인을 비롯한 비평가들에게 많은 비난을 받았다. 그는 그림 속에 실크나 레이스만 걸치거나 혹은 아무것도 걸치지 않은 여자들을 등장시켜 명성을 얻은 저질 화가로 매도당했고, 특히 초기에 역사화로 살롱전에 입선하면서 받은 기대 때문에 더욱 거센 비난을 받았다.

결국 이런 비난과 뒤 바리 부인의 거부로 실망한 프라고나르는 1773년 파

'사랑의 단계' 주제 연작 중 〈밀회〉, 뉴욕 프릭 컬렉션

리를 떠나 로마로 향한다. 이탈리아 곳곳을 여행하면서 그는 이탈리아의 풍경을 소묘로 담았으며, 빈과 프라하를 거쳐 파리로 돌아왔다. 이후 그는 자신이 그리는 풍속화의 배경에 자주 이탈리아의 풍경을 그려 넣곤 했다.

파리로 돌아온 후 그는 〈생 클로의 축제〉, 〈목동들의 경배〉와 같이 신고전주의풍 작품들을 그리려고 시도했으며, 〈빗장〉, 〈사랑의 샘〉, 〈사랑의 서약〉 등 기존의 가볍고 경쾌하기만 한 화풍에서 벗어나 보다 감상적이고 애수에 젖은 분위기를 연출하게 되었다. 이런 변모는 로코코 양식이 그 그림의 속성만큼이나 지나치게 빨리 유행에서 사라졌기 때문으로 보인다. 특히 1789년 프랑스 대혁명이 일어나면서 그의 후원자들이었던 부유한 귀족 계층이 사라졌고, 여기에다 로코코 양식의 경박하고 쾌락주의적인 속성이 당시 사회 분위기에서 지탄의 대상이 되었다. 그는 순식간에 화가로서 모든 것을 잃게 되었다. 결국 프라고나르는 파산한 채 궁핍한 생활을 영위하다가 붓을 완전히 놓았다. 말년에 그는 루브르 박물관에서 작품 보존가로 일하다 완전히 잊힌 채 1806년 8월 22일 쓸쓸하게 사망했다.

054

근대 회화의 아버지

자크 루이 다비드

Jacques-Louis David(1748. 8. 30~1825. 12. 29)

| 프랑스

| 신고전주의 양식의 대표적인 화가로, 강렬하고 극적인 표현과 더불어 사실주의적 표현 양식을 지닌 고유의 화풍을 발전시켰다.

| 〈호라티우스의 맹세〉, 〈마라의 죽음〉, 〈나폴레옹 1세의 대관식〉, 〈소크라테스의 죽음〉 등

〈자화상〉, 파리 루브르 박물관

자크 루이 다비드는 대혁명과 통령 정부, 제정을 거친 프랑스의 사회적, 정치적 격동기를 화폭에 옮긴 인물이다. 로코코 양식에 반발하여 일어난 신고전주의 양식의 대표적 화가이자, 고대의 모든 기법, 극적인 표현 효과와 사실주의적 양식을 하나로 결합시켰다고 평가받으면서 후대 화가들에게 엄청난 영향을 미쳤다. 제리코, 앵그르, 들라크루아 등 당대 모든 화가들이 그를 선망했으며, 들라크루아는 그를 '근대 회화의 아버지'라고 일컬었다.

자크 루이 다비드는 1748년 8월 30일 파리에서 태어났다. 아버지 루이 모리스는 귀족들의 장식품을 제조하는 사업을 했고, 어머니 역시 건축가의 딸로 유복한 중산층 가정 출신이었다. 그가 9세 때 31세였던 아버지가 여행 중 결투를 벌이다 사망했다. 이에 그는 건축가였던 외삼촌 프랑수아 뷔롱과 이모부 자크-프랑수아 드마이송의 손에서 자랐다. 다비드는 기숙학교에 다니며 로마와 그리스의 역사, 라틴어 등을 공부했으며, 두 보호자의 영향으로 예술적 재능을 키워 나갔다.

1765년, 다비드의 재능을 알아본 외삼촌은 그를 친구였던 궁정 수석화가 프랑수아 부셰에게 보냈다. 다비드는 부셰와 그의 제자이자 에콜 데 보자르의 교수였던 신고전주의 화가 조제프 비엥에게 그림을 배웠다. 1766년에 에콜 데 보자르에 입학했으며, 1774년에는 로마대상을 받아 이탈리아 로마로 유학을 떠났다. 다비드는 매우 야심만만하고 누구에게도 지기 싫어하는 성격이었는데, 1774년 로마대상을 받기까지 네 차례나 도전한 바 있었다. 탈락할 때마다 그는 친구들과 불화를 일으키고, 스승 비엥을 힐난했으며, 세 번째 탈락 때에는 실망한 나머지 자살 소동을 벌이기까지 했다.

이듬해 다비드는 스승 비엥과 함께 이탈리아로 향했고, 5년간 파르마, 볼로냐, 피렌체에 머물면서 고대 조각과 회화를 보고 깊은 감화를 받았다. 그가 얼마나 큰 충격을 받았는지 비엥은 그에게 너무 감격하지 말라며 충고했다고 한다.

다비드는 이탈리아 대가들의 작품을 열정적으로 모사하고, 그들이 지닌 고유의 양식을 자신의 것으로 흡수했다. 특히 카라바조의 극적인 명암 대비와 견고한 구성, 데생에 열광했다. 다비드는 이런 영향 아래 강렬하고 극적인 표현과 사실주의적 표현 양식을 지닌 고유의 화풍을 발전시키게 된

〈호라티우스의 맹세〉, 파리 루브르 박물관

다. 또한 이 시기 그는 고고학자 빙켈만의 사상에 심취했고, 엘코라노 및 폼페이 유적을 답사하며 고대에 더욱 큰 관심을 가지게 되었다.

1780년, 파리로 돌아온 다비드는 개인 화실을 열었으며, 비엥에게 배운 신고전주의적 화풍과 고대 미술과 역사에 대한 관심을 발전시키며 화가로서 입지를 굳혀 나갔다. 1783년에는 〈헥토르의 시신 앞에서 슬픔에 잠긴 안드로마케〉로 아카데미 회원으로 선출되었고, 1785년에 완성한 〈호라티우스의 맹세〉로 엄청난 명성을 날리게 된다. 로마와 알바 제국이 전쟁을 벌일 당시 호라티우스 삼형제가 출정하며 승리를 맹세하는 장면을 그린 이 작품은 애국심과 자기희생을 말하고 있다. 신고전주의 원리의 전형과도 같은 작품으로 여겨지며, 단순하고 극적인 구성, 명료한 성격 묘사, 뛰어난 서사성과 강한 힘으로 비평가와 대중을 사로잡았다. 다비드는 고대 신화와 역사를 당시 정치와 비유하여 묘사하고, 정치적 행위를 촉구하는 데 뛰어난 재능을 가지고 있었고, 연달아 〈소크라테스의 죽음〉, 〈파리스와 헬레나〉, 〈브루투스 앞으로 자식들의 유해를 옮겨 오는 호위병들〉 등을 제작했다.

1789년 7월 14일, 파리 시민들이 바스티유 감옥을 습격한 7월 혁명이 일어났고, 프랑스는 혁명의 불길에 휩싸였다. 이 시기에 다비드는 정치에 뛰어들어 국민의회 의원이자 예술위원회 위원으로 활동하면서 많은 일을 했다. 살롱전을 모든 미술가들에게 개방하여 아카데미의 배타적 특권을 없앴고, 공공 축제와 행사를 개최했으며, 혁명당원으로서 자신의 정치적 견해를 그림으로 표현했다. 1793년 〈마라의 죽음〉을 시작으로 〈바라의 죽음〉, 〈테니스 코트의 서약〉 등을 그렸다.

특히 〈마라의 죽음〉은 지금까지 알려진 가장 유명한 정치 선전 작품이라고 할 수 있다. 자코뱅당의 지도자인 마라가 지롱드당의 열렬한 지지자였던 한 소녀에게 자기 집 욕실에서 목욕하던 중 살해당한 사건을 그린 작품이다. 아무 장식이 없는 소박하고 단출한 욕실에 죽어 있는 창백한 마라의 모습은 순교자를 연상시킨다. 그의 손에는 '저는 아주 가난한 사람입니다. 이 한 가지 이유만으로도 당신이 제게 호의를 베풀어 주실 이유가 충분하리라고 생각합니다'라고 쓰인 메모가 들려 있는데, 소녀는 이 메모를 보내 마라를 만나기로 했다고 한다. 어려운 인민을 위해 충실히 봉사했던 마라가 그로 인해 죽임당했다는 처참한 상황이 고요한 적막 속에 부각되어 있다. 잉크병이 놓인 나무상자에 쓰인 '마라에게, 다비드가 바친다'라는 헌사는 정치적 동지인 마라를 추도하는 비문의 역할을 한다. 이 작품에서 마라

〈마라의 죽음〉, 브뤼셀 벨기에 왕립미술관

는 이상을 추구하다 희생당한 한 사람의 정치가가 아니라 '신성한 혁명의 순교자'로 표현되어 있다. 선택한 주제를 극적인 드라마로 표현하는 데 탁월했던 다비드의 재능이 빛을 발하는 작품이다.

1794년 7월 24일, 테르미도르 반동으로 친구이자 혁명 정부의 수장이었던 로베스피에르가 처형되고, 자코뱅당이 몰락했다. 다비드 역시 목숨의 위협을 받았으나 다행히 투옥에 그쳤다. 뤽상부르 감옥에서 그는 〈사비니의 여인들〉, 〈뤽상부르 정원〉을 구상했다.

1797년, 다비드는 나폴레옹을 만났다. 그는 새 정권에서 방대한 예술 개혁을 시도하는 한편, 나폴레옹의 영웅적 이미지를 강조한 그림을 다수 제작했다. 다비드는 미술계에 예술적, 정치적으로 최고의 권력을 발휘했다. 그해 앵그르가 제자로 들어왔으며, 그로, 제라르 등 당대 위대한 고전주의 화가들이 모두 그의 문하에서 나왔다.

1797년과 1798년, 나폴레옹은 이탈리아와 이집트 원정에 동행해 전투 장면을 그려 줄 것을 청했으나 다비드는 이를 거절하고, 대신 그의 초상화를 그리기로 한다. 그리하여 1801년 〈생 베르나르 고개를 넘는 나폴레옹(알프스를 넘는 나폴레옹)〉이 완성되었다. 1800년에 나폴레옹이 알프스 산을

〈생 베르나르 고개를 넘는 나폴레옹〉, 빈 미술사 박물관

〈나폴레옹 1세의 대관식〉, 파리 루브르 박물관

넘어 북부 이탈리아로 진격한 사건을 영웅주의적으로 이상화하여 그린 작품이다. 사납게 몰아치는 바람에 말은 곧 쓰러질 듯하지만 나폴레옹과 함께 불굴의 의지로 버티고 있다. 말발굽 아래 있는 바위에는 나폴레옹 이전에 알프스를 넘은 두 영웅, 한니발과 샤를마뉴 대제의 이름이 새겨져 있다. 기록화가 아니라 정치적 선전 역할을 하기 위해 미화된 작품임에 부정의 여지가 없다. 이듬해 나폴레옹은 그에게 레종 도뇌르 훈장을 수여하여 이

에 보답했으니, 다비드는 최초의 레종 도뇌르 수상자였다.

1804년, 다비드는 나폴레옹의 수석 화가로 임명되었다. 그해 나폴레옹의 대관식이 열렸고, 〈나폴레옹 1세의 대관식〉, 〈독수리를 날려 보내는 나폴레옹〉 등 이를 기념하는 작품을 여럿 그렸다. 또한 이때 대관식에 참석한 교황 비오 7세와 추기경 카프라라의 초상도 그렸는데, 다비드는 이를 매우 영광스럽게 생각해 기사의 옷으로 성장하고 그렸다고 한다.

다비드의 인생은 나폴레옹의 인생과 궤를 같이 했다. 러시아 원정에 실패한 뒤 나폴레옹은 1814년 엘바 섬으로 유배되었고, 왕정이 부활했다. 루이 18세가 즉위하자 다비드는 벨기에로 망명했는데, 자진해서 떠났다고는 하나 사실상 추방이었다. 다비드는 브뤼셀에 화실을 마련하여 말년에 이곳에서 작품 활동에 임했다. 〈제라르 장군의 초상〉, 〈빌랭 14세 백작부인과 딸〉과 같은 초상화들을 비롯해 〈에로스와 프시케〉, 〈아킬레스의 분노〉, 〈비너스와 미의 세 여신에 의해 무장해제되는 마르스〉 등 신화적인 소재를 다룬 그림들이 이때 탄생했다.

1821년에 나폴레옹이 사망하자 이듬해 그는 〈나폴레옹 1세의 대관식〉을 같은 크기로 다시 그렸다. 1825년에는 프랑스로부터 귀국 제안을 받았으나 거절했으며, 그해 12월 29일 망명지에서 세상을 떠났다.

055

전쟁의 참상을 화폭에 담다

프란시스코 호세 데 고야

Francisco José de Goya y Lucientes
(1746. 3. 30~1828. 4. 16)

| 스페인
| 18세기 후반에서 19세기 초의 스페인 미술을 대표하는 화가로 인상주의와 현대 미술에 큰 영향을 끼쳤다.
| 〈자식을 삼키는 사트로누스〉, 〈옷 벗은 마야〉, 〈옷 입은 마야〉, 〈카를로스 4세 가족의 초상〉, 〈1808년 5월 3일의 처형〉 등

〈자화상〉, 뉴욕 메트로폴리탄 미술관

프란시스코 호세 데 고야는 18세기 후반 19세기 초 스페인 미술을 대표하는 화가다. 그는 카를로스 4세의 궁정 화가로 후기 로코코풍 초상화를 주로 그렸으나, 프랑스 대혁명과 나폴레옹의 스페인 침공 등을 겪으며 전쟁의 참상을 고발하고 사회의식을 담은 작품들을 제작하기 시작했다. 그림을 그리다 옷을 입은 채로 잠을 자고, 손에 붓을 쥔 채 죽었다고 하는 이 화가는 80여 년의 삶 동안 2천여 점의 그림을 남겼으며, 인상주의와 현대 미술에 많은 영향을 미쳤다.

고야는 1746년 3월 30일 스페인 동부 아라곤의 작은 마을인 푸엔데토도스에서 태어났다. 아버지는 금 도금장이로, 사라고사의 필라르 성모 대성당에 있는 조각의 도금 작업을 맡아 했다. 어린 시절 고야는 아버지의 뒤를 따라다니며 조각가, 화가, 도금장이들이 거대한 성당을 복원하는 모습을 보며 자랐다.

13세 때 고야는 사라고사의 화가 호세 루산 마르티네스의 도제로 들어가 판화 제작을 비롯해 미술 교육을 받았다. 어린 시절부터 화가의 자질이 풍부했던 고야였으나 1763년과 1766년 두 차례 마드리드의 산 페르난도 아카데미 입학시험에서 떨어졌다. 입학시험 과제였던 석고상 데생이나 역사화는 고야에게 아무 흥미도 없는 분야였고, 주로 전통적이고 학구적인 작품을 선호하던 아카데미의 입학 기준에 그의 그림이 부합하지 않았기 때문이다. 고야는 1765년 마드리드에 가서 궁정 화가인 안톤 라파엘 멩스의 제자가 되었으며, 1770년 로마로 떠났다. 그는 이탈리아를 여행하고, 파르마 아카데미에서 개최한 한니발을 소재로 한 역사화 공모전에서 2등을 수상했다. 이 성공으로 그는 본격적인 직업 화가가 되기로 결심했다고 한다.

이듬해 사라고사로 돌아온 고야는 로마에서의 명성 덕분에 필라르 성모 대성당의 프레스코화 〈신의 이름을 찬미하는 천사들〉을 그릴 수 있었다. 이 작품으로 그는 상류층 인사들의 관심을 끌었으며, 필라르 성모 대성당 작업을 주도했던 명망 높은 화가 프란시스코 바이유와도 친분을 쌓았다. 2년 후 고야는 바이유의 누이동생 호세파와 결혼했다.

1773년, 고야는 프란시스코 바이유가 지휘하던 마드리드의 사타바르바라 왕립 태피스트리 제작소에서 작업할 기회를 얻었다. 제작소 벽화의 밑그림을 그리는 일이었는데, 이때 작업한 그림이 〈소풍〉, 〈만사나레스 강변

애쿼틴트
aquatint, 동판 부식법을 이용한 기법. 회색 및 흑색에 의한 농담 효과를 내며 인쇄 후 수채화와 유사한 효과를 보인다.

의 춤〉, 〈양산〉, 〈파라솔〉 등의 풍속화들이었다. 이 작업으로 고야의 이름은 널리 알려졌다. 1780년, 그는 왕립 아카데미 회원이 되었고, 그해 사라고사로 돌아가 필라르 성모 대성당의 천장화 〈순교자들의 성모〉를 그렸다. 이후 다시 마드리드로 돌아와서 제단화와 귀족들의 초상화 주문을 받았고, 가장 인기 있는 초상화가 중 한 사람으로 꼽혔다. 그는 카를로스 3세의 초상화를 비롯해 플로리다 블랑카 백작, 폰테호스 백작부인, 오수나 공작 가족 등 마드리드 상류층의 초상화를 주로 그렸다. 그런 한편 판화에도 관심을 갖고 1770년대 후반부터 디에고 벨라스케스의 작품을 판화로 만드는 작업을 했으며, 독창적인 에칭도 만들었다.

1789년에는 카를로스 4세의 궁정 화가가 되었다. 카를로스 4세는 황태자 시절부터 고야의 그림을 아껴왔던 터였다. 고야는 10여 년 전 황태자의 왕궁 침실과 알현실을 장식할 태피스트리 그림들을 그렸으며, 당대 민중의 일상을 담은 〈질그릇 장수〉, 〈빨래하는 여인들〉, 〈의사〉 등을 선보인 바 있었다. 현대적인 시각을 가지고 있던 왕과 황태자 부부는 고야의 풍속화에 찬사를 보내며 그를 궁정 화가로 임명하고 싶어 했으나 당시 궁정 화가였던 바이유가 탐탁지 않아 하여 무산된 적이 있었다. 궁정 화가가 된 고야는 카를로스 4세와 마리아 루이사 왕비의 공식 초상화, 카를로스 4세의 가족 초상 등 수많은 궁정 사람들의 초상화를 그렸다.

1792년, 고야는 콜레라에 걸렸다. 고열 때문에 청각을 잃었고, 회복하는 데만 5년이라는 시간이 걸렸다. 이때의 우울과 불안한 심정은 〈순회극단 배우들〉과 같은 작품 등에서 생생하게 드러난다. 그는 병석에 있는 동안 프랑스 대혁명에 감화를 받아 이와 관련된 다수의 철학서들을 섭렵하면서 비판적인 시각을 키웠는데, 이런 영향은 동판화의 일종인 애쿼틴트 기법으로 제작된 판화 연작《로스 카프리초스(변덕)》의 밑그림을 그린 데서 드러난다. 이 판화집은 가톨릭교회와 성(섹슈얼리티) 문제, 허례허식 등에 대한 인간의 가식과 허영, 어리석음을 풍자한 것으로, 최초의 카툰으로 여겨진다. 1799년 간행된《로스 카프리초스》에는 '이성이 잠들면 괴물이 깨어난다'라는 부제가 붙어 있는데, 고야는 이렇게 밝혔다.

> 모든 문명사회는 수없이 많은 결점과 실패로 가득 차 있다. 이는 악습과 무지, 당연시된 이기심 때문에 널리 퍼진 편견과 기만적 행위에 의한 것이다.

이 책은 당대 유명인사들의 비행을 지목한 것으로 여겨져 얼마 지나지 않아 판매가 금지되었고, 종교재판소까지 고야를 주목하게 했다. 이 작품을 기점으로 낙천적이고 온화했던 풍경화, 풍속화를 그리던 고야는 미신과 인간의 야만성 비판, 정치적 탄압에 대한 고발 등의 메시지를 담은 비판적 성격의 작품을 제작하게 되었다.

1799년에 고야는 수석 궁정 화가에 임명되었다. 왕실 가족과 귀족들의 초상화 주문은 여전히 쏟아져 들어왔다. 초상화와 종교화 주문을 처리하면서 그는 대표작이자 논란의 소용돌이에 휩싸이게 될 '마야' 연작을 그리기 시작했다. 1800년, 〈옷 벗은 마야〉가 완성되었다. 역사적, 신화적 비유가 담겨 있지 않은 현실 여인의 누드를 그린 이 작품은 공개되자마자 세상을 떠들썩하게 했다. 노골적으로 몸을 열어젖힌 여인의 자세와 도전적인 눈동자, 드러난 음모는 외설 논란은 물론, 신성모독 논란까지 일으켰다. 그는 종교재판소로부터 이 여인의 옷을 입힐 것을 강요받았지만 거절했고, 5년 후 〈옷 입은 마야〉를 새로 그렸다. 그는 이 그림으로 대가를 톡톡히 치렀으니, 종교재판소는 1813년에 이 그림을 압수했고, 1815년에는 종교재판에 회부

위부터 차례로 〈옷 벗은 마야〉, 〈옷 입은 마야〉, 마드리드 프라도 미술관

하였다. 그를 아끼던 유력자들의 보호로 간신히 종교재판을 면할 수 있었으나 고야는 이 일로 궁정 화가의 지위를 박탈당했다.

1808년, 프랑스의 나폴레옹 보나파르트가 스페인을 침공하고 형 조제프를 스페인 왕위에 올려놓는 일이 일어났다. 스페인 민중은 이에 대항해 봉기했고, 고야 역시 사라고사 민병대에 들어갔다. 스페인, 영국 포르투갈 동맹군과 나폴레옹군 사이에 6년간 전쟁이 계속되었다. 고야는 수석 궁정 화가로 계속 일했으며, 프랑스 대혁명과 나폴레옹을 지지했으나 조국을 침략한 프랑스군의 만행에 대해서는 가만히 손을 놓고 있지 않았다. 그는 〈전쟁의 참화〉 연작 판화집과 유화 〈1808년 5월 2일〉, 〈1808년 5월 3일의 처형〉으로 전쟁 중에 일어난 학살과 비인도적인 만행을 있는 그대로 생생하게 고발했다. 이 두 점의 유화는 프랑스의 침략에 대항하는 마드리드 시민의 모습과 폭동이 진압된 이튿날 밤 프랑스 군대가 시민들을 처형하는 장면을 그린 것으로, 군국주의적 폭력을 묘사한 대표적인 서양회화 중 하나로 꼽힌다. 또한 고야는 침략자들에 대한 투쟁에서 한 발 나아가 모든 종류의 폭력에 대한 비난으로 시선을 확장한다. 〈전쟁의 참화〉에는 프랑스군의 만행만이 아니라 자국민이 변절자들에게 벌인 만행까지 동등하게 기록되어 있다.

〈1808년 5월 3일의 처형〉, 마드리드 프라도 미술관

1814년, 페르난도 7세가 복권되고 스페인 왕정이 복귀되었다. 그러나 고야는 이듬해 궁정 화가의 자리에서 물러났고, 마드리드 근교의 별장에 머물렀다. 일명 '귀머거리의 집'이라고 불리는 이 별장에서 그는 이성이라는

〈자식을 삼키는 사트로누스〉, 마드리드 프라도 미술관

이름 뒤에 가려진 인간의 광기를 표현한 어둡고 환상적인 '검은 그림' 연작을 그렸다. 〈토성〉, 〈마귀의 잔치〉, 〈엄숙한 종교재판소〉 등으로 이루어진 연작들은 표현주의와 초현실주의의 도래를 예고한 걸작들로, 그중 가장 유명한 작품은 단연코 〈자식을 삼키는 사트로누스〉이다. 또한 판화집 《디스파라테스(부조리)》도 이곳에서 완성되었다.

1823년부터 종교재판과 페르난도 7세의 전제 정치가 부활하면서 스페인의 상황이 흉흉해지자 고야는 스페인을 떠나 프랑스 망명길에 올랐다. 파리와 보르도 등지에 머물며 작품 활동을 계속하던 그는 1828년 보르도에서 숨을 거두었다.

056

강렬하고 화려한 우키요에의 대가

가쓰시카 호쿠사이

葛飾北斎(1760~1849)

I 일본
I 에도 시대의 우키요에 화가로 삼라만상 모든 것을 그림에 담는 것이 목표라고 말하며 일생 3만 점이 넘는 작품을 남겼다.
I 〈후가쿠 36경〉, 〈후가쿠 100경〉, 데생집 《호쿠사이 만화》 등

청명한 하늘을 향해 우뚝 솟은 불타는 듯한 후지 산을 그린 풍경화 한 점. '불타는 후지'로 불리며 동서양 미술 애호가들의 사랑을 받는 〈후가쿠 36경〉은 19세기 우키요에의 대표작이자 가쓰시카 호쿠사이를 당대의 전설적인 화가로 만든 작품이다.

우키요에란 에도 시대의 일상생활이나 풍속, 풍경 등을 그린 풍속화이다. 16세기 중반 인쇄술의 발달로 서민 취향의 소설이 보급되면서 그 삽화로 시작되었다. 이후 목판 기술이 발전하면서 에도 후기에 들어서면 한 작품에 100개 이상의 판을 사용해 다양하고 화려한 색채를 표현했고, 17세기 중반에 이르러 독립적인 회화 작품으로 발전했다. 고흐와 모네, 마네, 드가,

'불타는 후지'로 불리는 〈후가쿠 36경〉 중 〈붉은 후지산〉

고갱 등 19세기 유럽 화단을 이끈 거장들이 큰 영향을 받은 것으로도 유명한데, 유럽인이 일본 미술이라고 하면 통상 우키요에를 떠올릴 만큼 대표적인 미술 양식이다.

목판화의 전성기라 할 수 있는 17세기 중반, 일본에서는 일본의 풍경과 미美를 자신만의 독창적인 방식으로 승화시킨 화가들이 등장한다. 그중 한 사람이 가쓰시카 호쿠사이다. 가쓰시카 호쿠사이는 삼라만상 모든 것을 그림에 담는 것이 목표라고 말하며 평생 쉼 없이 그림을 그렸는데, 그 작품 수가 무려 3만 점에 달한다고 한다.

그는 1760년 시모우사 지방에서 태어났으며, 본명은 가와무라 도키타로로 추정된다. 그는 스스로 '가쓰시카 출신의 농민'이라고 일컬었으며, 6세 때부터 사물의 형태를 그리는 버릇이 있었다고 말하곤 했다.

어린 시절부터 그림에 뜻이 있던 호쿠사이는 14세 무렵부터 목판화 기술을 익혔고, 19세 무렵 당시 인기 화가였던 가쓰가와 슌쇼의 문하에 들어가 본격적으로 그림 수업을 받았다. 당시 우키요에 화가들은 많은 도제들을 거느리고 공방을 운영했다. 화가가 최종 도안을 그리면 도제들이 밑그림을 그리고, 그 밑그림에 화가가 채색을 지정하여 판화가와 인쇄업자에게 지시하는 방식으로 그림이 완성되었다. 호쿠사이는 슌쇼의 문하에 들어간 지 1년 만에 스승의 이름으로 된 밑그림을 그리기 시작하여 약 15년간 그 아래에서 일했다. 이 시기에 그는 다른 우키요에 작가들의 그림을 습작하는 것은 물론, 명나라의 그림, 문인화, 서양화 등 분야를 가리지 않고 모든 그림을 연구하며 위대한 화가로 거듭나게 된다. 그러나 폐쇄적인 일본 화단에서 이런 행동은 용납되지 않았고, 결국 호쿠사이는 가쓰가와 슌쇼에게 파문을 당했다.

1798년부터 그는 호쿠사이라는 호를 사용하여 독자적으로 활동했다. 호쿠사이는 평생 30번에 걸쳐 호를 바꿨다. 이는 하나의 호를 사용하여 성취할 수 있는 특정 수준에 도달하면 그 상태에 만족하고 정체될까 두려워하여 끊임없이 호를 바꿈으로써 새로운 작품 세계를 추구하고자 한 것이었다. 이런 그림에 대한 열정 때문에 그는 93번이나 이사를 했다고 한다. 그림 그리는 것에만 몰두한 나머지 방이 곧잘 어지러워지곤 했는데, 방을 치우는 시간이 아까워 그냥 화구만 들고 다른 집으로 옮겨 가 그림을 그렸다. 하루 세 번이나 이사한 적도 있는데, 마지막 93번째에 결국 언제나 방의 상태가 그대로라는 것을 깨달았고 더 이상 이사 갈 데도 없어 예전의 집으로 돌아오면서 이사를 그만두었다고 한다.

'있는 곳에 물들지 말 것'이라는 좌우명처럼 그는 당대의 우키요에 도안가들 중 가장 많은 판화 우키요에의 도안을 그리고, 소설 삽화, 만화, 육필

우키요에 등을 그렸다. 또한 직인들을 위한 도안 지침서와 아마추어 화가들을 위한 도안 지침서를 제작하기도 했다.

일본 괴담 〈사라야시키〉의 삽화

파문당한 후 활로가 막힌 그는 가쓰가와파가 간섭할 수 없는 교카(狂歌, 풍자와 익살을 주로 한 짧은 노래) 그림책에 삽화로 실릴 채색 판화를 제작하기 시작했다.

이 시기에 이미 호쿠사이는 화려하고 다소 작위적으로 정형화된 장면을 그려 내는 기존 화법을 거부하고, 자신의 예술가적 감수성과 상상력을 표출하면서 '작가주의적'이라 할 만한 작품들을 제작했다. 그의 회화적 상상력은 요미혼(読本, 중국의 패관소설에서 응용한 장편 전기소설)의 삽화를 그리는 데서 유감없이 발휘되었다. 그는 당시 극적이고 환상적인 문학 세계로 인기 많던 교쿠테이 바킨의 소설 삽화를 그렸다. 호쿠사이는 일상적인 것을 일상적이지 않게 표현하고, 극적인 화면 구성으로 긴장감을 높이는 데 탁월한 재능을 가지고 있었다. 두 사람의 재능은 1807년부터 간행된《친세쓰 유미하리즈키椿弓張月》(가마쿠라 막부를 세운 미나모토 요리토모의 일대기)에서 최고의 화학작용을 일으켰다.

교카와 요미혼에서 각각 정점을 이룬 호쿠사이의 관심은 화보류를 간행

《호쿠사이 만화》

하는 데로 옮겨갔다. 50대에 이른 호쿠사이는 사람과 사물의 모든 형태와 움직임을 데생하기 시작했다. 그리하여 아마추어 화가들이 교재로 참고하는 데생집 격인 《호쿠사이 만화》가 탄생했다. 여인이 허리를 굽히고 앉아 빨래를 하는 모습, 목욕탕에서 수염을 깎는 노인, 아이를 안고 목욕시키려는 여인, 불룩 나온 배와 가슴을 흐드러지게 내놓고 잠을 자는 유녀 등 사람들의 일상적인 움직임이 생생하고 정밀하게 묘사된 이 데생은 대중에게까지 인기를 끌었다.

호쿠사이의 대표작 〈후가쿠 36경〉과 〈후가쿠 100경〉은 70대의 나이로 제작된 것이다. 그는 이 풍경 판화 연작에서 이전까지의 서정적인 작품 형

스스로를 가쿄진이라고 부른 호쿠사이

태에서 탈피하여 또 한 번 진화한 모습을 보여 주었다. 3차원적인 공간 표현과 극적인 화면 구성, 강렬한 색상을 치밀하게 조화시켜 후지산의 모습을 간결하고 강렬하게, 힘차고 웅장하게 형상화한 호쿠사이는 이 작품으로 전설이 되었다. 수많은 우키요에 화가들이 호쿠사이의 표현 기법을 따라했고, 대중 역시 열광했다.

스스로 '가쿄진'(畵狂人, 그림에 미친 화가)'이라고 부를 정도로 평생 그림에 미쳐 새로운 그림을 그리기 위해 노력한 호쿠사이는 1849년 90년 생의 마침표를 찍었다. 그는 임종 직전까지 "하늘이 내게 5년의 수명을 더 준다면 진정한 화공이 될 수 있을 텐데."라고 말했다고 한다.

057

화필을 든 신비주의자

카스파르 다비드 프리드리히

Caspar David Friedrich(1774. 9. 5~1840. 5. 7)

Ⅰ 독일

Ⅰ 독일 낭만주의 회화를 대표하는 화가로 무한한 공간감을 통해 인간의 고뇌, 역사와 문화의 공허함 등을 표현했다.

Ⅰ 〈안개 바다 위의 방랑자〉, 〈산속의 십자가〉, 〈리젠게비르게 풍경〉, 〈인생의 단계들〉 등

프리드리히는 독일 낭만주의 회화를 대표하는 화가이다. 고독과 우수에 젖은 풍경, 세상과 인간의 관계를 통해 인간 존재에 대한 관념을 표현하며, '화필을 든 신비주의자'로 불린다. 그의 작품에서 공간은 형이상학적이며, 인간, 범선, 폐허와 같은 주요 대상들은 역사와 문화의 공허함, 인간의 고뇌를 표현한다. 19세기 독일의 풍경화가 아드리안 루드비히 리히터는 이렇게 표현했다.

> 그는 신비주의의 짙은 안개 속으로 걸어 들어간다. 그에게 지나치게 신비롭거나 낯선 대상은 없다. 그는 곰곰이 생각에 잠긴 채 감정을 가능한 높이 끌어올

리려고 노력한다.

카스파르 다비드 프리드리히는 1774년 9월 5일 발트 해 연안의 항구 도시 그라이프스발트에서 태어났다. 아버지는 양초 및 비누 제조 사업을 했으며, 루터교 신자로 엄격하고 완고한 인물이었다. 프리드리히는 어린 시절에 가족의 죽음을 연이어 경험했는데, 이는 아버지의 양육 방식과 맞물려 그의 성격에 지배적인 영향을 행사했다. 7세 때 어머니가 죽은 후 형제들과 함께 가정부의 손에서 자랐고, 13세 때는 스케이트를 타다 빙판이 깨져 물속에 빠진 그를 남동생 요한 크리스토퍼가 구하려다 익사했으며, 17세 때는 누이 마리아가 병으로 죽었다. 이후 그는 우울증에 시달렸고, 자살을 기도하기도 한다.

16세 때 그는 고향의 대학에서 건축가 요한 고트프리트 퀴스토르프에게서 데생과 건축 제도를 배웠으며, 20세 무렵 코펜하겐 미술 아카데미에서 미술을 배웠다. 이때 고전주의 양식의 조각품들과 네덜란드의 풍경화에 고무되었으며, 시인 프리드리히 고틀리프 클롭슈토크의 자연에 대한 신비주의적 시각에 매료되었다고 한다. 24세 때 낭만주의의 거점이었던 드레스덴으로 이주한 후 평생 그곳에서 살았고, 화가 필리프 오토 룽게, 시인 루드비히 티크, 노발리스, 괴테 등과 교류했다.

프리드리히는 신비주의적 견해와 루터파의 경건주의에 경도되어 있었으며 예술의 영적인 능력을 믿었다.

"인간의 절대 목표는 사람이 아니라 신, 무한이다. 애써야 할 것은 예술이지 예술가가 아니다. 예술은 무한하며, 예술가의 지식과 능력은 한정되어 있다."

그에게 있어 예술은 묵상실에서 기도하는 행위와 마찬가지였다.

〈산중의 십자가〉, 드레스덴 노이에 마이스터 갤러리

초기에 그는 소묘와 수채화 작품을 주로 그렸으며, 24세 무렵에야 유화를 처음 시작한 것으로 여겨진다. 네덜란드 풍경화의 영향을 받은 〈빙해의 난파선〉이 그 작품이다. 그러나 이후에도 잉크와 수채물감으로 많이 그렸고, 30대가 넘어서야 본격적으로 유화 작업을 시작했다. 기본기가 탄탄한 그의 데생 실력은 소묘 작업을 오랫동안 중점적으로 한 결과라고 할 수 있다.

1807년, 사실적인 세부 묘사와 영성이 담긴 최초의 걸작 유화 〈산중의 십자가(테첸 제단화)〉가 탄생했다. 보헤미아 지역에서 제작한 풍경 습작을 토대로 한 이 작품은, 노을이 지는 하늘을 배경으로 산꼭대기에 그리스도가 매달린 십자가가 우뚝 서 있는 장면을 담고 있다. 그는 이렇게 직접 설명했다.

"저 위 정상에 늘 푸른 전나무에 둘러싸여 십자가가 서 있고, 늘 푸른 담쟁이가 십자가를 감고 올라간다. 진홍빛 일몰 속에서 십자가 위의 구세주가 빛난다. 십자가는 그리스도에 대한 우리의 신앙처럼 확고한 반석 위에 서 있다."

이 작품은 나폴레옹이 독일을 점령한 후 독일 민족주의가 부흥하던 때 정치적 의도를 가지고 제작된 것으로, 많은 논란을 불러일으켰다.

이 작품으로 프리드리히의 이름이 널리 알려졌고, 〈해변의 수도승〉, 〈떡

〈겨울 풍경〉, 런던 내셔널 갤러리

갈나무 숲의 대수도원 묘지〉, 〈겨울 풍경〉 등을 제작하면서 그 명성은 굳건해졌다. 이 작품들에도 역시 자연에 대한 세밀한 탐구와 영적 관조가 담겨 있다. 광활하게 펼쳐진 하늘과 바닷가 아래 수도사 하나가 조그맣게 표현된 〈해변의 수도승〉에서 그림 속 배경은 화면 밖까지 무한하게 확장되며, 그 안에 배치된 인물은 이와 대비되어 왜소하기 그지없어 자연과 우주의 광대무변함에 절로 고개를 숙이게 만든다. 폐허가 된 고딕 성당으로 향하는 수도사들의 행렬이 이어지는 〈떡갈나무 숲의 대수도원 묘지〉, 설원에 그리스도가 매달린 십자가가 홀로 서 있고 그 아래 한 남자가 두 손을 모아 기도하는 〈겨울 풍경〉 등에서도 풍경화에 종교적인 차원을 더해 고

차원적인 영적 세계를 묘사했다. 이 작품들 역시 신성로마제국 해체 이후 발흥한 민족주의적 애국 차원에서 해석되기도 하고, 종교적 우의로 읽히기도 한다.

프리드리히는 주제에 필요하지 않은 풍경을 과감히 생략했으며, 화폭의 반 이상을 빈 공간으로 남겨둠으로써 무한한 공간감을 만들어 냈다. 이렇게 그려진 풍경들은 우울하고 고독한 한편, 신비롭고, 영적이며 보는 사람으로 하여금 인간 존재의 의미를 자문하게 한다.

1808년부터 그는 독일 전역을 여행하며 〈무지개가 뜬 산의 풍경〉, 〈리젠게비르게 풍경〉 등을 완성했다. 특히 1810년에 프로이센 왕가가 〈리젠게르비게 풍경〉을 구입하면서 그 명성은 절정에 달했다.

1815년에 다시 발트 해로 여행을 떠났다 돌아온 경험을 토대로 〈항구의 배들〉, 〈도시에 뜨는 달〉, 〈안개 바다 위의 방랑자〉가 제작되었다. 그의 대표작으로 꼽히는 〈안개 바다 위의 방랑자〉는 한 남자가 안개에 잠겨 있는 산을 바라보고 있는 뒷모습을 그린 작품이다. 적막하고 광활하게 펼쳐진 대자연을 홀로 마주보고 선 고독한 인간의 존재, 자연의 숭고함과 위대함에 대한 경외감이 드러나 있다. 프랑스의 조각가 다비드 당제는 이 작품을 보고 "프리드리히는 내 영혼을 통째로 뒤흔든 유일한 화가이다."라고 표현했다.

1816년, 프리드리히는 베를린 아카데미와 드레스덴 아카데미 회원으로 선출되었다. 1818년에는 카롤리네 봄버라는 여인과 결혼했다. 이 여인에 대해서는 알려진 바가 거의 없으나 프리드리히는 오랜 독신생활을 청산할 만큼 그녀를 사랑했고, "남자란 아내가 있으면 우스꽝스러워진다."라는 우스갯소리를 하기도 했다. 이 무렵 그의 작품에는 여인들이 빈번하게 등장하며, 다소 따뜻하고 밝은 색조를 사용한다. 〈떠오르는 태양 앞의 여인(저무는

〈안개 바다 위의 방랑자〉, 함부르크 미술관

태양 앞의 여인)〉이나 신혼여행 중에 그린 〈뤼겐의 백악 절벽〉에서 이런 경향을 엿볼 수 있다. 그해 그는 노르웨이의 풍경화가 요한 크리스티안 달과 드레스덴에서 공동생활을 하며 함께 작업하고 전시회를 열었다. 1820년대 중반으로 가면 그는 더욱 절제되고 차분한 색조를 사용하면서도 한층 강렬한 작품들을 탄생시킨다.

〈떠오르는 태양 앞의 여인〉, 에센 폴크방 박물관

1827년에는 〈빙해(북극의 난파선)〉가 탄생했다. 이 작품은 북극 서북쪽 항로를 찾아 나선 윌리암 패리 선장의 탐사와 조난에 영감을 받아 그린 것으로, 날카롭게 부서진 빙해와 난파된 배를 통해 자연의 웅대한 힘과 그 앞에 선 인간 존재에 대한 숙고가 담겨 있다. 또한 이 작품에는 프리드리히가 이따금씩 앓곤 했던 우울증의 영향이 짙게 묻어나 있기도 하다.

말년에 이르러 프리드리히는 시간의 흐름과 인생의 무상함을 암시하는 작품들을 다수 그렸다. 1835년 작 〈인생의 단계들〉이 대표적인데, 다섯 척의 배가 떠 있는 바닷가를 배경으로 어린이, 장년, 노인이 한 화면에 담겨 있다. 수평선 너머로 사라져 가는 배들은 인생이라는 여행을 넌지시 언급하며, 인간의 탄생과 죽음을 암시한다.

1835년 6월, 프리드리히는 뇌졸중으로 쓰러졌다. 팔다리가 마비되어 더 이상 유화 작업을 할 수 없었고, 침대에서 이따금 소묘 작업을 하는 것에 만

〈빙해〉, 함부르크 미술관

족해야 했다. 그리고 1840년 두 번째 뇌졸중으로 세상을 떠났다. 말년에 이르러 그의 작품들은 그다지 대중적인 인기를 끌지 못했고, 사후 오랫동안 사람들의 뇌리에서 잊혔다. 그러나 20세기 초 프랑스의 조각가 다비드 당제가 '독특한 실존주의적 고독이 묻어나는 작품', '진정한 풍경의 비극을 그린 작가'라고 평하면서 재평가되기 시작했고, 독일 낭만주의 시대를 대변하는 화가로 자리매김하게 되었다.

058

미술사상 가장 위대한 풍경화가

조지프 말러드 윌리엄 터너

Joseph Mallord William Turner(1775. 4. 23~1851. 12. 19)

Ⅰ 영국

Ⅰ 빛의 굴절을 이용하여 심상을 표현하는 데 주력하였으며, 역사나 당대 사회를 주제로 한 풍경화를 주로 그렸다.

Ⅰ 〈해체를 위해 마지막 정박지로 끌려가는 '파이팅 테메레르 호'〉, 〈비와 증기와 속도-그레이트 웨스턴 철도〉 등

〈자화상〉, 런던 테이트 갤러리

"터너 이전에는 런던에 안개가 없었다."

오스카 와일드의 말이다. 터너는 자연이 만들어 낸 위대하고 웅장한 연극에 낭만적 감정을 담아 캔버스로 옮긴 대표적 풍경화가다. 영국 근대 미술의 아버지로 여겨지기도 하며, 미술사상 가장 위대한 풍경화가로 꼽힌다. 테이트 갤러리가 젊은 미술사에게 수여하는 최고의 미술상인 터너상은 그의 이름을 딴 것이다.

〈바다의 어부들〉, 런던 테이트 갤러리

조지프 말러드 윌리엄 터너는 1775년 4월 23일 영국 런던에서 태어났다. 그는 이발사 아버지와 정신이상 증세를 보인 어머니를 둔 하층민이었으나, 자신의 재능만으로 19세기 초 영국 화단을 평정한 풍운아였다.

터너는 어린 시절부터 자연 풍경에 관심이 많았는데, 매일같이 템스 강변에 나가 선박이 들어오고 나가는 모습을 그림으로 그렸다고 한다. 14세 때 왕립 아카데미 부설 미술학교에 들어가 수채화를 배웠으며, 이듬해부터 아카데미에 꾸준히 작품을 출품했다. 이 시기에 그는 건축 사무실에서 일하며 잉글랜드, 웨일스 등을 다니면서 수채화로 지형을 기록했다. 그는 이때의 경험으로 이후 영국 국내뿐만 아니라 스케치 여행을 규칙적으로 다니게 된다.

유화는 20세 무렵 시작했는데, 1796년 유화로 그린 첫 작품 〈바다의 어부들〉을 아카데미에 출품한 이후 몇 년간 자연 풍경을 유화로 그리기 시작했다. 〈바다의 어부들〉은 구름 사이로 달빛이 비치는 가운데 어선들이 어둠 속에 광활하게 펼쳐진 바다로 떠나가는 풍경을 묘사한 작품이다. 자연의 웅대한 드라마를 몽환적으로 표현하는 그의 작품 세계는 이때 이미 확립되었다고 할 수 있다.

이로부터 3년 후인 24세 때 그는 최연소로 왕립 아카데미 준회원에 선출되었으며, 27세 때 정회원이 되었다. 또한 36세의 젊은 나이에 아카데미의 원근법 교수로 임명되었으며, 60세 때는 아카데미 회장까지 역임하는 등 화가로서 상당한 명예와 부를 누렸다.

터너는 풍경화를 주로 그렸으며, 역사화에 풍경을 도입하고 사회적 이슈를 풍경화 속에 녹여내기도 했다. 대표적인 역사적 풍경화는 〈아이네이아스와 시빌〉, 〈트라팔가르 해전〉, 〈눈보라—알프스를 넘는 한니발과 군대〉 등이다. 이런 작품들에서 터너는 거대한 자연 속에서 한없이 나약한 인간에 대한 연민을 투영했다.

터너는 역사, 고대 신화, 정치, 문학 등 다양한 방면에 조예가 깊었으며, 그림에 대해서도 작품 외적인 측면에서 어떻게 보일 것인가 고민했다. 예를 들어 〈눈보라—알프스를 넘는 한니발과 군대〉를 전시할 때 그는 이 작품을 다른 작품보다 다소 낮은 위치에 걸도록 했다. 낮은 위치에서 이 작품을 접하는 관객들은 폭풍우가 몰아치는 광활한 화면에 몰입하고, 자연의 웅장함과 그에 대한 공포를 느끼게 된다.

당대 사회상을 그린 작품으로는 〈비와 증기와 속도—그레이트 웨스턴 철도〉, 〈난파선〉, 〈해체를 위해 마지막 정박지로 끌려가는 '파이팅 테메레

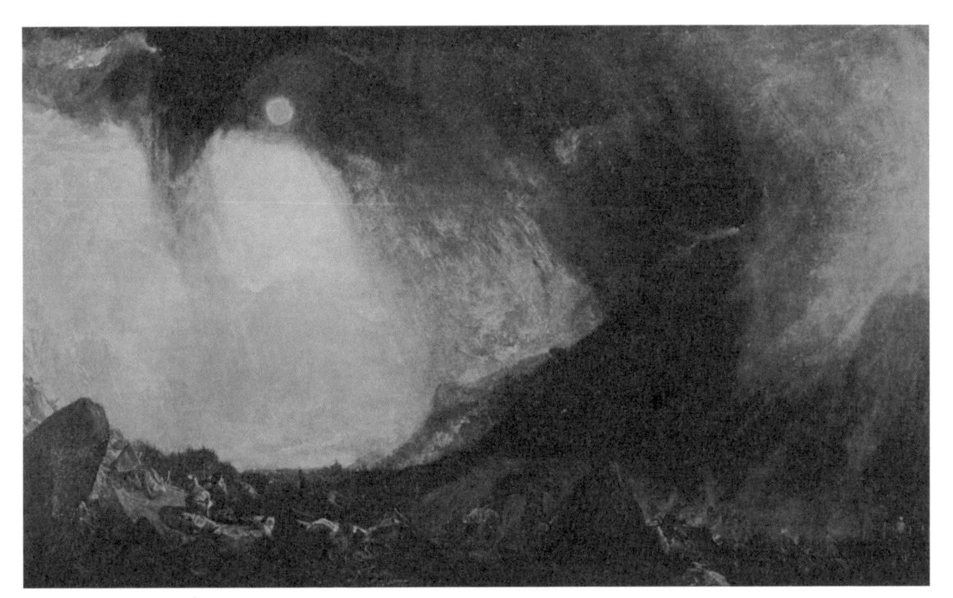

〈눈보라-알프스를 넘는 한니발과 군대〉, 런던 테이트 갤러리

르 호'〉 등이 대표적이다. 증기기관의 출현과 산업혁명으로 빠르게 변화하는 영국 사회는 그 시대를 살아가는 터너에게 많은 영감을 주었을 것이다.

〈난파선〉에서 터너는 갑작스런 폭풍우로 조난당하는 수부들을 그렸다. 몰아치는 거센 파도가 살아 움직이는 듯 생생하며, 휩쓸린 수부들은 그 앞에서 보이지도 않을 만큼 연약하다. 영국 사람들에게 당시 바다는 해외 식민지 개척이라는 '희망'을 의미했고, 영국 귀족들은 해양 풍경화를 앞다투어 저택에 걸어두고 경제적 풍요를 꿈꾸었다. 그러나 바다는 자연재해 등으로 수많은 인명을 앗아가는 비극의 현장이기도 했다.

〈비와 증기와 속도-그레이트 웨스턴 철도〉는 증기 기관차라는 산업화의 대표적인 아이콘을 담고 있다. 기차가 뿜어내는 수증기와 비가 화면 전체에 어우러져 있는 가운데, 기차가 관객 쪽으로 다가오는 듯한 구도가 기

〈비와 증기와 속도-그레이트 웨스턴 철도〉, 런던 내셔널 갤러리

차의 속도감을 한층 높인다. 관객은 마치 화면에서 기차가 튀어나와 자신을 덮칠 것만 같은 아찔함을 느끼는데, 이렇듯 그는 빛과 대기의 효과, 구도를 활용해 현장감과 운동감을 부여했다. 사진이 없던 당시 이런 영화의 한 장면 같은 연출은 관객들을 사로잡았다. 모네는 이 그림을 보고 '새로운 현상에 주목한' 작품이라고 평했으며, 그와 동시대에 활동했던 또 다른 위대한 영국의 풍경화가 존 컨스터블은 "그의 작품은 채색된 증기로 그린 듯이 일시적이고 공기처럼 가벼워 보인다."라고 평했다.

〈해체를 위해 마지막 정박지로 끌려가는 '파이팅 테메레르 호'〉 역시 시

〈해체를 위해 마지막 정박지로 끌려가는 '파이팅 테메레르 호'〉, 런던 내셔널 갤러리

대에 대한 고찰과 낭만이 어우러진 빼어난 작품이다. 테메레르 호는 1805년 트라팔가르 해전에 참전했던 전함으로, 해가 저물 무렵 과거의 군함이 최후의 여행을 하는 모습을 표현하고 있다. 앞서 있는 증기선의 굴뚝에서 뿜어 나오는 수증기는 산업 사회의 상징인 동시에 대항해시대라는 영웅적이고 낭만적인 과거와의 결별을 의미한다.

터너는 유럽 각 지역을 돌아다니면서 스케치를 하고 돌아와 작품을 완성하곤 했으며, 그림을 그리기 위해서라면 어떤 체험도 마다하지 않았다고 한다. 생생한 체험을 바탕으로 한 덕분인지 그의 작품들은 관객들을 극도

〈칼레 부두〉, 런던 내셔널 갤러리

로 몰입시키며, 그것에서 느껴지는 비극성을 극대화한다. 1802년, 프랑스를 여행할 때 그는 칼레 시까지 횡단을 감행했고, 이때의 힘든 체험을 〈칼레 부두〉를 그리는 데 활용했다. 또한 그해 알프스를 넘은 체험은 후일 〈눈보라—알프스를 넘는 한니발의 군대〉를 그리는 데 모티프가 되었다.

그중에서도 가장 믿기지 않는 일화는 1842년 작품 〈눈보라—하버 만에 입항하는 증기선〉과 관련된 것이다. 증기선 한 척이 눈보라와 폭풍우에 요동치고 있는 장면으로, 소용돌이치는 듯한 색과 선이 현기증과 공포감, 대자연 앞에 선 인간의 무력함을 느끼게 한다. 원래 소제목은 '얕은 바다에서 신호를 보내며 유도등에 따라 항구를 떠나가는 증기선. 나는 에어리얼 호가 하리치 항을 떠나던 밤의 폭풍우 속에 있었다'이다. 이 표현처럼 터너는 에어리얼 호가 폭풍우에 휘말릴 당시 그 안에 있었다고 하는데, 폭풍우를 관찰하고자 수부에게 부탁해 돛대에 묶였다고 한다. 이 작품은 후기 그의 작품 경향을 대표하는 것이기도 하다.

1819년, 터너는 이탈리아 여행에서 베수비오 화산이 폭발하는 것을 보았고, 이를 계기로 작품에 큰 전환점을 맞게 된다(이때도 그는 역시 화산 폭발 모습을 관찰하기 위해 모두들 도망치는 가운데 화산 가까이까지 다가갔다고 한다). 그는 자연에 대한 정확한 관찰을 토대로 그렸던 초기 작풍을 벗어던지고, 빛의 굴절에 따른 대기의 다양한 빛을 표현하고, 자연의 격렬함을 표현하는 것에 있어 사실주의적 표현보다 자신의 체험과 그때의 심상을 생생하게 전달하는 것에 주력했다. 이후 그의 작품들은 대상의 형태가 점차 사라지고 대지와 공기, 수증기가 한데 어우러져 추상화처럼 변해 가기 시작했다. 때문에 〈비와 증기와 속도—그레이트 웨스턴 철도〉는 '아무것도 그리지 않은 것과 비슷한 그림', 〈눈보라—하버 만에 입항하는 증기선〉은 '비누거품과 흰색 도료를 발라 놓은 것 같다'라는 악평을 들었다. 이에 터너는 자연 현상에 대한 고전적인 해석에 반발하며 말했다.

"이해받기 위해 이 그림을 그린 것이 아니라 이러한 장면이 어땠는지 보여 주고 싶었다."

그러나 화가이자 비평가인 존 러스킨은 "움직임, 안개, 빛이 이제껏 캔버스 위에 그려진 것 중 가장 장엄하게 표현되었다."라며 극찬을 아끼지 않았다.

터너는 화가로서의 성공, 부와 명예를 모두 거머쥐었으나 일상생활은 다소 평안하지 않았다. 1800년에는 정신이상 증세가 심각해진 어머니를 정신병원에 입원시켰으며, 이후 갤러리 운영 보조로 일하며 아버지와 함께 살았다. 그는 일평생 결혼하지 않고 비밀스럽게 자신의 갤러리와 화실에만 틀어박혔고, 사교적인 생활도 거의 하지 않았다. 1839년 교수직을 사임한 후에는 첼시에 작은 별장을 사서 '부스'라는 가명으로 은거했다고 한다. 그럼에도 스케치 여행은 계속했으며, 죽기 직전까지 지칠 줄 모르고 그림만 그렸다고 한다. 작품에 대한 애착이 컸던 탓에 사후 작품이 흩어지는 것을 원치 않아 1851년 12월 19일 임종을 앞두고 "작품을 모두 한군데 같이 있게 해 달라."라는 유언을 남겼다. 유품으로 남은 것 중 드로잉만 1만 9천 점에 이르렀다고 한다.

059

신고전주의의 선구자

장 오귀스트 도미니크 앵그르

Jean Auguste Dominique Ingres
(1780. 8. 29~1867. 1. 14)

- 프랑스
- 19세기 프랑스 고전주의를 대표하는 화가로 초상화와 나체화에 뛰어났다.
- 〈그랑드 오달리스크〉, 〈제우스와 테티스〉, 〈샤를 7세의 대관식〉, 〈터키탕〉 등

〈자화상〉, 샹티이 콩데 미술관

장 오귀스트 도미니크 앵그르는 19세기 프랑스 고전주의를 대표하는 화가다. 해부학과 비례를 기반으로 한 사실적 표현에서 벗어나 공간과 형태를 왜곡시킴으로써 인간의 감성에 직접 호소하는 '시적' 회화의 경향을 창출하였으며, 드가, 고갱, 마티스, 피카소 및 팝아트 화가들과 수많은 작가에게 영향을 끼친 현대 예술의 주요 선구자로 꼽힌다.

앵그르는 1780년 8월 29일 프랑스 남서쪽

의 작은 도시 몽토방에서 태어났다. 아버지는 실내장식가이자 조각가로, 음악과 미술에 조예가 깊었고, 어린 시절 아버지로부터 데생과 회화, 음악을 배웠다. 때문에 그 역시 음악과 미술에 조예가 깊었으며, 특히 카피톨 오케스트라의 제2 바이올린 주자로 활동했을 만큼 바이올린 솜씨가 탁월했다. 그의 시대에 '앵그르의 바이올린'이라는 단어는 직업 외에 적극적으로 취미 활동을 즐긴다는 의미로 통용되기도 했을 정도였다.

앵그르는 11세 때 툴루즈의 왕립 아카데미에 들어가 기욤 조지프 로크를 사사했으며, 17세 때 파리로 갔다. 파리에서 여러 예술가들의 화실을 들락거리던 앵그르는 당대 신고전주의의 대가 다비드의 눈에 들어 19세 때부터 그의 화실에서 사사했다. 또한 그해 에콜 데 보자르에 입학했으며, 21세 때 〈아가멤논의 사절단〉으로 로마대상을 수상했다. 그러나 국가 재정 문제 때문에 로마로 떠난 건 5년이 지나서였다. 그사이 그는 초상화가로 활동했으며, 로마로 떠나던 해에는 〈옥좌에 앉은 나폴레옹〉을 살롱전에 출품했다. 이 작품에서 경직된 표정으로 옥좌에 앉아 한 팔을 들고 있는 나폴레옹의 모습은 지나치게 영웅적인 한편, 독재자를 연상케 하는데, 기법과 구도, 이미지가 지나치게 복고적이었던지라 '시대에 뒤떨어졌다'라는 혹평을 받았다.

로마에서 앵그르는 로마 시대의 유적과 고대 작품들을 연구했으며, 특히 라파엘로와 티치아노의 그림에 매료되었다. 그는 로마에서도 부유층의 초상화를 그리면서 생활했는데, 역사화나 고전적이고 의미 있는 작품을 그리고 싶어 했던 그는 초상화가 자신의 자질을 낭비하는 것이라고 생각했다. 고전풍의 세련미와 정교한 데생 솜씨가 돋보이는 초상화에서 그가 천재적인 재능을 발휘했다는 것은 아이러니가 아닐 수 없다.

그는 이 시기에 〈발팽송의 목욕하는 여인(목욕하는 여인)〉, 〈오달리스크〉

등 동양풍의 누드화를 그리기 시작했으며, 〈오이디푸스와 스핑크스〉, 〈제우스와 테티스〉처럼 해부학적 관점에서 '정확하지' 않은 작품들을 그렸다. 그는 후일 〈터키탕〉이나 〈그랑드 오달리스크〉에서 보이듯 인체를 길게 늘이고 매끈한 색채와 선으로 곡선미를 강조해 우아하고 이상적인 비례를 만들었다. 그러나 초기에는 이런 시도를 인정받지 못했고, 지속적으로 살롱전에 작품을 출품했으나 대부분 비평가들의 비난에 직면했다. 특히 척추에 뼈가 하나 더 붙어 있는 듯 보이는 〈제우스와 테티스〉는 엄청난 혹평을 받았다. 그리하여 그는 자신을 인정해 주기 전까지는 파리로 돌아가지 않겠다고 결심했다고 한다. 그러나 그 자신 역시 프랑스로 돌아가기까지 18년이나 걸릴 줄은 상상하지 못했을 것이다. 한편 그는 로마로 유학 가기 전 다비드의 제자이자 법관의 자녀인 마리 줄리 포레스티와 약혼했는데, 로마 체류가 길어지면서 약혼이 파기되었다.

〈옥좌에 앉은 나폴레옹〉, 파리 군사 박물관

1813년, 그는 여성용 모자 상점을 운영하던 마들렌 샤펠과 결혼하고 나

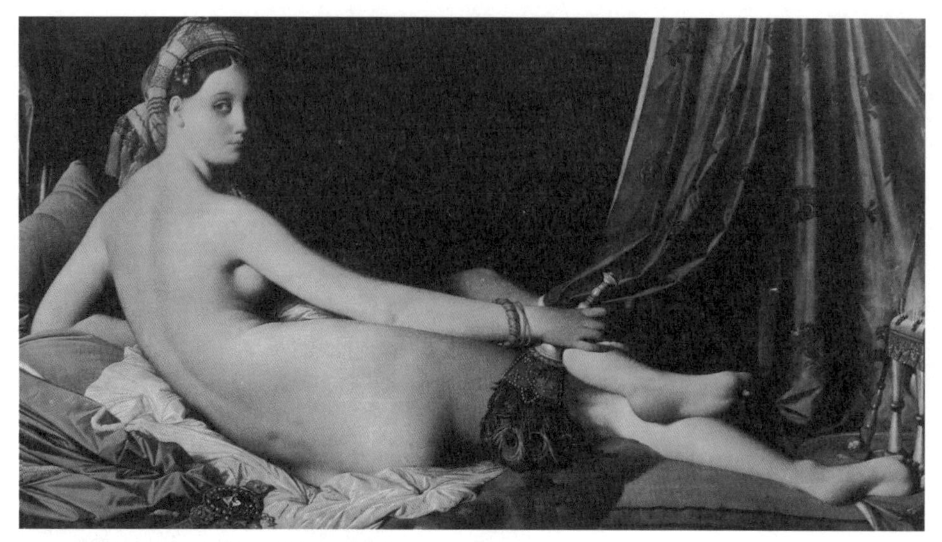
〈그랑드 오달리스크〉, 파리 루브르 박물관

폴리로 여행을 다녀왔다. 그해 그는 나폴리 여왕 카롤린 뮈라의 주문으로 〈그랑드 오달리스크〉를 그리기 시작했다. 화면 한가운데 한 여인이 길게 누워 있는 이 작품에서는 동양적 색채가 엿보이는데, 당시 유럽 사회의 동양에 대한 관심을 알 수 있게 해 준다. 앵그르는 이듬해 이 작품을 완성해 1819년 살롱전에 출품했는데, 이로써 당시 정통주의자들의 엄청난 분노에 직면했다. 그림 속 여성은 팔과 허리가 늘어나 있고, 가슴은 겨드랑이에 붙어 있으며, 관객을 향한 머리와 목 역시 부자연스럽기 그지없는데, 이런 왜곡된 인체 표현이 해부학적으로 정확하지 않으며, 매끈하게 마무리된 단조로운 색조로 인물에 생명력과 입체감이 없다는 것이었다.

서양 회화사를 수놓은 거장들이 모두 그랬듯 앵그르 역시 데생에 있어 천재적인 기량을 지니고 있었다. 그런 그가 해부학적으로 왜곡된 인체를 그린 것은 그가 추구하는 이상적인 미가 여기에 담겨 있었기 때문이었다.

길게 늘어진 허리와 팔은 풍부한 곡선미를 강조하고, 관객을 응시하는 또렷한 눈빛은 대담하기 그지없으며, 단조로운 색 표현으로 창백한 빛 아래 누워 있는 육체의 살결을 매끈하게 묘사함으로써 나른한 관능미를 발산한다. 이 작품은 정통주의자들의 비난과 관계없이 대중적으로 인기를 끌면서 판화로 복제되었고, 모방작들도 나타났다.

파리로 잠시 갔던 앵그르는 혹평에 실망하고 로마로 돌아왔으며, 그해 피렌체로 이주했다. 그곳에서 그는 프랑스 정부의 주문으로 고향 몽토방 대성당에 걸릴 〈루이 13세의 서약〉을 그렸다. 구성과 색채에서 라파엘로의 영향이 느껴지는 이 작품은 1824년 살롱전에 전시되어 엄청난 찬사를 받았고, 그는 낭만주의의 대척점에 선 고전주의의 거장으로 추앙받게 되었다. 살롱전이 끝난 후에는 샤를 10세로부터 레종 도뇌르 훈장을 받기까지 한다. 이 성공에 고무된 앵그르는 파리로 돌아왔고, 다음 해 아카데미 회원으로 선출되었으며, 개인 화실을 열어 제자들을 가르쳤다.

1827년, 그는 〈호메로스의 신격화〉를 제작했다. 위대한 그리스의 시인 호메로스, 극작가 아이스킬로스, 조각가 페이디아스를 비롯해 근대의 극작가 몰리에르, 니콜라 푸생 등 그의 예술 세계에 영감을 준 역사, 음악, 문화, 미술의 모든 인물들이 등장하며, 기존의 작품과 달리 아카데미적인 화법에 충실하여 '고전주의에 대한 찬가'라고 일컬어졌다.

그러나 1834년 〈성 심포리아누스의 순교〉가 외면받자 슬픔에 빠진 그는 이듬해 자청하여 로마에 있는 프랑스 아카데미 관장으로 부임해 파리를 떠났다. 그는 이곳에서 6년간 아카데미의 건물 및 학사 과정을 재정비하고 제자들을 길렀다. 그런 한편 연주회에도 줄기차게 참가해 음악 활동도 했으며, 이 시기 젊은 음악가인 샤를 구노와 친분을 맺고 그의 초상화를 그리기도 했다.

〈호메로스의 신격화〉, 파리 루브르 박물관

1842년, 파리로 돌아온 그는 다시 고전주의의 대가로 인정받으며 〈오를레앙 공작 페르디낭 필리프의 초상〉, 〈로칠드 남작 부인의 초상〉 등을 그리고 활발히 작품 활동을 했다. 그리고 가끔 화실에 친구들을 초대해 자신의 작품을 보여 주곤 했는데, 이것이 '개인 전시회'의 시초로 여겨진다.

그러나 1849년 아내가 죽으면서 앵그르는 깊은 슬픔에 빠져 작품 활동을 중단하고, 에콜 데 보자르의 교장직도 사임했다. 신혼 초기 첫 번째 아이를 잃은 후 두 사람 사이에는 아이가 없었으나 앵그르는 그녀를 지극히 사랑했다고 한다.

1853년, 앵그르는 델핀 라멜과 재혼하여 행복한 가정생활을 영위했으며, 작품 활동도 재개했다. 시청에 있는 황제실 천장에 〈나폴레옹 1세 찬양〉을 그렸고, 〈샤를 7세 대관식의 잔다르크〉와 같은 대작을 완성했으며, 말년에 이르러 걸작 〈샘〉, 〈터키탕〉 등을 탄생시켰다. 특히 〈터키탕〉은 1859년 나폴레옹을 위해 그린 것인데, 작품 속에 벌거벗은 여인들이 지나치게 많이 등장한다는 이유로 황후 조세핀이 거부했다고 한다. 〈발팽송의 목욕하는 여인〉, 〈마들렌 샤펠의 초상〉 등 이전 작품들에 등장하는 누드의 여인들이 대거 재등장하는데, 화가가 상상으로 구성한 실험적인 형식의 작품이라 할 수 있다.

〈샤를 7세 대관식의 잔다르크〉, 파리 루브르 박물관

앵그르는 1862년 상원의원에 임명되었으며, 1865년에는 벨기에 왕립 아카데미 회원이 되는 등 영광스런 나날을 보냈다. 그리고 1867년, 감기에 걸려 87세의 나이로 세상을 떠났다.

060

사회적 리얼리스트

테오도르 제리코

Jean Louis André Théodore Géricault
(1791. 9. 21~1824. 1. 26)

I 프랑스
I 19세기 프랑스 낭만주의의 선구자로 당대 사건을 사실적이고 역동적으로 표현하는 화풍이 특징이다.
I 〈메두사 호의 뗏목〉, 〈돌격하는 경기병〉 등

장 루이 앙드레 테오도르 제리코는 19세기 프랑스 낭만주의 미술의 선구자이다. 그는 단 12년간 작품 활동을 했으며, 대표작도 많지 않다. 하지만 낭만주의의 태동에 근본적인 영향을 미쳤으며, 그의 사실주의적 묘사 기법은 구스타브 쿠르베 등 여러 화가에게 영향을 주었다. 작품뿐만 아니라 삶과 기질에 있어서도 낭만주의 예술자의 아이콘으로 여겨진다. 그는 열정적이고 격렬한 성정, 자유로운 기질을 지닌 멋쟁이 신사였던 한편, 우울증을 앓았고 자살을 기도하기도 했다. 33세의 나이로 요절한 그의 일생은 작품만큼이나 격정적이고 화려하며, 비극성이 도드라진다.

제리코는 1791년 9월 21일 프랑스 루앙에서 태어났다. 법조인이자 사업가인 아버지 덕분에 중산층 가정에서 풍족하게 자라며 고전 교육을 받았다. 9세 무렵 가족들이 파리로 이주했으며, 17세 때는 어머니가, 21세 때는 외할머니가 사망하면서 유산을 상속받아 평생 풍족하게 화가 인생을 추구할 기반이 마련되었다. 17세 때부터 그는 카를 베르네의 작업실에서 그림을 배우기 시작했다.

1812년
1812년은 나폴레옹이 60만 대군을 이끌고 모스크바를 침공했으나 추위와 기아로 결국 퇴각한 해였다.

그는 일생 두 가지 일에만 열중했는데, 그것은 그림과 말이었다. 어릴 때 승마에 푹 빠진 이래, 재정적으로 어려울 때도 말을 사고 승마를 하는 데 돈을 아끼지 않았다. 사납고 거친 말을 길들이는 것을 무척 좋아했으며, 말을 타다 부상을 당해도 아랑곳하지 않았다. 이른 나이에 죽음을 맞이한 것 역시 승마로 인해 척추 부상이 도졌기 때문이다. 이런 이유로 그가 스포츠나 말을 그리는 데 뛰어났던 베르네 아래에서 수학한 것은 놀랍지 않다. 2년 후 그는 피에르 나르시스 게랭의 화실에서 공부하며 고전 회화를 연구했고, 신고전주의적 양식을 배웠다. 이때 후배인 들라크루아에게 큰 영향을 주었다. 이듬해에는 에콜 데 보자르에 들어갔다. 이 시기에 그는 루브르 박물관에 가서 옛 거장들의 작품을 즐겨 모사했는데, 특히 루벤스의 역동적인 화풍에 큰 영향을 받았다.

그의 작품은 말이나 군인을 역동적으로 묘사한 것이 많다. 1812년에는 20세의 나이로 〈돌격하는 경기병〉을 출품해 평단을 놀라게 하며 살롱전에서 금상을 수상했다. 이 작품은 모스크바 전장에서 고전하는 순간의 기병 장교를 그린 것으로, 정확한 관찰과 탄탄한 구성, 거친 터치로 인한 역동성, 화폭에 넘쳐 나는 말과 장교의 에너지, 전장이 가진 비극성과 호쾌함 등으로 보는 이들을 압도한다.

제리코는 이후 〈전장을 떠나는 부상당한 흉갑기병〉, 〈무장 기병의 초상〉

왼쪽부터 차례로 〈돌격하는 경기병〉 파리 루브르 박물관, 〈전장을 떠나는 부상당한 흉갑기병〉 파리 루브르 박물관

등의 전쟁화를 더 그렸다. 전쟁과 군인, 말에 대한 열정으로 그는 1815년 벨기에 전투에도 사수로 참전했다. 짧았지만 끔찍한 전쟁의 실상을 경험한 그는 이후 전쟁화를 그릴 때 전쟁의 비극성과 전장에 선 인간의 내면을 묘사하는 데 힘을 기울였다.

1816년에는 이탈리아 로마에 주로 머물면서 고전주의 거장들의 작품을 연구했다. 그는 르네상스와 17세기 대가들을 좋아했고, 미켈란젤로와 카라바조에게 큰 영향을 받았다.

파리로 귀국한 후에는 1819년 살롱전에 〈메두사 호의 뗏목〉을 출품했다. 제리코는 비극적인 사건이 지닌 에너지에 매료되곤 했는데, 이런 사건들은 역동적인 표현 방식, 극적인 색채 효과 등 제리코의 화풍과 어우러져 비장

〈메두사 호의 뗏목〉, 파리 루브르 박물관

미가 극대화되었다. 1816년 7월 2일, 프랑스 식민지인 세네갈에 정착할 이주민과 관료들이 탄 메두사 호가 난파당했다. 승선한 500여 명 중 400여 명이 난파선 조각으로 뗏목을 만들어 표류했고, 13일 만에 구조되었다. 살아남은 사람은 15명뿐이었는데, 이들이 난파 도중 인육을 먹으며 살아남았다는 소문이 돌기도 했다. 제리코는 이 사건에서 오랜 표류 끝에 구조선을 발견하고 희망에 차 기뻐 날뛰는 장면을 선택했는데, 뗏목 바닥에 너부러져 있는 시체들과 살아남은 이들이 대비를 이루면서 비장감이 극대화된다. 해부학적인 인체 묘사를 비롯해 인간 심리의 표현이 절정에 달해 있으며, 역동적인 인체 표현, 강한 명암과 색채 효과 등 극적인 요소로 가득하다.

그러나 이 작품에 대한 반응은 부정적이었다. 사실주의에 고전주의적 웅장함을 결합시킨 화풍이 낯설었고, 무엇보다 주인공과 주인공의 영웅적인 행위가 없는 것이 아카데미 양식에 맞지 않았다. 또한 이 사건에 대한 정부의 책임 회피 등 정치적인 이유로 탄압을 받기까지 했다. 제리코는 이런 반응에 실망하고 우울증에 빠져 퐁텐블로에서 얼마간 은둔 생활을 했다. 그러나 이 작품은 이후 낭만주의 회화의 시발점이 되는 작품으로 여겨지게 된다.

제리코는 〈메두사 호의 뗏목〉을 제작할 때 시체 안치소를 정기적으로 방문해 인체를 연구했다고 한다. 이런 연구와 사형 제도에 반대한다는 사회적인 관심으로 그는 이 시기에 〈단두대에서 잘린 머리들〉, 〈절단된 사지〉 등의 작품도 제작했다. 빅토르 위고는 이 작품들을 보고 〈사형수 최후의 날〉이라는 작품을 썼다고 한다.

제리코는 1820년부터 약 2년간 영국에 체류했다. 이때 〈메두사 호의 뗏목〉을 선보였는데, 프랑스에서와 달리 큰 호평을 받았다. 또한 이곳에서 그는 영국의 자연스러운 사실성이 배어나는 작품들에 깊은 감동을 받았다. 특히 말의 해부학에 대한 책을 출간할 정도로 말을 그리는 데 빼어났던 조지 스텁스의 작품들에 큰 감명을 받았다. 그는 런던 거리를 돌아다니면서 노동자, 거지, 숙녀 등을 화폭에 담았고, 더비 경주 장면 등 운동 경기를 그리기도 했다. 또한 소묘를 석판화로 제작하여 팔기도 했다.

1822년, 제리코는 파리로 돌아왔다. 폐병과 우울증을 앓고 있던 그에게 영국의 습한 기후와 어두운 날씨가 좋지 않았기 때문이다. 더구나 어린 시절부터 해 온 승마는 그의 육체에 부담을 주었고, 이해에 세 번이나 승마 사고를 당했다. 그럼에도 승마를 포기하지 않아 부상이 더욱 악화되었고, 결국 더는 대작을 그릴 수 없게 되었다. 이 시기에 제리코는 담당의사였던 조르주 박사의 권유로 정신병원 환자들의 초상화를 그렸다.

왼쪽부터 차례로 〈도박에 중독된 여인〉 파리 루브르 박물관, 〈절도에 중독된 남자〉 겐트 미술관

〈도박에 중독된 여인〉, 〈절도에 중독된 남자〉 등 10여 점의 초상은 동일한 구도와 배경을 가지고 유사한 색채로 표현되어 있으며, 해부학적으로 완벽하다고 평가받는다. 미화나 과장 없이 중독자들의 초췌한 모습을 객관적이고 사실적으로 표현한 이 작품들을 그린 의도는 알려져 있지 않다. 그림을 그리는 것이 우울증 치료의 일환이라는 설, 중독자들의 모습을 통해 당시 사회적 문제들을 상기시키고 교화하려는 목적으로 그렸다는 설도 있다. 이 최후의 걸작으로 제리코는 사회적 리얼리스트의 위치를 점하게 된다.

1823년 말, 척추 수술을 받은 곳이 악화되어 제리코는 이듬해 1월 26일 사망했다. 사후 그는 낭만주의의 화신으로 숭배되었으며, 초췌하고 마른 얼굴은 데스마스크로 복제되어 수없이 팔려 나갔다.

061

자연과 교감하며 풍경을 담은 화가

장밥티스트카미유코로

Jean-Baptiste-Camille Corot(1796. 7. 16~1875. 2. 22)

I 프랑스
I 프랑스의 대표적인 풍경화가로, 신고전주의에서 인상주의로 넘어가는 발판을 마련했으며 섬세하고 시적인 작품을 선보였다.
I 〈몸단장〉, 〈짐수레〉, 〈샤르트르 대성당〉, 〈호메로스와 양치기들〉 등

코로는 프랑스의 대표적인 풍경화가로, 신고전주의를 계승하고 인상주의의 발판을 마련한 화가로 여겨진다. 낭만주의나 사실주의 어떤 유파에도 속하지 않고 일생 독자적으로 활동했다. "예술의 아름다움이란 자연으로부터 받은 느낌으로 가득 찬 진실이다."라는 그의 말처럼 자연주의를 바탕으로 한 섬세하고 시적인 작품으로 생전에 엄청난 명성을 누렸다. 그럼에도 자신의 그림만큼이나 조용하고 검소하게 살았으며, 말년에는 젊은 화가들에게 '아버지 코로'라고 불릴 정도로 존경받았다. 사후 그의 명성은 인상파 화가들에 의해 가려졌으나, 그의 예리한 자연 관찰과 유화 기법은 인상파 화가들에게 많은 영향을 미쳤다. 또한 생전 3천여 점의 그림을 남겼는

데, 6천여 점이 미국에 있다고 할 정도로 가장 모작이 많은 화가 중 한 사람이기도 하다.

장 밥티스트 카미유 코로는 1796년 7월 16일 파리에서 부유한 포목상인의 아들로 태어났다. 그는 처음에 아버지의 가업을 잇고자 했으며, 어린 시절 회화에 관심이 있었던 흔적은 없다. 루앙 중등학교와 프와시의 기숙학교 등에서 고전 교육을 받았고, 장 자크 루소의 저작을 좋아했다. 그의 범신론적인 자연 사상이 드러나는 시적인 풍경화들은 루소의 영향이 크다.

1815년, 그는 파리의 한 포목상에 견습 사원으로 들어가 포목 사업을 배웠다. 그러나 어떤 계기에서인지 그림에 관심이 생겨 아카데미 쉬스의 야간반에 들어가 그림을 배우기 시작했다. 그는 평생 느긋하게 천천히 작품을 발전시켰는데, 원래 성격이 느긋했기 때문인지 화가가 되기로 확고한 결심을 할 때까지도 7년이라는 시간이 걸렸다.

1822년, 그는 포목상을 그만두고 화가로 전업하기로 결심했다. 여기에는 아버지의 후원이 있었다. 그는 볼테르 강변에 화실을 마련하고 고전적인 풍경화가 아실 에트나 미샬롱, 장 빅토르 베르탱 등에게 그림을 배웠다. 그는 강과 숲 풍경을 무척 좋아했고, 노르망디와 퐁텐블로 숲을 자주 찾아가 그림을 그렸다. 야외에서 스케치를 하고 작업실에서 작품을 완성하던 기존 화가들과 달리 그는 야외에서 작품을 완성한 최초의 화가이다. 이런 작업 방식은 오늘날 인상주의 화가들의 전유물처럼 알려져 있지만, 코로가 선도한 것이라고 할 수 있다.

1825년부터 1828년까지 코로는 이탈리아를 여행했다. 로마, 캄파냐, 나폴리, 베네치아 등을 여행한 경험은 그의 작품 세계에 큰 영향을 미쳤다. 이때 코로는 한 친구에게 쓴 편지에 '내가 생에 진정으로 하고 싶은 것은 오직 풍경을 그리는 것이라네'라고 썼다. 이때부터 코로는 풍경화와 유화를 본격

〈나르니 다리〉, 오타와 국립미술관

적으로 발전시켰고, 이것이 코로 작품의 전형이 되었다.

로마에 체류할 당시 코로는 〈파르네세 정원에서 바라본 콜로세움〉, 〈파르네세 정원에서 바라본 로마 대광장〉 등을 그리면서 형태와 빛의 변화에 초점을 맞추고 빛을 재해석하여 표현하는 데 몰두했다. 1827년, 코로는 로마에서 파리로 〈나르니 다리〉를 보냈고, 이 작품은 그해 살롱전에 전시되었다. 고대 로마 시대의 나르니 다리를 그린 이 작품에서 그는 대담한 터치와 뚜렷한 명암, 교각과 강, 초목을 강한 빛으로 처리한 기법 등을 선보이며 후일 인상주의의 선구자로 여겨지게 된다.

코로는 로마에서 돌아온 이후에도 정기적으로 여행을 다니며 그림을 그렸다. 그는 야외에서 그림을 그리는 것을 좋아했고, 여름이면 스케치 여행을 떠나곤 했다. 1829년에는 브르타뉴, 노르망디 등지를, 1830년에는 샤르트르, 노르망디, 노르 지방을 여행하며 다양한 풍경을 그렸다. 이 시기에 그린 〈샤르트르 대성당〉은 코로 자신이 특별히 좋아한 작품으로, 그는 거의 죽을 때까지 이 작품을 소장했다. 그 밖에도 이탈리아를 두 번 더 방문했으며, 아비뇽을 비롯한 프랑스 남부 지방, 스위스, 네덜란드, 런던 등 일생 여러 지방을 널리 여행하면서 그림을 남겼다.

1833년, 그는 퐁텐블로 숲을 그린 풍경화로 살롱전에서 처음으로 메달을 수상했다. 이후 그는 〈악타이온에게 놀란 디아나 여신〉, 〈황야의 성 제롬〉, 〈호메로스와 양치기들〉 같은 신화나 성서의 내용과 풍경화를 결합한 작품이나 〈볼테라에서 바라본 풍경〉, 〈나폴리 주변의 경치〉, 〈음악회〉 등을 꾸준히 살롱전에 출품하면서 서서히 프랑스 화단에 자리 잡았다. 그는 역사를 주제로 한 풍경화의 대가로 인정받았으며, 순수하고 진지한 시선으로 자연주의가 깃든 시적인 풍경을 그린다고 평가받았다. 1845년 살롱전에 전시된 〈호메로스와 양치기들〉을 보고 시인 보들레르는 "진실로 현대적인 풍경화를 개척했다. 아무것도 버릴 것이 없다."라며 감격했다고 한다.

또한 그의 목가적이고 시적인 정취를 담은 풍경화들은 쿠르베를 위시한 사실주의 화가들의 대담하면서 일상의 진실을 그대로 드러낸 풍경화와 비교되면서 대중의 사랑을 듬뿍 받았다. 코로는 그림에 있어 감성 표현을 중시했는데, 역사나 신화, 성서를 다룬 작품에서조차 자신의 감성을 드러내는 데 중점을 두었다. 그는 "현실성은 예술의 일부이지만 감정은 그 전부다. 그대를 인도하는 것은 그대의 감성뿐이다."라고 말했다.

1840년대 중반 이후 코로의 명성은 절정에 달했다. 그는 1846년에 레종 도뇌르 훈장을 받았고, 1849년에는 살롱전 심사위원으로 선출되었다.

〈아침-요정들의 춤〉, 파리 오르세 미술관

그리고 1850년 나폴레옹 3세가 〈아침-요정들의 춤〉을 구입하면서 더욱 유명세를 떨쳤다. 아침 햇살이 은은하게 비추는 초원에 님프들이 춤추는 모습이 담겨 있는 이 작품은 코로 특유의 이상주의와 서정성이 절정에 도달한 작품이다. 코로는 자칫 단순하게 보일 만한 풍경까지 면밀한 관찰을

〈세브르의 길, 파리 방면 풍경〉, 파리 루브르 박물관

토대로 한 세심한 묘사와 화면 전반에 깔린 부드러운 은회색 색조, 시와 음악이 흘러나오는 듯한 몽환적 분위기를 연출함으로써 이상적이고 아름다운 세계에 대한 동경을 불러일으킨다. 1855년 파리 만국박람회에서 1등상을 수상했으며, 그해 나폴레옹 3세는 〈마르쿠시의 추억〉을 구입했다.

그러나 세간의 평판은 코로에게 그리 영향을 미치지 못했다. 그는 조용하고 검소한 성격이었으며, 그림을 그리는 일 외에는 정치나 사교 생활에 전혀 관심이 없었다. 그의 일생을 지배한 것은 음악과 그림, 두 가지뿐이었다. 동시대 다른 화가들이 급격한 산업화로 인한 사회적 변화나 정치 참여적 성향의 작품을 제작할 때도 그는 전혀 관심을 보이지 않고, 오직 여러 지방을 여행하며 자신의 감정을 일깨우는 풍경을 화폭에 담았다. 부모의 후원으로 일생 부족함 없이 생활했으며, 부모가 죽은 후 막대한 유산을 물려받았지만 그는 자신의 생활 방식을 바꾸지 않았다.

1850년대에 코로는 퐁텐블로 숲 근처의 바르비종으로 이주했다. 이곳에서 그는 장 프랑수아 밀레, 테오도르 루소 등과 교류하면서 자연과 교감하며 작품을 그렸다. 젊은 화가들은 온화하고 관대한 성품에 호의적인 태도를 갖춘 신사였던 그를 많이 따랐고, 그중에는 인상주의 운동의 선두에 섰던 카미유 피사로도 있었다.

말년에도 그는 화가로서 끊임없이 발전했다. 1859년 작 〈몸단장〉은 자연을 배경으로 한 인물 묘사에 있어 새로운 미학을 보여 준 걸작으로 평가받으며, 1864년 살롱에 전시된 〈모르트퐁텐의 추억〉은 코로 특유의 서정적이고 시적인 묘사가 완성의 경지에 이르러 그를 대표하는 이미지 중 하나가 되었다.

코로는 19세기 프랑스 화단에서 확고한 위치를 차지하고 많은 존경을 받으며, 1875년 2월 22일에 79세의 나이로 편안하게 숨을 거두었다. 유해는 페르 라셰즈에 안치되었다.

후대로 갈수록 코로의 작품들은 지나친 이상주의로 과장되고 공허한 것으로 여겨지기도 했지만, 그는 19세기 후반 프랑스 미술계에 풍경화의 유행을 불러일으켰으며, 뒤이어 인상주의가 태동하는 데 큰 영향을 미쳤다.

062

19세기 프랑스 낭만주의 회화의 대표

외젠 들라크루아

Ferdinand Victor Eugène Delacroix
(1798. 4. 26~1863. 8. 13)

| 프랑스
| 프랑스 낭만주의 회화의 대표적인 화가로 소묘, 파스텔화, 유화 등 9천여 점에 달하는 작품을 남겼다.
| 〈민중을 이끄는 자유의 여신〉, 〈지옥의 단테와 베르길리우스〉, 〈키오스 섬의 학살〉 등

당대의 비평가 테오필 고티에는 들라크루아에 대해 이렇게 말했다.

"들라크루아만큼 진정으로 현대적인 회화를 그린 이는 없다. 이 천재는 사랑, 공포, 광기, 절망, 분노, 열광, 포만, 꿈과 행동, 사고와 우수, 이 모든 것들을 셰익스피어만큼이나 훌륭하게 표현한다."

페르디낭 빅토르 외젠 들라크루아는 19세기 프랑스 낭만주의 회화의 대표적인 화가다. 1798년 4월 26일 프랑스 샤랑통-생모리스에서 외교관 샤를 프랑수아 들라크루아와 빅투아르 외벤 사이에서 넷째 아이로 태어났다. 그러나 생부가 정치가 탈레랑이라는 소문이 그를 따라다녔으며, 역사가 중에도 탈레랑이 그의 화가 활동을 은밀히 후원해 주었다는 점과 닮은 외모,

샤를 들라크루아의 불임설 등 다양한 근거를 들어 이 소문을 사실이라고 주장하는 이들도 있다. 그러나 들라크루아 본인은 단 한 번도 소문을 믿지 않았고, 아버지 샤를에 대한 존경심을 평생 품고 살았다.

7세 때 아버지를 잃고 누나가 그를 키웠으나 재산 관리가 미흡해 두 사람은 얼마 후 파산했다. 그러나 외숙부의 후원으로 생활은 풍족했고, 8세 때 리세 앵페리알 기숙학교(오늘날의 루이 르 그랑 리세)에 들어가 인문 교육을 받았다. 이곳에서 그는 펠릭스 기이마르데, 장 바티스트 피에레, 아실 피롱 등과 평생 계속된 우정을 맺었다. 그는 일생을 연극, 문학 작품, 고대 역사 등에 큰 관심을 가지고 이를 주제로 그림을 그렸는데, 이것은 이때 쌓은 문학적, 인문학적 소양 덕분이었다. 그는 호라티우스와 아우렐리우스 등이 쓴 고대 작품을 숭배했고, 단테, 바이런, 셰익스피어, 몽테뉴 등 철학, 문학, 시, 희곡 등을 가리지 않고 읽었다.

16세 때에는 낭만주의 회화의 창시자라고 일컬어지는 화가 테오도르 제리코의 스승이었던 피에르 나르시스 게랭 남작의 제자가 되었다. 이를 계기로 제리코와 인연을 맺은 들라크루아는 〈메두사 호의 뗏목〉의 모델이 되기도 하고, 제리코를 대신해 작품도 그리면서 제리코에게 큰 영향을 받았다. 18세 때 에콜 데 보자르에 입학한 뒤에는 화가 수업을 계속받은 동시에 사교계에서 스탕달 등의 문인들과 친분을 맺고, 부지런히 연극과 오페라를 관람했다. 이런 생활은 그의 작품 소재에도 영향을 미쳤다.

1822년, 들라크루아는 살롱전에 〈지옥의 단테와 베르길리우스〉를 출품했다. 단테의 《신곡》에서 영감을 얻은 작품으로, 미켈란젤로와 루벤스의 영향이 엿보인다. 큰 주목을 받지는 못했지만 명망 있던 화가 프랑수아 제라르는 그에 대해 '천재적인 자질'이 있다고 평했으며, 시인 보들레르는 그의 가장 열렬한 옹호자가 되었다. 또한 정치가이자 역사가로 후일 프랑스

〈지옥의 단테와 베르길리우스〉, 파리 루브르 박물관

내무장관이 되는 루이 티에르의 후원을 받게 되었다. 그리고 1824년 살롱전에 〈키오스 섬의 학살〉이라는 역사적 주제를 다룬 작품을 출품하면서 낭만주의의 선구자로 떠올랐다. 이 작품은 당시 화단을 지배하던 고전주의, 특히 앵그르의 작품과 비교되면서 혹평을 받기도 했다.

1825년, 들라크루아는 빅토르 위고와 함께 영국 여행을 떠났다. 그는 런던에서 셰익스피어의 작품들과 괴테의 〈파우스트〉 등의 연극을 보고 큰 인상을 받았으며, 바이런과 월터 스콧 등의 영국 문학가들에게 관심을 두게 되었다. 그는 이 시기에 바이런의 희곡 〈마리노 팔리에로〉에서 영감을

〈사르다나팔루스의 죽음〉, 파리 루브르 박물관

받아 〈마리노 팔리에로 총독의 처형〉을, 월터 스콧의 소설에서 영향을 받은 〈리에주 주교의 암살〉 등의 작품을 그렸고, 〈파우스트〉의 프랑스어 번역판에 삽입될 석판화도 제작했다. 또한 영국 풍경화가인 존 컨스터블, 윌리엄 터너 등과 교류했다. 이 시기에 받은 영향은 그의 작품 소재에 평생 영향을 미쳤다.

1827년, 들라크루아는 낭만주의의 절정에 달한 〈사르다나팔루스의 죽음〉을 살롱전에 출품했다. 아시리아 왕 사르다나팔루스의 몰락을 주제로 한 바이런의 희곡에서 영감을 받은 작품으로, 격렬한 움직임과 강렬하고

〈민중을 이끄는 자유의 여신〉, 파리 루브르 박물관

화려한 색채가 넘쳐 난다. 지나치게 과장되었다는 평가도 받았지만, 낭만주의 화가들로부터는 극찬을 받았다.

1830년, 들라크루아의 대표작 〈민중을 이끄는 자유의 여신〉이 완성되었다. 들라크루아는 나폴레옹 보나파르트의 집권과 몰락, 왕정복고 등 혼란스러운 시대를 살았는데, 1830년은 파리에서 혁명당원들이 프랑스 국왕 샤를 10세를 폐위시키고, 오를레앙 공작이 루이 필리프로 즉위한 해였다. 이 작품은 루이 필리프가 즉위한 계기가 된 1830년 7월 혁명을 기념하여 그려진 것으로, 프랑스 혁명 정신의 상징으로 불리며 1831년 살롱전에서 센세이션을 불러일으켰다. 들라크루아는 이 그림을 그리면서 '내가 조국을 위해 직접 싸우지는 못했을지라도 최소한 조국을 위해 그림을 그릴 수는 있다'라는 편지를 형 앙리에게 보냈다. 루이 필리프는 사비를 털어 이 그림을 즉각 구매했는데, 작품이 마음에 들어서가 아니라 민중을 선동할 가능성이 있다고 우려해서였다.

1831년에 들라크루아는 레종 도뇌르 훈장을 받았으며, 1832년 외교 사절단의 일원으로 모로코에 갔다. 북아프리카에서 약 5개월을 보내면서 그는 이국의 역사와 강렬하게 빛나는 투명한 태양에 크게 영감을 받고 수많은 크로키와 기록들을《모로코 수첩》으로 남겼다. 그는 모로코에서 받은 감흥에 대해 이렇게 표현했다.

> 이곳의 모든 거리에 생생하게 살아 숨 쉬는 숭고함이 현실이 되어 나를 괴롭힌다. 한걸음을 뗄 때마다 완성된 작품들이 눈앞에 펼쳐져 있다.

〈모로코의 유대인 결혼식〉, 〈모로코 군대의 기병〉, 〈하렘의 알제 여인들〉 등과 같은 작품들이 이때의 영향으로 탄생했다.

1834년, 그는 일생에 가장 중대한 여인이 되는 조르주 상드를 만났다. 소설가 상드는 피카소, 빅토르 위고, 리스트 등 수많은 남성 편력과 특히 쇼팽의 뮤즈로 유명하다. 들라크루아는 쇼팽과 상드의 관계가 시작되기 전에 그녀를 만났으며, 얼마 후에는 쇼팽을 만나 친분을 나누었다. 쇼팽이 상드와 관계를 지속하고 있을 때는 물론, 쇼팽이 그녀와 헤어져 온 사교계가 상드를 비난할 때도 쇼팽을 자주 찾아가 위로하는 한편, 그녀에 대한 애정도 저버리지 않았다. 상드와 쇼팽이 공식적인 연인이었을 때 세 사람은 보기 드문 우정을 나누었으며, 들라크루아는 두 사람을 애정 어린 시선으로

왼쪽부터 차례로 〈프레데리크 쇼팽의 초상〉 파리 루브르 박물관, 〈조르주 상드의 초상〉 코펜하겐 오르드룹고드 미술관

바라보았다. 이런 관계는 들라크루아가 상드와 쇼팽을 그린 그림에서도 잘 드러난다.

들라크루아는 모로코에서 돌아온 이후 루이 필리프가 집권하는 동안 정부 주도의 대규모 장식화들을 그렸다. 부르봉 궁 알현실의 벽화, 베르사유 궁 역사 박물관의 전쟁 미술관에 걸린 〈타유부르의 전투〉, 〈십자군의 콘스탄티노플 함락〉 등을 그렸으며, 부르봉 궁 알현실 입구와 도서관 천장화, 파리 시청 평화의 방 천장화 등 수많은 대작을 그렸다. 1848년에 파리 시청의 천장화들이 공개되자 신문 기자들은 그를 '이탈리아 르네상스의 위대한 계승자'라고 평했다.

그런 한편 들라크루아는 살롱전에도 꾸준히 작품을 출품했다. 친밀하게

상드와 쇼팽을 그린 그림
이 그림은 후일 수집가들이 둘로 나누었고, 현재 쇼팽 부분은 루브르 박물관, 상드 부분은 덴마크 코펜하겐의 오르드룹고드 미술관에 소장되어 있다.

〈공동묘지의 햄릿과 호라티우스〉, 파리 루브르 박물관

교류하던 조르주 상드나 쇼팽 등의 초상화, 자화상과 그가 평생 관심을 두었던 문학 작품들을 소재로 한 〈오필리어의 죽음〉, 〈공동묘지의 햄릿과 호라티우스〉, 〈돈 주앙의 난파선〉, 월터 스콧의 《아이다호》를 소재로 한 〈레베카의 납치〉 등도 이 시기에 그렸다.

1848년에 공화정이 수립된 후에도 들라크루아는 정부의 의뢰로 〈피톤을 죽이는 아폴론〉을 그리는 등 정부가 주도하는 작업을 계속했으며, 제2제정 시대인 1855년에는 레종 도뇌르 3등 훈장을 받고 프랑스 학사원 회원이 되었다.

들라크루아는 종교적, 신화적, 문학적, 역사적 소재를 바탕으로 한 엄청난 크기의 대작들을 남겼으며, 특히 1830년대 이후부터 지나치게 많은 일거리들을 처리하느라 건강을 잃고 말았다. 게다가 1850년이 되면 가까운 친척과 친구들이 모두 죽고 홀로 남겨지면서 생의 기력을 잃고 만다. 들라크루아는 어린 시절부터 풍부한 인맥과 신사다운 품격, 냉철한 이성과 박식함을 지녔으며 활발히 사교 활동을 했으나, 이후부터 샹로제에 있는 작업실이나 파리에 있는 자신의 집에 틀어박혔다. 들라크루아는 1863년 8월 13일 파리의 아파트에서 조용히 숨을 거두었다.

평생 독신으로 살면서 미술에 헌신한 들라크루아의 작업량은 경이로울 정도여서, 죽은 후 작업실에 남겨진 소묘, 파스텔화, 유화들만 해도 9천여 점에 달했다고 한다. 또한 그가 20세 무렵부터 쓰기 시작한《저널》이라는 일기와 수많은 서간, 작업 중이던《미술 사전》등이 책으로 출판되었다. 그리고 파리 퓌르스텐베르그 광장에 있는 그의 아파트는 1971년 그를 기념하는 국립박물관이 되었다.

063

현실을 직시한 사실주의의 혁명

귀스타브 쿠르베

Gustave Courbet(1819. 6. 10~1877. 12. 31)

| 프랑스

| 19세기 사실주의 화가로, 현실을 있는 그대로 직시하고 묘사할 것이라는 주장을 펼치며 근대 회화의 문을 열었다.

| 〈오르낭의 매장〉, 〈안녕하세요! 쿠르베 씨〉, 〈잠〉, 〈세상의 기원〉 등

귀스타브 쿠르베는 19세기 프랑스 사실주의 운동의 선구자로, 낭만주의 회화에 반발하여 근대의 일상을 사실주의적 필치로 그려 낸 '사실'의 위대한 혁신자로 평가된다. 그는 '현실을 있는 그대로 직시하고 묘사할 것'이라는 주장 아래 일상을 미화나 왜곡 없이 그렸으며, 이로 인해 시각에 근거한 근대 미술이 탄생했다.

쿠르베는 1819년 6월 10일 스위스와 국경을 접한 프랑스 동부의 작은 마을 오르낭에서 태어났다. 아버지 엘레오노르 레지는 대지주로, 그의 미술 활동을 아낌없이 후원해 주었으며, 종교적 권위를 부정하는 공화주의자였던 할아버지에게 사상적 영향을 받았다. 오르낭의 중등학교와 왕립 콜레주

브장송 등을 거치며 신학과 법률을 공부했으나 그림에 뜻을 두고 다비드의 제자였던 플라줄로에게 그림의 기초를 배웠다. 이때 그가 화가가 되겠다는 뜻을 밝히자 아버지는 격려하며 재정적 후원을 아끼지 않았다. 1839년에 파리로 올라와 슈토이벤의 아틀리에와 아카데미 쉬스에 들어갔으나 전통적인 교육에는 별다른 관심을 느끼지 못했고, 주로 루브르 박물관에서 모사를 하며 독학으로 회화 기교를 습득했다.

초기에는 성서나 문학 작품 속 내용을 표현하거나 고향 풍경을 그리는 등 다양한 작품을 그렸으며, 1844년 〈검은 개를 데리고 있는 쿠르베〉로 살롱전에서 입상했다. 그러나 이후 수년간 살롱전에서 연이어 낙선했고, 비평가들에게 좋지 않은 평을 들었다. 그럼에도 쿠르베는 점차 급진적인 미술가, 작가, 비평가 사이에서 명성을 얻기 시작했다. 이들은 역사화나 신화 소재를 다룬 그림, 낭만주의적 필치를 비판했으며, "그림은 구체적인 예술이며, 현실적이고 존재하는 것을 다루어야 한다."라는 쿠르베의 주장에 동조했던 것이다. 이들이 모이던 쿠르베의 작업실 근처 술집은 농담 삼아 '사실주의의 사원'이라고 불렸다.

1848년 2월 혁명을 시작으로 오스트리아, 프로이센 등 유럽 전역이 혁명의 불길에 휩싸였다. 사회주의 사상이 대두되었고, 자유주의의 열기가 프랑스를 지배했다. 쿠르베 역시 사회주의와 무정부주의 사상에 큰 영향을 받았으며, 《르 살뤼 퓌블릭Le Salut Public》의 표제 그림을 그리며 혁명에 참여했다. 또한 사회주의자 프루동을 비롯해, 보들레르, 도미에, 코로, 샹플뢰리 등과 친교를 나누었다.

2월 혁명으로 살롱전의 분위기도 일신되어 그해 쿠르베는 〈오르낭의 저녁 식사 후〉로 살롱전 2등상을 수상했다. 들라크루아는 이 작품을 보고 그를 '혁명 화가'라고 극찬했다. 1850년, 쿠르베는 대작 〈오르낭의 매장〉을 살

〈오르낭의 매장〉, 파리 오르세 미술관

롱전에 출품했다. 이 작품은 폭 6미터가 넘는 엄청난 크기, 서사성과 주인공이 없다는 점에서 평론가들을 당혹시켰다. 심지어 쿠르베의 친구들조차 초라한 농민들을 그대로 드러낸 이 그림을 저속하고 너절하다며 비판했다. 이 작품은 기존의 역사화가 추구하던 내러티브를 중심으로 정형화된 인물을 그리던 당대의 관습에서 벗어나 장례식 풍경을 사실적으로 그리면서 개별 인물들의 특징을 그대로 살린 것이었다. 즉 '사실주의를 태동'시키고 '낭만주의를 매장'한, 근대 회화의 시작을 알리는 작품이다.

〈오르낭의 매장〉에 뒤이어 발표된 〈돌 깨는 사람들〉, 〈마을 처녀들(시골 소녀에게 적선하는 처녀들)〉, 〈체질하는 사람들〉, 〈목욕하는 여인들〉 역시 인물들을 미화하지 않고 대담하게 묘사하면서 많은 비난을 받았다. 특히 〈목욕하는 여인들〉은 여인들의 누드를 사실적으로 재현하여 엄청난 논란에 휩싸였는데, 나폴레옹 3세는 격분한 나머지 이 그림에 채찍을 휘둘렀다고 한다. 쿠르베를 지지했던 들라크루아 역시 이 작품에는 분개했다고 한다.

〈돌 깨는 사람들〉, 드레스덴 노이에 마이스터 갤러리

쿠르베는 공공연히 정치적 견해를 표방하는 데 거리낌이 없었으며, 사회 참여적인 그림도 많이 그렸다. 그리고 이렇게 사실적으로 농촌의 생활을 묘사한 일련의 작품들로 곧 정부의 주목을 받게 되었다. 2월 혁명으로 루이 필리프가 물러난 지 얼마 지나지 않은 때라 정부는 제2의 프랑스 대혁명이 일어날 것을 우려하고 있었다. 더구나 당시에는 농촌을 다룰 때 목가적인 풍경, 휴식의 이미지로 그리는 것이 일반적이었지만, 쿠르베는 영세 농민들의 초라하고 고생스러운 삶이 담긴 그림을 그렸고, 이는 정치적 논조를 띠고 있다고 여겨지기에 충분했다. 따라서 그는 이후 정부의 주목을 받게 되었고, 결국 1855년 만국박람회에 전시될 그림의 스케치를 보여 달라는 사전 검열을 받기에 이른다. 분개한 쿠르베는 만국박람회에 대항하여 근처에 임시로 전시관을 만들고 사실주의 전시회를 개최했다.

〈안녕하세요! 쿠르베 씨〉, 몽펠리아 파브르 미술관

1854년, 쿠르베는 또 다른 대표작 〈안녕하세요! 쿠르베 씨〉를 그렸다. 쿠르베가 몽펠리에에 도착했을 때 후원자인 알프레드 브뤼야가 하인과 개를 대동하고 마중 나온 장면을 묘사한 것이다. 일상의 평범한 모습을 그린 이 작품이 유명해진 것은 바로 그 평범함 때문이다. 흙으로 더러워진 신발, 평범한 여행 복장, 이젤과 화구를 짊어진 쿠르베의 모습 어디에도 예술가적 면모가 보이지 않는다. 그저 일반적인 여행자의 모습일 뿐이며, 배경 역시 그저 시골길일 뿐이다. 일상을 있는 그대로, 꾸밈없는 진실을 담아 묘사한다는 쿠르베의 관점이 완숙의 경지에 달한 작품으로, 귀족의 취향에 부합하지 않고 '평범한 진실'에 주목한 혁명적인 그림이었다. 쿠르베의 명성은 이 작품으로 절정에 달했다.

1860년대와 1870년대에 그는 초상, 정물, 풍경, 동물 등 다양한 소재를 다루었다. 〈센 강변의 아가씨들〉, 〈세상의 근원〉, 〈잠〉, 〈나부와 앵무새〉, 〈검은 모자를 쓴 부인〉, 〈사냥개〉, 〈사슴의 은신처〉 등이 이 시기의 작품이다. 〈센 강변의 아가씨들〉은 공공장소인 센 강변에서 드러누워 휴식을 취하는 두 여인을 그린 그림으로, 그림에 담긴 성적 의도를 두고 많은 논란이 일어났다. 그러나 쿠르베는 이에 대해 "설령 부적절해 보인다 할지라도 사실을 그대로 그린 것뿐"이라고 일축했다. 〈잠〉 역시 나체로 잠을 자고 있는 두 여

〈잠〉, 아비뇽 프티 팔레 미술관

성의 동성애를 암시하는 다양한 상징들이 등장하며, 〈세상의 근원〉은 아예 여성의 성기가 화면 전체에 드러나 있는 등 당대의 관점에서 보면 매우 충격적인 작품이다.

1870년, 쿠르베는 레종 도뇌르 훈장을 수여받았으나 이를 사양했다. 그해 프랑스―프로이센 전쟁이 일어났고, 나폴레옹 3세가 폐위되면서 제2제정이 붕괴되었다. 이듬해 파리 코뮌이 수립되자 그는 정치적 신념에 따라 코뮌 정부에 가담했으나 이들의 과격한 행보에 질려 한 달 만에 발을 빼고 만다. 그러나 코뮌 정부가 무너지면서 그 역시 기소되어 감옥 생활을 하게 되었다. 석방 후 오르낭으로 돌아갔으나 마을 주민들이 그를 꺼리는 데다 또다시 정부에 의해 재판에 회부되는 시련을 겪으면서 결국 1873년 7월 23일 스위스로 망명했다.

쿠르베는 1877년 〈알프스의 파노라마 전경〉을 미완성으로 남기고, 망명지인 스위스 라투르드펠즈에서 사망했다. 그의 명성은 사후 더욱 높아졌고, 완전히 새로운 예술관을 제시함으로써 근대 회화의 문을 열었다고 평가받게 된다.

064

농민의 일상을 대변한 바르비종파 화가

장 프랑수아 밀레

Jean-François Millet(1814. 10. 4~1875. 1. 20)

- 프랑스
- 19세기 프랑스 바르비종파의 대표적인 사실주의 작가로 빈곤한 농민의 일상을 숭고하고 장엄하게 표현했다.
- 〈만종〉, 〈이삭 줍는 여인들〉, 〈씨 뿌리는 사람〉 등

장 프랑수아 밀레는 빈곤한 프랑스 농민의 고단한 일상을 우수에 찬 분위기와 서사적 장엄함을 담아 그린 사실주의 화가이다.

"일생 전원밖에 보지 못했으므로 나는 내가 본 것을 솔직하게, 되도록 능숙하게 표현하려 할 뿐이다."

밀레는 농부의 아들로 태어나 스스로 농사를 지어 본 경험 때문인지, 프랑스 농민들을 가장 프랑스적으로 그린 화가라고 평가된다. 또한 그는 흔히 바르비종파의 대표적인 화가로 불린다. 바르비종은 파리 근교 퐁텐블로 숲 근처의 작은 마을로, 1820년대 후반부터 많은 화가들이 시골 풍경을 그리기 위해 이곳으로 모여들었다. 이들은 19세 초 정치적 혼란과 산업화로

인한 급격한 도시화에 지쳐 자연을 갈망하고 자연 속에서 안식을 찾고자 했는데, 이들을 일컬어 바르비종파라고 한다.

밀레는 1814년 10월 4일 노르망디 지방의 그레빌이라는 농촌에서 태어났다. 부농 집안에서 태어난 밀레는 어린 시절 농사로 바쁜 어머니 대신 신앙심 깊은 할머니의 보살핌을 받고 자랐으며, 가족 농장에서 일하기도 했다. 이 두 가지 경험은 후일의 작품 경향에 지배적인 영향을 미친다.

밀레의 아버지는 미술에 대한 그의 재능을 알아보고 19세 때 근교 셰르부르에서 활동하던 초상화가이자 다비드의 제자였던 무셸에게 보내 그림을 배우게 했다. 그러나 2년 후 아버지가 세상을 떠나자 8남매 중 장남이었던 밀레는 책임감 때문에 그림 공부를 중단하고 집으로 돌아왔다. 그러자 그를 사랑했던 할머니가 이를 안타깝게 여겨 다시 그림을 그리도록 독려했고, 이듬해 파리 에콜 데 보자르에 입학했다.

1839년, 로마대상에 낙선하고 에콜 데 보자르를 그만둔 후 그는 셰르부르로 돌아와 약 2년간 초상화가 생활을 했다. 1841년, 폴린 비르지니 오노와 결혼한 후 파리로 올라온 그는 당대 서민들에게 인기 있던 풍속화를 그려 생계를 유지했으나 끼니를 잇기도 어려웠다. 결국 가난 때문에 결혼한 지 3년 만에 아내가 폐병으로 죽기까지 한다.

1845년, 밀레는 셰르부르의 카페 여급이던 카트린 르메르를 만났다. 그러나 가족들은 신분이 낮다며 그녀를 받아들이지 않았고, 이에 밀레는 가족과 인연을 끊고 그녀와 함께 살기 시작했다. 두 사람은 정식으로 결혼하지 못했지만, 9명의 자녀를 낳으며 평생을 함께했다. 가난한 생활 속에서 밀레는 싸구려 누드화를 그려 생계를 유지하는 한편, 살롱전에 지속적으로 작품을 출품했으나 그다지 주목받지 못했다.

이 시기에 밀레는 자주 바르비종 근처에서 스케치를 하면서 이곳에 거주하던 풍경화가들과 교류했다. 그러면서 그는 그곳 농민들의 생활을 소재로 삼은 그림을 본격적으로 그리기 시작했다.

〈씨 뿌리는 사람〉, 보스턴 미술관

1844년에 〈우유 짜는 여인〉으로 농가 생활과 관련된 주제를 최초로 다루었고, 1850년대부터 이 주제를 본격적으로 발전시켰다.

1848년, 농민 화가로의 시작을 알리는 〈키질하는 사람〉을 살롱전에 출품하여 입선했다. 그러나 빈농들의 생활을 사실적으로 그린 것이 문제가 되었다. 당시에는 농촌 풍경을 그릴 때 도시 부르주아의 취향에 맞추어 목가적인 전원 풍경으로 그리는 것이 일반적이었다. 또한 이해는 2월 혁명이 일어난 해로, 그림의 주 고객인 부르주아들이 사회 상황을 불안한 마음으로 주시하고 있던 때였다. 따라서 이 작품은 빈농 문제를 다룬 '혁명적'인 것으로 여겨졌다.

밀레는 생활이 더욱 궁핍해짐에 따라 1849년 세 아이와 카트린을 데리고 바르비종에 정착했다. 그리고 이곳에서 남은 평생을 보내며 농사를 짓고 그림을 그렸다. 1850년 밀레는 〈씨 뿌리는 사람〉, 〈건초 묶는 사람들〉을 살롱전에 출품했다. 그해 입선한 〈씨 뿌리는 사람〉은 씨를 뿌리는 농부를 통해 노동의 고단함을 암시하는 한편, 대지와 투쟁하며 살아가는 농부들의 모습을 숭고하고 장엄하게 표현했다.

〈씨 뿌리는 사람〉은 〈키질하는 사람〉과 마찬가지로 많은 논쟁을 낳았다. 그동안 그림의 주제로 대접받지 못했던 평범한 농부가 화면 전면에 등장해 '혁명적인 암시'를 풍긴다는 이유였다. 보수주의자들은 불안해했으며, 사회주의자들은 찬사를 보냈다. 그러나 밀레는 이런 분위기에 편승하지 않았다. "설사 나를 사회주의자로 여긴다 해도 인간을 그리는 것이야말로 나를 가장 자극하는 것이다."라며 평범한 노동의 존귀함과 그에 대한 연민을 표현했을 뿐이라고 말했다. 이 그림에서 밀레는 농부와 시골 풍경을 근대 프랑스의 대표적인 이미지로 제시하고 있으며, 농부의 행위를 통해 자연의 순환과 힘, 전통적이고 소박한 삶에 대해 생각하게 한다. 훗날 빈센트 반 고흐가 모사한 것으로도 유명한 작품이다.

살롱전으로 명성을 얻기 시작했으나 생활은 여전히 어려웠다. 할머니의 부고를 받고도 여비가 없어 고향에 내려가지 못할 정도였다. 그럼에도 꾸준히 살롱전에 작품을 출품했으며, 서서히 미국과 영국 미술상들의 주목을 받았다.

1857년, 밀레는 〈이삭 줍는 여인들〉을 출품하면서 다시 한 번 비평가들에게는 혹평을, 진보적 지식인들 사이에서는 '하층민의 운명의 세 여신'이라는 찬사를 받았다. 밀레의 '서사적 자연주의의 정수'라는 평을 듣는 이 작품은, 추수가 끝난 들판에서 이삭을 줍고 있는 나이 든 농촌 여인 셋을 그린 것이다. 황금빛 햇살에 물든 들판과 여인들은 엄숙하고 장엄해 보인다. 그러나 이삭을 줍는 행위는 사실 당시 빈농에게 지주들이 베푸는 선심 행위로, 빈농층의 고단한 일상을 대변하는 것이었다. 빵 한 조각 살 수 없을 만큼 궁핍한 생활을 하던 밀레는 이 그림으로 비로소 작품으로 생계를 이어나갈 수 있게 되었다.

〈이삭 줍는 여인들〉, 파리 오르세 미술관

또 다른 밀레의 대표작 〈만종〉은 1859년 살롱전 출품작으로, 해가 저물 무렵 젊은 농부 부부가 저녁 기도 종소리를 듣고 삼종 기도를 올리는 장면을 경건하게 묘사한 작품이다. 밀레는 작품을 그린 계기를 이렇게 밝혔다.

"나의 할머니는 들에서 일을 하다가도 종이 울리면 일을 멈추고, 가엾은 죽은 이들을 위해 삼종 기도를 드렸다. 그것을 생각하며 그렸다."

종교적인 경건함과 평화로움이 느껴지는 이 작품은 보는 이들을 매료시키며 19세기 후반 전국적으로 복제되기 시작했다.

그는 1860년대 〈양털 깎는 여인〉, 〈통을 옮기는 여인〉, 〈괭이를 든 사람〉,

〈만종〉, 파리 오르세 미술관

〈감자를 심는 사람들〉, 〈낮잠〉 등 꾸준히 농민의 생활을 그렸으며, 지속적으로 '혁명적 사회주의자', '영원의 밭을 일구는 비탄의 그리스도'라는 비난과 찬사를 동시에 받았다. 1864년, 드디어 〈송아지의 탄생〉으로 살롱전 대상을 수상했으며, 1867년에는 파리 만국박람회에 〈만종〉, 〈이삭줍기〉 등을 출품하면서 국제적으로도 주목을 받았다. 한편 1860년대 중반 이후부터는 〈겨울〉, 〈일몰〉, 〈봄〉과 같이 인물이 등장하지 않는 풍경화와 데생들도 다수 그렸다.

그는 1860년대 후반부터 사회적으로 인정받으며 화가로서 영광을 누렸고, 1869년에는 레종 도뇌르 훈장을 받았다. 그러나 평생 농사를 지은데다 궁핍에 시달려 극도로 몸이 쇠약해진 밀레는 이 영광을 오래 누리지 못했다.

1870년, 밀레는 프랑스-프로이센 전쟁과 파리 코뮌의 혼란을 피해 바르비종을 떠나 고향으로 내려갔다가 1년 후 다시 바르비종으로 돌아왔다. 이 무렵에는 건강이 나빠져 그림을 거의 그리지 못했으나 1874년 고향 셰르부르의 교회에 〈그레비유의 교회〉를 그렸다. 그리고 1875년 죽기 2주 전 사실혼 관계로 지내던 아내 카트린과 혼배 성사를 치르고 정식으로 결혼했다. 1월 20일, 밀레는 바르비종에서 죽음을 맞이했으며, 바르비종에 묻혔다. 평생의 후원자이자 친구였던 테오도르 루소의 곁이었다.

065

현대적인 디자인의 시작

윌리엄 모리스

William Morris(1834. 3. 24~1896. 10. 3)

I 영국
I 화가, 디자이너, 건축가이자 작가, 시인, 사회주의 사상가. 다양한 분야에서 활동하며 아르누보 양식의 설립에 기여했다.
I 〈기네비어 여왕〉, 저서 《제이슨의 생애와 죽음》, 《지상의 낙원》 등

윌리엄 모리스

윌리엄 모리스는 화가, 디자이너, 건축가이자 작가, 시인이었으며, 사회주의 사상가이기도 하다. 다양한 분야에서 활동했으나 그가 추구한 것은 단 하나였다. 누구나 인간답게 살고 누구나 아름다운 환경에서 일상적으로 예술을 누리며 사는 것. 이에 따라 그는 최초로 '장식 예술' 개념을 고안하였고, 벽지, 가구, 스테인드글라스 등 생활에 디자인을 도입했다. 그가 일으킨 미술 공예 운동으로

현대적인 '디자인'의 개념이 탄생했다고 여겨진다.

윌리엄 모리스는 1834년 3월 24일 영국 에식스 주 월섬스토우에서 태어났다. 아버지는 런던의 증권 중개인으로, 전형적인 영국 부르주아였다. 그는 월섬스토우의 전원에 위치한 대저택에서 11명의 형제들과 함께 성장했다. 그는 성년이 된 이후부터 아버지의 신탁으로 매년 900파운드의 수입이 생겼으며, 이로써 하고 싶은 다양한 활동을 할 수 있었다. 후일 모리스는 목가적인 풍경 속에서 안락하게 자란 자신의 삶을 하층민의 삶과 비교하고 부끄럽게 생각했다. 그러나 자연과 동물을 사랑하는 마음, 다양한 지적 관심과 고전 교육, 그로 인한 감수성, 자연미를 살린 공예 디자인 등은 그가 자란 환경에서 기인한 것임을 부정할 수 없다.

라파엘 전파
Pre-Raphaelites Brotherhood, 윌리엄 홀먼 홀트, 단테 가브리엘 로세티 등 젊은 화가들이 결성한 단체. 고전을 모방하거나 감상적인 영국 미술에 반발하여 라파엘로 이전처럼 자연에서 겸허하게 배우는 예술을 표방했다. 예술 비평가 존 러스킨이 이들을 지지했다.

모리스는 고향에 있는 사립 초등학교를 거쳐 1848년 사립 기숙학교인 말보로 칼리지에 입학했지만, 학내 분규에 가담하면서 퇴학당했다. 이후 가정교사에게 교육을 받다 1853년 옥스퍼드 대학 엑서터 칼리지에 들어가 신학을 공부했다. 이곳에서 그는 화가 에드워드 번존스와 평생에 걸친 우정을 쌓았고, 동시대 예술 비평가인 존 러스킨의 이론에 몰두했다. 이후 두 사람은 라파엘 전파에 가입하여 예술 운동을 함께 전개했다. 모리스는 영국의 사회 문제를 해결할 수 있는 건 예술이라고 생각하고, 성직자가 되려던 꿈을 접고 예술가로 살아가기로 결심했다.

그는 대학을 졸업한 후 건축회사에 취직했으며, 번존스는 로세티의 조수로 회화 작업을 했다. 세 사람이 함께 작품 활동을 하는 시간이 잦아지면서 그는 건축회사를 그만두고 회화 작업에 매진했다. 1857년, 세 사람은 옥스퍼드 유니언 벽에 토머스 맬러리의 《아서왕의 죽음》을 바탕으로 그림을 그렸는데, 지금까지 모리스가 그린 회화 작품으로 전하는 것은 이때 그린

〈기네비어 여왕〉, 런던 테이트 갤러리

〈기네비어 여왕〉이 유일하다. 이때 그는 모델을 서준 제인 버든과 2년 후 결혼한다. 그리고 자신의 건축적 이상을 담은 신혼집 레드 하우스를 지었는데, 중세 고딕풍의 외관에 간결한 구조로 지어진 이 건물은 현대 건축 디자인의 효시로 여겨진다. 이후 그는 로세티와 제인 버든의 불륜으로 괴로움을 겪다 1874년 이혼하고 로세티와도 결별했다.

1861년, 모리스는 로세티, 포드 매독스 브라운, 웨브, 측량기사 P. P 마셜, 회계사 찰스 포크너와 함께 건축 및 디자인 회사 모리스-마셜-포크너 사를 설립했다. 미술가의 손으로 모든 생활용품을 아름답게 만들어 대중적으로 보급한다는 취지로 설립한 이곳은 스테인드글라스, 벽지, 가구 등 모든 실내장식 미술을 다루는 최초의 현대적인 디자인 회사였다.

회사는 나날이 번창했으며, 모리스는 1875년 동업자들로부터 회사를 완전히 사들여 모리스 상회로 이름을 바꾸고 독자적으로 운영했다. 그러면서 벽지와 직물 디자인을 주력으로 취급하였고, 모리스를 비롯해 번존스와 웨브가 디자인에 참여했다. 1877년에는 〈장식 예술에 관하여〉라는 강연을 시작했으며, 1882년 《예술을 위한 희망과 두려움》이라는 저술을 발간하면서 생활 속 예술 운동을 전개해 나갔다.

양배추와 포도를 표현한 태피스트리 윌리엄 모리스가 1879년에 처음으로 만든 태피스트리이다.

모리스는 벽지나 태피스트리, 카펫, 스테인드글라스 등의 디자인으로 가장 널리 알려져 있다. 최초의 벽지 디자인은 1862년에 데이지, 과일, 석류 등을 디자인한 것이다. 그는 이후 꽃, 열매, 과일, 나뭇잎 등의 반복적인 패턴을 이용한 자연주의적인 디자인을 발전시켰다. 1875년부터 식물 염료를 실험하기 시작하면서 더욱 아름다운 염색 작품들을 남겼다.

그는 사치를 지양하고 일상생활과 밀착된 디자인을 해야 한다고 생각했다. 따라서 기존 영국 귀족들의 집에 놓인 가구들을 '부르주아의 사치에 찌든, 정체성을 알 수 없는 괴물'이라고 경멸했으며, 간소하고 실용적인 가구들을 디자인했다. 건축에 있어서도 그 생각에는 변함이 없었다. 그는 중세 고딕 예술을 바탕으로 단순하고 현대적인 건축 디자인을 했다.

1880년대 이후 모리스의 영향으로 각종 공예 디자인 단체들이 생기면서 근대 디자인 운동이 일어났는데, 이를 아트 앤 크래프트 운동Arts and Crafts Movement이라고 한다. 모리스는 산업혁명의 성과에 부정적인 입장을 견지하고 수작업을 지향했고 모리스 상회에서 나오는 제품들은 이에 따라 수공예 제작 기법으로 만들어졌다. 이 운동 역시 비인간적인 기계 생산에 반대하고 중세 장인들의 수작업으로 돌아가자는 것이었다. 이런 모리스의 사상은 시대착오적이기는 했으나, 그의 직물 디자인들과 사상은 현대 디자인 혁명을 일으켰으며, 아르누보Art Nouveau가 성립되는 데 크게 기여했다.

한편 예술이 사회에 기여해야 한다는 생각을 가진 모리스가 사회 문제에 관심이 없을 리 없었다. 1876년, 터키의 지배 아래 있던 발칸 반도에서 종교적, 정치적 이유로 반란이 일어나자 터키 정부가 불가리아 기독교인을 학살하는 사건이 일어났다. 이에 유럽 전역에서 비난의 목소리가 들끓었으나 영국 정부는 터키와 연대하여 제정 러시아의 남하를 견제하기 위해 터키를 지지했다. 모리스는 〈데일리 뉴스〉에 〈누구를 위한 전쟁인가〉라는 논고를 실어 보수당의 정책을 비판하며 자연스럽게 정치에 뛰어들었다. 1883년 그는 민주동맹에 가입했으며,《알기 쉬운 사회주의》를 집필하는 등 사회주의 운동에 동참했다. 그러나 국가적 사회주의를 비판하고 혁명적 사회주의를 지향한 그와 민주동맹은 노선이 달랐다. 이에 그는 사회주의 동맹을 결성하고 기관지 〈커먼윌〉을 편집했으며, 여기에 유토피아 소설의 고전인《에코토피아 뉴스》를 연재했다. 그러나 1886년 무렵부터 실업자가 급격히 증가하면서 영국 각지에서 노동자들의 가두시위가 일어났는데, 이듬해 런던 트라팔가르 광장에서 일어난 시위를 군경이 폭력적으로 진압해 유혈 사태가 일어나자 사회주의 운동에 무력감을 느끼고 정치에서 물러났다.

모리스는 문학에도 조예가 깊었다. 1860년대《제이슨의 생애와 죽음》,《지상의 낙원》을 출판하면서 시인으로 명망을 얻은 바 있었다. 문학에 대한 관심 때문인지 모리스는 1891년에 인쇄소인 켈름스콧 프레스를 설립하여 중세 양식으로 화려한 삽화가 들어간 문학 작품들을 제작했다. 1896년

보스턴 트리니티 교회 스테인드글라스 윌리엄 모리스와 그의 친구 에드워드 번존스가 1882년에 공동 제작했다.

에 만들어진 초서의 《캔터베리 이야기》는 번존스의 목판화 87점이 들어가고 모리스가 본문 테두리 장식을 디자인한 것으로, 세계에서 가장 아름다운 3대 인쇄본 중 하나로 꼽힌다.

그는 모리스 상회를 설립할 당시부터 잠시도 쉬지 않고 일했는데, 일생

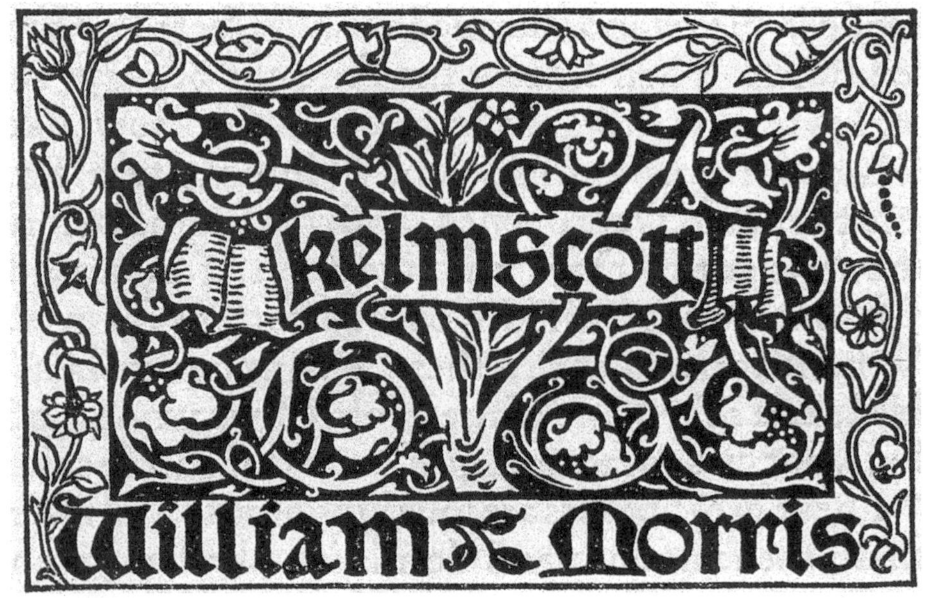

켈름스콧 프레스 회사 로고

다양한 활동으로 자신 안의 열정을 소진했기 때문인지 이 무렵에는 건강을 많이 잃은 상태였다. 그는 1896년 노르웨이로 여름 휴양을 다녀온 직후 10월 3일에 숨을 거두었다. 영국인은 그를 19세기의 가장 위대한 르네상스인으로 꼽는다.

066

인상주의의 아버지

에두아르 마네

Édouard Manet(1832. 1. 23~1883. 4. 30)

- 프랑스
- 근대성을 사랑한 화가로, 근대의 다양한 모습을 화폭에 옮겼다.
- 〈풀밭 위의 점심 식사〉, 〈올랭피아〉, 〈폴리베르제르의 술집〉 등

에두아르 마네는 인상주의의 아버지라 불리는 화가로, 근대화되어 가는 파리의 일상을 세련되고 활기찬 필치로 그려냈다.

마네는 1832년 1월 23일 프랑스 파리에서 태어났다. 아버지 오귀스트 마네는 법무부의 인사 부장이었고, 어머니 외제니 데지레 푸르니에는 외교관의 딸로 상류 부르주아 계층이었다. 카농 푸알루 초등학교, 롤랭 중학교 등을 거치며 고전 문학과 프랑스어를 배웠으며, 어린 시절부터 그림에 관심이 있었다. 조숙하고 냉정한 관찰가 기질이 있었던 마네는 주위 사람들과 어울리기보다 홀로 소묘와 데생을 하면서 지내는 걸 좋아했고, 중학생 무렵 화가가 되고자 마음먹었다. 그러나 자신의 뒤를 이어 법률학교에 진학

하기를 원했던 아버지가 맹렬히 반대했고, 마네는 타협하여 해군사관학교에 진학하기로 했다.

그러나 해군사관학교 입학시험에 탈락하자 마네는 르아브르 호의 견습 선원이 되어 브라질 리우데자네이루로 갔다. 6개월이라는 짧은 기간이었지만, 거친 선원들의 삶과 검은 눈, 검은 머리의 브라질 여인들에 매료되기에 충분한 시간이었다. 프랑스로 돌아온 후 다시 해군사관학교 시험에 응시했으나 탈락했고, 아버지는 그를 상류사회에 편입시키기를 포기했다.

〈압생트를 마시는 남자〉, 코펜하겐 뉴 칼스베아 글립토테크

그해 가을 마네는 토마 쿠튀르의 화실에 들어가 6여 년간 그림을 배웠다. 한편으로 루브르 박물관을 비롯해 이탈리아와 네덜란드, 독일 등을 여행하며 수많은 미술관을 둘러보고 고전 작품들을 모사했다. 그는 루벤스와 렘브란트, 벨라스케스를 특히 좋아했고, 에밀 졸라의 자연주의와 보들레르가 주창한 '근대성'을 사랑했다. 따라서 당시 화가들이 중시하던 역사화를 거부하고 '근대의 생활'을 사실주의적으로 묘사하기 시작했다.

1859년, 마네는 살롱전에 〈압생트를 마시는 남자〉를 출품했다. 압생트는 19세기 말 파리에서 연간 200만 리터가 소비될 만큼 인기를 끈 술인데, 이

압생트를 마시는 술주정뱅이를 사실주의적인 필법으로 묘사한 그림이다. 술 취한 철학자의 이미지, 포도주와 대마초에 대한 사랑을 표현한 보들레르의 영향을 받은 동시에 19세기 말 프랑스의 일상을 그린 것이기도 하다. 비록 낙선했지만, 당시 심사위원이었던 외젠 들라크루아가 이 작품에 주목했고, 시인 보들레르의 적극적인 후원을 받게 되었다는 점에서 성공작이라 할 수 있었다.

1863년, 마네는 수잔 레호프와 결혼했다. 마네는 쿠튀르의 화실에 다닐 무렵 동생들의 음악 선생으로 드나들던 수잔과 연인 관계를 맺었다. 수잔은 1852년 아들 레옹을 낳았는데, 마네는 그를 한 번도 친자라고 인정한 적이 없고 아이는 수잔의 동생으로 입적되었다. 마네가 왜 수잔과의 관계를 발전시키지 않았는지에 대해 알려진 바는 없다. 다만 1862년 아버지가 죽고 나서야 수잔과 결혼했다는 데서 네덜란드인이자 음악교사 출신이었던 그녀를 마네의 가족이 못마땅해했으리라고 짐작될 따름이다. 수잔은 평온하고 넉넉한 성정으로 마네에게 안정적인 가정을 선사했고, 이후 화가로서 추문에 시달릴 때 그의 버팀목이 되어 주었다.

1863년, 마네는 자신의 이름을 프랑스 화단에 널리 떨치게 할 〈풀밭 위의 점심 식사〉를 살롱전에 출품했다. 이 그림은 살롱전에서 낙선하여 살롱 낙선전(살롱에서 낙선한 작품들을 전시한 전시회)에 걸렸는데, 이로써 엄청난 물의를 빚었다. 숲 속 나무 아래 양복을 차려입은 두 신사와 벌거벗은 채로 앉아 있는 여인의 그림은 '퇴폐성'으로 사람들을 당혹시켰다. 한 비평가는 그가 퇴폐적인 그림으로 유명세를 타고 싶은 모양이라고 비아냥거리기도 했다. 기존의 누드화가 여신이나 요정 등 신화 속 등장인물들로 현실적이기보다 이상화된 미美를 표현한 데 반해 마네의 누드는 현실적이고 평범한 인물의 사실적인 누드였기 때문에 세간의 당혹을 불러일으키며 저속하고 퇴폐적

〈풀밭 위의 점심 식사〉, 파리 오르세 미술관

인 그림으로 평가받았다. 게다가 아카데미의 관습적인 작품 구성과 원근법 역시 부정하고 있어 화가로서의 재능조차 의심받았다.

2년 후 마네는 살롱전에 〈올랭피아〉를 출품하면서 다시 한 번 논란의 중심에 섰다. 이는 티치아노의 〈우르비노의 비너스〉에서 구도를 따와 현대적으로 재창조한 작품으로, 이번에도 모델이 지나치게 현실적이라는 이유로 퇴폐 논란에 휩싸였다. 아르테미스나 비너스 여신이 아닌 고급 매춘부가 나신으로, 그것도 관람객을 정면으로 응시하고 있는 이 그림은 당대 관람객과 비평가들에게 노골적인 성적 암시를 담은 외설적인 그림으로 여겨졌

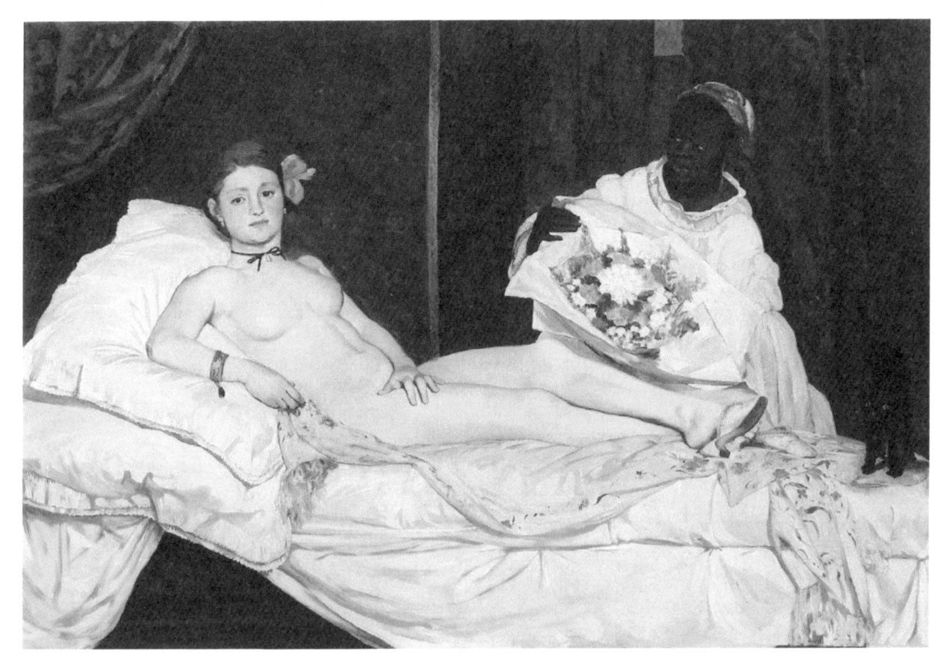

〈올랭피아〉, 파리 오르세 미술관

다. 관습적인 회화 구성을 타파하고 새로운 회화 양식을 창출한 시도로 마네는 다시 한 번 외설 논란을 불러일으키며 파문에 휩싸였다. 마네는 "나는 본 대로 그린다."라며 항변했지만 사건은 그가 수습할 수 없을 지경으로 커졌다. 그를 옹호해 준 사람은 보들레르와 에밀 졸라뿐이었다. 보들레르는 당시 마네에게 쏟아진 조롱을 '민주주의와 부르주아의 어리석음'이라고 말하며 마네를 예술이 노쇠한 시대에 태어난 '시대를 앞선 천재'라고 불렀다. 비난을 견디다 못한 마네는 스페인으로 떠났다.

파리로 돌아온 후에도 마네는 1866년 살롱전에 〈피리 부는 소년〉을 출품했으나 외면당했고, 1867년 파리 만국박람회에서는 출품을 거부당했다. 반면 에밀 졸라는 마네의 작품을 새로운 미술 운동이라고 열렬히 옹호했

〈피리 부는 소년〉, 파리 오르세 미술관

고, 점차 마네의 그림을 알아보는 사람들이 나타나기 시작했다. 마네의 그림은 아카데미 화풍을 따르는 화가, 비평가들에게는 비난받았으나 드가, 피사로, 르누아르, 바지유, 모네 등 젊은 화가들에게는 열렬한 찬사를 받았다. 마네는 이들과 교유하는 한편, 경마, 증기선, 항구 등 다양한 근대의 모습을 화폭에 옮겼다.

1868년에 〈졸라의 초상〉이, 이듬해 〈화실에서의 점심식사〉와 〈발코니〉가 살롱전에서 입상했으나 데생 실력마저 의심받는 등 화가로서의 자질에 대한 논란은 수그러들지 않았다.

마네는 일생 명성을 추구했는데, 이는 그가 살롱전에 끈질기게 출품한 데서도 드러난다. 그러나 본인의 바람과 달리 마네는 늘 19세기 프랑스 화단의 문제아로 취급받았다. 또한 그는 늘 그림으로 그는 자신이 살고 있는 시대를 증언하고자 했는데, 그 관심은 특히 1867년 〈막시밀리안 황제의 처형〉이라는 작품으로 표출되었다. 멕시코 혁명으로 막시밀리안 황제가 처형된 사건을 그린 이 그림은 당시 황제 정부였던 프랑스에서 용인되기 힘들었고, 결과적으로 마네는 정치적으로 민감한 주제를 건드린 셈이었다. 이 그림 역시 또 한 번 논란을 일으키

〈막시밀리안 황제의 처형〉, 만하임 미술관

며 공개 전시가 금지되었다.

마네는 모네, 르누아르, 세잔 등 젊은 화가들과 친밀하게 교유했고, 특히 모네를 아꼈다. 1870년대 아르장퇴유에 머물던 시기에는 모네와 많은 그림을 나누며 영향을 주고받았고, 특히 〈보트의 아틀리에에서 그림을 그리는 모네〉는 마네가 처음으로 야외에서 그린 그림이다. 1874년 앵데팡당전을 시작으로 인상주의자라고 불리게 될 이들은 그전까지는 '마네파'라고 불렸을 정도로 마네와 친밀한 관계였다. 그러나 마네는 자신이 인상주의자들과

〈폴리베르제르의 술집〉, 런던 코톨드 갤러리

거리가 멀다고 생각했다. 그는 스스로를 에밀 졸라가 말한 자연주의자, 혹은 사실주의자라고 여겼기 때문에 인상파 전시회에 한 번도 그림을 전시하지 않았다.

세속적 명성에 집착하는 한편, 자신의 재능에 확신을 가졌던 마네는 이를 대중적으로 인정받고 싶어 했다. 마네는 1881년에서야 살롱전에 입상하고 레종 도뇌르 훈장을 받는 등 그토록 염원하던 명성을 손에 넣었다. 그러나 이 무렵 류머티즘이 악화되어 붓을 들 힘조차 남아 있지 않았다. 때문에 말년에는 파스텔화같이 육체적인 피로가 적은 그림을 그렸다.

1882년, 마네는 말년의 대작 〈폴리베르제르의 술집〉을 완성했다. 분칠한 여인들의 냄새가 풍기는 파리의 명소를 그린 이 작품은 근대 자본주의 도시의 흥분과 번잡함을 보여 준다. 바로 마네를 일생 사로잡았던 '파리'와 '근대성'이 응축된 것이었다. 〈폴리베르제르의 술집〉을 완성하고 병석에 누운 마네는 얼마 지나지 않아 1883년 4월 30일, 51세의 나이로 세상을 떠났다. 이듬해 1월 에콜 데 보자르에서 추모전이 열렸고, 마네는 프랑스 화단의 문제아가 아니라 시대를 앞선 천재로 미술사에 남았다.

067

인상파를 창시한 수련의 화가

클로드 모네

Claude Monet(1840. 11. 14~1926. 12. 5)

| 프랑스
| 빛과 기후에 따라 변화하는 풍경을 포착해 묘사했으며, 한 가지 주제를 연작으로 그리곤 했다.
| 〈인상, 해돋이〉, 〈생 라자르 역〉, 〈수련〉 등

클로드 모네는 인상파 양식의 창시자 중 한 사람으로, '인상파'라는 명칭은 그의 작품 〈인상, 해돋이〉에서 생겼다. 일생 변화하는 빛의 효과를 포착하기 위해 노력했으며, 한 가지 주제를 연작으로 그리곤 했다. 가장 대표적인 수련 연작의 영향으로 '수련의 화가'라고 불리기도 한다.

모네는 1840년 11월 14일 파리에서 태어났다. 아버지 아돌프 모네는 식료품 장사를 했으며 어머니는 가수 출신이라고 한다. 5세 때 가족이 노르망디의 르아브르로 이사하여 그곳에서 성장했는데, 어린 시절 그는 학교생활의 규율을 답답해하는 아이였다. 스스로 '감옥' 같다고 표현한 학교생활에서 도피한 수단은 그림 그리기였다. 그는 인물 캐리커처를 즐겨 그렸고, 바닷가의 풍경을 그리는 걸 특히 좋아했다. 변화무쌍한 노르망디 바닷가의 기후와 그에 따라 시시각각 변하는 풍경이 어린 그를 사로잡은 것이다. 부모님과 이복누이 마리는 그가 그림 그리는 것을 지원하였으며, 다비드의 제자였던 장 프랑수아 오샤르에게 그림을 배울 수 있게 해 주었다.

중등학교에 들어가서는 풍경화가인 외젠 부댕에게 그림을 배웠는데, 그는 모네의 화가 인생에 큰 영향을 주었다. 부댕의 권유에 따라 야외 스케치를 다니면서 모네는 평생을 추구하게 될 화풍, 즉 자연광선의 변화를 화폭 위에 옮기는 법을 탐구하게 되었다. 당시에는 풍경화를 그릴 때 야외에서 스케치만 하고 화실에서 그림을 완성했기 때문에 관습적으로 인식하는 색채를 표현하는 것이 대부분이었다. 그러므로 야외로 직접 나가 그림을 그리는 부댕의 방식은 매우 혁신적인 것이었다. 후일 모네는 부댕에게 자연을 사랑하고 이해하는 법을 배웠다고 회상했다. 또한 일찍부터 동네 잡화점에 자신이 그린 그림을 전시하고 내다팔면서 화가의 꿈을 키웠다.

1859년, 모네는 파리로 가 에콜 데 보자르에 등록했고, 화가들이 드나드는 아카데미 쉬스의 작업실에 드나들면서 카미유 피사로를 만났다. 또한 르누아르, 바지유, 시슬레 등과 교유하면서 후일의 인상파 그룹을 형성한다.

1861년, 모네는 군에 자원입대하여 알제리에서 군 복무를 했는데, 그곳에서 받은 빛과 색의 인상은 그의 화풍을 결정짓는 계기가 된다. 제대 후 파리로 돌아온 모네는 아카데미 화가 샤를 글레르의 작업실에서 잠시 그림을 그리다 바르비종 근교의 샤이, 옹플뢰르, 르아브르, 페캉 등 시골에 머물며 풍경화를 그렸다. 모네는 1869년과 1870년 두 차례나 살롱전에서 낙선했지만, 그의 풍경 작품은 꾸준히 팔려 나갔고, 화단의 인정도 받았다.

1872년, 르아브르 항의 풍경을 담은 대표작 〈인상, 해돋이〉가 탄생했다. 화폭에 담긴 대상이 야외에서 지나가는 순간을 재빠른 붓질로 담아낸 것으

〈인상, 해돋이〉, 파리 마르모탕 모네 미술관

로, 사실적이고 명확한 형태를 띠지 않아 기존 화단의 일반적인 회화 방식과는 매우 다른 것이었다. 1874년 4월, 모네는 바지유, 피사로, 르누아르 등과 함께 살롱전과 구별되는 독자적인 전시회를 열고, 〈인상, 해돋이〉를 출품했다. 이 전시회가 앵데팡당전이다. 전시된 작품들은 살롱전에서 낙선한 것들로, 신진 화가들이 살롱전의 전통적인 방식과는 다르게 새롭고 급진적인 화법으로 그린 것이다. 그러나 이들은 그림 하나 제대로 그리지 못하는 집단이라는 화단의 비난에 직면했다. 인상파라는 말 역시 모네의 〈인상, 해돋이〉를 공격하며 부르던 말이었다.

이 무렵부터 모네는 빛과 기후 조건에 따른 풍경의 변화를 포착하는 자신의 화풍을 확립해 나가기 시작했다. 그는 아내 카미유, 아들 장과 함께 파리 근교의 아르장퇴유에 머물며 〈아르장퇴유의 보트 경기〉, 〈아르장퇴유의 개양귀비〉 등을 완성했다. 자연 현상에 대한 연구를 계속하는 한편, 당시 유럽을 휩쓴 일본 판화 우키요에에서도 큰 영향을 받았는데, 그리하여 탄생한 작품이 〈일본 여인〉이다. 이런 과정을 거쳐 모네는 인상주의 화법을 완성해 나갔고, 인상파의 리더로 여겨졌다. 인상파 전시회에도 꾸준히 작품을 출품했다.

〈일본 여인〉, 보스턴 미술관

그러나 모네는 1880년에 살롱전에 복귀한 뒤 인상파 전시회에는 출품하지 않았다. 그해 6월에는 최초의 개인전도 열었다. 그간 르누아르, 세잔 등이 탈퇴하면서 와해되어 가던 인상파 전시회는 모네의 탈퇴로 큰 타격을 받았다. 이후에도 종래 인상파 집단이 아닌 신진 화가들이 신인상파를 이루고 두 차례 전시회를 열었다. 모네는 1886년의 전시회에 참가했으나 여전히 자신만의 자연 탐구 방식에 매달렸다.

모네는 시시각각 변화하는 대상의 다양한 모습을 포착하는 것을 일생의 탐구 과제로 삼았으며, 하나의 주제로 그리는 연작에도 열정을 쏟았다.

1877년 그는 파리 생라자르 역 근처에 작업실을 임대하고, 생라자르 역 전경을 담은 8점의 연작을 그리기 시작했다. 이것이 연작의 시작이다. 이후 포플러 연작과 루앙의 대성당 연작 등을 통해 연작 기법을 체계화시켰고, 드디어 화가로서의 명성을 확립하게 되었다. 모네는 자신이 추구하던 모든 것은 연작 그림에 담겨 있다고 말했다.

"나는 동일한 빛 속에서의 순간적인 모습, 특히 사물의 겉모습을 각기 다른 효과로 표현한 일련의 연작을 완성하기 위해 많은 노력을 쏟아부었다."

모네의 가장 대표적인 연작은 수련 연작이다. 반 고흐가 해바라기의 화가라면, 모네는 수련의 화가라 불릴 만큼 일평생 수련 연작에 가장 큰 열정을 바쳤다. 만년에 시작된 수련 연작은 그가 죽을 때까지 제작되었고, 작품 수도 약 250여 점에 달한다.

모네는 1879년 아내 카미유를 잃고 알리스 오슈데라는 여인과 재혼한 후 1883년 지베르니에 농가를 한 채 구입했다. 그리고 노르망디와 브르타뉴, 페캉, 푸르빌, 바랑주빌 등 프랑스 전역을 여행하며 그림을 그리다 1890년대 지베르니의 집에 정착했다. 1892년에는 집 옆의 작은 습지를 사들여 일본식 수중 정원을 만들고 자신의 타고난 예술혼을 정원 가꾸기에 쏟아부었다. 이 정원이야말로 그의 예술적 영감의 원천지가 되었다. 수련이 연못을 뒤덮기 시작하자 모네는 정원에 틀어박혀 약 20여 년간 매해 수련을 그리는 데 몰두했다. 1909년에 열린 개인전에 출품된 작품 중 절반이 수련이 핀 연못을 그린 것이었고, 이 작품들은 큰 호평을 받았다. 큼직한 수련과 연못, 일본식 아치형 다리가 자리한 정원 풍경을 그린 모네의 작품은 가히 서양식 '도원경'이라 하지 않을 수 없다. 모네는 이 전시회를 일컬어 '일상에서 탈피한 전시회'라고 부르기도 했다.

1914년, 모네는 친구 조르주 클레망소의 권유로 관람자를 감쌀 만큼 거

〈수련〉, 시카고 미술관

대한 화폭을 온통 수련으로 뒤덮는 대형 수련 그림을 제작하기 시작했다. 그는 6피트 높이의 캔버스를 이동식 이젤 위에 올려놓고 작업할 수 있는 거대한 작업실을 손수 짓고, 10여 년간 그곳에 틀어박혀 대형 수련 그림에 몰두했다. 그중에서 8점을 선택하면서 수련 연작이 완성되었다.

이 엄청난 작업을 하는 동안 모네의 시력은 점차 떨어지고 있었다. 1923년에는 백내장 수술까지 받았는데, 더 좋은 안경만 나온다면 백 살까지 살면서 그림을 그리고 싶다고 말할 만큼 죽기 직전까지 그림에 대한 열정을 불태웠다. 1926년 12월 5일, 모네는 86세를 일기로 세상을 떠났다. 그는 죽기 전 클레망소에게 이렇게 말했다고 한다.

"나는 다만 우주가 나에게 보여 주는 것을 보고 그것을 붓으로 증명하고자 했을 뿐이다."

모네는 1918년 제1차 세계대전 종전 직후 세계대전 전사자들을 추모하기 위해 수련 연작을 국가에 기증할 의사를 밝힌 적이 있었다. 그러나 그림이 완성되었음에도 작업실에서 옮기지 못하게 한 모네의 의사에 따라 이 작품들은 모네 사후 파리 튈르리 공원의 오랑주리 미술관으로 옮겨져 1927년 대중에게 공개되었다.

068

독자적인 노선의 인상파 화가

에드가르 드가

Hilaire Germain Edgar De Gas(1834. 7. 19~1917. 9. 27)

| 프랑스
| 인상파 화가로 고전주의와 사실주의 색채를 지닌 작품을 선보였다.
| 〈뉴올리언스의 목화 거래소〉, 〈스파르타 젊은이들의 훈련〉, 〈발레 수업〉 등

"가볍게 나는 무희들의 모습이 눈에 익으면 마치 그들이 당장이라도 살아날 것처럼 보이고, 헐떡이는 숨결이 느껴지고, 귀를 찢는 듯한 바이올린 선율 위로 실수를 지적하는 무용 선생의 날카로운 목소리가 들리는 듯한 완벽한 착각에 사로잡히게 된다."

1880년, 인상파 전람회에 출품된 에드가르 드가의 작품에 대한 평이다. 대중에게 발레리나의 화가로 잘 알려진 드가는 인상파 화법에 더해 정교한 인물 소묘, 일상의 순간을 사실적으로 포착함으로써 독자적인 노선을 확립한 화가이다.

드가는 1834년 7월 19일 프랑스 파리에서 태어났다. 아버지 오귀스트 드가는 나폴리 은행가의 아들로 프랑스에 유학을 왔다가 미국 부호 집안의 상속녀인 셀레스틴 뮈송과 결혼하여 다섯 아들을 낳았는데, 에드가르는 그 중 장남으로 조부와 외조부의 이름을 받아 일레르 제르맹이라고 이름 붙여졌다. 그가 태어났을 무렵 오귀스트는 할아버지 일레르의 은행 파리 지점을 경영하고 있었다. 에드가르는 13세 때 어머니를 잃고, 아버지와는 평생 친밀한 관계를 유지했다. 어린 시절 학업 성적은 좋은 편이었으나 공상을 즐겨해 선생님들에게 종종 꾸지람을 들었고, 그림을 좋아해 아버지와 함께 루이 라 카즈 같은 유명 미술 수집가들의 집을 자주 방문했다고 한다. 그는 특히 이탈리아의 고전 작품들을 좋아했는데, 이는 아버지의 영향을 받은 것이다.

대부분의 천재 화가들이 어린 시절부터 비범한 재능을 드러낸 반면, 드가의 그림 실력은 평범했다. 하지만 그는 일찌감치 화가를 자신의 길로 삼았다. 드가는 1853년 루이 르 그랑 중등학교를 졸업한 후 화가가 되기로 결심했으나 아버지의 기대에 부응해 법과대학에 진학했다. 그러나 늘 루브르 박물관에서 대가들의 작품을 모사하며 지내던 그는 결국 법대를 중도에 포기하고 앵그르의 제자인 아카데미 화가 루이 라모트의 화실에서 그림을 배웠다. 성실하고 인내심 깊은 성격이었던 드가는 인물을 끈기 있게 관찰하고 옛 거장들의 작품을 정밀하게 모사하며 실력을 키웠다.

"거장들의 작품은 몇 번이고 모사해도 지나치지 않다. 모사를 제대로 한 이후에야 무 한 개라도 제대로 그릴 수 있게 된다."

이렇게 그는 정확한 표현 기교를 기르는 데 집중했는데, 그래서인지 그의 소묘들은 기초가 탄탄하며, 정교하고, 고도로 숙달된 솜씨를 자랑하기로 유명하다.

1855년, 드가는 파리의 에콜 데 보자르로 진학했으나 수업을 그리 열성

〈스파르타 젊은이들의 훈련〉, 런던 내셔널 갤러리

적으로 들은 것 같지는 않다. 2학기 수업에 복귀하지 않고 이듬해 이탈리아로 여행을 떠났기 때문이다. 이탈리아에 3년간 체류하면서 그는 박물관, 미술관 등지를 다니며 르네상스와 바로크 시대 대가들의 작품을 모사하고, 할아버지 및 친척들과 교류하며 초상화를 그렸다. 아버지 오귀스트는 그의 그림을 보고 스스로를 괴롭히지 말고, 꾸준히 정진하라고 독려해 주었다.

이탈리아에서 돌아온 드가는 파리에 정착하여 살롱전에 출품할 작품을 그렸다. 이때 〈제프테의 딸〉, 〈바빌론을 건설하는 세미라미스〉, 〈스파르타 젊은이들의 훈련〉 등 고전적인 주제를 다루었다. 그러나 드가는 역사적, 신화적 이야기를 그대로 재현하는 데에는 관심이 없었다. 예컨대 〈스파르타 젊은이들의 훈련〉에는 고대 그리스의 아르카디아를 배경으로 한 이상적인 육체 대신 광활한 황야와 파리의 부랑아 같은 인물들이 사실적으로 그려져 있다. 동료 화가들이었다면 역사적인 사실을 토대로 이야기를 세심하게 재구성했을 터였다. 이처럼 드가는 데뷔 초기부터 본질적으로 당대 프랑스 화풍과 다른 독자적인 노선을 걸었다.

1865년까지 드가는 수많은 그림을 그렸으나 자신의 작업에 대해 확신하지 못하고 방황을 거듭했다. 이 시기에도 그는 루브르 박물관에 가서 꾸준히 모사 작업을 했는데, 벨라스케스의 작품을 모사하던 중 에두아르 마네를 만났다. 두 사람은 서로에 대해 신랄한 비평을 주고받으며 15여 년간 우정을 유지했다. 드가는 마네가 소개한 (훗날 인상파 화가라고 불리게 될) 클로드 모네, 카미유 피사로 등 젊은 화가들을 비롯해 제임스 티소, 쿠르베 등 동료 화가들과 영향을 주고받았고, 일본의 우키요에에서도 영감을 받았다. 그 과정에서 역사적인 주제를 포기하고 점차 파리의 분주한 도시생활로 작품 주제를 옮겨 갔다. 1865년부터 드가는 꾸준히 살롱전에 출품했지만 번번이 낙선했고, 결국 1870년을 마지막으로 살롱전을 거부하고 인상파 전람회를 조직하기 시작했다.

1870년대 초는 혼란의 시기였다. 1870년 프랑스와 프로이센 사이에 전쟁(보불 전쟁)이 발발했고, 결국 프랑스가 패배하고 프로이센이 베르사유를 점령했다. 민중은 프랑스 정부의 무능함에 반발하고 혁명 정부인 파리 코뮌을 결성했으나 3개월도 지나지 않아 완전히 진압당하고 제3공화정이 수립되었다. 보불 전쟁이 발발하자 드가를 비롯해 마네, 프레데리크 바지유, 조제프 퀴빌리에 등 예술가들도 속속 프랑스 국민군에 입대했다.

드가는 포병대에서 복무했고, 전쟁이 끝난 후에는 런던을 거쳐 친지들이 있는 뉴올리언스로 갔다. 그는 군대 이동 중에 만난 인물들을 비롯해 동료들의 모습을 그렸고, 그의 트레이드마크가 된 발레 연습 장면과 오케스트라의 모습을 담은 작품들도 등장하기 시작했다. 뉴올리언스에서 그린 〈뉴올리언스의 목화 거래소〉는 드가의 가장 유명한 그림 중 하나인데, 그는 이 무렵부터 그동안 이따금 매달렸던 역사 주제를 완전히 버리고 근대 생활 모습을 다루게 된다. 그는 인물들의 공간 배치와 빈 공간이 주는 효과에 흥미를 느꼈고, 일상적인 주제를 사실적인 시각에서 관찰하여 표현하는 데 이를 적용했다.

〈뉴올리언스의 목화 거래소〉, 포 미술관

1874년부터 드가는 인상파 전시회에 대부분 참여했으나, 그럼에도 자신은 인상파 화법과 거리가 있다고 여겼다. 예컨대 마네 등 인상파 화가들은 정교하지 못한 데생으로 비판받았으나 드가는 누구보다 정밀한 인물 데생을 추구했다. 그는 정확한 표현을 가장 중요하게 생각했고, 늘 발레나 오케스트라의 실제 연습 장면을 꼼꼼하게 스케치하고 돌아와 그를 바탕으로 실제와 거의 차이가 없는 그림을 그렸다. 이 때문인지 그는 무대 위 장면보다는 발레 수업 장면이나 무대 뒤의 모습을 많이 그렸는데, 이런 그림들은 대중에게 매우 좋은 반응을 받으며 팔렸다.

애호가들의 관심을 받으면서 드가는 명성에도 관심을 가지게 되었는데, 이는 그의 재정 상태와 무관하지 않다. 1874년 늘 '사랑하는 아빠'라고 불

〈발레 수업〉, 파리 오르세 미술관

렀던 아버지 오귀스트가 죽자 드가는 실의에 빠졌다. 평생 재혼도 하지 않을 만큼 아내를 사랑했던 오귀스트는 아내가 죽은 뒤 실의에 빠져 은행 경영을 방치해 회사 재정이 엉망이었고, 사랑하는 막냇동생 르네는 빚더미에 올라 있었다. 할아버지의 유산인 나폴리의 재산도 친지들과 분할하기 힘들었다. 이에 드가는 작품을 파는 일에 좀 더 매진했고, 인상파 화가들과 노선이 다르다고 생각했음에도 이름을 알리기 위해 인상파 전람회에 많은 그림을 출품했다. 드가는 점차 인상파의 리더로 여겨졌다. 하지만 인상파에 대한 세간의 비난을 함께 받은 한편, 인상파 애호가들에게는 '호사 취미'에 영합하는 그림을 그린다는 비난을 받았다. 그럼에도 완숙미의 절정에 이른 그의 발레리나 그림들은 수많은 애호가들의 열렬한 찬사를 받았다.

1880년대 전후로 드가는 발레리나들을 비롯해 목욕하는 여인이나 카페콩세르의 여인들, 매춘부 등 다양한 그림을 그렸다. 조각도 했으며, 작은 청동상들도 제작하며 명성을 누리기 시작했다. 그의 작품은 잘 팔렸다. 미술계의 거장으로 대우받았고, 비평가들의 찬사를 받았다. 그러나 진중하고 말이 없으며 회의적인 면모를 지녔던 드가는 이 무렵에 이르러 부와 명성에 그다지 관심을 두지 않았다.

그는 독신생활의 외로움, 나이 드는 것과 노쇠, 친구들의 죽음과 가까운 지인들이 멀어져 가는 데 대해 주기적으로 우울해하고 인생에 환멸을 느꼈다. 그는 오페라에 몰두하고 스페인 여행을 하면서 우울증을 달랬다. 그런 한편 고갱이나 피사로 등 인상파 화가들과 갈등을 겪으면서 점차 인상파 전람회에 참가하지 않게 되었다. 1890년대 말부터 드가는 점점 자기 안에 고립되어 작업실에 틀어박혔고, 경제적으로 풍족했기 때문에 그림을 파는 일도 드물었다. 그의 고독은 점차 심화되었다. 함께 시대를 풍미했던 동료 화가들이 대부분 세상을 떠났고, 그는 시력과 청력을 잃어 갔다. 죽을 무렵에는 한쪽 눈을 완전히 실명했고, 나머지 눈도 비슷한 상태였다. 이 때문에 죽기 전 5년 동안은 거의 그림을 그리지 못했다. 드가는 친구들에게 자주

〈목욕 후 목덜미를 닦는 여인〉, 파리 오르세 미술관

그림을 그리지 못하는 데 따른 상실감을 토로하며 우울해했으나 좋은 친구들에게 둘러싸여 평화로운 죽음을 맞이했다고 한다. 83세의 나이였다. 시신은 몽마르트르 언덕의 가족 묘지에 묻혔고, 그가 팔지 않은 수백 점의 그림들은 고가에 팔려 나갔다.

069

근대 회화의 아버지

폴 세잔

Paul Cézanne(1839. 1. 19~1906. 10. 22)

| 프랑스
| 후기 인상주의의 대표적 작가로 사물의 내재된 구조와 기하학적 구성을 표현했으며, 이후 많은 야수파, 입체파 화가들에게 영향을 끼쳤다.
| 〈오베르 쉬르 우아즈에 있는 목매 죽은 사람의 집〉, 〈카드놀이 하는 사람들〉, 〈목욕하는 사람들〉 등

폴 세잔은 1839년 1월 19일 프랑스 엑상프로방스에서 부유한 은행가 루이 오귀스트의 아들로 태어났다. 중등 과정인 콜레주 부르봉을 거쳐 아버지의 뜻에 따라 엑상프로방스 대학교 법학과에 들어갔다. 그러나 어린 시절부터 화가가 되고 싶었던 그는 법학과 전혀 맞지 않았고, 아버지 몰래 시립 개방 미술학교를 다녔다. 1861년, 세잔은 어머니의 도움으로 파리로 올라왔다. 이런 행동에는 중학교 시절부터 친구였던 에밀 졸라의 격려도 컸다. 파리에서 먼저 생활하고 있던 졸라는 세잔에게 편지를 보내 화가가 되는 것이 감상적인 취미인지, 진정한 천직인지 숙고해 보라고 말하곤 했다. 세잔은 자신의 운명이 화가라고 믿었다.

애써 아버지의 허락을 받고 친구인 졸라의 독려도 있었으나 그는 5개월 만에 고향으로 내려갔다. 세잔은 평소 소심하고 수줍음이 많은 데다 성격이 예민한 편이었는데, 파리의 아카데미 쉬스에서 그림을 배우면서 다른 학생들과 비교해 자신의 재능이 보잘 것 없다고 여기고 우울증에 빠졌던 것이다. 귀향한 뒤 약 1년간 그는 아버지의 은행에서 일하면서 꿈을 포기하려 했지만, 결국 다시 굳게 결심하고 파리로 상경했다.

그는 아카데미 쉬스와 루브르 박물관, 뤽상부르 박물관 등을 다니며 그림을 공부했다. 이 무렵 카미유 피사로, 클로드 모네, 오귀스트 르누아르, 에드가르 드가 등 진보적 화가들과 사귀었다.

초기에 세잔은 〈아버지의 초상〉 같은 낭만주의적 경향이 엿보이는 초상화부터 신고전주의 화가들에게 천대받던 정물화 〈자 드 부팡의 밤나무 오솔길〉 같은 풍경화에 이르기까지 다양한 주제를 다양한 화풍으로 그렸다. 그리고 1870년대 초반이 되면서부터 자신만의 양식을 확립하기 시작했다.

1870년, 프랑스-프로이센 전쟁이 발발하자 세잔은 아내 오르탕스 피케와 에스타크로 내려갔다. 그리고 1873년 오베르 쉬르 우아즈에 정착하여 인상파 화가들의 수법을 받아들였다. 이는 친구인 카미유 피사로의 영향으로 보인다. 그러나 그는 인상파 화가들이 관심을 기울인 색채의 변화보다 사물에 내재된 구조에 더욱 흥미를 느꼈다.

이듬해 세잔은 피사로를 비롯한 신진 화가들이 아카데미에 대항해 개최한 앵데팡당전에 작품을 출품했다. 〈오베르 쉬르 우아즈에 있는 목매 죽은 사람의 집〉, 〈모던 올랭피아〉 등이었다. 앵데팡당전에 참가한 30여 명의 화가들은 아카데미가 선호하는 장식성, 관습적인 구성과 채색 기법, 서사 구조 등에 반기를 들고 새로운 기법을 실험하던 이들이었다. 비평가들은 논평할 만한 이야기(소재)가 아니라며 비난을 퍼부었고, "데생조차 제대로 하지 못한다."라며 비아냥거렸다. 이 전시회에 출품된 모네의 〈인상, 해돋이〉에 빗대 이들은 인상주의자라고 불리게 되었다. 세잔 역시 비슷하게 스케치 실력이 형편없다는 경멸을 받았다. 결국 1877년을 마지막으로 그는 더 이상 인상파 전시회에 참가하지 않았고, 공공연히 그들과 관계를 끊었다. 그러나 피사로, 모네, 르누아르 등과는 계속 교류했다.

〈오베르 쉬르 우아즈에 있는 목매 죽은 사람의 집〉, 파리 오르세 미술관

세잔은 1870년대에 파리와 엑상프로방스 지역 등에 머물며 그림을 그렸으나 그림이 잘 팔리지 않아 아버지의 재정 지원에 의존해야 했다. 아직 그의 재능을 알아보는 사람이 매우 드물었고, 이는 아버지도 마찬가지였다. 이 시기에 그는 굴욕적인 시간을 보냈다. 자존심이 강하고 외곬 기질이 있던 그로서는 화단과 대중의 냉담한 반응도 참기 힘든 일이었다. 게다가 아버지에게 가족 몰래 동거하고 있던 오르탕스 피케와 아들 폴의 존재를 들켜 재정 지원도 끊길 위기에 처했다. 그에게 매우 힘든 시기였다.

그럼에도 세잔은 인상파의 기법을 탐구하며 다양한 소재의 회화 실험을 계속했다. 그의 그림에서 점차 문학적 소재나 이야깃거리를 담은 소재가 사라지고 정물과 인물이 주를 차지하게 되었다. 이 시기에 그려진 〈수프 그릇이 있는 정물〉, 〈부엌의 정물〉, 〈줄무늬 치마를 입은 세잔 부인〉과 같은 그림들은 대상에 내재된 구도를 연구하는 기법이 정착되고 있음을 보여 준다.

〈줄무늬 치마를 입은 세잔 부인〉, 보스턴 미술관

그는 기하학, 형태와 구도의 양감을 깊이 있게 탐구했다. 세잔의 이런 화법은 1888년에 이르러 제작된 〈에스타크〉에서 확립된다. 세잔은 풍경화, 정물화, 초상화에 이르기까지 모든 작품에서 공간과 색채의 관계를 고려하여 공간감과 구도를 표현했는데, 이 작품부터 본격적으로 깊이 있는 공간과 평면적인 구도를 동시에 묘사하며, 색채를 통해 원근감을 나타내고 있다. 세잔의 회화관은 훗날 화가 에밀 베르나르에게 보낸 편지에서 잘 드러난다.

나는 자연에서 원통과 구, 원추를 본다. 사물을 적절히 배열하면 물체나 면의 각 변은 하나의 중심점을 향하게 된다. 지평선에 평행한 선들은 넓이를 알려주며, 이는 자연의 단면을 알려준다. 반대로 지평선에 수직으로 걸친 선은 깊이를 알려준다. 그런데 자연은 넓이보다 깊이로 먼저 다가서기 때문에 빨강과 노랑으로 재현되는 빛의 진동 속에서 공기를 느끼게 하려면 파랑을 충분히 칠해야 한다.

1881년, 그림 수집에 열의를 보이던 대가 고갱이 세잔에게 관심을 보였다. 피사로의 소개로 세잔을 만난 고갱은 〈커피포트가 있는 정물〉을 비롯해 세잔의 작품을 3점이나 구입했다. 그는 〈커피포트가 있는 정물〉을 가리켜 "이 작품은 내가 갖고 있는 최고의 보물"이라고 말하면서, 자신의 작품 〈여인의 초상〉에도 이 그림을 등장시켰다.

1886년, 아버지가 죽자 세잔은 꽤 많은 유산을 상속받았다. 죽기 직전 그토록 반대했던 오르탕스와의 결혼도 허락받았다. 파리의 일부 화상과 수집가 몇몇이 그의 그림을 인정한 것 외에 그림은 여전히 잘 팔리지 않았지만, 세잔은 경제적 안정과 생활의 여유를 되찾았다.

그러나 그해 세잔은 30년 지기인 에밀 졸라와 불화를 일으켰다. 세잔은

〈사과와 오렌지〉, 파리 오르세 미술관

에밀 졸라의 소설 《작품》에 등장하는, 실패하여 분노와 패배감에 휩싸인 화가가 자신을 닮았다고 여겼다. 졸라는 세잔과 인상파 화가들이 혁신적인 미술 기법을 다루고 있다는 것을 깨닫고 오랜 시간 이들을 지지하고 옹호해 왔다. 더구나 세잔이 경제적 곤경에 처했을 때나 정신적으로 힘들어 할 때도 많은 도움을 주었다. 그러나 세잔은 주위 사람을 배려하지 않는 독단적인 행동으로 때때로 졸라를 당황시켰고, 일평생 졸라에게 정신적으로 의지했는데, 이런 면모는 성공하지 못한 화가의 나약함으로 비치기에 충분했다. 세잔의 편지를 마지막으로 결별한 두 사람은 평생 만나지 않았다.

1880년대 말에 이르러 세잔의 대표작들이 완성되었다. 그림의 형태는 좀 더 단순해지고 기하학적으로 구성되었으며, 색은 완전히 독립성을 띠게 되었다. 세잔은 〈생트 빅투아르 산〉 연작과 〈목욕하는 사람들〉 연작을 그리기 시작했고, 〈푸른 꽃병〉, 〈사과와 오렌지〉, 〈붉은 조끼를 입은 소년〉 등을 완성했다. 1895년, 화상 볼라르가 화상 탕기의 가게에서 세잔의 그림을 보고 개인 전시회를 열어 주었고, 1889년에는 파리 만국박람회에 참가했다. 마침내 세잔은 말년이 되어 화가로서 인정받기 시작한 것이다. 1895년, 뤽상부르 박물관은 〈오베르의 농가〉와 〈에스타크에서 바라본 마르세유 만〉 등 2점을 구매했다.

〈목욕하는 여인들〉, 필라델피아 미술관

세잔은 평생 사람들과 관계 맺는 걸 어려워했다. 특히 젊은 미술가들이 그를 존경하고 따랐음에도 아내 오르탕스가 죽은 이후 그는 사람들과 떨어져 홀로 지냈다.

세잔은 말년에도 야외로 나가 즐겨 그림을 그렸고, 사람들의 초상, 공원 풍경, 〈생트 빅투아르 산〉, 〈목욕하는 사람들〉 연작 등을 그렸다. 그러나 이 열정이 비극을 불러왔다. 1906년 10월 15일 야외에서 그림을 그리던 도중 비바람이 몰려왔고, 노구의 세잔은 그만 정신을 잃고 쓰러졌다. 그리고 폐렴으로 일주일 후 사망했다. 그의 작품들은 이후 야수파, 입체파에 영향을 미쳤는데, 특히 피카소가 1906년 작 〈목욕하는 여인들〉을 본떠 〈아비뇽의 처녀들〉을 그린 것으로도 유명하다.

070

가장 위대한 근대 조각가

오귀스트 로댕

François Auguste René Rodin(1840. 11. 12~1917. 11. 17)

| 프랑스
| 조각을 사실주의적, 상징주의적 기법으로 표현하여 독립적인 예술 작품으로 끌어올렸다.
| 〈지옥의 문〉, 〈청동 시대〉, 〈생각하는 사람〉, 〈발자크 기념비〉, 〈키스〉 등

오귀스트 로댕은 근대 조각의 시조로 일컬어지며 미켈란젤로 이후 가장 위대한 조각가로 추앙받는다. 그는 18세기 이래로 건축물의 장식이자 회화의 종속물에 불과했던 조각을 회화와 같은 수준의 독립적인 예술 작품으로 끌어올렸다. 사실주의적, 상징주의적 기법으로 인간이 지닌 보편적인 감정들을 표현한 그의 작품은 근대 조각의 발전에 큰 영향을 미쳤다.

오귀스트 로댕

로댕은 1840년 11월 12일 파리에서 태어났다. 아버지는 경찰국의 하급 관리로, 집안 형편은 그리 넉넉하지 않았다. 어린 시절에 수도사들이 운영하는 신학교에서 초등 교육을 받았으나 읽고 쓰기도 제대로 못하자 부모는 그가 9세 때 보베의 기숙학교로 보내 엄격한 교육을 받게 했다. 감수성이 예민하고 소극적이었던 그는 병영 같은 학교생활에서 많은 상처를 입었고, 홀로 운동장 구석에 앉아 그림을 그리며 견뎠다고 한다. 졸업할 때까지 그는 철자법을 완전히 익히지 못했고 말년에 이르러서도 마찬가지여서, 그의 비서들은 편지 철자들을 고치는 게 주된 업무라며 불평했다고 한다.

그의 아버지는 로댕이 공무원으로 성공할 가능성이 없다고 생각했고, 아들의 고집에 결국 15세 때 '프티 에콜'이라고 불리던 미술학교(에콜 데 보자르를 그랑 제콜이라고 부른다)에 보냈다. 이곳에서 로댕은 드로잉과 석고 모형 제작을 배우면서 조각가가 되기로 결심했다. 17세 때부터 에콜 데 보자르에 응시했으나 번번이 탈락했고, 결국 석조 장식을 하게 되었다. 그런 와중에도 틈틈이 주변 인물의 흉상을 제작하면서 조각가의 꿈을 포기하지 않았다. 이렇게 그는 평생 고집과 끈기, 불굴의 결단력으로 미술가로서의 길을 개척했다.

1864년, 그는 〈코가 부러진 남자〉라는 청동상으로 살롱전에 최초로 출품했으나 탈락했다. 이 무렵 그는 로즈 뵈레라는 여성을 만났고, 두 사람 사이에 아들도 태어났다. 하지만 로댕은 아들에게 자신의 성을 붙여 주지 않으면서도 그녀와의 인연을 평생 지속했다. 초기 작품에는 뵈레를 모델로 한 조각이 여러 점 있는데, 로댕은 그녀를 연인이라기보다 모델로 여겼고, 뵈레는 그 상황을 고통스러워하면서도 사랑으로 감내했다.

1870년, 프랑스-프로이센 전쟁이 발발하고 로댕도 징집되었으나 약시 때문에 1년 만에 제대했다. 전쟁으로 일감이 없어 먹고살기 어려웠던지라 그는 파리에 뵈레와 아들을 남겨두고 브뤼셀로 갔다. 그곳에서 카리에 벨뢰즈의 공방에서 일하며 건물 장식을 조각했다.

1875년, 그는 돈을 모아 피렌체, 로마, 나폴리 등을 여행하면서 미켈란젤로와 도나텔로의 조각에 깊은 영향을 받고 독창적인 작품 세계를 형성하기 시작했다. 그리고 그해 살롱전에 〈코가 부러진 남자〉를 수정하여 출품해 입선했다.

그의 작품 세계가 최초로 발현되기 시작한 것은 1877년 살롱전에 전시된 〈청동 시대〉이다. 인간의 신체를 지나치게 사실적으로 표현한 이 작품은 신고전주의 양식의 이상화된 미가 지배하던 시대에 비평가들을 당혹시켰다. 아카데미적인 요소도, 자연주의적인 요소도 없는 완전히 새로운 형태였다. 살아 있는 사람을 방불케 하는 인체 표현으로, 항간에는 살아 있는 사람의 몸(혹은 시체)을 그대로 주조해 만들었다는 소문까지 돌았다. 로댕은 이 전시를 계기로 파리로 돌아왔으나 건축 일을 계속하며 작품을 제작했고, 1879년 파리 시청의 조각상 〈설교하는 세례 요한〉을 제작하면서 인정받기 시작했다. 그리고 이듬해 〈청동 시대〉가 지닌 사실주의 기법이 재평가되면서 조각가로서의 인생이 시작되었다. 그의 나이 40세였다.

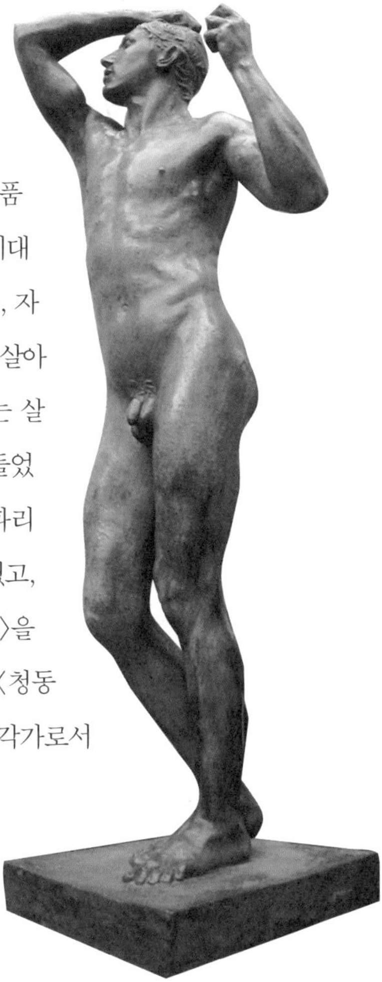

그해 로댕은 건립 예정인 파리 장식 미술관의 청동문 제작을 의뢰받았다. 로댕은 이때부터 인간의 육체를 사실적으로 표현하는 데 그치지 않고 보편적인 인간의 내면세계를 표현

〈청동 시대〉, 리옹 미술관

〈지옥문〉, 파리 오르세 미술관

하는 데 몰두하기 시작했다. 그는 단테의 《신곡》 중 〈지옥〉을 모티프로 사랑, 고통, 죽음 등으로 몸부림치는 다양한 인간 군상을 창조했다. 사후의 지옥이 아니라 인간 내면의 지옥을 표현한 것이다. 약 200여 점의 환조 혹은 환조와 유사한 형태의 조각들로 이루어진 〈지옥문〉은 전체는 물론, 하나하나의 조각들이 독립적인 걸작으로 인정받는다. 그중 가장 유명한 것은 〈생각하는 사람〉인데, 〈아담〉, 〈이브〉, 〈세 망령〉, 〈무릎 꿇은 탕녀〉, 〈달아나는 사랑〉, 〈우골리노와 자식들〉 등 다양한 인물들이 지옥의 고통에서 몸부림치는 광경을 문 위에서 내려다보고 있다.

칼레 점령
오랜 저항 끝에 칼레가 함락되자 시민들에게 잔인한 조처가 취해질까 우려한 시민 대표 6명이 스스로 목에 밧줄을 감고 에드워드 3세 앞으로 나갔다. 이에 감복한 에드워드 3세가 모두 사면해 주면서 칼레 시민들은 위기에서 벗어났다.

그는 죽을 때까지 약 20여 년간 이 작품에 매달렸으며, 끝내 미완으로 남기고 죽었다. 계속해서 구성을 변경하고 인물을 수정했기 때문이다. 그는 《신곡》을 읽고 또 읽으며 자신의 작품을 점검했다.

"나는 〈지옥〉에 나오는 8개의 원을 그리면서 단테와 꼬박 1년을 살았다. 그런데 그해가 저물 무렵 나의 데생이 현실에서 너무 동떨어져 있다는 사실을 깨달았다. 그래서 나는 처음부터 다시 작업했다. 자연을 기초로, 모델을 써서 작업했다."

1884년, 로댕은 〈칼레의 시민〉 기념비 제작 공모에 당선되었다. 영국과 프랑스가 대립한 백년전쟁이 한창이던 1347년 에드워드 3세의 군대가 칼레를 점령했을 때의 일을 조각으로 제작하는 것이었다. 로댕은 이들의 영웅적인 측면을 강조하기보다는 죽음에 대한 공포와 조국애 사이에서 고뇌하는 인간을 표현하고자 했다. 당초 칼레 시청이 의뢰한 것은 석조나 청동 단독상, 혹은 단독 주인공과 서사를 담은 저부조로 꾸미는 것이었다. 그것이 일반적인 기념비의 모습이었다. 그러나 로댕은 6명의 군상, 그것도 각각 독자성을 띤 작품을 제작하려고 했다. 이 작품은 당초 시청 앞 광장에 세워질 예정이었으나 영웅적인 면모보다 지나치게 인간적으로 표현한 점이 문제가 되어 반대 여론에 직면했다. 결국 한적한 바닷가에 세워진 이 작품은 29년이 지나서야 그 가치를 인정받고 시청 앞 광장으로 옮겨졌다.

로댕의 명성은 점차 높아졌고, 공방은 날이 갈수록 확장되었다. 이에 따라 조수와 제자도 늘어났는데, 그중에는 카미유 클로델도 있었다. 두 사람이 만났을 때 로댕은 42세, 카미유는 18세였다. 그녀는 일찍이 재능을 인정받아 〈지옥문〉과 〈칼레의 시민〉 제작에 참여했으며, 독자적인 작품 세계를 형성해 나갔다. 로댕은 그녀와 뵈레 사이를 오가는 한편, 많은 여성과 관계를 맺었다. 두 사람은 끊임없이 싸우면서 9년간 연인 관계를 유지했고, 1898년 카미유가 정신이상 증세를 보이면서 완전히 파국을 맞았다. 이 일은 큰 스캔들로 번졌으며, 이 시기 로댕의 작품들은 이를 증폭시키는 데 일조했다. 〈키스〉, 〈불멸의 우상〉, 〈신의 손, 연인〉, 〈죄〉 등 사랑과 욕망을 주제로 한 작품들이 이 시기에 제작된 것이다.

1891년, 로댕은 프랑스 문학협회의 의뢰로 오노레 드 발자크의 조각상을 제작했다. 그는 발자크의 모든 작품과 생애를 연구했고, 7년이나 걸린 끝에 작품을 완성했다. 로댕은 "그것은 내 인생의 요약이고, 내 삶 전체의 노력과 시간의 결과물이며, 내 미학적 이론의 주요한 동기이다."라면서 자신에게 가장 중요한 작품이라고 말했다. 그러나 5미터가 넘는 이 대작은 일반적인 대형 기념상에 대한 기대와 어긋났고, 결국 협회가 이 작품을 거부하면서 로댕의 집에 방치되었다. 그리고 로댕 사후 13년이 지나서야 비로소 청동으로 주조될 수 있었다.

1886년, 판테온에 세워질 기념비로 의뢰받은 〈빅토르 위고〉 상 역시 이와 유사한 충돌을 겪었으며, 1939년에야 청동으로 주조되어 몽마르트르 사거리에 세워졌다.

1900년, 로댕은 파리 만국박람회에서 개인전을 개최하면서 조각가로서 국제적인 명성을 얻었다. 1908년에는 영국 국왕 에드워드 7세가 직접 뫼동에 있는 로댕의 작업실을 방문하기도 했다. 공공 설치물들을 비롯해 흉상 주문이 밀려들었으나 말년에 그는 조각보다는 드로잉에 집중했다.

오노레 드 발자크 조각상, 파리 라스파이 거리

한편 로댕은 만년에도 뵈레와 아들을 합법적으로 인정하지 않았다. 그러나 그녀가 일생 자신에게 보여 준 헌신은 잊지 않았다. 엄청난 여성 편력을 자랑한 그는 '취향도 없다'라는 비아냥을 들을 만큼 각양각색의 여성들과 추문을 뿌렸는데, 뵈레와의 관계는 평생 지속됐으며, 애인들 역시 뵈레가 그의 아내임을 알고 있었다. 그럼에도 그는 1916년 뇌졸중을 일으키고 나서야 그녀와의 결혼을 숙고했으며, 같은 해 작품과 전시물을 국가에 기증했다. 그리고 죽기 9달 전인 1917년 2월에 뵈레와 정식으로 결혼했다. 뵈레는 결혼식을 올린 지 2주 만에 사망했고, 로댕은 그해 11월에 죽었다. 그가 죽고 2년 후 그가 말년에 거주했던 비롱 관은 로댕 미술관으로 개관했다.

071

인생을 따뜻하게 바라본 아름다운 화가

피에르 오귀스트 르누아르

Pierre Auguste Renoir(1841. 2. 25~1919. 12. 3)

- 프랑스
- 인상파 화가로 여인, 아이들의 모습 등을 빛나는 색채로 생명력 넘치게 표현했다.
- 〈객석〉, 〈뱃놀이에서의 점심〉, 〈샤르팡티에 부인과 아이들〉 등

〈자화상〉, 매사추세츠 포그 미술관

"그림은 충분히 즐겁고 아름다운 것이다. 사람들을 불쾌하게 만드는 건 인생이나 다른 작품에도 충분히 많다."

피에르 오귀스트 르누아르는 활기 넘치는 파리 시민의 일상생활과 여인, 아이들의 모습을 반짝이는 색채와 빛으로 아름답고 생명력 넘치게 그려 많은 사람에게 사랑받는 화가이다.

르누아르는 1841년 2월 25일 프랑스 리모

주에서 태어났다. 아버지는 재봉사였으며, 7남매 중 여섯째였다. 르누아르는 어렸을 때부터 그림 그리기를 즐겼는데, 아버지는 아들이 즐거워하는 일로 밥벌이를 하면 좋겠다고 생각하여 공예가가 될 것을 권유하고, 그가 13세가 되자 도자기 장인에게 맡겼다. 그는 이곳에서 접시에 그림을 그리는 걸 매우 즐거워했다고 한다. 그러나 얼마 후 산업혁명으로 대량 생산 기계가 도입되자 도자기 그림 산업은 사양일로를 걷게 되었고, 그는 술집이나 카페 등지에서 사용하는 방수천이나 부채 등에 그림을 그리면서 돈을 벌었다. 그런 한편 르누아르는 루브르 박물관 옆 골목에 살면서 박물관에서 대가들의 작품을 모사하며 홀로 그림을 공부했다.

화가로서의 욕망에 눈을 뜬 르누아르는 21세 때 에콜 데 보자르 야간부에서 소묘와 해부학 강의를 들었고, 얼마 후 샤를 글레르의 화실에 들어갔다. 그의 화실에서 알프레드 시슬레, 클로드 모네, 프레데리크 바지유와 우정을 쌓았고, 새로운 기법과 실험적인 방식을 시도했다. 그때까지 그림은 화실에서 그리는 것으로, 풍경화조차 야외에서 그려 온 스케치를 토대로 실내에서 작업하는 게 일반적이었다. 그러나 이 젊은이들은 퐁텐블로 숲 등지로 화구를 들고 다니며 자연을 직접 보고 그리는 한편, 자신들이 가진 미술에 대한 견해를 주고받았다. 바야흐로 새로운 미술 운동이 시작된 것이다.

1865년, 르누아르는 〈윌리엄 시슬레의 초상〉으로 살롱전에서 입상했으나 크게 주목받지 못했다. 그해 프랑스 화단은 모네의 풍경화와 마네의 〈올랭피아〉로 떠들썩했기 때문이다. 이 무렵 르누아르는 리즈 트레오를 만났다. 그녀는 르누아르가 가장 좋아하는 모델로, 르누아르는 1868년 그녀를 그린 〈양산을 쓴 리즈〉로 살롱전에서 성공을 거두었다. 또한 리즈를 모델로 한 1869년 작 〈여름〉과 1870년 작 〈목욕하는 여인〉, 〈알제의 여인〉 역

〈양산을 쓴 리즈〉, 에센 폴크방 미술관

시 살롱전에서 입상했다.

살롱전에서 두어 차례 입선했지만 다채로운 붓놀림으로 다양한 빛의 효과를 표현한 르누아르와 동료들의 그림은 전통적인 규범에서 벗어났다는 이유로 좌절을 겪을 수밖에 없었다. 비평가들은 이들의 그림을 비꼬았고, 그림을 팔기가 어려워지면서 생활도 어려워졌다. 또한 살롱전에서 수차례 낙선하면서 자신들만의 전시회를 조직할 필요를 느꼈다.

1873년 말, 르누아르와 젊은 화가, 조각가, 판화가 들은 소시에테 아노님(무명 미술가 협회)을 결성하고 이듬해 초에 작은 전시회를 열었다. 이 전시회는 르누아르, 모네, 피사로, 시슬레, 베르트 모리조, 세잔 등의 작품을 전시했다. 그리고 한 비평가로부터 이 전시회에 걸린 모네의 〈인상, 해돋이〉에 빗댄 '인상파'라는 이름을 얻었다. 인상파 전시회는 1874년부터 1886년까지 8차례 열렸다. 그러나 르누아르는 인상파 화가들과 다소 관심과 생각이 달랐다. 그는 초기 세 번의 전시회에는 작품을 출품했으나 1877년 이후부터는 출품하지 않았다.

그리고 1880년대 인상주의 운동이 방향을 상실하면서 르누아르는 인상주의자들에게 완전히 실망하여 거리를 두었다. 무엇보다도 그는 풍경에 관심이 많던 여타 인상파 화가들과 달리 인체에 더 흥미가 있었다. 인물 화가로 널리 알려진 그는 중상류 계층의 초상화를 그려 먹고살았으며, 여성과 아이들의 일상 모습과 가족을 모델로 그림을 많이 그렸다. 그는 야외의 빛이 모델의 살색에 미치는 영향을 연구했으며, 후일 이탈리아를 여행하면서 라파엘로의 그림을 보고 소묘의 아름다움과 부드러운 채색을 통한 인체의 유연함과 입체감 묘사에 매료되었다. 동시대의 소설가 에밀 졸라는 "르누아르는 무엇보다 사람을 그리는 화가이다. 그의 주 무기는 놀랍도록 이 색조에서 저 색조로 변화시켜 가는 색조의 명쾌한 저울질에 있다."라고 표현했으며, 미술 평론가 테오도르 뒤레는 "르누아르는 빛과 속도감 있는 붓질로 여인에게 유순함과 편안함을 더해 주고, 여인의 피부를 투명하게, 뺨과 입술은 장밋빛 욕정으로 채색한다."라고 말했다.

1870년대에 르누아르는 물감을 살 돈조차 없다고 하소연할 만큼 생활고에 시달렸지만, 꾸준히 작업을 계속하여 기교면에서 점점 완숙해졌다. 걸작 〈객석〉, 〈물랭 드 라 갈레트〉, 〈뱃놀이에서의 점심〉, 〈샤르팡티에 부인과 아이들의 초상〉 등이 이 시기에 탄생했다. 특히 1879년에는 부르주아이자 예술가들의 후원자였던 샤르팡티에 부인과 아이들을 그린 초상화가 살롱전에서 큰 성공을 거두었고, 그녀의 후원으로 개인전도 열었다. 이 작품의 성공으로 르누아르는 큰 명성을 얻었고, 프루스트는 "티치아노의 가장 아름다운 작품에 비견될 만한 감미로운 그림"이라고 극찬했다.

1881년과 1882년에는 알제리, 이탈리아, 프로방스 지방을 여행했다. 특히 알제리에서 그는 "이곳에서 나는 흰색을 재발견했다."라고 할 만큼 큰 영향을 받고, 색채를 표현하기 위해 다시 다양한 방법을 연구했다. 또한 베네치아와 로마, 폼페이 등지에서 라파엘로와 티치아노의 작품에 깊은 인

위부터 차례로 〈물랭 드 라 갈레트〉 파리 오르세 미술관, 〈객석〉 런던 코톨드 갤러리

상을 받고 다시 고전에 대해 탐구했다. 형태는 한결 뚜렷해지고, 붓질은 부드러워졌으며, 빛은 강하면서도 고르게 비추고, 구성과 색채는 단순하면서도 장식적인 균형감을 이룬다. 이런 탐구 결과는 〈목욕하는 여인들〉, 〈와르주몽에서 아이들의 오후〉에서부터 드러나기 시작한다.

1889년, 르누아르의 작품이 파리 세계박람회의 일환으로 열린 '프랑스 미술 100년전'의 전시작으로 선정되었다. 또한 1892년에는 정부의 청탁으로 〈피아노 앞의 소녀들〉을 비롯한 6점의 그림을 그렸다. 정부의 공식 인정을 받은 화가가 된 것이다. 그해에 화상 뒤랑 뤼엘이 연 개인전도 큰 성공을 거두면서 그는 어느 때보다 높은 명성과 함께 안정적인 생활을 누리게 되었다.

그러나 얼마 후 그는 자전거에서 떨어져 팔이 부러졌고, 그 후유증인지 류머티즘 발작이 일어나기 시작했다. 통증이 극심해지는 겨울이 되면 그는 따뜻한 남프랑스 지역으로 내려가곤 했다. 결국 1898년에 그는 니스의 작은 마을에서 안식처를 찾았고, 1907년 레콜레트에 땅을 사들여 완전히 정착했다.

〈피아노 앞의 소녀들〉, 파리 오르세 미술관

1910년경에 이르러 르누아르는 완전히 걷지 못하게 되었다. 손가락이 움직이지 않아 그림을 그릴 수 없었음에도 그의 열정은 식지 않았다. 그는 얇은 캔버스를 손바닥에 놓고 곱아 버린 손가락 사이에 붓을 끼워 그림을 그렸다. 죽기 전에 그는 "그림을 그리지 않고 보낸 날은 단 하루도 없었다."라고 즐겁게 회상했다고 한다.

이런 고난에도 그는 여전히 인생에 대한 밝고 따뜻한 시선을 잃지 않았다. 아내와 아이들, 하녀 가브리엘의 초상화는 물론, 정원에 유리로 화실을 짓고 풍경화도 그렸다. 종종 가브리엘이 따다 준 꽃들도 정물화의 소재가 되었다. 또한 조수를 기용해 대신 조각을 하게 했다. 르누아르는 프랑스 화단에 막강한 영향력을 발휘했고, 1919년에는 루브르 박물관에서 특별전이 열렸다.

1919년 12월 3일, 르누아르는 폐병으로 레콜레트에서 죽었다. 숨지기 직전 노화가는 아들 장에게 꽃을 그리고 싶으니 붓을 가져다 달라고 말했다. 그리고 "이제야 이걸 좀 이해하기 시작했어."라고 중얼거리며 편안히 숨을 거두었다고 한다.

072

관습을 무시한 천진난만한 화가

앙리 루소

Henri Julien Félix Rousseau(1844. 5. 21~1910. 9. 2)

- 프랑스
- 입체파의 선구자로 관습에 얽매이지 않는 환상과 사실이 교차된 작품 세계가 특징이다.
- 〈전쟁 혹은 불화의 기마 여행〉, 〈잠자는 집시〉, 〈열대 폭풍우 속의 호랑이〉 등

"이국의 낯선 식물을 볼 때면 나는 꿈을 꾸고 있는 듯한 기분이 든다."

이국적인 동물들이 노니는 정글을 원시적인 화풍으로 그린 앙리 루소의 말이다. 그는 미술에 대해 다양하고 실험적인 시도가 이루어지던 20세기 초 파리에서 활동했으나 어떤 유파와도 닮지 않은 독창적인 그림을 그렸다. 그가 만들어 낸 환상과 사실이 혼재된 원시림의 모습은 이후 피카소, 칸딘스키 등에게 강렬한 인상을 주었다. 그는 후일 '소박파Naive Art'라고 불렸는데, 특정 양식을 따른 것이 아니라 아마추어 화가 혹은 본업이 따로 있음에도 자기만의 회화 세계를 구축한 화가들을 이렇게 일컬었다.

앙리 루소는 1844년 5월 21일 프랑스 북서 지방의 라발에서 태어났다. 아

버지는 가난한 배관공이었는데, 5세 때 아버지가 파산하면서 궁핍한 생활을 하며 자주 이사를 다녔다. 20세 때 지원병으로 군대에 들어가 근무했으며, 아버지가 죽고 24세의 나이로 가장이 되자 그는 생계를 유지하기 위해 제대하여 파리의 세금징수소에 취직했다.

루소는 미술에 대한 어떤 교육도 받은 적이 없으며, 그림을 그리기 시작한 이후에도 약 10여 년간 세무공무원으로 일했다. 르네상스 시대 이후 일반화된 원근법이나 인체 비례 등의 기법을 거의 무시했으며, 모든 요소를 자신만의 방식으로 묘사했다. 그의 작품들은 꼼꼼하게 묘사되었으나 뻣뻣해 보이며, 다른 대상들과 조화를 이루지 못하고 동떨어져 보이는데, 이런 모습들은 환상 세계를 표현한 듯한 기묘한 배경과 어우러져 더욱 기이하게 보여 사람들의 조소를 샀다. 때문에 그는 전시회에 처음 출품한 뒤 오래도록 '두아니에(le douanier, 세무공무원)'라고 비꼼을 당했으며, 말년에 이르러서도 "재미있는 루소 씨는 나무나 생강빵으로 만든 우스꽝스러운 모양의 장난감 인형을 떠올리게 하는 유치한 미술에 대한 시도를 멈추지 않을 것이다."라는 혹평에서 벗어나지 못했다.

루소는 40대에 들어서야 본격적으로 그림을 그리기 시작했고, 루브르 박물관에서 그림을 모사하며 독학으로 그림을 습득했다. 그는 병에 걸린 아내와 7명의 아이들을 부양하기 위해 주 60시간씩 일하며 그림을 그렸다고 한다. 1888년 아내 클레망스가 결핵으로 죽은 뒤 직장을 그만두고 화가로 전업하기까지 그는 그림을 그리고 싶다는 마음과 가장으로서의 책임감 사이에서 시달렸다.

루소는 1885년 작업실을 마련하고 본격적으로 작품을 살롱전에 출품했다. 1886년부터 앵데팡당전에도 꾸준히 작품을 출품했으며, 1905년부터 약 3년간 살롱 도톤 전에도 참가했다. 그러나 대부분의 비평가들은 그의 작품을 '정식 교육을 받지 않은 순진한 아마추어의 작품'이라고 무시했다. 특히 1886년 앵데팡당전에 전시한 〈카니발 저녁〉을 본 관람자들이 그 앞에서 한참을 웃다가 발길을 돌렸다고 한다.

〈나, 초상-풍경〉, 프라하 국립 미술관

악평은 계속되었다. 앵데팡당전은 애초에 미술이 모든 사람에게 열려 있음을 표방하면서 참가금만 내면 작품을 전시할 수 있는 전시회였다. 그러나 1893년 젊은 작가들이 그와 함께 작품을 전시할 수 없다면서 심사 제도의 도입을 주장했다. 또한 1907년 살롱전에서는 장식미술품을 전시하는 하급 전시장으로 밀려나는 수모를 겪기까지 했다.

그러나 루소 자신은 스스로를 프랑스 최고의 사실주의 화가 가운데 하나라고 여겼다. 이런 자부심은 1890년에 그린 〈나, 초상-풍경〉이라는 자화상에서 잘 드러난다. 파리의 풍경을 배경으로 팔레트를 든 자신의 모습을 그렸는데, 여기에서 그는 아카데미의 전통인 '예술가의 초상'을 그리고자 했다(그는 당시 부와 명예를 누리고 있던 아카데미 화가들을 부러워했으며, 자신의 기법이 아카데미적이라고 여겼다). 그러나 색채, 비례, 원근법 등 아카데미적인 기교는 물론, 화가로서의 남다른 독창성도 인정받지 못한 와중 순진할 만큼 진지했던 그의 태도는 더욱 비웃음을 샀다.

그럼에도 루소는 포기하지 않고 차츰 본업보다 작품 활동을 늘려 나갔

〈풋볼을 하는 사람들〉, 뉴욕 구겐하임 미술관

다. 앵데팡당전에서 활동하는 아방가르드 그룹에 몸담으며 고갱, 쇠라, 마티스, 폴 시냐크 등과 친분을 다졌다.

루소는 대표작으로 꼽히는 정글 그림을 비롯해 〈풋볼을 하는 사람들〉, 〈세관〉, 〈생 니콜라 부두에서 본 생 루이 섬의 풍경〉과 같은 주변의 모습이나 〈화병〉 등의 정물, 〈여인〉 같은 인물 등 다양한 제재를 다루었다.

그는 당대 화가들의 관심사였던 빛이나 색채 표현, 이미지의 왜곡 등에 관심이 없었다. 스스로를 사실주의자라고 생각했던 만큼 대상을 꼼꼼히 묘사했으나, 현실 속 대상과 닮지 않은 것으로도 유명했다(그가 그린 초상화는 인물과 닮지 않은 데다 성격 묘사조차 되지 않다면서 번번이 주문자에게 거절당했다). 또한 단순화된 형태의 대상들은 비례 자체가 무시된 데다 따로 오려붙인 듯해 그는 세부 묘사에만 치중하다 전체의 조화를 놓친다는 혹평을 들었다. 그러나 이런 구성 방식은 이후 콜라주 기법에, 환상과 현실이 혼재되어 있는 공간 표현은 초현실주의에 영향을 미쳤다.

루소는 1893년 본격적으로 화가의 길을 걷고자 세관을 퇴직했다. 그리고 이듬해 야심만만한 대작 〈전쟁 혹은 불화의 기마 여행〉을 앵데팡당전에 출

〈잠자는 집시〉, 뉴욕 현대 미술관

품했다. 그의 작품들은 그제야 진지하게 받아들여졌다. 로마 신화에 등장하는 전쟁의 여신 벨로나 같은 여성이 무어라 규정할 수 없는 동물을 타고 시체 위를 넘어가고 있는 이 작품은 전쟁의 이미지를 비극적이고도 상징적으로 표현하고 있다는 평을 들었다. 이 작품으로 그는 비난과 찬사를 동시에 받았는데, 아방가르드 그룹의 화가들은 그의 작품에 대해 '이전에 보았던 그 어떤 것과도 닮지 않은 새로운 양식의 작품'이라고 호평했다.

이 무렵의 또 다른 대표작은 〈잠자는 집시〉이다. 근대의 대표적 그림 중 하나로 꼽히는데, 단순한 구성, 섬세하게 표현된 색과 선, 현실감이 느껴지는 그러나 상상의 공간으로 보이는 배경이 한데 어우러져 신비함을 전달한다.

〈열대 폭풍우 속의 호랑이〉, 런던 내셔널 갤러리

그러나 무엇보다도 루소의 대표작으로 꼽히는 작품들은 원시적인 정글 풍경을 다룬 것이다. 1891년 발표된 〈열대 폭풍우 속의 호랑이〉 이후 말년에 발표한 〈굶주린 사자〉, 〈뱀을 부리는 사람〉, 〈즐거운 어릿광대들〉, 〈사자와 물소의 싸움〉, 〈이국적 풍경〉 등의 작품들로 호평을 받았다. 화면 전체를 무성하게 뒤덮은 원시림 속에서 벌어지는 사건들, 도발적으로 관람객의 시선을 응시하는 동물들은 보는 이의 시선을 강하게 끌어당기며 강렬한 인상을 주었다. 후에 나비파의 일원이 되는 펠릭스 발로통은 〈열대 폭풍우 속의 호랑이〉를 보고 이런 찬사를 보냈다.

"그는 주변의 모든 것을 아무것도 아닌 것처럼 보이게 만든다. 불시에 먹이를 덮치는 호랑이를 결코 잊을 수 없다. 이 그림은 회화의 알파와 오메가다."

말년에 이르러서야 피카소, 브라크, 브랑쿠시 등 젊은 미술가들을 비롯해 시인 기욤 아폴리네르가 그의 작품의 진가를 알아보면서 루소의 영향력은 조금씩 커졌다. 1908년에는 피카소가 그를 위한 연회를 개최하면서 그는 그토록 원하는 명성을 얻게 되었다. 그리고 1910년에는 독일의 미술사가이자 수집가인 빌헬름 우데가 그에 대한 논문을 최초로 발표하면서 그를 소박파로 규정했다.

그에 대한 진정한 평가는 사후에 이루어졌다. 오늘날 그는 입체파의 선구적 존재로 여겨지며, 순수하고 단순하며 관습에 얽매이지 않는 작품 세계는 20세기에 천진난만한 그림이 부활하는 시초를 제공했다고 평가된다. 피카소는 이렇게 말했다.

"반 고흐 이후 우리는 모두 어느 정도 독학을 한 소박파라고 할 수 있다. 미술가는 더 이상 전통 안에 살지 않고 자신만의 표현 방법을 창조해야 한다."

루소는 1910년 9월 2일, 혈독으로 죽음을 맞이했다. 1913년, 아폴리네르가 기념사를 쓰고 브랑쿠시가 새긴 비석이 세워져 그를 기렸다.

073

원시로의 회귀를 주장한 회화계의 이단아

폴 고갱

Paul Gauguin(1848. 6. 7~1903. 5. 8)

| 프랑스

| 인상주의 화가로 원시적 자연을 동경했으며, 독자적인 색채와 형태를 표현한 그의 화풍은 현대 미술에 큰 영향을 끼쳤다.

| 〈퐁타방의 빨래하는 여인들〉, 〈타히티의 전원〉, 〈설교 후의 환영〉, 〈우리는 어디에서 왔는가? 우리는 누구인가? 우리는 어디로 가는가?〉 등

인상주의에서 출발해 종합주의와 클루아조니슴Cloisonnisme을 탄생시키고 상징주의로 귀착한 회화계의 이단아 폴 고갱. 그는 서구의 인위적인 문명사회에서 벗어나 인류의 근원과 원시사회적 상태로의 회귀를 주장했으며, 원시문명을 직접 체험하기 위해 남태평양 타히티 섬에서 원주민들과 함께 살며 강렬한 충격을 주는 그림들을 그렸다. 사실적인 묘사에서 탈피하여 개념적으로 색채와 형태를 표현한 고갱의 기법은 현대 미술에 큰 영향을 미쳤다. 떠돌이 생활 끝에 이국의 섬에서 고독하게 생을 마친 고갱의 일생은 작품만큼이나 강한 인상을 주어 후일 서머싯 몸은《달과 6펜스》에서 그를 모델로 예술가의 삶을 그려 내기도 했다.

〈황색 그리스도가 있는 자화상〉, 파리 오르세 미술관

고갱은 1848년 6월 7일 프랑스 파리에서 태어났다. 아버지는 기자였고, 어머니는 스페인과 페루 혈통의 여성이었다. 그가 태어나고 얼마 지나지 않아 가족이 페루로 이주하여 약 5년간 그곳에서 살았다. 이때 보고 들은 이국의 풍광과 관습은 어린 고갱의 가슴속에 깊이 남았고, 이후 그의 작품에 밑거름이 되었다. 7세 때 아버지가 죽자 어머니는 누이와 그를 데리고 프랑스로 돌아와 오를레앙에 정착했다. 남미의 따뜻한 햇살을 받으며 활동적으로 뛰놀던 고갱에게 유럽은 따분하기 그지없었다.

모험을 꿈꾸던 고갱은 17세 때 사관 후보생으로 입대하여 남미, 지중해, 북극해 등을 떠돌아다녔고, 복귀한 후에는 해군에서 복무했다. 24세 때 파리 증권거래소에서 주식 중개인으로 일했으며, 부유한 덴마크 여성 메트 소피 가드와 결혼해 다섯 명의 자녀를 두었다. 고갱은 그림을 수집하다가 점차 취미로 그림을 그렸고, 카미유 피사로를 만나면서 전업 화가로의 길을 모색하기 시작했다. 그는 인상파 화가들과 교류하면서 소묘와 유화 기법을 터득해 나갔다. 1875년에 〈이에나 다리 옆 센 강가〉를 완성했고, 이듬해 살롱전에 작품을 출품했으며, 1879년부터 인상파 전시회에 작품을 출품하기 시작했다.

정규 미술 교육을 받지 않은 데다 화단에 연고가 없어 그림이 팔리지 않

〈퐁타방의 빨래하는 여인들〉, 파리 오르세 미술관

고 생활이 쪼들리자 그는 가족들과 아내의 친정인 코펜하겐으로 갔다. 그러나 가족들은 그의 제2의 인생을 인정하지 않았고, 고갱은 화가로서의 꿈을 포기할 수 없어 홀로 파리로 돌아왔다. 이후 고갱은 실질적으로 가족과 결별하고 이곳저곳을 옮겨 다니며 그림을 그렸다. 이때까지는 아직 인상주의 화풍에 물들어 있었으나 고갱은 점차 독자적인 길을 걷기 시작했다.

1886년, 부인과 완전히 결별한 고갱은 파리의 소란함을 피하고 경제적인 곤궁을 해소하고자 브르타뉴 지역의 퐁타방으로 이주했다. 그해 그린 〈퐁타방의 빨래하는 여인들〉, 〈브르타뉴의 시골 여인들(네 명의 브르타뉴 여인들의 춤)〉 등에서는 혁신적인 구도, 단순화된 형태 묘사, 우아하면서도 신비로운 인물의 표정과 시선 처리 등 고갱의 새로운 모색이 드러난다. 이 무렵 고갱은 반 고흐를 알게 되고 아를에서 공동생활을 했다.

고갱은 마르티니크 섬을 여행하면서 열대 지방의 색채와 그곳이 지닌 관능, 원시 공동체의 단순한 생활에 큰 감흥을 받았다. 이로써 그는 인상파와 결별하고 '원시 미술로의 회귀'를 주장하게 된다. 이에 대해 고갱은 말했다.

"원시 미술은 영혼으로부터 나오며 자연을 이용하지만, 정제된 미술은 관능에서 나오며 자연을 섬긴다. 자연은 원시 미술의 하녀이며, 정제된 미술의 정부情婦이다. 자연은 사람들이 자신을 찬양하게 함으로써 사람의 영혼을 실추시킨다. 이렇게 해서 우리는 자연주의라는 가증스러운 오류로 굴러 떨어지고 만다."

고갱의 새로운 표현 형식은 〈설교 후의 환영(천사와 씨름하는 야곱)〉, 〈안녕하세요 고갱 씨〉 등을 통해 나타나기 시작했다. 형태와 크기의 왜곡, 선명하고 임의적인 색채, 단순화되고 평면적인 형태 묘사, 짙은 윤곽선 등 고갱은 사실주의를 비롯해 인상주의와 완전히 결별하고 자신만의 표현 방식을 확립한다. 이 시기부터 점차 그를 따르는 젊은 화가 집단이 생겨났는데, 이들을 나비파Nabis라고 부른다.

원시주의에 몰두하면서 고갱의 그림에서 형태는 보다 단순화되었고, 색채는 강렬해졌으며, 주술적이고 신화적인 감수성이 화면 전체를 지배하게 되었다. 그는 세부적인 사실 묘사가 아닌 관념을 그림으로 표현하고자 했고, 그 결과 상징주의 운동의 선구자로 여겨졌다. 그는 물질주의와 부르주아 문화가 인간의 영혼을 파괴한다고 생각했다.

1891년, 결국 고갱은 작품의 영감을 얻고 산업 문명이 지배하는 서구 사회에서 벗어나고자 타히티로 떠났다. 열대 낙원에서 소박한 생활을 하는

〈설교 후의 환영〉, 국립 스코틀랜드 미술관

원주민에게 예술적 영감과 생의 활력을 얻은 고갱은 친구에게 '당신은 문명 세계에서 고통받고 있는데 나는 야만 세계에서 다시 활력을 얻고 있다'라는 내용의 편지를 쓰기도 했다.

하지만 고갱이 타히티에 도착했을 당시 타히티는 프랑스의 식민 통치로 원주민 문화가 많이 파괴된 상태였다. 때문에 그는 원주민의 자연 숭배, 신화와 종교 등을 공부하면서 잃어버린 세계에 대한 향수를 달랠 수밖에 없었다. 타히티에서 고갱은 현지 원주민 여성 파후라와 동거하면서 아이도 낳았다. 〈마나오 투파파우(지켜보고 있는 망자의 혼)〉, 〈아레아레아(기쁨)〉, 〈타

〈두 번 다시〉, 런던 코톨드 갤러리

히티의 전원〉, 〈테 아리이 바히네(고귀한 여인)〉 등에는 원시적 관능을 지닌 타히티 여인들과 열대 낙원의 풍광, 타히티의 신화에서 얻은 소재들이 드러나 있다.

그러나 고갱은 가난과 질병, 파후라와의 사이에서 낳은 아이의 죽음, 사랑했던 딸 알린의 죽음 등으로 자살 시도를 할 정도로 우울증을 겪었다. 그는 아이의 죽음으로 얻은 슬픔을 〈테 타마리 노 아투아(그리스도의 탄생, 신의 아들)〉를 통해 달랬고, 알린의 죽음으로 인한 충격 이후 〈두 번 다시〉를 그렸다. 이 그림에서 느껴지는 우울과 불안정함은 당시 고갱의 불안한 마음 상태를 잘 드러낸다. 그런 한편 프랑스 식민 정부의 식민지 개발에서 원주민들을 보호하기 위해 노력하고, 누드화에 적대적인 가톨릭 선교단 임원들과 마찰하면서 점차 타히티의 생활에도 환멸을 느꼈다.

타히티 시기 고갱의 대표작은 1897년에 그려진 〈우리는 어디에서 왔는

〈우리는 어디에서 왔는가? 우리는 누구인가? 우리는 어디로 가는가?〉, 보스턴 미술관

가? 우리는 누구인가? 우리는 어디로 가는가?〉이다. 이 작품 역시 두 아이의 죽음 이후 절망에 빠져 있을 때 그린 것으로, 최악의 상황 속에서 자신에게 남은 모든 정력을 바쳐 그렸다고 한다. 인간의 과거와 현재, 미래를 그려 인간 존재의 근원을 고찰하는 철학적인 작품으로, 무의식과 상상력만을 이용해 그려졌다. 이 작품은 독특하게도 동양화처럼 화면 오른쪽에서 왼쪽으로 진행되는데, 오른쪽의 어린이와 세 명의 여인, 중앙의 과일 따는 젊은이, 왼쪽 아래 웅크리고 앉아 귀를 막아 닥쳐 올 고통을 피하고자 하는 늙은 여

인은 인간의 탄생과 삶, 죽음의 3단계를 표현한 것으로 해석된다.

1901년, 고갱은 타히티를 떠나 마르키즈 제도로 향했다. 이곳에서 고갱은 다시 예술가로서의 활력을 얻어 〈그리고 그 여성들의 나체의 금빛은〉, 〈해변의 기수들〉, 〈미개한 이야기〉 등의 작품을 그렸다. 그러나 건강은 점차 악화되었고, 1903년 5월 8일 이곳에서 눈을 감았다. 사인은 심장마비로 추정된다. 그는 죽기 전 자신의 삶과 작품에 대해 이런 글을 남겼다.

〈해변의 기수들〉, 그리스 스타브로스 니아코스 컬렉션

"나는 미개인이다. 문명은 첫눈에 그 사실을 알아챈다. 나의 작품에는 당혹스럽거나 경악스러운 부분이 전혀 없다. 다만 나로서도 어쩌지 못하는 야성적 기질이 있을 뿐이다. 때문에 나의 작품은 모방이 불가능하다."

074

해바라기의 화가

빈센트 반 고흐

Vincent Willem van Gogh(1853. 3. 30~1890. 7. 29)

| 네덜란드
| 선명한 색채와 거칠지만 독특한 표현으로 오늘날 가장 유명한 화가이다.
| 〈별이 빛나는 밤〉, 〈붕대로 귀를 감은 자화상〉, 〈해바라기〉, 〈탕기 영감의 초상〉, 〈감자 먹는 사람들〉 등

영혼의 화가, 빛의 화가, 해바라기의 화가로 불리는 빈센트 반 고흐는 우리나라에서 가장 인기 있는 서양화가 중 한 사람이다. 살아서 단 한 점의 그림을 팔았을 만큼 무명이었고, 궁핍과 정신질환으로 고통스런 생을 살다 사후 재평가된 '시대를 앞서 나간 천재 예술가'의 대표적인 아이콘이기도 하다.

빈센트 반 고흐는 1853년 3월 30일 네덜란드 브라반트 지방의 준데르트에서 태어났다. 아버지는 개신교 목사였던 테오도루스 반 고흐이고, 어머니는 안나 코르넬리아다.

16세가 되던 해, 고흐는 화상이던 큰아버지의 주선으로 헤이그의 구필 화랑에서 수습 화상으로 일하기 시작했다. 화상은 당시 장래가 유망한 직업이었으나 고흐는 그림에 대한 관점 차이로 손님들과 종종 다투었고, 하숙집 주인 딸을 짝사랑하면서 일을 제대로 하지 못하자 해고되었다. 해고된 후에는 견습 교사, 서점 점원 등을 전전했다. 이처럼 힘든 시기에 고흐가 마음으로 의지했던 것은 종교와 그림이었다. 고흐는 신학교에 들어가 신학 공부를 시작했으나 일 년도 채우지 못하고 그만두었다.

이어서 고흐는 벨기에 보리나주 탄광촌에서 선교사로 일했으나 6개월 뒤에 해고되었다. 그럼에도 무보수로 일을 계속했기 때문에 극심한 가난에 시달릴 수밖에 없었고, 이때부터 네 살 아래인 동생 테오의 경제적 지원에 의지하게 되었다. 화상으로 일하던 테오는 평생 형을 물질적으로 도와주었을 뿐만 아니라 고흐가 그림을 계속 그리는 데도 막대한 영향을 미쳤다. 27세가 된 고흐는 테오의 제안에 따라 본격적으로 그림을 그리기 시작했다.

그러나 화가의 길도 쉽지 않았다. 제대로 된 미술 교육을 받은 적이 없었던 고흐는 1880년 테오의 주선으로 헤이그로 갔다. 여기서 화가 안톤 모브의 화실에서 그림 수업을 받았으나 그림에 대한 견해차로 얼마 후 나왔다. 1885년에는 벨기에 안트베르펜 미술학교에 등록했으나 몇 달 만에 퇴학당했다.

이런 일들을 반복하면서 고흐는 고향집 목사관 부속 건물에 자리를 잡고 홀로 그림을 그렸다. 그는 렘브란트, 프란스 할스, 루이스달 등 좋아하는 화가들의 그림을 모사하면서 독학으로 그림을 공부했다. 또한 가난한 사람들의 삶에 공감하고 연대감을 느끼면서 양식화된 미를 표현하는 것보다 진실성을 드러내고 분위기와 감정을 전달하는 것이 더 중요하다는 생각을 굳혔다.

이때 완성한 대표작이 식탁에 둘러앉아 식사하는 농부 가족을 그린 〈감자

〈감자 먹는 사람들〉, 암스테르담 반 고흐 미술관

먹는 사람들〉이다. 이 그림은 잘못된 인체 비례, 구성의 결함, 과장된 얼굴 묘사 등 회화적 기교가 부족하지만 강렬한 인상을 주며, 고흐만의 거칠지만 독특한 붓질 표현과 예술가로서의 정체성이 확립되고 있음을 보여 준다.

> 등불 아래에서 감자를 먹는 사람들이 땅을 경작할 때 쓰는 그 손으로 식사를 하고 있다는 사실을 전하려고 했다. 노동으로 거칠어진 그들의 손을 강조한 건 그들이 밥을 먹을 만한 자격이 있다는 사실을 표현하기 위한 것이다.

테오에게 보낸 편지에는 당시 그가 몰두하고 있던 주제와 화가로서 중요하게 여기는 것이 무엇인지 잘 드러나 있다.

1885년 10월 말, 고흐는 고향을 떠났다. 고흐의 충동적인 태도에 반감을 가졌던 이웃 사람들이 지난 3월 그의 아버지가 죽은 후 고흐를 극도로 꺼렸기 때문이다. 이후 고흐는 안트베르펜에 잠시 체류한 뒤 1886년에 파리로 올라왔다. 고흐는 가난한 사람들에게 애정과 깊은 연대를 가지고 있었지만, 그들에게조차 자신을 이해시킬 수 없었다.

파리에서 고흐는 모네, 르누아르, 쇠라 등의 작품을 접하고 인상주의가 지닌 요소들을 자신의 작품에 수용하기 시작했다. 그중에서도 큰 영향을 받은 화가는 폴 고갱과 들라크루아였다. 구필 화랑의 지배인으로 있던 테오가 연 인상주의 화가들의 전시회에서 고흐는 무명 화가였던 고갱을 만났다. 당시 고갱은 강렬한 색채를 균일하고 표현적으로 사용하는 양식을 개발하던 중이었다.

이 시기에 고흐가 강렬하게 매혹된 또 다른 것은 일본 판화 우키요에였다. 고흐는 색채 표현에 몰두하고 물감을 다루는 방식을 습득했다. 색채의 자율성을 주장한 들라크루아의 색채 이론을 공부하면서 색채 대조 기법을 개발했고, 색과 붓놀림을 대담하게 사용함으로써 자신의 감정을 표현했다. 이 시기의 대표작인 〈탕기 영감의 초상〉에서 고흐는 노란색, 초록색, 빨간색, 푸른색 등 강렬한 원색을 대담하게 구사했는데, 그에게 색채란 현실을 구체적으로 묘사하는 자연의 색이 아니라 자신의 격렬한 내면세계를 묘사하는 표현주의적 도구였다.

1887년, 고흐는 툴루즈 로트레크, 베르나르, 루이 앙크탱 등과 함께 레스토랑 샬레에서 첫 전시회를 열었다. 그러나 그림은 한 점도 팔리지 않았다. 파리에서의 생활 역시 순탄치 않았다. 고흐의 소란스러운 행동이 동생 테오의 사회생활에 피해를 줬기 때문이다.

1888년 2월, 고흐는 남프랑스 아를로 떠났다. 상황은 좋지 않았지만, 그의 마음은 새로운 것을 시작할 때면 늘 그랬듯 희망으로 가득 차 있었다. 지중해 특유의 온화한 기후와 따뜻한 햇볕이 내리쬐는 아를에서 자신의 작품의 본질인 강렬하고 따뜻한 색채와 초기에 영감을 받았던 농촌 소재를 얻을 수 있으리라 기대했기 때문이다. 그는 여동생 빌레미나에게 쓴 편지에서 이렇게 말했다.

〈탕기 영감의 초상〉, 파리 로댕 미술관

그림을 그리고 싶으면 아를에서는 눈앞에 펼쳐진 풍경을 붙잡기만 하면 된다.

오늘날 널리 알려진 고흐의 작품 대부분은 이 시기에 그려졌다. 이때 전형적인 고흐의 그림으로 보이는 화법을 개발한 것이다. 고흐는 론 강 유역의 밀밭과 포도밭, 운하, 밤의 거리 등을 걸으며 남프랑스의 풍경에 심취했는데, 이는 그가 대상의 자연색이 아니라 각각의 그림을 위해 발전시킨 색채 체계에 적합한 색을 사용하는 특유의 기법을 완성할 수 있게 했다.

그에게 색은 대상의 모습을 그리는 수단이 아니라 화가의 감정과 내면을 드러내는 개인적 표현이었다. 그림에 나타난 붓 자국 역시 현실의 모습을 그대로 묘사하기 위한 것이 아니라 화가 개인의 모습을 드러내는 표현 기법이었다.

> 색채의 위치를 정할 때 자연으로부터 일련의 순서와 정확성을 받아들인다. 자연을 세세하게 관찰하지만 내가 사용한 색이 내 그림에서 훌륭한 효과를 발휘한다면 그것이 사물의 색과 동일한 색인지는 더 이상 내게 그렇게 중요하지 않다.

그러나 형태에 있어서는 '나는 내가 그린 형태가 정확하지 못해 실제와 다를까 봐 겁이 난다'라고 썼다. 때문에 돌아다니면서 습작을 할 때도 정확하고 꼼꼼하게 드로잉했으며, 집으로 돌아와서 이를 바탕으로 작품의 효과를 생각하여 선택한 색을 입혔다. 그는 작품 속에서 대상을 종종 심하게 변형시키기도 했지만, 여전히 자연에 충실한 상태로, 추상으로 통하는 경계선을 넘어서지 않았다.

내성적이고 거의 말을 하지 않으며 음울해 보이는 고흐는 이곳에서도 주변 사람들과 잘 지내지 못했다. 그에게 긍정적인 영향을 준 모든 풍경도 주변이 냉담하자 점차 시들해졌다. 고흐는 파리에서 꿈꾸다 실패했던 '화가들의 공동체 생활'을 다시 꿈꾸며 테오에게 고갱을 설득해 아를로 오게 해 달라고 부탁했다. 공동 화실인 노란 집을 꾸미면서 기대에 가득 찬 고흐는 〈해바라기〉 연작과 〈아를에 있는 반 고흐의 침실〉을 그렸다. 침실에 그려진 두 개의 의자, 두 개의 액자, 두 개의 그림에는 고갱이 도착하는 날을 기다리는 고흐의 부푼 마음이 잘 드러나 있다.

하지만 두 사람은 기질적으로 맞지 않았고, 고갱이 도착한 지 두 달 만에 그의 기대는 산산조각이 났다. 고흐는 고갱에게 딱 달라붙어 자신이 그린

〈해바라기〉, 뮌헨 노이에 피나코테크

〈아를에 있는 반 고흐의 침실〉, 암스테르담 반 고흐 미술관

것들을 보여 주고 토론하고 싶어 했는데, 고갱은 그의 태도를 부담스럽게 여겼다. 기대가 깨진 고흐는 신경쇠약과 우울증에 시달리며 고갱에게 집착했고, 고갱이 떠날 것을 두려워했다. 잠을 자는 사이에 고갱이 떠날까 봐 한밤중에도 몇 번이고 고갱의 침실을 들여다봤을 정도였다.

어느 날 고갱이 밤 산책을 나갈 때 고흐는 면도칼을 들고 그의 뒤를 쫓아가는 지경에 이르렀다. 두려워진 고갱은 고흐를 설득해 집으로 돌려보낸 뒤 여관방에서 하룻밤을 묵고 다음 날 집으로 돌아갔다. 그리고 면도칼로 자신의 귀를 자른 고흐를 발견했다. 그동안 고흐의 병증 때문에 머물렀던

〈붕대로 귀를 감은 자화상〉

고갱은 이로써 완전히 질려 고흐에게 일언반구도 없이 아를을 떠났다.

이 사건으로 고흐는 정신병원을 들락거리게 되었고, 고갱을 잃은 슬픔을

〈별이 빛나는 밤〉, 뉴욕 현대미술관

〈붕대로 귀를 감은 자화상〉으로 표현했다. 병원에 갇힌 동안에도 계속 그림을 그렸지만, 삶의 희망을 잃은 상태였다.

1889년, 36세의 고흐는 생 레미에 있는 정신병원에 들어갔다. 그는 1년여를 이곳에서 지내면서 〈붓꽃〉, 〈사이프러스가 있는 푸른 밀밭〉, 〈올리브밭〉, 〈별이 빛나는 밤〉 등을 그리며 서서히 자신감을 찾았다. 그러나 발작은 계속되었고, 우울증과 환상, 피해망상, 정신착란에 시달렸다.

1890년 9월, 고흐는 아마추어 화가인 가셰 박사의 제안으로 파리 근교의 오베르 쉬르 우아즈로 옮겨 갔다. 박사의 치료를 받으며 작업에 몰두한 그는 매일 한두 점씩 그림을 그리는 열정을 불태웠다. 하지만 그를 지배하고 있던 슬픔과 고독, 우울증에서 벗어날 수 없었다. 더구나 그를 일생 후원해 주었던 동생 테오가 자신 때문에 가정생활과 재정적 측면에서 곤란을 겪자 엄청난 자책감에 시달렸다. 결국 1890년 7월 29일 밤, 그는 들판에 나가 권총 자살을 기도했다. 그리고 이틀 후 머물던 여관에서 숨을 거두었다. 그의 묘는 오베르에 쓰였다. 고흐가 죽고 1년 후 동생 테오도 사망했으며, 테오도 그의 옆에 묻혔다.

075

20세기 회화의 새로운 장을 열다

조르주 피에르 쇠라

Georges Pierre Seurat(1859. 12. 2~1891. 3. 29)

- 프랑스
- 19세기 신인상주의의 창시자로 색채의 표현을 과학적으로 체계화하며 독자적인 양식을 확립했다.
- 〈그랑 자트 섬의 일요일 오후〉, 〈아스니에르에서의 물놀이〉 등

조르주 피에르 쇠라는 19세기 신인상주의의 창시자로, 색채와 빛에 대한 과학적 연구를 토대로 점묘법이라는 회화 기법을 개발하고 발전시켰다. 그는 인상파의 색채 원리를 '과학자다운 태도로' 체계화했으며, 인상주의자들이 무시한 화면의 조형적 질서를 재구축했다고 평가받는다.

쇠라는 1859년 12월 2일 파리에서 태어났다. 아버지는 법원 집달관으로, 부유한 부르주아 계층이었다. 그가 태어났을 때 44세였던 아버지는 그가 4살 무렵 은퇴하여 파리 근교 랭시의 별장에서 유유자적한 시간을 보내다 이따금 집으로 돌아왔으며, 쇠라는 파리의 아파트에서 어머니, 동생들과 살았다. 그는 8세 때부터 그림에 관심을 두었고, 9세 때 아마추어 화가였던

외삼촌에게 그림의 기초를 배웠다. 16세 때 조각가인 쥐스탱 르키앙에게 본격적으로 그림 수업을 받았으며, 19세 때 에콜 데 보자르에 들어갔다. 이곳에서 앵그르의 제자인 레만에게 사사했는데, 그에게 엄청난 영향을 미친 것은 레만의 교육이 아니라 도서관에서 본 한 권의 책이었다. 바로 제네바 출신의 화가 쉬페르빌이 쓴 이론서《절대적인 미술 기호들에 관한 평론》이었다. 이 책을 읽고 쇠라는 미술에 관한 과학적이고 체계적인 연구에 강한 흥미를 느꼈고, 이후 화학자 슈브뢸이 쓴《색채의 동시 대비 법칙에 관하여》, 물리학자 루드가 쓴《현대 색채론》 등을 공부했다. 쇠라는 1881년 들라크루아 작품의 색채 대비와 보색 관계를 이론적으로 분석한 글을 발표하기까지 한다.

1879년, 그는 제4회 인상주의 전시회에서 드가, 모네, 피사로의 작품을 보고 신선한 충격을 받았으며, 인상주의 화풍을 전개하기 시작했다. 그해 그는 군대에 지원하여 약 1년간 북부 지방의 항구 도시 브레스트에서 복무했다.

이듬해 군 복무를 마치고 파리로 돌아온 그는 작업실을 빌려 색채 연구에 열중하는 한편, 바르비종파의 그림에 영향을 받은 아망 장과 함께 시골 풍경을 다룬 유화 습작들을 그렸다. 1884년, 그는 그동안의 연구 결과를 창작에 적용한 최초의 작품을 완성했다. 〈아스니에르에서의 물놀이〉가 그 작품이다. 그랑 자트 섬과 아스니에르는 파리 시민이 여가를 즐기기 위해 즐겨 찾던 교외 지역으로, 쇠라가 친구인 아망 장과 종종 놀러가던 곳이었다. 아스니에르에서 여가를 즐기는 노동자들을 그린 이 작품은 인상주의 기법을 기반으로 하되, 색채와 시각에 관한 연구를 하나의 기법으로 발전시켜 적용한 것이다. 즉 색채를 팔레트에서 섞는 것이 아니라 순수한 색채들로 작은 점을 찍어 화면 위에서 색채가 혼합되어 보이게 한 기법이었다. 이로

〈아스니에르에서의 물놀이〉, 런던 내셔널 갤러리

인해 팔레트나 캔버스에서 색을 직접 혼합했을 때 색채가 탁해지는 것이 방지되고, 화면이 희미하게 반짝이는 효과가 나타났다. 쇠라는 이 기법을 색채를 섞지 않고 분할해 칠한다는 의미로 디비조니슴(Divisionnisme, 분할주의), 혹은 직접 물감을 혼합하는 것과 달리 광학적 색채 혼합이라는 의미에서 '색채 광선주의Chromo-luminarism'라고 일컬었다.

이 작품은 살롱전에서 낙선했으나, 그해 5월에 열린 앵데팡당전에 전시되면서 천재 화가의 출현을 알렸다. 이 작품을 보고 비평가 펠릭스 페네옹은 "캔버스 위에 따로 분리되어 있는 색점들이 망막 속에서 재구성된다."라고 말하면서, 본능적이고 직관적으로 그림을 그린 인상주의자와 이론을 바탕으로 한 쇠라의 체계적인 색채 실험을 구분했다. 이런 의미에서 그는 쇠

〈그랑 자트 섬의 일요일 오후〉, 시카고 아트 인스티튜트

라의 작품에 대해 '신인상주의'라는 이름을 붙였다. 또한 페네옹은 쇠라의 기법을 점묘법이라고 했는데, 이 용어는 쇠라가 선호한 분할주의보다 훨씬 보편적으로 사용되었다. 폴 시냐크, 카미유 피사로 등의 화가와 상징주의 시인 에밀 베르하렌 등도 쇠라에게 엄청난 찬사를 보냈다.

그러나 엄밀히 말해 점묘법을 전면적으로 사용한 본격적인 작품은 1886년경 완성한 〈그랑 자트 섬의 일요일 오후〉이다. 쇠라는 〈아스니에르에서의 물놀이〉를 그릴 때와 마찬가지로 이 작품도 약 2년에 가까운 기간 동안 수많은 예비 습작을 했고, 유화로 완성한 이후에도 여러 번 손질을 가했다. 일요일 오후 여가를 즐기러 나온 파리 시민들의 모습을 정밀하게 표현된 이 작품에서 쇠라는 보색 관계에 있는 작은 점들을 수없이 찍어 점묘

〈포즈를 취한 여인들〉, 필라델피아 반즈 재단 미술관

기법을 완성시켰다. 이 작품은 순수색의 분할과 그로 인한 색채 대비가 확립된 작품으로 '신인상주의의 선언문'이라고 불린다. 이 작품은 저명한 화상 뒤랑 뤼엘의 주도로 뉴욕에서 열린 인상파 전시회에 출품되었고, 이후 파리에서 열린 마지막 인상파 전시회를 비롯해 브뤼셀에서 열린 20인 그룹전 등에 전시되면서 눈부신 성공을 거두었다.

1886년 여름, 쇠라는 옹플뢰르에서 휴가를 보내면서 〈옹플뢰르 항구〉, 〈옹플뢰르의 저녁〉, 〈옹플뢰르의 등대〉 등을 그렸는데, 이때까지도 자신의 색채 분할주의를 엄격히 적용했다. 그해 가을에는 새로 작업실을 얻어 〈포즈를 취한 여인들〉에 들어갈 다양한 포즈를 취한 여인들의 누드를 습작했다.

이 무렵 쇠라의 작품에 찬사를 마지않은 비평가 펠릭스 페네옹은 〈라 보그〉 지에 쇠라의 색채 실험을 소개하면서 미술 이론가인 샤를 앙리와 쇠라의 만남을 주선했다. 샤를 앙리는 선과 색의 표현 관계를 분석한 《과학적 미학 입문》이라는 저술을 발표한 인물이다. 두 사람은 의기투합하여 서로의 이론을 나누었고, 쇠라는 앙리의 이론을 바탕으로 선의 특성과 역할에 대해 숙고했다. 그리고 1888년 앙리의 이론을 적용한 〈서커스 사이드 쇼〉를 그렸다. 그리고 그해 연작으로 〈서커스 사이드 쇼〉, 〈포즈를 취한 여인들〉(이 작품들은 이전 습작인 〈서 있는 포즈의 여인〉, 〈앉아 있는 모습의 포즈〉, 〈옆모습의 포즈〉

〈서커스 사이드 쇼〉, 뉴욕 메트로폴리탄 미술관

등과 연작으로 묶인다) 등을 앵데팡당전에 출품하여 큰 성공을 거두었다.

〈서커스 사이드 쇼〉 이후 그는 〈서커스〉, 〈샤위 춤〉 등을 발표하며 대중적인 오락을 소재로 다루었다. 이 작품들에서 그는 공중에 매달린 가스등의 불빛이 공간 안에 은은히 퍼지는 효과를 표현하는 실험을 했는데, 이 시기 그린 베생 항구와 그라블린 운하를 다룬 연작 회화들에서도 빛의 변화에 따라 달라지는 바다의 대기를 압축된 이미지로 표현했다.

쇠라는 회화적 이론과 기법에 대한 연구를 점차 발전시켰으나 1891년 3월 29일 새벽 급작스럽게 죽음을 맞이했다. 3월 26일 그는 미완성인 〈서커스〉를 비롯해 5점의 작품을 앵데팡당전에 전시하기로 하고, 그림 배치를 감독하다 독감과 후두염 증세를 보여 집으로 돌아왔다. 그리고 3일 만에 증세가 악화되어 33세의 나이에 요절했다.

그는 짧은 시간 활동했으며 많은 작품을 남기지 못했지만, 미술사에 끼친 영향은 막대했다. 후대에 인상주의에 통합되어 다루어지며 폄하되기도 했으나, 인상파의 양식을 과학적으로 체계화하면서 홀로 독자적인 양식을 확립했다. 그의 과학적 이론과 기법은 신인상주의 화가들은 물론, 입체파, 미래파 등 기하학적 추상회화의 탄생에 영향을 미치면서 세잔과 함께 20세기 회화의 새로운 장을 열었다.

076

예술을 일상으로 끌어들인 아르누보의 대가

알폰스 무하

Alfons Mucha(1860. 7. 24~1939. 7. 14)

| 체코슬로바키아
| 포스터, 실내 장식 등 일상생활에 예술을 접목시켜 실용 미술을 순수 미술의 영역으로 끌어올렸다.
| 〈지스몽다〉, 〈백합의 사라 베르나르〉, 〈자연〉, 〈슬라브 서사시〉 연작 등

알폰스 무하

알폰스 무하는 체코슬로바키아 출신의 화가로, 아르누보Art Nouveau 양식의 대표적인 인물이다. 아르누보란 19세기 말 20세기 초 서유럽 및 미국에서 유행한 장식 미술 양식으로, 독일에서는 유겐트스틸Jugendstil, 프랑스에서는 기마르 양식Style Guimard, 이탈리아에서는 리버티 양식Stile Liberty으로 불린다. 알폰스 무하는 파리에서 활동하면서 장식적인 포스터와 실내장식 등에서 아르누보 유행을 선도하면서 상업적으로 큰 성공을 거두었다. 그는 회화와 다름없는 예술성을 추구하여 상업의 영역으로 무시받던 실용 미술을 순수 예술의 영역으로 끌어올렸으며, 예술을 일상생활 속으로 끌어들인 예술가 중 한 사람으로 꼽힌다.

무하는 1860년 7월 24일 오스트리아-헝가리 제국(지금의 체코) 모라비아의 작은 마을 이반치체에서 태어났다. 아버지는 지역 재판소에서 근무했으며, 어머니는 귀족 자제들을 가르치는 가정교사였다. 당시 모라비아는 수공업 양식으로 물건을 제작하여 팔고, 도로도 포장되지 않은 중세적인 분위기의 시골 마을이었다. 이곳에서 무하는 초등교육을 받았으며, 중등학교 시절에는 성악에 자질을 보여 성 테프로브 수도원 성가대원으로 활동했다.

무하는 어린 시절부터 온 집 안을 낙서로 도배할 만큼 그림 그리기를 좋아했다고 한다. 그러나 중학교를 졸업한 후 아버지의 주선으로 재판소 서기로 근무했으며, 일하는 틈틈이 마을 사람들의 초상화를 그려 주거나 지방 극단의 무대 배경 등을 그리면서 소일했다. 20세 무렵 그는 빈으로 올라와 브루크하르트 공방을 비롯해 미쿨로프의 극장 등에서 무대 장치를 만드는 일을 했다. 그러던 중 미쿨로프 귀족 큐헨 벨라시 백작의 후원을 받게 되었고, 25세 때 벨라시 백작의 동생인 에곤 백작의 도움으로 뮌헨 아카데미에서 종교화와 역사화를 공부할 기회를 얻었다. 2년 후 아카데미를 졸업해서는 벨라시 백작의 도움으로 파리 유학을 떠났다. 파리에서 그는 쥘리앙 아카데미와 콜라로시 아카데미를 다니는 한편, 잡지와 책에 삽화를 그리고 광고 포스터도 작업하기 시작했다.

1894년, 무하는 당대 파리에서 엄청난 인기를 끌던 여배우 사라 베르나르 주연의 연극 〈지스몽다〉 포스터를 그리면서 삽화가로서 명성을 얻게 되었다. 무명의 무하가 이런 큰일을 맡은 것은 우연이었다. 모두 크리스마스

휴가를 떠나고 텅 빈 파리, 무하는 갈 곳이 없어 인쇄소에서 일을 하며 지내고 있었다. 때마침 르네상스 극장의 매니저가 새해 첫날 공연될 〈지스몽다〉의 공연 포스터를 그릴 삽화가를 찾았으나 파리에 남아 있는 삽화가는 아무도 없었다. 무하를 제외하고 말이다.

포스터는 당시 상업광고물인 동시에 일러스트레이션으로서 그 작품성을 인정받고 있었다. 대표적인 것이 툴루즈 로트레크의 포스터들이다. 그러나 이 분야도 경쟁이 치열해지면서 보다 선정적이 되었고, 포스터에 표현된 여인들은 대부분 요부의 이미지를 띠고 있었다. 그런데 무하는 섬세하고 독특한 선과 색으로 이상화된 여성의 모습을 표현했다. 정돈된 윤곽선 안에 물결치는 머리와 치맛자락, 화려한 꽃과 식물 덩굴에 둘러싸인 여인은 우아하고 신비롭다.

〈지스몽다〉 공연 포스터

〈카멜리아의 여인〉 공연 포스터

극장 매니저는 이 포스터에 난색을 표했으나 사라 베르나르는 크게 만족을 표했고, 새해 첫날 무하가 그린 〈지스몽다〉의 포스터가 파리 시내에 걸렸다. 이 포스터는 파리 시민 사이에 센세이션을 불러일으켰으며, 연극은 성황리에 끝났다. 그녀는 이후 6년간 무하에게 자신이 출연하는 연극 포스터를 비롯해 무대 의상, 장신구, 무대 디자인 등을 맡겼다.

사라를 위해 무하는 〈햄릿〉, 〈토스카〉, 〈카멜리아의 여인〉, 〈로렌자치오〉, 〈사마리아의 여인〉 등 수많은 포스터와 무대 용품 일체를 디자인했으며, 사라는 누구보다 자신을 아름답게 그려 준 것에 크게 만족했다. 두 사람은 1901년 사라의 미국 순회 공연에 동행할 만큼 친밀한 관계가 되었다. 무하는 사라의 개인적인 파티를 위해 〈백합의 사라 베르나르〉라는 그림도 그렸다. 이 그림은 이후 사라의 인터뷰 기사에 쓰인 것은 물론, 각종 엽서와 포스터로 만들어져 불티나게 팔렸다.

무하는 이 시기에 사라를 위한 작업 외에도 다양한 회화, 포스터, 삽화를 그렸으며, 보석이나 카펫, 벽지 디자인을 했다. 그의 스타일은 엄청난 상업적 성공을 거두었을 뿐만 아니라 아르누보를 대표하는 양식으로 추앙받으며 화가로서의 명망까지 얻게 해 주었다.

〈황도십이궁〉

달력으로 만들어져 판매된 〈파리스의 심판〉과 〈황도십이궁〉은 주문량이 인쇄 속도를 따라가지 못할 정도였으며, 〈사계〉 연작 장식 패널 역시 엄청난 인기를 끌면서 〈4개의 예술〉, 〈하루 4번의 시간〉, 〈4개의 보석〉 등 소재를 달리하여 계속 제작되었다. 또한 다양한 잡지와 단행본 삽화를 제작했으며, 빈 분리파 전시회에 작품을 출품하기도 했다.

1899년, 무하는 조각을 시작했는데, 이때 제작한 〈자연〉은 이듬해 파리 만국박람회의 오스트리아-헝가리 제국관에 전시되었다. 또한 만국박람회장에는 아르누보 작가들의 전시장도 있었는데, 이때 무하는 아르누보의 대표 작가로 국제적 명성을 얻었다. 그해 보석세공사 조르주 푸케가 무하의 디자인으로 만든 장신구도 박람회에 출품되었는데, 이 역시 엄청난 성공을 거두었다. 그러자 푸케는 루아얄 가에 낸 자신의 상점 인테리어 및 건물 디자인을 무하에게 맡겼다. 푸케 상점은 아르누보 양식의 대표적인 건물로 꼽힌다. 이후 무하는 세계 각국에서 포스터, 전시관 디자인, 보석 등 수많은 디자인 의뢰를 받았으며, 이듬해 레종 도뇌르 훈장을 받았다.

무하의 이름은 곧 아르누보 양식, 그 자체로 통용되었다. 그러나 그는 점차 이런 성공에 부담을 느끼기 시작했고 고향으로 돌아가 보다 진지한 예술에 몰두하고 싶어 했다.

1903년, 무하는 파리로 유학 온 마리 히틸로바를 만났다. 그녀는 파리에서 성공한 고국의 예술가인 무하를 존경했고, 두 사람은 22살의 나이 차이를 극복하고 1906년에 결혼했다.

1905년, 무하는 미국을 방문했는데, 이때 〈뉴욕 데일리 뉴스〉는 그에 대한 특집기사를 실으면서 대대적으로 그를 환영했다. 결혼 후 무하는 미국에 정착해 시카고 미술연구소에서 강의를 시작했다. 그런 한편 여전히 연극 무대 배경과 의상, 포스터를 디자인하고, 전시회도 꾸준히 개최했다.

1909년에는 사업가 찰스 크레인을 만났다. 그는 후일 체코의 초대 대통령이 되는 토머스 마사리크와 절친한 사이로, 슬라브 민족에 대해 남다른 애정을 가지고 있었다. 크레인은 고향에 정착하여 슬라브 색채를 띤 예술 작품에 전념하고 싶다는 무하의 의지를 이해하고 그를 후원하기로 한다.

무하는 이듬해 가족과 함께 체코로 돌아와 작업실을 마련했다. 그리고 체코의 역사와 민족애를 담은 〈슬라브 서사시〉 연작을 제작하기 시작했다. 이 작품은 슬라브 역사의 대변혁기를 단계별로 묘사한 것으로, 총 20점, 제작 기간 20여 년에 달하는 기념비적인 대작이다. 〈슬라브 민족의 원고향〉, 〈니콜라 즈린스키의 시게트 방위〉, 〈스반토비트 축제〉, 〈그룬발트 전쟁이 끝난 후〉, 〈얀 야모스 코멘스키의 마지막 날〉, 〈성 아토스 산〉 등이 대표적으

〈슬라브 서사시〉 연작 중 〈성 아토스 산〉, 프라하 무하 미술관

로, 10작품은 체코의 역사에서, 나머지 10작품은 다른 슬라브 국가의 역사에서 제재를 선택했다. 그는 범게르만주의의 폭력적인 억압에 대한 저항 의식을 담아 슬라브 민족이 여기에서 벗어나 화합을 이루기를 소망했다. 그러는 와중 체코어를 가르치는 사설학교 설립 자금을 모금하기 위해 〈브르노의 남서 모라비아를 위한 국민연합 복권〉, 〈위협〉을 제작하기도 했다.

1919년, 〈슬라브 서사시〉 11점이 프라하에서 공개되었으며, 이듬해 미 전역에서 열린 무하의 회고전에도 전시되었다. 총 관람객 60만 명에 달하는 전무후무한 전시회였다. 무하는 1926년에야 〈슬라브 서사시〉를 모두 완성했다.

인생 말년에 들어서 무하는 유행에 뒤처진 낡은 양식과 지나치게 민족주의적 색채를 지녔다는 비판을 받았다. 또한 반전사상, 범게르만주의에 대한 저항 의식을 담은 작품들로 고초를 겪었다. 1939년에 나치가 프라하를 점령하자 무하는 체포당해 구금되었으며, 여러 차례 심문을 받았다. 결국 그는 감옥에서 풀려나고 얼마 지나지 않아 생을 마감했다. 나치는 그의 장례식에 가족만 참석할 것을 명했으나, 10만 명의 인파가 장례식에 몰려들었다고 한다.

077

황금의 화가

구스타프 클림트

Gustav Klimt(1862. 7. 14~1918. 2. 6)

| 오스트리아
| 빈 분리파를 결성하여 반아카데미즘 운동을 펼쳤다. 상징적이고 몽환적인 작품으로 여성의 관능미 표현에 뛰어났다.
| 〈유디트 1〉, 〈사랑〉, 〈키스〉, 〈처녀〉, 〈죽음과 삶〉 등

구스타프 클림트는 1862년 7월 14일 빈 근교 바움가르텐에서 에른스트 클림트와 안네 핀스터 사이에서 7형제 중 둘째로 태어났다. 아버지는 보헤미아에서 온 이민자로, 금속세공사로 일하며 판화가로 활동했으나 그리 성공하지는 못했다. 당시는 오스트리아―헝가리 제국 말기로 1873년 경제 위기가 몰아닥치면서 생활 형편은 매우 어려웠다.

클림트는 14세 때 빈의 장식미술학교에 입학했고, 이듬해에는 동생 에른스트가 입학하면서 형제는 함께 공부하고 일하게 된다. 클림트 형제는 1879년 친구 프란츠 마치와 빈 미술사 박물관의 중앙 홀 장식을 맡았다. 이를 시작으로 세 사람은 슈트라니 궁전, 라이헨베르크 극장 등을 장식하는 우의화나 천장화 등을 그렸으며, 1883년에는 벽화를 전문으로 그리는 공방을 열고 카를스바트 극장, 부르크 극장 등의 천장화 등을 그렸다. 그런 한편 클림트는 〈우화〉, 〈목가〉 같은 고전적인 작품을 그리며 화가로서도 첫발을 내디뎠다.

1886년경부터 클림트는 두 사람과 독립적인 노선을 걷기 시작해 작품에 상징적인 장식 요소를 도입한다. 그는 누구보다 여성의 관능미를 표현하는 데 뛰어난 화가로 유명하다. 경멸을 담은 듯한, 무심한 듯한 표정을 한 팜므 파탈의 이미지, 화려한 색채와 장식적이고 기하학적인 장식 모티프로 대표되는 그의 작품들은 상징적이고 몽환적인 이미지로 관람객들을 매혹시킨다. 특히 그는 사진처럼 정밀하게 인물을 묘사하는 데도 뛰어났다. 이런 숙련된 기교에 바로크적인 우아함, 애수에 젖은 듯한 표정과 나른한 분위기를 더해 그는 빈 사교계 여성들의 주목을 받았고, 여성의 초상화로 대중적 인기를 얻게 되었다.

클림트의 이런 재능은 동생 에른스트, 프란츠 마치와 함께 작업한 엘리자베트 황후의 헤르메스 빌라, 빈 미술사 박물관 제단실 천장화 등에서도 뚜렷이 구별된다. 클림트는 인물들의 초상을 세밀하고 사실적으로 그린 부르크 극장 장식화로 대중들을 경탄시켰고, 1888년 프란츠 요제프 황제는 그 공로를 인정해 예술적 공헌에 대한 '황금 공로십자훈장'을 내렸다. 1895년에는 헝가리 토티스의 에스테르하지 궁정 극장 홀 장식으로 안트베르펜에서 대상을 수상하는 등 장식화가로서 큰 명망을 떨쳤다.

1892년, 클림트는 아버지와 동생의 죽음을 겪고 실의에 빠지면서 2, 3년간 작품 활동을 거의 하지 못할 지경에 이르렀다. 그는 이 시기에 인상파와 상징주의, 정신분석학 등에 관심을 두었고, 이를 작품으로 표현하여 최초의 걸작 〈사랑〉을 탄생시켰다. 사랑을 우의적으로 표현한 이 작품은 사실

〈사랑〉, 빈 미술사 박물관

적으로 묘사된 연인들 뒤로 몇 가지 형태의 얼굴들이 희미하게 그려져 있다. 이는 '질투'의 다양한 형태를 나타낸 것으로, 행복 뒤에 숨겨진 불안 심리를 표현하고 있다. 현실 세계와 환상 세계를 몽환적으로 중첩시키고, 죽음과 염세주의, 관능과 에로티시즘으로 대표되는 클림트의 작품 세계는 이 작품부터 시작되었다고 여겨진다.

클림트는 고급 예술과 저급 예술, 성녀와 유녀를 구별하는 이분법을 지양하고 총체적 예술을 추구했다. 이를 중심으로 1897년 모든 사회적, 정치적, 예술적 보수주의로부터 탈피한다는 기치 아래 젊은 예술가들이 모여 빈 분리파Wien Secession가 창설되기에 이른다. 빈 분리파에는 에곤 실레, 오토 바그너, 칼 몰 등 회화, 건축, 디자인을 가리지 않고 당시 오스트리아 예술계를 선도하던 다양한 예술가들이 참여했으며, 클림트가 초대 회장으로 추대되었다.

1894년, 클림트는 마치와 함께 빈 대학 대강당 천장화 작업을 시작했다. 1907년까지 계속된 이 작업에서 〈철학〉, 〈법학〉, 〈의학〉이 완성되었는데, 이 작품들은 지나치게 선정적이고 염세적이라는 이유로 큰 논란을 불러일으켰다. 1899년, 첫 번째 작품인 〈철학〉은 빈 대학 교수들에게 거센 항의를 받았으나 파리 만국박람회에서 금메달을 받았다. 그러나 오스트리아 당국은 이 작품이 빈의 문화적 위상을 실추시켰다면서 빈 대학에서 철거할 것을 명했다. 두 번째 작품 〈의학〉과 세 번째 작품 〈법학〉은 '외설적이며 과도한 성 도착적 표현'이 난무한다는 이유로 제국회의 심의까지 올라갔다.

그러나 클림트는 아랑곳 않고 오히려 〈금붕어〉라는 제목의 그림으로 이에 응수했다. 애초에 〈나의 평론가들에게〉라는 제목이 붙었던 이 그림은 나체의 세 여인이 금붕어처럼 물속에서 유영하듯 흔들리고 있는 모습이 묘사되어 있다. 클림트는 에로티시즘에 대한 공격을 에로티시즘으로 응수하면서 자신의 작품 세계에 대한 견해를 전하려고 했다. 그러나 지나친 외설성으로 대중의 분노는 더욱 거세졌다. 결국 1905년 클림트는 작품 대금을 대학에 반환하고 세 점의 그림을 철수시켰다. 이 그림은 그의 후원자들이 구입했다. 클림트는 "검열은 이것으로 충분하다."라면서 이후 국가의 대규모 주문을 받지 않고 개인적인 주문에만 응하기로 한다.

1901년, '황금의 화가'로 불리는 클림트의 '황금 시기' 첫 작품인 〈유디트 1〉이 탄생했다. 가슴과 배꼽을 드러낸 채 황금색으로 장식된 기하학적이고 상징적인 배경과 문양들에 싸여 있는 유디트는 관능적이기 그지없다. 적장 홀로페네스를 유혹하여 조국을 구원한다는 전통적인 묘사와는 완전히 다른 표현 방식으로, 구국에 대한 결사 혹은 비장미나 숭고함보다는 유디트의 관능과 고혹적인 부분에 초점이 맞추어져 있다. 환상적이고 몽환적인 이

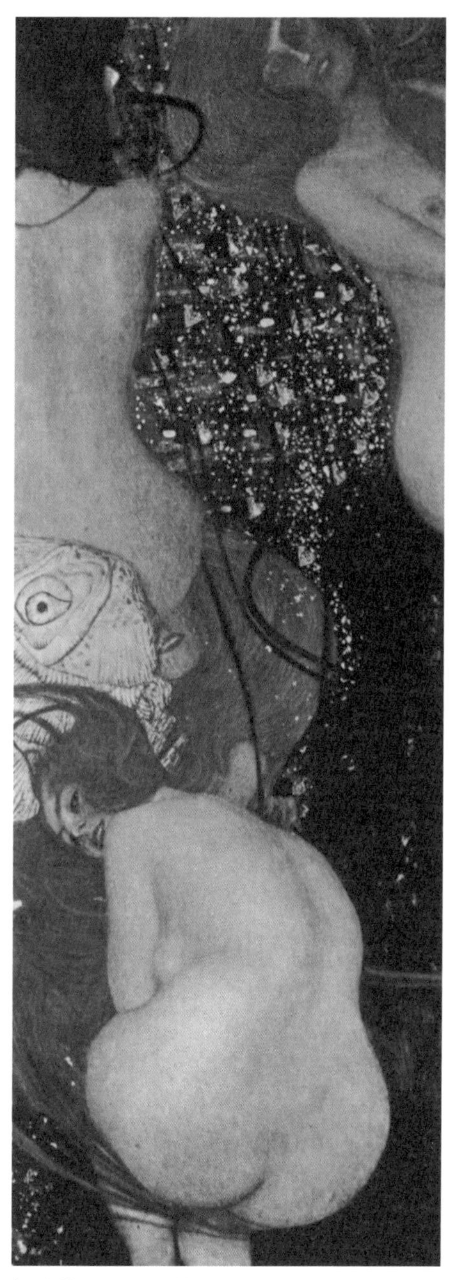

〈금붕어〉, 졸로투른 미술관

〈유디트 1〉, 빈 벨베데레 궁전 미술관

작품에서 클림트는 죽음마저 관능으로 탈바꿈시키는데, 왜 클림트가 한때 '퇴폐적 에로티시즘'으로 비판받았는지 이해할 수 있다. 본연의 의미가 아니라 관능적으로 표현된 이 작품의 유디트는 클림트 생전에 요부의 대명사인 '살로메'로 여겨지기도 했다.

1905년, 클림트는 빈 분리파가 더 이상 본래의 취지에 부합하지 않는다 여기고 탈퇴했고, 이후 모자이크 기법과 장식적인 패턴, 금박을 사용한 화려한 색채 표현으로 독자적인 양식을 발전시켰다. 〈유디트〉에서 시작하여 〈베토벤 프리즈〉, 〈희망 1〉, 〈여성의 세 시기〉 등을 거쳐 클림트의 황금 스타일은 〈다나에〉와 〈키스〉에서 절정에 달한다.

〈키스〉는 포옹을 하는 연인을 묘사하고 있다. 작품 속의 두 사람은 클림트 자신과 그의 운명의 연인인 에밀리 플뢰게라고 한다. 기하학적인 문양과 황금색에 둘러싸여 두 사람의 구별이 사라지고 단단히 결합되어 있는데, 여인의 수동적인 자세와 입술이 아닌 볼에 입 맞추는(입 맞추려 다가간다고 보기도 한다) 남자, 수동적이지만 황

〈키스〉, 빈 벨베데레 궁전 미술관

홀경에 빠진 듯한 여인의 표정 등으로 클림트가 무엇을 표현하려 했는지에 대해 다양한 해석을 낳았다. 키스라는 성적인 암시를 담고 있음에도 화면 전반에 흐르는 몽환적이고 비현실적인 분위기와 아름다운 묘사로 클림트는 대중의 열광적인 지지를 받았다. 이로써 클림트는 장식 미술가에서 현대 미술의 거장으로 추앙받게 되었으며, 퇴폐적 혹은 선정적인 작품을 그리는 작가라는 비난에서도 벗어났다.

클림트는 1906년 〈프리차 리들러의 초성〉과 〈아델 블로흐 바우어의 초상〉부터 은박을 사용했으며, 점차 황금색 배경을 포기한다. 금색과 비잔틴풍의 화려한 문양들은 섬세한 심리 표현을 저해하고 양식화된 장식화로 보인다는 깨달음을 얻었기 때문이다. 그는 점차 장식적인 문양 사용을 배제하고, 넓은 단색조의 화면 구성을 시도했다. 툴루즈 로트레크의 영향을 받은 〈깃털 모자를 쓴 여인〉 등을 제작하면서 역동적이고 화려한 색채로 치장된 작풍에서 탈피하려고도 했다. 곧 다시 자신의 작풍으로 돌아왔으나 이런 시도들을 통해 그는 보다 섬세하고 조심스러운 방식으로 색채와 기하학적 문양을 사용해 내면세계를 표현할 수 있게 되었다. 〈처녀〉, 〈죽음과 삶〉 등 말년의 걸작들은 이렇게 탄생했다. 한편 클림트는 기분 전환을 위해 명상의 즐거움을 느끼며 풍경화도 종종 그렸다. 휴일이면 공원이나 마을에 나와 농가, 꽃, 나무, 들판 등을 그렸는데, 그는 이에 대해 방학 숙제를 하러 가는 듯한 기분이 든다고 표현했다.

1918년 1월 11일, 클림트는 뇌출혈을 일으킨 후 한 달도 채 지나지 않은 2월 6일에 합병증으로 조용히 숨을 거두었다. 갑작스러운 죽음으로 〈요한나 슈타우데의 초상〉, 〈신부〉, 〈아담과 이브〉 등 수많은 작품이 미완으로 남았는데, 이는 평소 동시에 여러 개의 캔버스를 세워 두고 작업을 하는 방식을 취했기 때문이다.

클림트는 평생 자신의 그림에 대한 어떤 코멘트나 인터뷰도 하지 않았고 사생활을 철저히 감추기로 유명하다. 많은 화가들이 자화상을 그렸지만, 그는 자화상에도 관심이 없었다. 이 내성적인 화가는 오로지 자신을 매료한 여인들과 그림 그리는 일에만 탐닉했다.

〈죽음과 삶〉, 빈 레오폴드 미술관

"자신에 대해서는 그다지 흥미가 없으며, 간단한 편지 한 장을 쓰는데도 멀미가 날 듯한 불안을 느낀다. 그래서 자화상이나 자서전은 불가능하다. 예술가로서 클림트를 알고 싶다면 내 작품 속에서 내가 누구인지, 무엇을 원하는지를 알아내라."

078

개성이 뚜렷한 자유로운 화가

툴루즈 로트레크

Henri de Toulouse Lautrec(1864. 11. 24~1901. 9. 9)

| 프랑스
| 순수예술 개념을 거부하고 석판화와 포스터를 주요 미술 양식으로 정립하는 등 현대 미술과 일러스트레이션 발달에 영향을 끼쳤다.
| 〈물랭 가의 살롱〉, 〈자르댕 드 파리의 잔 아브릴〉 등

앙리 드 툴루즈 로트레크는 1864년 11월 24일 프랑스 남서부 지방인 알비의 보스크 성에서 태어났다. 툴루즈 백작 가문과 로트레크 자작 가문의 후손으로, 아버지 알퐁스와 어머니 아델은 사촌이었다. 어린 시절부터 병약했던 로트레크는 13세 때 의자에서 떨어져 골절상을 입고 불구가 되었다. 이 때문에 사냥을 좋아하고 귀족적 자부심이 넘쳤던 아버지의 외면을 받았다. 가벼운 골절상이었으나 불구가 된 것은 선천적으로 뼈가 약했기 때문이며, 이는 근친결혼의 영향이라고도 한다. 불구가 된 데다 몸이 회복되는 시간이 길어지자 그는 영지인 보스크 성 안에 틀어박혀 있거나, 나르본 근처의 셀레이랑, 바레주, 라말루 등의 온천지로 요양을 다니며 자랐다.

그는 7세 때부터 데생을 하며 시간을 보내곤 했는데, 침상에 누워 있는 기간이 길어질수록 그림에 더욱 많은 시간을 할애했다. 이때 아버지의 친구이자 화가였던 르네 프랭스토가 그의 데생을 보고 그림을 가르쳐 주었고, 어머니와 삼촌이 그의 재능을 인정하고 후원해 주었다. 그는 어린 시절에는 병약해 야외 활동을 하지 못한다는 이유로, 좀 자라서는 불구가 되어, 커서는 조잡한 스케치나 그리는 화가가 되어 귀족의 위신을 깎아내린다고 아버지의 멸시를 받았다. 이런 그를 감싸 주고 화가로 성장하는 데 정신적, 물질적 지원을 아끼지 않은 것은 바로 어머니였다.

1882년, 본격적으로 화가가 되고자 파리로 간 로트레크는 레옹 보나의 화실에 견습생으로 들어갔다. 그러나 인상주의, 후기 인상주의 등 아카데미의 규칙에서 벗어난 그림을 비판하던 보나는 역시 아카데미적 양식으로 그리지 않는 로트레크의 그림을 가차 없이 비판했다. 이듬해 보나가 에콜 데 보자르의 교수로 임명되면서 화실 문을 닫자 로트레크는 페르낭 코르몽의 화실로 옮겼다. 로트레크는 보나의 차가운 비난에도 그를 매우 존경한 것으로 보인다. 코르몽은 보나보다 친절한 선생으로 그를 인정하고 독려했지만, 후에 로트레크는 삼촌에게 보낸 편지에 이렇게 썼다.

> 코르몽은 매우 친절합니다. 하지만 저는 그다지 마음에 들지 않습니다. 옛 스승의 채찍질은 저에게 힘을 북돋아 주었고 저는 전력을 쏟았습니다.

그렇지만 반 고흐, 에밀 베르나르 같은 신진 화가들이 모여드는 코르몽의 화실은 로트레크가 자신만의 개성적인 양식을 발전시키는 데 큰 영향을 미쳤다. 또한 당시 유럽을 휩쓸고 있던 일본 판화도 그의 작품에 상당한 영향을 미쳤다.

벨 에포크

Belle Epoque, 19세기 말부터 1914년까지의 시기로, 유럽의 오랜 평화를 바탕으로 문화, 기술, 과학 등이 발전하고 진보적, 낭만적 정신이 움텄다.

1885년, 로트레크는 몽마르트르의 아파트에 자리 잡고 홀로 그림을 그렸다. 카페와 술집, 뮤직홀, 카바레가 즐비하고, 수많은 연예인과 화가들이 드나드는 몽마르트르에서의 생활은 로트레크를 사로잡았다. 그는 밤마다 카바레와 카페, 술집에서 수많은 크로키를 그렸고, 집으로 돌아와 캔버스에 옮겼다. 카바레 미를리통의 소유자이자 작곡가 브뤼앙은 그의 작품에 깊은 인상을 받고 잡지 〈르 미를리통〉 표지로 썼고, 로트레크는 서서히 명성을 얻기 시작했다.

로트레크는 유화를 사용한 이젤화, 즉 순수 예술을 거부하고 포스터와 삽화에서 폭넓은 가능성을 발견했다. 무대 예술에 빠진 그는 배우들의 얼굴과 자세를 그로테스크하게 뒤틀거나 특정 부분을 강조하는 무대 조명의 효과를 파악하고 이를 작품에 적용했다. 명확하고 표현적인 윤곽선, 뚜렷한 붓질로 다양하게 물감을 칠한 채색 기법과 거친 점묘법, 대담한 이미지 사용, 단순해 보이는 양식 등으로 그는 인물의 동작을 보다 생생하고 감각적으로 표현했다. 이런 그의 작품들은 종종 후일의 아르누보 양식과 비견되곤 한다.

1889년, 벨 에포크를 대표하는 카바레 물랭 루주가 문을 열었고, 로트레크는 이곳에서 수많은 그의 뮤즈들을 만났다. 무용수, 매춘부, 배우, 서커스 광대들은 그에게 수많은 영감을 불어넣어 주었다. 특히 서커스 단원이었던 무희 라 굴뤼의 캉캉에 매료된 로트레크는 라 굴뤼의 유화, 포스터, 석판화를 많이 제작했고, 이는 그의 대표작이 되었다. 라 굴뤼가 등장하는 물랭 루주 광고 포스터는 최초의 현대적인 포스터이자 독자적인 예술품으로서 포스터의 가능성을 열었다. 이 포스터는 파리 전역에 배포되었고, 대중은 물론, 예술 애호가들조차 그의 포스터를 수집하기 위해 눈에 불을 켰다. 1891년, 〈자르댕 드 파리의 잔 아브릴〉 석판화 포스터로 그는 포스터 작가로서의 명성을 확립했다.

〈자르댕 드 파리의 잔 아브릴〉 석판화 포스터

로트레크의 세계를 특징짓는 가장 중요한 요소는 여성이다. 물랭 루주의 무희 잔 아브릴, 여배우 이베트 길베르 등이 로트레크의 대표적인 모델들로, 로트레크는 그녀들을 쫓아다니며 차를 마시고 저녁이면 코메디 프랑세즈, 짐나즈, 보드빌 등에서 연극을 보고 그림을 그렸다. 그가 그린 여성들은 대개 사회 최하층이었으나 그의 그림 속에서 재능과 관능, 고결함을 담은 여성으로 재탄생되었다. 대표작 〈물랭 가의 살롱〉은 매춘부 여성들이 쉬고 있는 모습을 그린 작품으로, 그는 매춘부들의 몸짓이나 관능미보다 그녀들이 지닌 보편적인 고독감을 표현하며 매춘부가 아닌 '인간적인 존재'로 그려 냈다.

여성들은 정력적이고 재기 넘치며 인기 있는 화가였던 그를 숭배했고, 기꺼이 모델을 섰으며, 때로는 정부가 되었다. 로트레크는 수없이 여자를 갈아치우며 그녀들을 그렸다. 그림 작업은 때로는 그의 아파트에서, 때로는 자주 드나들던 카페 콩세르에서, 때로는 물랭 루주의 매음굴에서 이루

〈물랭 가의 살롱〉, 알비 툴루즈 로트레크 미술관

어졌다. 그는 매음굴이 집보다 편하다고 말하며, 이곳을 경시하는 인물들을 조롱하고, 외설적이라는 비난에도 아랑곳하지 않고 매춘부를 소재로 한 석판화집을 만드는 데 열정을 쏟았다.

로트레크는 그와 동시대를 산 후기 인상파 화가들과 달리 화가로서 큰 영향을 미치지 않았지만, 그의 작품들이 현대 미술과 쇼비즈니스에 미친 영향은 엄청났다. 그는 석판화와 포스터를 주요 미술 형식으로 만들었으며, 일러스트레이션의 발달에도 지대한 영향을 미쳤다.

1890년대 후반부터 로트레크는 과도한 음주와 정신착란으로 육체적, 정신적으로 쇠약해지기 시작했다. 그는 유머 감각이 풍부하고, 짓궂은 장난꾸러기였으며, 종종 자기를 희화의 대상으로 삼을 만큼 유쾌한 남성이었지만, 자신의 육체적인 결함에 대한 근본적인 혐오감에서 벗어날 수 없었다. 이 무렵 그는 (칵테일 보급에 지대한 공헌을 했다는 농담을 들을 정도로) 끊임없이 술을 마시고 울음이 나올 때까지 끊임없이 키득댔다. 1897년경에는 정신착란 증세가 악화되어 환상 속의 거미를 향해 총을 쏘거나 경찰이 자신을 감시하고 있다며 두려움에 떨기도 했다.

1899년, 결국 뇌일리의 요양소에 수용되었고, 자신이 정상임을 입증하여 병원에서 나가기 위해 끊임없이 그림을 그렸다. 소재는 기억 속에 있는 서커스나 연극 장면들이었다. 얼마 후 파리로 돌아와 다시 작품 활동을 하던 그는 말 타는 기수의 모습을 그린 〈기수〉를 제작하고, 잔 아브릴의 모습을 담은 포스터를 디자인했다.

1900년 봄, 다시 건강이 악화된 그는 이듬해 파리를 떠나 어머니가 있는 말로메 성으로 가서 숨을 거두었다. 36세의 젊은 나이였다. 1902년 열린 첫 회고전을 시작으로 잇따라 회고전이 열렸고, 로트레크는 화가로서 큰 명성을 얻었다. 1922년, 프랑스 남부 알비에 로트레크 미술관이 개관되었다.

079

작품에 내면을 드러낸 표현주의 화가

에드바르 뭉크

Edvard Munch(1863. 12. 12~1944. 1. 23)

- 노르웨이
- 표현주의의 선구자로 질병과 불안, 죽음에 대한 형상을 자유분방하게 표현했다.
- 〈절규〉, 〈병든 아이〉, 〈마돈나〉, 〈사춘기〉 등

자화상, 오슬로 뭉크 미술관

"어느 날 저녁 나는 두 친구와 함께 길을 걷고 있었다. 한쪽에는 마을이 있고 아래에는 피오르가 있었다. 피곤하고 지친 느낌이 들었다. 해가 저물고 있었고, 구름이 피처럼 붉게 변했다. 나는 자연을 뚫고 나오는 절규를 느꼈다. 그 절규는 마치 실제처럼 들렸다."

마치 소설의 한 구절 같은 이 문장은 노르웨이의 표현주의 화가 에드바르 뭉크가 작품 〈절규〉를 작업하게 된 계기에 대해 토로한 것이다. 〈절

규〉는 요동치는 선과 거친 붓질, 왜곡된 형상으로 현대인이 지닌 내면의 불안과 공포를 표현한 작품으로, 실존에 대한 고통을 형상화하며 독일 표현주의 발전에 많은 영향을 미쳤다고 평가된다. 수많은 상품들로 복제되어 우리에게 가장 친숙한 근대 회화 작품 중 하나이기도 하다.

뭉크는 1863년 12월 12일 노르웨이 뢰텐에서 태어났다. 아버지는 군의관 출신 의사인 크리스티안 뭉크이며, 다섯 남매 중 둘째였다. 뭉크가 삶과 죽음, 인간 존재의 근원에 자리한 고독과 불안 등을 주로 표현한 것은 어린 시절의 경험과 무관하지 않다. 태생적으로 병약했고, 그가 5세 때 어머니가 결핵으로 사망했으며, 14세 때에는 그가 잘 따랐던 누나 소피에가 결핵으로 사망했다. 어린 시절은 그에게 늘 죽음을 생각하게 만들었고, 또한 그와 누이동생은 불안장애와 강박, 공황장애를 앓기까지 했다.

"질병과 정신 착란, 죽음의 검은 천사들은 내가 태어날 때부터 요람 위에서 나를 굽어보았다."라는 말은 뭉크의 작품들이 지닌 절망적인 분위기와 고립에서 오는 불안감의 근원을 설명해 준다. 〈병든 아이〉, 〈죽음의 방〉, 〈죽음의 침상 곁에서〉와 같은 초기작에서 드러나는 질병에 대한 불안과 죽음에 대한 응시는 뭉크 작품의 기저가 된다.

병약하여 주로 방 안에서 지냈던 뭉크는 종종 침대나 바닥에 누워 집 안 모습이나 약병 따위를 그렸다. 정식 교육은 거의 받지 못했고, 16세 때 아버지의 바람대로 공업기술학교에 들어가지만 잦은 병치레로 학교를 그만두었다. 그는 화가가 되기로 결심하고 18세 때 오슬로의 미술공예학교에 들어갔다. 이듬해에는 같은 학교에 다니던 동료 여섯 명과 함께 작업실을 빌려 본격적으로 작품 활동에 뛰어들었다. 이때 노르웨이의 자연주의 화가 크리스티안 로크의 지도를 받았는데, 그로부터 프랑스의 인상주의를 처음 접했다.

〈절규〉, 오슬로 뭉크 미술관

무엇보다 그의 작풍에 영향을 끼친 것은 극단적 자유주의자 그룹인 크리스티아나 보헤미안이다. 1886년에 열린 화가들의 축제에서 뭉크는 소설가 한스 예게르를 만났고, 같은 그룹의 화가 크리스티안 크로그 등과 교류했다. 인습과 윤리, 예술에 있어 자유분방하고 새로운 사고방식을 가진 이들과의 만남은 뭉크에게 감정의 해방을 맛보게 했고, 이는 그가 표현주의적 화풍을 확립하는 데 크게 기여했다.

1885년, 뭉크는 〈병든 아이〉, 〈그날 이후〉, 〈사춘기〉 등을 완성했고, 이듬해 〈병든 아이〉를 오슬로 가을 전시회에 출품했다. 이 작품은 거칠고 암울한 묘사 방식으로 비평가들에게 충격을 주었다. 이들로부터 물감을 터무니없이 많이 칠한 데다 형태도 제대로 표현되어 있지 않다는 혹평을 들었다. 그럼에도 뭉크는 이 작업이 자신의 가장 중요한 작업이라고 생각했다. 뭉크는 1889년에 개인전을 열었고, 이 덕분에 장학금을 받아 파리의 에콜 데 보자르로 유학 갈 기회를 얻었다.

에콜 데 보자르에서 뭉크는 레옹 보나에게 그림을 배웠지만, 그림 수업에 그다지 흥미를 느끼지 못하고 몇 개월 만에 그만두었다. 그러나 2년간 파리에 체류하며 툴루즈 로트레크, 폴 고갱 등에게 매료되면서 화가로서 전환점을 맞이했다. 뭉크는 이들의 작품을 통해 자신의 내면과 두려움에 마주하는 도구로 그림을 대하게 되었고, 개인적 경험과 감정을 그림에 투영하여 현대인의 내면 심리를 묘사하는 화풍을 발전시켰다.

1892년, 뭉크는 베를린 예술가협회의 초청으로 베를린에서 최초의 개인전을 열었다. 약 55점의 작품을 출품한 이 전시회는 열리자마자 독일 언론의 집중 포화를 받으며 1주일 만에 막을 내렸다. 인습과 전통에 얽매이지 않은 자유분방한 회화적 형상들은 "대충 얼버무린 듯 그려 더러는 이게 사람을 그린 건지조차 분간이 안 된다."라는 비판을 받았다. 그러나 이 소란은 오히려 독일 예술가들이 뭉크를 주목하는 계기가 되었으며, 그는 표현주의의 선구자로 인정받게 된다. 뭉크는 베를린에 거처를 정하고 화가로서 본격적인 활동을 시작했다. 4년간의 독일 체류를 거쳐 1908년 신경쇠약에 걸릴 때까지 뭉크는 화가로서 가장 중요한 나날을 보냈다.

독일에서 그는 그래픽 아트의 영향을 받아 판화를 제작하기 시작했다. 에칭, 석판화, 목판화 등을 제작했으며, 그의 판화는 회화 작품들처럼 솔직하고 단순한 형상, 강한 주관성을 띠고 있다. 또한 그는 주요 작품 중 일부를 에칭과 석판화 등으로 다시 제작하기도 했는데, 그중 한 작품이 〈마돈나〉이다.

1893년, 뭉크는 〈생의 프리즈—삶, 사랑, 죽음에 관한 시〉의 연작 스케치를 시작했다. 사랑의 깨달음, 사랑의 개화와 죽음, 생의 불안, 죽음이라는 네 가지 주제로 이루어졌으며, 인간 존재의 다양한 면모를 담으려 한 이 시도를 통해 뭉크는 자신의 삶 전체를 되돌아보려 한 듯하다. 〈목소리〉, 〈사춘기〉, 〈키스〉, 〈남과 여〉, 〈폭풍우 치는 밤에〉, 〈재〉, 〈멜랑콜리〉, 〈병실에서의 임종〉 등으로 이루어진 이 연작은 1893년 작 〈절규〉와 1894년 작 〈마돈나〉로 유명하다.

〈마돈나〉는 뭉크가 지닌 여성에 대한 이중적인 의미가 표현된 작품이다. 그는 1885년 프란츠 탈로의 형수인 밀리 탈로에게 빠져 그녀에게 온 마음을 바쳤다. 그러나 자유분방한 기질을 지닌 그녀와의 연애는 뭉크를 질투로 인한 신경쇠약과 정신착란 지경으로 몰고 갔고, 그 결과 그는 여성혐오증에 걸렸다. 뭉크에게 '마돈나'란 성스러운 마리아이자 남자를 유혹해 파멸로 몰아가는 팜므 파탈이었고, 유혹적인 동시에 위협적인 존재였다. 섹슈얼리티와 죽음이 순환 관계를 이루고 있음을 표현하는 이 작품을 그는 시로 표현했다.

지구상의 온갖 아름다움이 당신의 얼굴 위에 머문다
당신의 입술은 고통으로 일그러지며 열매를 맺는 과일처럼 붉은색이다
시체의 웃음
이제 삶이 죽음과 손을 잡는다

〈마돈나〉, 오슬로 뭉크 미술관

1899년, 뭉크의 여성혐오증을 심화시키는 사건이 일어난다. 그해 그는 상류 계층의 여성인 툴라 라르센을 알게 되는데, 그녀의 집착과 집요한 결혼 요구로 뭉크는 그녀와 얼마 안 가 헤어지고 만다. 그녀는 뭉크 앞에서 권총으로 자살을 시도하는 소동을 부리다 뭉크의 손가락에 총알을 관통시켰다. 뭉크는 이때의 경험을 후일 〈살인녀〉와 〈마라의 죽음〉 등으로 표현했다.

뭉크는 평소 조울증과 알코올 중독, 불안과 환각 증세를 지속적으로 겪었고, 1908년 결국 신경쇠약으로 코펜하겐의 한 정신병원에 입원했다. 이듬해 요양을 마친 그는 노르웨이로 돌아갔는데, 이후 그의 작품은 좀 더 낙천적으로 변화했다. 자신의 고독과 불안을 묘사하는 데서 벗어나 직접 자연으로 나가 보고 느낀 풍경을 풍요롭고 힘차게 그렸다. 색채는 화려하고 풍부해졌으며 밝아졌다.

뭉크는 오슬로에 정착한 이후에도 베를린, 파리, 프랑크푸르트, 런던 등지를 여행하며 작품 활동을 계속했고, 베를린과 오슬로, 뮌헨, 코펜하겐, 취리히, 런던, 미국 등지에서 그의 개인전이 열렸다. 1933년에는 노르웨이 정부로부터 성 올라브 대십자 훈장을 받았으며, 이듬해에는 프랑스 정부로부터 레종 도뇌르 훈장을 받았다.

화가로서의 경력이 시작된 독일에서도 큰 영예를 얻었다. 그러나 1937년 제2차 세계대전 중 나치에 의해 그의 작품이 '퇴폐 미술'로 규정되면서 수난을 겪기도 했다.

말년에 뭉크는 오슬로 근처 에켈리에 마련한 저택에서 홀로 지내면서 그림을 계속 그렸다. 눈병을 앓고 실명 위기에 처했으나 그에게는 어떤 장애도 되지 않았다. 1944년 1월 23일, 뭉크는 자신의 모든 작품과 재산을 오슬로 시에 기증하고 고독과 평화 속에 눈을 감았다. 80번째 생일이 지난 지 얼마 되지 않아서였다. 1963년에 뭉크 탄생 100주년을 기념하여 오슬로 시에 뭉크 미술관이 개관되었다.

않고 직접적이고 정직하게 찍은 것이다."라는 평가를 받았다.

〈터미널〉

1890년, 그는 뉴욕으로 돌아와 프리랜서 사진가로 일하면서 상업 사진을 찍었다. 이듬해 그는 뉴욕 카메라 클럽에 가입하고, 〈미국 아마추어 사진가〉의 편집장을 지냈다. 그러면서 사진을 예술로 인식시키려면 개인 활동보다 집단 활동이 더욱 효과적일 것이라 생각하고, 아마추어 사진가 협회와 뉴욕 카메라 클럽을 합병하여 뉴욕 카메라 클럽을 출범시켰다. 그리고 1887년 클럽 기관지 〈카메라 노트〉를 발행하면서 활발하게 활동했다.

1890년대 스티글리츠는 핸드 카메라를 가지고 다니면서 밤과 낮 혹은 겨울의 뉴욕 거리, 고아 소년 등 뉴욕의 근대 풍경을 스냅 사진에 담았다. 이는 자연에 대한 동경을 담아 풍경을 회화적인 기법으로 찍던 기존의 방식에서 탈피해 현실 속 도시로 카메라 렌즈를 돌렸다는 중대한 의미를 갖는다. 그러면서 그는 다양한 실험을 시도하여 추가적인 렌즈나 합성 없이 현실을 사실적으로 포착하는 다양한 효과를 고안해 냈다. 그는 자연적으로 발생하는 분위기를 사진에 담기 위해 '결정적 한순간'을 얻으려고 노력한 최초의 사진가였다. 예컨대 그는 '다가올 무언가'를 포착하기 위해 3시간 동안 폭설 속에서 기다리기도 했는데, 이때 탄생한 작품이 눈보라를 뚫고 지나가는 마차가 생생히 포착된 〈5번가의 겨울〉이다.

〈5번가의 겨울〉

스티글리츠는 1902년 사진 분리파를 결성하고, 1903년에 〈카메라 워크〉를 창간하면서 전시회를 주관하고 개인 작품집들을 발간했다. 또한 1905년에는 에드워드 스타이컨과 함께 뉴욕 5번가 291번지에 '사진 분리파의 작은 화랑(Little Galleries of the Photo Secession, 일명 291화랑)'을 열고 현대 미술 작품과 사진 작품을 함께 전시했다.

스티글리츠는 이 무렵부터 '스트레이트 사진'을 주창했다. 이는 회화적인 사진을 얻고자 인위적인 가공을 하는 데 반대하고, 사진의 독자성인 광학적 속성과 기록성을 살려 현실을 그대로 재현해도 예술이 될 수 있다는 관점이다. 때문에 '순수 사진'이라고도 표현된다. 오늘날 사진이 회화와 분리되어 하나의 예술 매체로 자리 잡은 것은 사진 분리파 활동과 스트레이트 사진의 주창에서 시작된 것이라고 할 수 있다.

1903년, 〈인간의 손〉에서 스티글리츠는 철도가 증기를 뿜으며 선로 위를 달리는 순간을 포착하여 도시의 일상적인 주제를 예술 작품으로 승화시킬

〈인간의 손〉

수 있음을 보여 주었다. 이런 시도를 거듭한 끝에 1907년 스트레이트 사진의 원조로 평가되는 〈삼등 선실〉이 탄생한다. 당시로서는 보기 드물게 삶의 리얼리티를 있는 그대로 포착하여 사실주의 사진을 대표하는 작품이다. 호화 여객선 카이저 빌헬름 2세의 갑판에서 산책을 하다 찍은 이 사진은 특등실과 삼등실의 탑승객들을 한 화면에 절묘하게 포착하였다. 의도하지 않은 순간에 포착된 사진 한 장은 미국 신흥부자와 이민에 실패하고 유럽으로 돌아가는 하층민의 삶을 극명하게 대조하며 당대 미국의 시대상을 보여 주었다.

〈삼등 선실〉

스티글리츠는 1917년 291화랑을 닫은 후 작품 활동에 전념했다. 휴양지, 뉴욕 시내의 집에서 보는 일상적인 풍경들을 사진에 담았으며, 1924년 화가 조지아 오키프와 결혼한 이후 그녀의 사진을 약 500여 점 찍었다. 오키프를 찍은 연작 인물 사진들은 스티글리츠의 걸작 중 하나로 꼽힌다. 이 시기에 그는 단순한 다큐멘터리성 작품, 즉 사실주의에서 한 단계 더 나아가 사실에 대한 은유 및 자신의 감정을 담은 작품들을 제작했다.

그는 1925년 인티메이트 갤러리를 개관하면서 뉴욕으로 돌아왔으며, 1927년에는 아메리칸 플레이스를 개관하여 조지아 오키프, 찰스 데무스 등 신진 미국 화가들이 지속적으로 전시회를 할 수 있도록 도움을 주었다. 그런 한편 뉴욕 풍경 연작을 제작했다.

스티글리츠는 사진의 독립과 확장을 위해 카메라로 가능한 모든 기법을 연구했으며, 그러면서 다큐멘터리 사진의 기록성과 예술 작품의 회화성 및 표현주의를 한데 결합시켰다. 미국의 주요 미술관들은 최초로 그의 사진들을 예술 작품으로 받아들였다. 또한 그는 작품 활동뿐만 아니라 적극적인 사회 활동을 통해 죽는 날까지 사진을 예술로 격상시키는 데 최선의 노력을 기울였다.

"자살하는 것 말고 할 수 있는 일은 모두 다했다."

이렇게 사진에 대한 열정을 아낌없이 불태운 스티글리츠는 1946년 7월 13일 82세의 나이로 뉴욕에서 세상을 떠났다.

081

순수 추상화를 탄생시킨 미술사의 혁명

바실리 칸딘스키

Vasily Vasilyevich Kandinsky(1866. 12. 16~1944. 12. 13)

- 러시아
- 색채와 형태를 버리고 최초로 순수 추상화를 제작하며 20세기 미술사의 혁명을 이루었다.
- 〈매력적인 상승〉, 〈구성 X〉, 〈즉흥 XIV〉, 《점, 선, 면》 등

바실리 칸딘스키는 추상 미술의 아버지라 불리는 러시아의 화가로, 최초로 순수 추상 작품을 제작하며 20세기 미술사의 혁명을 이룩했다. 또한 미술의 정신적인 가치와 색채에 대한 탐구 결과인 〈예술에서의 정신적인 것에 대하여〉, 《점, 선, 면》과 같은 저술을 통해 20세기 가장 중요한 미술 이론을 세웠다. 피카소, 마티스와 함께 20세기 미술사에 있어 가장 중요한 인물로 꼽힌다.

칸딘스키는 1866년 12월 16일(러시아 구력 12월 4일) 모스크바에서 상인인 바실리 실베스트로비치 칸딘스키의 아들로 태어났다. 이름은 바실리 바실레비치 칸딘스키이다. 아버지는 몽골계 시베리아 출신이고 어머니는 모스

크바 출신이라고 하며, 자라면서 아시아 전통 문화를 접했다. 부유한 집안에서 피아노와 첼로, 미술 등 부르주아식 교육을 받으며 풍족하게 자랐고, 음악과 예술에 뛰어난 재능을 보였다고 한다. 어린 시절 아버지와 함께 베네치아, 피렌체, 로마, 크림 반도 등지를 여행하기도 했다.

모스크바 대학에서 법학과 경제학을 공부했으며, 법학 학위를 취득하고 졸업 후 교수로 임명되어 모교에서 학생들을 가르쳤다. 칸딘스키는 민속학과 인류학에도 조예가 깊었는데, 학창 시절인 1889년에 대학 부속 연구소 민속학 연구원으로 러시아 북부 볼로그다 지방에 파견되었다. 그는 그곳에서 러시아의 전통적인 농가 건축과 공예품, 풍물을 접하고 큰 인상을 받았다.

1895년, 칸딘스키는 모스크바에서 열린 프랑스 인상파 화가들의 전시회에서 모네의 〈건초더미〉에 큰 감명을 받고 본격적으로 미술을 하기로 결심했다. 당시 에스토니아 도르파트 대학교(후일의 타르투 대학교) 법학과 교수직을 제안받은 '인생 최고의 기회'를 차버릴 만큼 그때의 감명은 컸다.

> 상상도 하지 못했던 팔레트의 위력을 보았다. 그 그림은 내 감추어진 부분까지, 내 꿈속까지 파고들어 왔다. …… 나의 매혹적인 모스크바는 화면 위에 이미 존재하고 있었다.

이듬해 칸딘스키는 뮌헨으로 옮겨 뮌헨 아카데미에 들어갔고, 안톤 아즈베 및 프란츠 폰 슈투크에게 사사하며 화가로서의 길을 걷기 시작했다. 이곳에서 훗날 바우하우스에서 함께 할 동료 파울 클레를 만났다.

1901년, 칸딘스키는 롤프 니츠키, 발데마르 헤커, 빌헬름 휴겐스 등과 함께 팔랑크스파를 조직하고 첫 전시회를 열었으며, 그해 겨울 팔랑크스 예술학교를 열고 직접 데생과 회화를 가르쳤다. 그러나 화가로서 자신의 길을 찾는 방황은 계속되었다. 1903년부터 그는 연인인 가브리엘레 뮌터와 함께 5년간 유럽 도시들을 여행하며 다양한 시도를 했다. 칸딘스키는 화려한 색채, 러시아 민속화 등에서 받는 영감에서 벗어나 대상의 실제 모습보다는 형태와 선, 색채만으로 표현하는 가능성을 연구하기 시작했다.

여행 동안은 물론, 뮌헨으로 돌아온 후에도 칸딘스키는 꾸준히 음악, 철학, 미술 이론을 심도 깊게 탐구하면서 점차 추상화로 나아갔다. 그가 추상화를 추구하게 된 것은 그에게 '화가다운' 혹은 '예술가다운' 탐미주의나 예술에 관한 지향성이 없었던 덕분이기도 하다. 그는 색과 선, 형태를 통해 사상을 표현하고 감동을 일으키기를 원했으며, 그것은 순수한 음악적 언어와 마찬가지로 순수한 시각적 언어로 표현될 수 있다고 생각했다. 이 시기의 작품으로는 〈오래된 도시II〉, 〈러시아 풍경〉, 〈말을 탄 연인〉, 〈푸른 산〉, 〈오리엔탈〉 등이 있다.

1910년을 전후로 추상 표현에 관심을 둔 화가들과 선구적인 추상 회화 작품들이 등장하기 시작했다. 칸딘스키도 그들 중 하나였으나 이후 추상 회화를 하나의 '이즘'으로 발전시키고 그 개념을 이론으로 정립시켰다는 데서 그만큼 중요한 선각자를 꼽기는 힘들다.

1910년, 최초의 추상적 수채화로 불리는 〈무제〉가 발표되었다. 그해 칸딘스키는 프란츠 마르크, 아우구스투스 마케 등과 함께 청기사파Der Blaue Reiter를 조직하면서 아방가르드 운동을 전개했다. 칸딘스키가 주도하는 비구상적인 회화에 대해서는 〈예술에서의 정신적인 것에 대하여〉라는 논문으로 이론화되었으나 이는 비평가들의 혹평을 받았다. 그럼에도 청기사파는 독일 표현주의 미술의 핵심 역할을 했고, 칸딘스키는 〈즉흥XIV〉, 〈인상〉, 〈구성VII〉, 〈검은 선들〉, 〈검은 아치가 있는 풍경〉, 〈가을〉 등과 같은 작품들을 통해 자신의 이론을 표현했다. 그의 그림에서는 점차 대상의 구체적인 형태가 제거되고 색채가 모든 표현을 대신하게 되었다.

〈즉흥 27〉, 뉴욕 메트로폴리탄 미술관

1914년, 제1차 세계대전이 발발하자 칸딘스키는 모스크바로 갔다. 모스크바 미술학교에서 학생들을 가르치면서 회화문화 박물관 관장으로 재직했고, 러시아 과학예술 아카데미를 설립하여 러시아 전역에 미술관을 설립하는 데 기여했다. 그런 한편 구성주의에 대한 연구도 계속했다.

1922년, 칸딘스키는 바우하우스의 초빙으로 독일로 돌아와 학생들을 가르쳤다. 러시아 구성주의를 연구하고 돌아온 그는 형태와 구성을 수학적으로 엄격하게 제한하는 데 몰입했다. 이는 1926년《점, 선, 면》이라는 저술로 이론화되었다. 그는 그해 〈여러 개의 원〉을 제작했는데, 원은 그에게 가장 안정적인 동시에 불안정하며, 가장 간결하면서도 무한하게 변화하고, 가장 균형 잡히고 통일된 형태였다. 이 무렵 칸딘스키는 왕성하게 작품 활동을 하며 〈열세 개의 사각형〉, 〈불안정한 구성〉 등 다수의 작품을 제작했다. 1930년에는 파리에서 열린 '원과 사각형' 그룹의 전시회에 참여했다. 그런 한편 1928년에는 무소르그스키 〈전람회의 그림〉의 의상과 무대 장식을 맡았으며, 1931년에는 미스 반 데어 로에의 음악실 벽 장식을 맡기도 했다.

1933년, 나치 정부는 바우하우스를 '퇴폐 미술의 온상'이라고 규정하고 강제로 폐쇄했다. 칸딘스키와 건축가 힐베르스 하이머를 '불온한 생각'의 소유자로 여기고 이들의 해임을 권유했으나 교장 미스 반 데어 로에가 이를 수락하지 않았기 때문이다. 이에 따라 칸딘스키의 작품 수십여 점도 몰수되어 경매에 붙여졌다. 바우하우스가 폐교되자 칸딘스키는 12월 말 프랑스로 망명하여 파리 근교 뇌이쉬르센에 자리를 잡았다.

파리에서 칸딘스키는 초현실주의자들의 열렬한 환영을 받으며 작품 활동을 이어 갔다. 그의 작품에서는 색채의 비중이 줄어들었고, 형태는 상형문자나 기호들의 집합체 같은 형상을 띠며 더욱 간결해졌는데, 〈매력적인 상승〉이 대표적인 작품이다. 또한 자신의 무의식과 '내적 필연성'에 몰두하면서 〈구성X〉, 〈은은한 긴장〉, 〈상호의 화음〉, 〈푸른 하늘〉과 같은 작품을 탄생시켰다.

'내적 필연성'이란 칸딘스키 작품에서 가장 중요한 기초 개념으로, 예술에서 '대상이 지닌 정신적인 힘'이라고 말할 수 있다. 칸딘스키는 '예술이란 예술가의 정신적 감정이라는 내적인 요소가 형태라는 외적인 요소를 통해 관람자에게 그와 유사한 정신적 감정을 불러일으키는 것'이라고 설명한다. 즉 예술이란 대상을 맹목적으로 창조하는 것이 아니라 그 목적을 이해하고 인간의 감정을 순화시키는 데 기여해야 한다는 것이다. 그런데 색채나 형태의 미는 예술에 있어 충분한 목적이 없기 때문에 하나의 작품을 만들어 내기 위해서는 '내적 필연성'의 원칙에 따라야 한다는 것이었다. 이런 관점에서 그는 색채나 형태가 사물의 객관적인 형상을 따르기보다는 작가의 감정을 나타내는 표현수단이 된다고 보았고, 이로써 추상 회화를 추구하게 되었다. 그는 추상회화가 주는 감동을 음악에 비유해 표현하기도 했다.

"색채는 건반, 눈은 공이, 영혼은 현이 있는 피아노이다. 예술가는 영혼의 울림을 만들어 내기 위해 건반 하나하나를 누르는 손이다."

1944년 12월 13일, 칸딘스키는 뇌이쉬르센에서 세상을 떠났으며, 그가 남긴 작품과 이론들은 후일 미국과 프랑스의 추상 회화에 막대한 영향을 끼치면서 20세기 새로운 미술의 영역을 탐구하는 데 지표를 제시했다. 후일 그의 작품에 영향을 받아 액션 페인팅, 타시즘, 캘리그라피를 비롯한 앵포르멜 회화가 탄생한다.

앵포르멜 회화
informel, 비정형을 의미하는 말로 기하학적 추상에 대한 반동에서 생겨난 서정적 추상 회화의 한 경향을 의미한다. 칸딘스키의 추상은 '서정적인 기하학'으로 정의되며, 칸딘스키는 서정 미술의 아버지로 불렸다.

082

독일 프롤레타리아 회화의 선구자

케테 콜비츠

Käthe Schmidt Kollwitz(1867. 7. 8~1945. 4. 22)

❙ 독일

❙ 격동의 시기에 억압받는 민중, 도시 하층민, 전쟁 피해자들의 생활을 설득력 있게 표현하며 사회의 부조리함과 인간 실존의 문제에 몰입했다.

❙ 〈직조공들의 봉기〉 연작, 〈죽음〉 연작 등

케테 콜비츠

케테 슈미트 콜비츠는 독일의 판화가이자 조각가로, 독일 프롤레타리아 회화의 선구자로 불린다. 그녀는 새로운 사조가 탄생하는 장이었던 20세기 초 유럽 예술계의 상황에 휩쓸리지 않고, 혼란스러운 시대의 한가운데를 똑바로 응시하며, 도시 빈민과 빈곤 노동자, 전쟁 피해자들과 함께 살아가면서, 이들의 비참한 생활을 설득력 있게 표현했다. 거칠고 생생한 윤곽선으로 판각된 그녀의 작품 속에서 가난하고 고통받는 자들은 보다

직설적으로 보는 이들의 마음에 큰 울림을 남긴다.

케테 콜비츠는 1867년 7월 8일 당시 동프로이센의 쾨니히스베르크(지금의 러시아령 칼리닌그라드)에서 태어났다. 아버지는 중산층 지식인 계급으로 진보적 사회 사상가였으며, 외할아버지는 자유 신앙 교구를 일으킨 신학자로 케테 콜비츠의 사상이 형성되는 데 큰 영향을 미쳤다.

그녀가 태어날 당시 독일은 정치, 사회적으로 큰 변동을 겪고 있었다. 산업화가 진행되면서 도시 빈민의 증가, 주택난, 위생 문제, 범죄 증가와 같은 사회 문제들이 발생했으며, 노동자라는 새로운 계층이 생기고 노동 운동이 일어나는 등 사회 전반에 불안정한 분위기가 팽배했다. 독일은 그녀가 태어난 지 3년 만에 역사상 최초의 통일 국가를 이루면서 유럽의 강대국으로 떠올랐으며, 전쟁으로 영토를 확장하고 경제적 힘을 회복하고자 했다. 그러다 1914년 제1차 세계대전 및 내전을 겪으면서 독일 국내 사정이 불안해졌으며, 1919년 패전으로 사회는 엄청난 혼란에 빠졌다. 그녀는 양차 세계대전과 독일 내전, 나치의 제3제국 건설 등이 벌어지던 시대를 살면서 사회의 부조리함과 인간 실존의 문제에 몰입했다.

케테 콜비츠는 어린 시절 고향에서 미술을 공부했으며, 동판화가인 루돌프 마우어와 화가 에밀 나이데에게 사사했다. 18세 때는 오빠가 있던 베를린으로 가서 베를린 여자미술학교에서 공부했는데, 이때 판화를 접하게 되었다. 그녀는 막스 클링거의 판화 연작 〈어떤 인생〉을 보고 깊이 감명받았으며, 이후 회화와 함께 판화를 공부했다. 판화를 보다 본격적으로 시작한 것은 21세 때 뮌헨 여자미술학교에 들어가면서부터이다.

베를린에 머무는 동안 그녀는 오빠의 영향으로 프롤레타리아 운동과 마르크스주의를 접했으며, 괴테와 혁명에 관한 시를 많이 쓴 시인 프라일리그라트도 알게 되었다. 또한 오빠의 소개로 의사인 칼 콜비츠를 만났고,

1890년 그와 결혼해 베를린에 정착했다. 칼 콜비츠는 진보적 지식인으로 빈곤 문제와 빈민의 의료 문제 개혁에 힘쓰던 인물이었다. 결혼 후 칼은 노동자 주거 지역에 자선병원을 열어 가난한 노동자들을 도왔다. 케테는 이곳에서 칼을 도우면서 빈민들이 살아가는 실상을 체험하고, 사회주의 운동을 적극적으로 지지하게 되었으며, 노동 문제에 대해 예술로 발언해야겠다는 결심을 굳혔다. 칼 콜비츠는 죽을 때까지 아내의 작품 활동을 지지했다.

1895년, 그녀는 〈직조공들의 봉기〉 연작에 착수했다. 〈빈곤〉, 〈죽음〉, 〈회의〉, 〈행진〉, 〈폭동〉, 〈결말〉의 6점으로 이루어진 대형 동판화 연작으로, 모두 완성되기까지 4년이라는 시간이 걸렸다. 이 연작은 자연주의 문학의 선구자인 게르하르트 하웁트만의 연극 〈직조공들〉을 보고 영감을 얻은 것이다. 이 연극은 1844년에 벌어진 슐레지엔 직조공들의 봉기를 다루었는데, 슐레지엔의 봉기로부터 50년이나 지났음에도 비참한 노동 환경, 노동자들의 생활과 지위는 변함이 없었다. 그녀는 이 작품에서 산업화의 위업에 묻혀 역사 속에서 사라진 민중의 역사를 수면 위로 끌어올리며 큰 주목을 받았다.

1908년, 케테 콜비츠는 또 다른 프롤레타리아의 저항인 농민 전쟁을 다룬 판화 연작을 완성했다. 〈밭 가는 사람〉, 〈능욕〉, 〈낫을 갈면서〉, 〈무기를 들고〉, 〈폭발〉 등으로 이루어진 9점의 대형 동판화는 15세기 말 16세기 초 농민의 반란을 소재로 한 것이다. 이 작품은 1908년 역사미술학회에서 판화집으로 출판되었으며, 이로써 그녀의 이름이 독일은 물론, 유럽 전역에 알려졌다.

케테 콜비츠는 제1차 세계대전 이후 억압받는 민중을 소재로 다루는 데서 한 발 더 나아가 반전 의식이 담긴 전쟁화들을 그리기 시작했다. 1914년, 그녀의 막내아들이 지원병으로 참전한 지 두 달 만에 플랑드르 전선에서

콜비츠는 아들 페터의 죽음을 슬퍼하며 만든 조각을 아들이 묻힌 블라드슬로 공동묘지에 기증했다.

전사했다. 그녀는 아들의 죽음 이후 작품 활동을 거의 하지 않았으나, 〈아이를 안고 있는 어머니〉와 같은 작품을 이따금 제작했다. 그리고 1920년대 이후 반전화를 비롯해 군국주의에 반대하는 작품들을 활발히 제작하기 시작했다. 〈지원병들〉, 〈여인을 무릎에 안고 있는 죽음〉, 〈부모〉, 〈과부〉, 〈자식의 죽음〉, 〈어머니들〉에서 전쟁에 나가는 청년들의 희생, 그들의 희생으로 고통받는 가족들을 표현하고 있다. 이 시기에 그린 자화상들에도 자식 잃은 어머니의 슬픔과 이를 달관한 듯한 표정이 담겨 있다. 그녀의 반전화들은 단순히 전쟁의 비극을 폭로하는 데 그치지 않고 아들을 잃은 어머니의 슬픔이라는 직접 체험에서 비롯되었기에 더 깊은 호소력을 발휘한다. 또한 그녀는 죽은 아들을 그리며 고통스러워하는 부모의 모습을 표현한 조각상도 제작했다. 이 작품의 어머니와 아버지는 바로 그녀 자신과 남편 칼이었다. 이 작품은 벨기에 로게펠데 군인 평화묘지에 위령비로 세워졌다.

1936년, 그녀는 나치에 의해 '국가의 이상을 실현하는 데 동참하지 않는 예술가'라는 이유로 전시회가 금지당했다. 그런 상황에서 그녀는 〈죽음〉 연작 판화를 계속 제작했다. 그녀는 나치에 의한 수많은 죽음을 목도하고 전율을 느꼈으며, 이런 심정은 〈부랑자의 죽음〉, 〈죽음이 덤벼들다〉, 〈소녀를 무릎에 앉힌 죽음〉 등에 생생히 담겼다.

그러나 그녀의 시련은 이것으로 끝이 아니었다. 1940년, 남편 칼 콜비츠가 사망하면서 큰손자가 군에 징집되었는데, 1942년 9월에 손자가 동부 전선에서 사망한 것이다. 그녀는 전사한 막내아들 페터의 이름을 물려준 큰 손자를 지극히 사랑했기에 죽을 때까지 고통과 상실감에서 벗어나지 못했다. 콜비츠는 1945년 4월 22일 전쟁이 끝나는 것을 보지 못하고 눈을 감았다.

083

야수파 운동을 주도한 20세기 회화의 혁명가

앙리 마티스

Henri Émile-Benoit Matisse(1869. 12. 31~1954. 11. 3)

| 프랑스
| 20세기 표현주의 화가로 야수파 운동을 주도했다. 강렬한 원색을 사용해 행복함과 충만함을 표현한 것이 특징이다.
| 〈저녁 식탁〉, 〈열린 창〉, 〈삶의 기쁨〉, 작품 모음집 《재즈》 등

앙리 마티스

앙리 마티스는 20세기 표현주의 화가로, 파블로 피카소와 함께 20세기 회화에 위대한 지침을 놓았다고 평가된다. 그가 주도한 야수파 Fauvisme 운동은 20세기 회화의 일대 혁명으로 여겨지는데, 야수파란 고흐와 고갱의 영향을 받아 프랑스에서 일어난 미술 사조로, 원색의 강렬한 색채 사용이 특징이다.

순수하고 섬세한 색조, 단순한 선과 구성을 토대로 행복함과 충만함을 표현한 그의 그림들은 보는 사람의 마음까지 깨끗하게 만든다. 다음과 같은 마티스의 말은 그의 작품 경향을 잘 설명해 준다.

"나는 균형이 잡힌 무구無垢한 그림을 그리고 싶다. 지친 사람에게 조용한 휴식처를 제공하고 싶다."

마티스는 1869년 12월 31일 프랑스 북부 르 카토 캉브레지에서 태어났다. 상인이었던 아버지는 그가 자신의 뒤를 잇기를 바랐고, 마티스는 이에 따라 파리에서 법학을 공부하고 변호사 자격증을 땄다. 이후 고향으로 돌아와 법률사무소에서 서기로 일했다. 어린 시절 그림에 대단한 재능을 보였다는 이야기는 없으며, 고등학교 시절에 데생으로 상을 받은 일도 있지만 후일 그의 표현에 따르면 "그 당시에는 그림이 뭔지도 몰랐다."라고 했다.

그가 그림을 그리게 된 계기는 단순하다. 법률사무소에 근무하던 중 맹장 수술을 받고 누워 있을 때 미술 교본에 실린 그림을 베끼던 이웃이 권유하여 취미로 시작했다고 한다.

1891년, 화가가 되기로 결심한 마티스는 미술대학 입학시험을 준비하고자 파리 쥘리앙 아카데미에 들어갔고, 이곳에서 오랫동안 우정을 나누게 될 화가 알베르 마르케와 만났다. 이듬해 마티스는 당초 목표였던 에콜 데 보자르에 낙방하고, 장식미술학교에 들어갔다. 그리고 그해 말, 루브르 미술관에서 모사를 하던 중 귀스타브 모로가 그의 재능을 알아보고 자신의 화실에 받아 주었다.

1893년, 마티스는 카롤린 조블로와 동거를 시작하고 딸 마르그리트를 낳았다. 마르그리트는 마티스에게 크나큰 영감을 주는 원천이자 그의 작품을 가장 가까이에서 보고 평가해 주는 중대한 조언자가 된다.

1895년에는 에콜 데 보자르에 들어갔으며, 이듬해 살롱전에 그림 4점을 출품해 성공을 거두고 국립미술협회 준회원으로 선출되었다. 화가로서 순탄하게 첫걸음을 뗀 그는 인상파 화가 카미유 피사로를 만나면서 인상파 미술에 관심을 가졌고, 고갱, 세잔, 우키요에풍의 예술 세계에 눈을 떴다. 이후 마티스는 더욱 밝고 강렬한 색채 표현에 몰두했는데, 그 결과 1897년 살롱전에 5점의 작품을 출품했다. 그러나 그중 〈저녁 식탁〉은 "클로드 모네를 염두에 둔 인상파 그림"이라는 비아냥을 들었다.

〈모자를 쓴 여인〉, 샌프란시스코 현대 미술관

1899년에는 에콜 데 보자르의 조각부 야간반에 다니기 시작했다. 그는 평생 약 60여 점의 조각을 제작할 정도로 조각에도 큰 관심이 있었다. 또한 이해부터 살롱전 출품을 그만두고, 1901년부터 앵데팡당전에 출품하기 시작했다. 파리 미술계에서 마티스는 진보적이라고 간주되었음에도 다소의 인정을 받고 있었다. 하지만 넉넉한 형편은 아니어서 생계를 꾸리기 위해 1900년 만국박람회 전시장으로 사용될 그랑 팔레 장식을 맡기도 했다.

1905년경부터 '야수파'의 시기가 전개되었다. 원색의 대비 기법, 단순화된 선을 바탕으로 점차 색을 강렬하게 사용하는 기법을 시도하던 그는 빨강과 초록, 주황과 파랑, 노랑과 보라의 강한 보색 대비와 활달하게 꿈틀거리는 듯한 붓놀림을 사용했다. 이런 시도는 〈열린 창〉과 〈모자를 쓴 여인〉에서 처음으로 드러나기 시작한다. 1905년 그는 살롱전에 〈젊은 선원〉, 〈목가〉를 출품했는데, 이 작품들은 강렬한 색채 표현을 연구하던 다른 젊은 예술가들의 작품과 나란히 전시되면서 '야수들'이라는 이름을 얻었다. 20세기 회화에서 최초의 중요한 '이즘'인 포비슴Fauvism, 즉 야수파는 이렇게 탄생되었다. 마티스는 야수파의 선두로 인정받았으며, 이듬해에 개인전을 열었다. 1908년에는 뉴욕과 모스크바, 베를린 등에서도 개인전을 열만큼 화가로서 성공적인 길을 걷기 시작했다.

그러나 마티스 자신은 야수파라는 칭호를 달가워하지 않았고, 그의 그림은 점차 순수하게 장식적인 방향으로 나아갔다. 또한 그는 이 무렵 알제리를 여행하고 도자기에도 관심을 가졌다. 그는 조각과 도자기에 본격적으로 손을 댔으며, 이를 화폭으로 옮기기도 했다. 예술이 일상생활에 녹아 있어야 한다는 현대 예술가들의 담론을 그가 받아들였는지는 알 수 없다. 다만 그는 장식적으로 나아가는 작품 방향과 그릇, 접시, 꽃병 제작 등에 대해 "표현과 장식은 별개가 아니라 하나다."라고 말했다.

마티스는 다양한 실험적인 시도를 했다. 1908년경 강한 색채 효과를 억제하는 한편, 피카소를 중심으로 전개되던 큐비즘(입체파)에 잠시 눈을 돌린 것이다. 또한 두 번에 걸친 알제리 여행에서 깊은 인상을 받고, 아라베스크나 꽃무늬를 배경으로 한 평면적인 구성과 순색의 대비를 통한 독특하고 강렬한 색채 묘사로 이루어진 작품을 그려 내기도 했다. 〈붉은 색의 조화〉, 〈붉은 방〉, 〈춤〉, 〈음악〉, 〈목련꽃을 든 오달리스크〉 등이 이 시기의 작품이다. 1910년경부터 스페인에 머물며 받은 인상을 〈세비야 정물〉, 〈스페인 정물〉 등으로 표현했고, 1912년 모로코에 머물면서는 〈성문〉, 〈창에서 바라본 풍경〉, 〈모로코 카페〉 등을 통해 다양한 시도를 했다. 1910년대 이후에는 니스에서 지중해 풍경에 영감을 얻어 〈니스의 실내 풍경〉 같은 작품을 그리기도 했고, 장식성이 극대화된 〈장식 무늬가 있는 인물화〉 등도 탄생했다. 또한 〈삶의 기쁨〉과 같은 평온하고 행복이 배어나는 작품들을 그리기도 했다.

〈삶의 기쁨〉, 필라델피아 반즈 재단 미술관

그의 그림에서는 점차 공간이 평면화되고, 원근법과 같은 관습적인 기법들이 무시되었으며, 색채는 넓은 영역에 걸쳐 밝고 얇게 칠해졌다. 그림자는 제거되었으며, 형태는 굵은 윤곽선으로 표현되고, 세부 묘사가 거의 배제되었다. 자유분방하고 장식적이며 활달한 그의 그림은 관능적이면서도 쾌락에 찬 낙천주의를 암시하며, 다양한 여행을 통해 얻은 영감이 고스란히 녹아 있다. 마티스는 점차 (비난과 함께) 국제적으로 명성을 얻었으며, 경제 사정 역시 풍요로워졌다.

나이가 들고 높은 명성을 누렸지만 그는 여전히 자신이 이룩한 화풍에서 탈피해 새롭고 다양한 시도를 계속했다. 그는 조각, 판화, 삽화, 종이를 사용해 형태를 단순화하여 표현하는 등 방식에 있어서도 다양화를 꾀했다.

특히 그가 '가위로 그린 소묘'라고 일컬은 종이 오리기로 만든 작품들은

〈춤 2〉, 상트페테르부르크 에르미타주 미술관

십이지장암 등으로 여러 차례 수술을 받아 유화를 그리기가 어려울 만큼 쇠약해진 그가 고안해 낸 대안이었다. 그는 종이에 과슈 물감을 칠하고, 이를 잘라 풀로 붙여 완성했다. 대표적인 작품이 20점의 작품 모음집인《재즈》와 〈폴리네시아, 하늘〉 등이다.《재즈》는 마티스가 서커스를 보고 느낀 감정을 표현한 것으로, 〈이카로스〉, 〈광대〉, 〈서커스〉 등이 우리에게 잘 알려져 있다. 단순하지만 선명한 색과 역동적인 포즈가 생생하게 살아 있는 작품이다. 이 작품을 보면 그가 당대의 가장 '혁신적이고 젊은' 예술가였음을 부인할 수 없다.

뿐만 아니라 세르게이 디아길레프가 제작한 〈나이팅게일의 노래〉에서 무대 배경과 의상을 맡기도 했으며, 방스 로제르 예배당의 스테인드글라스를 비롯한 실내 장식을 담당하기도 했다.

말년에 아내와 헤어지고, 성장한 자식들이 뿔뿔이 흩어진 데다 병으로 몸이 쇠약해진 그는 대부분의 시간을 누워서 지냈다. 그럼에도 그의 작품들은 밝고 평화로우며 따뜻한 색으로 가득 찼으며, 종이 오리기 기법과 같은 대담한 기법을 고안하는 등 창조력 역시 더욱 발전했다.

마티스는 1954년 11월 3일 니스의 집에서 평화롭게 숨을 거두었다. 죽을 무렵 록펠러 가의 유니온 처치의 장미창을 디자인했는데, 죽는 순간까지 디자인을 수정했다고 한다.

084

수직선과 수평선으로 구성된 기하학적 세상

피에트 몬드리안

Pieter Cornelis Mondriaan(1872. 3. 7~1944. 2. 1)

| 네덜란드
| 회화의 모든 대상을 기하학적 형태로 환원하고, 삼원색, 흰색, 검은색, 회색으로 화면을 구성한 추상화가이다.
| 〈나무〉 연작, 〈구성 No.8〉, 《신조형주의 선언》 등

피에트 몬드리안은 데 스틸(De Stijl, 신조형주의)을 주창한 추상 미술 운동의 대표적인 화가이다. 그는 회화에서 구상적, 재현적인 요소를 일체 포기하고 대상의 근원에 있는 질서와 균형을 구성 원리로 삼고, 모든 대상을 수평선과 수직선, 정사각형과 직사각형이라는 순수 기하학적 형태로 환원시켰으며, 삼원색과 흰색, 검은색, 회색만으로 화면을 구성했다.

피에트 몬드리안

몬드리안은 1872년 3월 7일 네덜란드 위트

레흐트 외곽 지역인 아메르스포르트에서 태어났다. 아버지는 초등학교 교장이자 아마추어 화가였으며, 큰아버지는 바르비종파와 유사한 헤이그 풍경화파에 속한 직업 화가였다. 그의 집안은 보수적인 칼뱅파이자 정통파 신교도 단체의 일원이었고, 그는 엄격한 교육을 받으며 자랐다. 한때는 성직자가 되려고 생각했다고 한다.

14세 때 몬드리안이 그림에 재능을 드러내자 아버지와 큰아버지가 그를 지도했다. 그럼에도 아버지는 그가 직업화가가 되는 것을 반대했다. 그는 중등학교 미술교사 자격증을 땄으나 교직을 구하는 대신 화가가 되기로 결심하고 암스테르담 국립아카데미에 입학했으며, 초상화를 그리거나 명화를 복제한 그림, 풍경화 등을 팔아서 학비와 생활비를 댔다. 1911년 파리로 갈 때까지 브라반트에서 개인전을 두 차례 열었으며, 인상파와 야수파의 작품에 흥미를 느끼고 연구하기 시작했다. 그가 이 시기에 그린 작품들은 네덜란드에서 유행하던 차분한 색조의 풍경화나 정물화들, 혹은 인상파나 야수파의 영향을 다소 받은 작품들로, 독창적이라 하기는 어렵다.

몬드리안의 작풍이 본격적으로 발전한 것은 신지학을 접하면서부터다. 그는 일찍이 암스테르담 국립아카데미 시절에 신지학을 접하고 관심을 가지고 있었으며, 파리로 떠나기 2년 전에는 가족에 대한 반발로 신지학협회에 가입했다. 눈에 보이는 대상 및 현상에 내재된 불변의 보편적인 '지혜'를 추구하는 신지학은 신비주의적 경향이 강한 철학으로, 당시 유럽 지식인 사이에서 크게 유행하고 있었다. 몬드리안은 사물의 기저에는 보편적인 본질이 내재하며, 각각의 겉모습이 다를지라도 이런 보편성으로 인해 대상은 내면의 조화는 물론, 세계와 본질적으로 조화의 상태를 이룩하고 있다는 신지학적 관점에 매료되었다. 그리고 작품을 통해 사물의 본질을 드러내는 것이 화가의 소명이라는 생각에 도달했다.

〈회색 나무〉, 헤이그 시립미술관

1911년, 몬드리안은 암스테르담 미술관에서 입체파 작품들을 접하고 이에 크게 감명받아 파리로 향했다. 입체파 양식은 실재를 보는 새로운 방식을 제공한다는 데서 그에게 신선한 충격을 주었으며, 사물의 본질을 화면 위에 드러내야 한다는 그간의 생각을 확고하게 해 주었다. 그는 파리에 정착한 후 앵데팡당전에 참여하고, 입체파의 기하학적 양식을 받아들였다. 그리고 나무를 다양하게 변형시키는 시도를 하면서 급격하게 추상주의로 이행한다. 그는 〈나무〉 연작을 그리면서 구성 요소를 점차 단순화했으며, 결국 대상 본질의 기본 구조가 수직선과 수평선으로 이루어져 있다고 여기고, 그림을 기본적인 선적 구조로 환원시켰다. 형태에서 벗어나지 않기 위해 색채는 자연히 제한되었다.

1914년, 아버지가 중병에 걸리자 그는 일시 귀국했다. 그러나 그사이 제1차 세계대전이 발발하면서 몬드리안은 파리로 돌아가지 못하게 되었다. 그는 암스테르담 근교에 자리 잡고 추상 회화 작업을 계속했으며, 십자형 구성을 시도했다. 〈구성 No.5〉, 〈구성 No.10—부두와 해양〉 등이 이때의 작품이다. 또한 이 시기에 수학자이자 신지학자인 쇤마커스와 알게 되면서 결정적인 영향을 받았다. 수평선은 지구 공전의 힘, 수직선은 광선의 공간적 운동이라는 쇤마커스의 견해에 몬드리안은 크게 공감했다. 또한 1917년 바르트 반 데어 레크 등과 함께 아방가르드 잡지 〈데 스틸〉을 창간했다. 몬드리안은 여기에 〈회화에 있어서 새로운 형태〉, 〈자연적 리얼리즘과 추상적 리얼리즘〉 등을 기고하면서 회화의 언어를 가장 기본적인 요소로 제한할 것을 주장했다. 즉 직선과 직각(수직선과 수평선)은 가장 기본적이고 일반적인 요소이며, 삼원색(빨강, 노랑, 파랑)은 현실에 존재하지 않는 비재현적 성질을 지니고 있음과 동시에 모든 형태가 여기에서 비롯되고, 3가지 기본 무채색(흰색, 검은색, 회색)은 명도를 조절하는 기본 요소라는 것이었다.

몬드리안은 미술이 화가의 개인적인 표현 양식에서 벗어나 존재의 객관적 실재, 즉 현실의 참된 모습을 표현해야 한다고 여겼다. 몬드리안이 여기에 기고한 글들은 후일 데 스틸 그룹의 이론이 되었으며, 이 이론을 토대로 그는 〈선의 구성—흰색과 검은 색의 구성〉, 〈파랑의 구성 B〉, 〈색면이 있는 구성 No.3〉 등을 그리면서 신조형주의 양식을 완성했다. 50세를 바라보는 나이였다.

1920년대에 이르러 몬드리안은 파리로 돌아와 《신조형주의 선언》을 출간했다. 그리고 이를 바탕으로 〈빨강, 노랑, 파랑의 마름모꼴 구성〉, 〈검은 선의 구성〉, 〈구성 No.2〉 등을 완성했다. 그의 작품은 더욱 간결해졌다. 몬드리안에게 그림이란 비례와 균형 이외의 다른 아무것도 아니었다. 그의 이론과 작품은 독일, 네덜란드, 영국 등으로 전파되면서 센세이션을 일으켰고, 그는 파리, 런던, 암스테르담, 헤이그에서 열리는 그룹전에 참여했다. 1925년에는 바우하우스 총서로《신조형주의 선언》이 재간행되기에 이른다.

1923년, 파리 스튜디오에서의 몬드리안. 뒤쪽으로 직선과 직각, 삼원색으로 이루어진 몬드리안의 작품을 확인할 수 있다.

1924년, 몬드리안은 데 스틸 그룹에서 탈퇴하고, 1929년에 원과 직사각형 그룹에 가담하여 그룹전을 열었다. 이 그룹은 후일 추상창조 그룹으로 발전했다. 1936년, 몬드리안은 뉴욕 현대미술관MOMA에서 〈입체파와 추상 미술〉이라는 전시회를 통해 작품을 소개하여 미국에서도 엄청난 명성을 누렸다.

1938년, 나치 독일이 체코슬로바키아를 침공하자 몬드리안은 파리까지 전운이 미칠 것을 우려해 파리를 떠나기로 결심했다. 그는 영국 화가 벤 니콜슨의 권유로 런던으로 몸을 피했으나 1940년에 런던이 폭격당하면서 뉴욕으로 건너갔다. 뉴욕에서는 페기 구겐하임과 같은 미술계 인사들이 그를 기다리고 있었다.

몬드리안은 뉴욕에서 새로운 활기와 자유를 누리면서 다시 한 번 전환점을 맞이했다. 그는 비밥 스타일의 재즈 음악에 매료되었고, 뉴욕과 재즈 음악에 담긴 역동성과 리듬감에 흠뻑 취했다. 그의 작품들은 그간의 기본적인 조형 요소를 간직한 채 보다 복잡하고 경쾌해지며 리듬감 있게 변모했다. 그는 엄격한 검은 선 대신 선에 색을 입혔고, 선의 연속적인 흐름을 작은 네모꼴의 연속무늬로 바꾸어 다채롭고 율동적인 흐름을 만들었다. 뉴욕에서 받은 영향들은 그의 전형적인 작품이라 할 수 있는 〈구성 No.8〉을 비롯해 〈뉴욕 시티〉, 〈브로드웨이 부기우기〉, 〈빅토리 부기우기〉 등으로 표현되었다. 그는 폐렴으로 인해 〈빅토리 부기우기〉를 미완성으로 남겨두고 1944년 2월 1일 세상을 떠났다.

몬드리안은 바우하우스 화가들을 비롯해 유럽, 미국 화가들에게 큰 영향을 미쳤으며, 그의 사후 신조형주의 역시 꾸준히 발전했다. 재미있는 점은 몬드리안은 대상에 내재한 순수하고 본질적인 요소는 보편적인 회화 요소로 누구나 쉽게 이해하고 공감할 수 있다고 여겼다는 것이다. 그러나 그의 작품을 비롯해 이에 영향을 받은 다양한 추상주의들은 '이해할 수 없다'라는 이유로 현대 미술에서 관객들을 멀어지게 했다.

085

현대 추상 조각의 선구자

콘스탄틴 브랑쿠시

Constantin Brancusi(1876~1957. 3. 16)

| 루마니아
| 현대 추상 조각의 선구자로 미국 미니멀 아트 작가들의 작업에 큰 영향을 미쳤다.
| 〈입맞춤의 문〉, 〈잠자는 뮤즈〉, 〈공간속의 새〉 등

콘스탄틴 브랑쿠시는 루마니아의 조각가로, 현대 추상 조각의 선구자이다. 그는 형태를 단순화하여 절제되고 우아한 기하학적 형태를 창출했는데, 이런 형상은 매끈하고 광택이 나는 정교하게 마무리된 재질과 어우러져 고유의 생명력을 발휘한다. 또한 그는 20세기에 직접 조각 방식의 부활을 이끈 인물이기도 하다.

콘스탄틴 브랑쿠시

브랑쿠시는 1876년 루마니아 남부 오르데니아 지방의 농촌 마을 호비차에서 태어났다.

가난한 시골 마을이어서 학교에 다니지 못했으며, 7세 때부터 목동으로 일했다. 그는 어린 시절 산맥을 타고 가축들을 끌고 다니는 한편, 손재주가 뛰어나 일하는 틈틈이 나무를 깎아 장식품을 만들곤 했다.

13세 때 공업 도시 크라이요바로 홀로 상경해 염색공, 식료품 가게 점원, 술집 종업원 등을 전전하며 고된 삶을 살았다. 그러다 술집 손님에게 바이올린을 만들어 주었는데, 그 손님이 브랑쿠시의 솜씨에 놀라 후원하면서 인생의 전환점을 맞이했다. 그리하여 브랑쿠시는 18세 때 크라이요바 미술공예학교에 들어가 목공예를 배우는 한편, 독학으로 읽기와 쓰기를 익혔다. 22세에는 부쿠레슈티 미술학교에 입학했다. 그는 이곳에서 블레디미르 헤겔에게 사실주의 표현 기법을 배웠다. 그가 이 시기에 습작으로 만든 인체표본은 매우 정교하여 부쿠레슈티 의과대학에서 표본용으로 사용할 정도였다고 한다. 또한 1903년에는 루마니아 의학 교육의 창시자인 카롤 다빌라 장군의 흉상을 제작했는데, 조각가로서 주문을 받아 제작한 최초의 작품이었다.

1904년, 그는 조각가가 되겠다는 열망으로 파리로 올라갔다. 파리까지 갈 돈이 없었던 그는 걸어서 여행했는데, 가는 도중 빈이나 뮌헨 등지에 체류하면서 목세공인으로 일해 경비를 벌고, 시계를 파는 등 갖은 고생을 했다. 그가 파리에 간 이유는 로댕 때문이었다. 오귀스트 로댕의 혁신적인 조각들은 전통주의자들에게는 비난을, 아방가르드 예술가들에게는 찬사를 받았는데, 그는 로댕에 대한 소문을 접하고 '우물 밖' 세상을 둘러보기로 결심한 것이다. 파리에서 그는 에콜 데 보자르에 들어갔으며, 밤에는 접시닦이, 술집 종업원 등을 전전하며 생계를 유지했다.

1906년, 브랑쿠시는 가을 살롱전에 〈자만〉(현재 전하지 않는다)을 출품했다. 이 작품으로 그의 솜씨를 눈여겨본 로댕은 브랑쿠시를 자신의 작업실에서 일하게 했으며, 그는 로댕 아래에서 잠시 제작을 도왔다. 그러나 로댕이 조수로 일해 달라고 제안하자 "큰 나무 밑에서는 아무것도 자랄 수 없다."라며 그 제안을 거절했다고 한다.

1907년에 제작한 〈입맞춤〉

브랑쿠시는 그해 학교를 졸업하고 조각가의 길을 본격적으로 걷기 시작했다. 이듬해 '입맞춤'을 주제로 한 작품을 여럿 제작했는데, 그는 평생 입맞춤이라는 주제를 탐구했다. 이 작품 중 가장 유명한 것은 1912년경 대리석으로 제작한 상이다. 브랑쿠시는 입 맞추는 남녀의 형태를 단순화시키고, 세부적인 부분은 축소하여 간단한 선만으로 표현했다. 그는 형상을 새기는 질료(돌)의 질감을 살리는 데 집중했으며, 이런 질감과 촉감을 작품의 특징으로 활용했다. 1937년에 제작한 〈입맞춤의 문〉에서는 형상이 한층 더 축소되어 있다. 지극히 사실적인 표현에 몰입했던 로댕과는 정반대의 접근 방식이라 할 수 있다.

또한 그는 모든 작품을 직접 자신의 손으로 조각하는 걸 선호했다. 이 시기에는 조각가들이 석고상이나 점토상을 만들면, 석공들이 이를 바탕으로 조각하거나 틀을 만들어 그 속에 청동 등의 재료를 부어 제작하는 방식이 보편적이었다. 대표적으로 로댕이 이런 방식을 취했다. 이처럼 브랑쿠시의 조각들은 형태 표현은 물론, 제작 방식까지 당대 양식과는 완전히 다른 파격적인 것이었다.

1907년에는 〈기도하는 사람〉과 〈입맞춤〉을 살롱전에 출품했다. 인간의 형상을 기하학적 구조로 표현하여 재구성한 그의 작품들은 큰 호응을 얻었다. 이후 브랑쿠시는 〈잠자는 뮤즈〉, 〈나르시스〉, 〈샘〉, 〈물고기〉 등을 통해 최소한의 암시만을 남긴 채 형태를 더욱 단순화하여 형태에 담긴 본질을 보여 주고자 했다.

1910년, 브랑쿠시가 평생을 탐구한 주제인 '새'가 최초로 등장했다. 그는 새 연작을 무려 27점이나 만들었으며, 그중 〈공간 속의 새〉는 16점이나 된다. 그는 어린 시절 빈곤과 가정불화로 늘 집을 탈출하고 싶어 했고, 하늘을 나는 새를 보며 부러워했다고 한다. 가출하여 노동 일을 하면서는 새를 보며 고향에 대한 향수에 젖어들었다고도 한다. 그에게 새는 자유의지이자 비상의 표상이었다. 또한 이 새라는 주제는 루마니아의 전설 속에 등장하는 마법의 새를 형상화한 〈마이아스트라〉의 또 다른 모습이라고도 할 수 있다. 〈마이아스트라〉에서 〈금의 새〉, 〈새〉로, 새의 형상은 단계적으로 발전했다. 작품은 점점 더 단순화되고, 조형성만 강조되는 방향으로 나아간다.

브랑쿠시는 많은 주제를 다루지 않았지만, 입맞춤, 새에서 시작해 주제를 점차 확장시켰으며, 〈잠자는 뮤즈〉부터 '난형卵形'으로 표현되는 특별한 형상들에 몰두했다. 그는 이런 주제들을 추상화한 형태와 원초적인 재료의 질감을 살려 제작함으로써 대상에 내포된 우주의 본질을 표현했다. 예컨대 〈태초〉에서 형태는 거의 완전한 난형으로 보이는데, 이 형상 속에서 그는 '세계의 근원'을 발견했다.

활동 초기에 브랑쿠시는 아방가르드 예술가들과 교류했으며, 기욤 아폴리네르와 아메데오 모딜리아니와는 특히 친밀한 관계를 유지했다. 브랑쿠시는 모딜리아니에게 직접 조각하는 방식을 알려주기까지 했다.

그러나 그의 작품이 늘 긍정적인 반응만 불러일으킨 것은 아니다. 1916년에 제작한 〈프린세스 X〉는 남근을 닮은 형상이라는 이유로 앵데팡당전에 출품을 거부당했다. 또한 일각에서는 그의 추상 조각들이 지나치게 과대평

브랑쿠시의 1920년 파리 작업실

가된 것이 아니냐는 의문이 제기되기도 했다.

1926년, 브랑쿠시는 미국에서 개인전을 열게 되어 청동상 〈공간 속의 새〉를 가지고 입국했다. 이때 미국 세관 직원이 작품을 보고 산업 부품을 밀반입했다는 죄로 고발했다는 웃지 못할 해프닝이 일어나기도 했다.

그는 평생 손으로 조각하는 일에서 기쁨을 느꼈으며, 조각을 '예술가와 재료 사이의 가차 없는 대결'이라고 일컬었다. 조각가로 활동하는 30여 년간 그는 미술계에서 불고 있는 자신에 대한 찬사와 비판 어느 쪽에도 흔들리지 않았다. 오로지 자신의 우주인 작업실에서 고요하고 평화롭게 조각 작품을 만들어 나갔다. 때문에 대형 공공작품 제작을 거의 하지 않았고, 주문받은 것은 고향 근처인 티르구 지우의 공원에 설치한 세 작품이 전부이다. 〈입맞춤의 문〉, 〈침묵의 탁자〉, 〈무한주〉를 개작한 작품이었다.

그는 작품 활동 초기부터 독창성으로 주목받았고, 젊은 나이에 미국, 유럽 등지에서 수많은 전람회가 개최되며 큰 명성을 얻었다. 1955년, 뉴욕 구겐하임 미술관은 흩어져 있는 그의 전 작품을 한데 모아 전시하는 엄청난 시도를 단행하기도 했다.

그는 자신의 작업실과 작업실에 있던 모든 것을 파리 시립 현대미술관에 유증하고, 1957년 3월 16일 파리에서 조용히 눈을 감았다.

브랑쿠시의 작업들은 현대 조각, 특히 헨리 무어, 알베르토 자코메티 등을 비롯해 미국의 미니멀 아트 작가들의 작업에 큰 영향을 미쳤다.

086

꿈같은 이미지의 창조자

파울 클레

Paul Klee(1879. 12. 18~1940. 6. 29)

- 스위스
- 구상 미술과 추상 미술을 비롯해 다양한 미술 사조를 탐색했다.
- 〈카이루완 풍경〉, 〈두려움의 폭발 Ⅲ〉, 〈음악가〉, 〈천사, 여전히 추한 모습〉 등

파울 클레

"예술은 보이는 것을 재현하는 것이 아니라 사물을 보이도록 만드는 것이다."

시인 화가, 꿈같은 이미지의 창조자로 불리는 파울 클레. 그의 작품들은 구상적인 모티프와 기하학적 형태, 표의문자 등을 사용하면서 구상 미술과 추상 미술 양식을 모두 따르고 있어 특정 양식으로 규정하기가 불가능하다. 그는 자신이 접한 모든 미술 사조의 가능성을 탐색했으며, 자신의 작품을 일컬어 '선을 산책

〈나의 방〉, 베른 클레 재단

시키는 것'이라고 정의했다. 늘 창조적이고 기묘했으며, 종종 어린아이 같은 동심으로 작업했다. 피카소를 비롯한 초현실주의자들은 물론이고, 바우하우스 화가들 등 유럽의 모든 신진 예술가들이 그를 존경했다고 해도 과언이 아니다. 그러나 그는 어느 한곳에 가담하기를 거부하고 독자적인 노선을 걸었다.

클레는 1879년 12월 18일 스위스 베른에서 태어났다. 그는 스위스에서 나고 자랐으며 말년도 보냈으나, 화가로서의 활동기 대부분은 독일에서 보냈다. 성악가였던 아버지는 베른 국립음악학교에서 교편을 잡았으며 어머니 역시 슈투트가르트 음악학교 출신으로, 이런 환경 덕분인지 음악에 천부적인 소질을 타고났다. 7세 때 바이올린 연주를 시작했으며, 11세 때 바이올린

연주회를 열고 베른 음악협회 회원이 되었다. 또한 시와 그림에도 재능이 있었으며, 상상력이 무척 풍부했다고 한다. 4세 때는 자신이 낙서한 악마 그림들이 마치 살아나는 듯 보인다며 어머니의 치마폭에 숨었다는 일화도 있다. 그는 화가가 되고 싶었지만, 가족의 관심 속에 성악, 피아노, 바이올린을 공부했다. 그래서 후일 그가 미술을 택했을 때 이는 부모에 대한 반항으로 여겨졌다고 한다. 이러한 이력 때문에 그의 작품들은 종종 음악을 모티프로 했다고 여겨지기도 한다.

1900년에는 뮌헨 아카데미에 들어가 미술을 공부했다. 그러나 독일의 아방가르드 예술 운동에 큰 관심을 가지고 있던 그는 아카데미적인 화풍 및 소묘만 시키는 학교 방침과 맞지 않았고, 결국 이듬해 학교를 그만두었다. 그해 그는 친구이자 화가인 헤르만 할러와 2년간 이탈리아를 여행했으며, 오케스트라에서 바이올린 주자로 활동하고, 신문 및 잡지에 음악회와 연극에 대한 글을 기고하면서 생계를 꾸려 나갔다.

그런 한편 해부학을 비롯해 다양한 매체의 미술 기법들을 연구하면서 다시 미술 공부를 시작했다. 수채화, 데생, 판화 등 다양한 작품을 제작했으나, 그는 여전히 음악과 미술, 양쪽에 모두 발을 담그고 있었으며, 음악만큼 미술을 잘 알지는 못했다. 그러나 성장할 때까지 근대 미술 사조를 거의 모르고 있었던 전력은 오히려 그를 누구보다 독창적인 화가로 만들어 주었다.

1905년, 그는 뮌헨 분리파 전람회에 작품을 출품하고, 〈나무 위의 처녀〉, 〈날개 달린 영웅〉 등 10여 점의 판화 작품을 전시했다. 1906년에는 부모님의 지인 집에서 열린 실내악 연주회에서 만난 피아니스트 릴리 슈툼프와 결혼했다.

1911년, 클레는 뮌헨에서 청기사파 화가들인 칸딘스키, 프란츠 마르크 등과 교류하면서 입체주의를 접했다. 이듬해 파리에서 잠시 머무는 동안

〈꽃의 신화〉, 하노버 슈프렝겔 박물관

그는 고흐의 작품을 보고 강렬한 표현과 '별의 연소 때문에 괴로워하는 영혼'을 느끼고 큰 충격을 받았다. 그리고 1914년에는 튀니지를 여행하면서 색채 표현에 관심을 기울이게 된다.

"색이 나를 사로잡는다. 그것은 영원토록 나를 사로잡을 것이다."

이 여행을 통해 그는 색에 관한 이론을 연구하기 시작했으며, 현상을 있는 그대로 묘사하는 데서 탈피해 추상적인 표현 양식으로 나아가게 되었다. 〈카이루완의 풍경〉, 〈튀니지의 빨갛고 노란 집들〉, 〈카이루완의 문 앞에서〉 등이 이때의 영향으로 제작된 작품이다.

1914년, 제1차 세계대전이 발발했다. 이 전쟁에서 튀니지 여행에 동행했던 친구이자 화가 아우구스트 마케가 전사했다. 클레는 전쟁에 관심이 없었으나 마케가 죽으면서 민족주의자로 돌변하는 등 극심한 변화를 겪었다. 그런 한편 〈전쟁터에서의 죽음〉 등 이와 관련된 작품을 10여 점 정도 그렸다. 그러나 곧 자신의 변모를 깨닫고 1915년 말부터 전쟁에 관한 그림을 모두 중단하고, 모든 사회적인 문제에 대해서도 관심을 끊었다. 1916년 3월, 그 역시 징집되었으나 전쟁에 아무런 영향도 받지 않았으며, 전장에서도 줄곧 그림을 그리고 공상을 했다. 1919년부터 그는 수채화보다 유화 작품을 더 많이 그리기 시작했다. 1920년에는 바우하우스에서 회화 교수로 초청받고 교편을 잡았다.

클레는 작품 활동 초기부터 당대의 어떤 양식에도 속하지 않는 그림을 그렸다. 그는 선과 색의 균형을 추구했으며, 상징적이거나 기하학적인 형태를 사용하고, 단일 톤의 색조를 선호했으나 다양하고 섬세하게 색을 표현했다. 그의 작품들은 균형 잡힌 구성과 조화로운 색채 표현에 더해 자유로운 양식과 환상적인 세계를 표현하는 것으로 주목받았다.

클레의 가장 유명한 아동 미술 양식들도 1920년대에 완성되었다. 〈검은 왕자〉, 〈인형극장〉, 〈금붕어〉 등의 작품에서 그는 화면의 독창성뿐만 아니라 기법에 있어서도 다양한 시도를 했다. 유채와 템페라를 섞어 그리기도 하고, 마분지에 종이를 겹쳐 대고 초크로 바탕을 칠해 작업하거나, 검은 유화물감을 칠한 종이를 덮어 드로잉한 것을 다른 종이에 옮겨 그리기도 했다. 또한 자화상 〈진줏빛 돼지 선생〉에서는 스텐실을 이용해 스프레이식으로 물감을 분사했다. 〈빨강, 노랑, 파랑, 하양, 검정 사각형의 조화〉와 같은 순수 추상 작품이나 기하학적 패턴으로 '선'의 탐구에 집중한 〈큰길과 샛길〉 등도 탄생했다.

전쟁과 전후라는 불안한 경제 상황에서도 그의 작품은 많이 팔렸다. 그는 작품 활동을 계속하는 한편, 바우하우스에서 존경받는 교수로 활동했고, 유럽과 이집트를 여행하기도 했다. 국제적으로도 명망이 높아졌으며, 1929년에는 뉴욕 현대미술관에서 클레의 회고전이 열리기도 했다.

클레는 1932년 나치에 의해 바우하우스가 폐쇄되기 1년 전 바우하우스를 떠나 뒤셀도르프 아카데미의 교수로 부임했다. 1928년, 설립자 그로피우스

〈죽음과 불〉, 베른 파울 클레 박물관

가 나치의 압력으로 사임하면서 바우하우스는 '다양한 세력이 생산적이고 확실한 결과를 도출하기 위해 서로 경쟁하는' 초기의 이념에서 벗어나 관료적으로 바뀌어 가고 있었고, 클레는 이에 실망했다. 게다가 바우하우스에서는 강의에 할애하는 시간이 너무 많아 화가로서 작품 활동을 할 시간이 부족하다는 데도 압박을 느끼고도 있었다.

1933년, 클레는 나치 정부에 의해 작품이 '퇴폐 미술'로 규정당하고 집 수색을 받는 등 탄압을 받았으며, 교수직도 박탈당했다. 그는 베른으로 돌아가 작품 활동에 몰입했다. 1934년에는 219점, 1935년에는 148점이라는 엄청난 수의 작품을 제작했으며, 그해 대규모 전시회도 개최했다. 그러나 그는 피부경화증을 앓으면서 죽음에 대한 생각에서 벗어나지 못했고, 우울증을 앓았다.

그럼에도 1937년에는 254점, 1938년에는 489점을 그렸고, 그 이듬해에는 무려 1,254점을 그렸다. 그림의 규모도 조금 더 커졌으며, 상형문자나 표의문자들을 이용한 새로운 작풍이 등장했다. 전쟁과 죽음에 대한 두려움을 〈두려움의 폭발III〉, 〈죽음과 불〉 같은 작품으로 표현하기도 했다. 그는 어둡고 음울한 작품을 제작하는 동시에 〈음악가〉, 〈아름다운 정원사〉, 〈넘치는 활기〉와 같이 생에 대한 희망과 쾌활한 어조가 두드러지는 작품도 제작했다.

말년에 그는 천사를 많이 그렸는데, 죽던 해 이 그림들을 다시 그리고 〈천

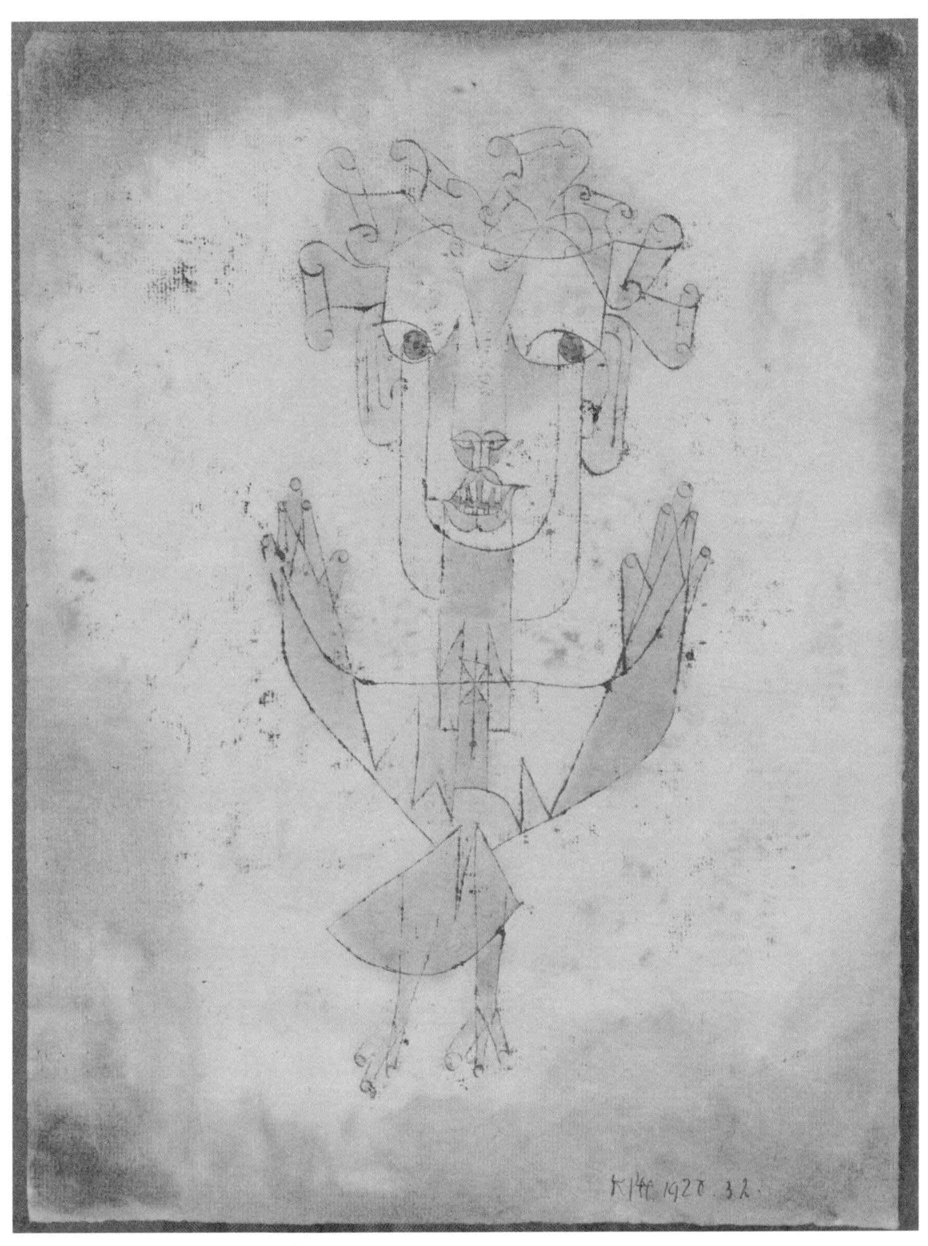

클레가 그린 수많은 천사 중 1920년에 그려진 〈앙겔루스 노부스〉, 예루살렘 이스라엘 박물관

사, 여전히 추한 모습〉이라는 제목을 붙였다. 1940년 심부전으로 사망했으며, 9천여 점에 이르는 작품을 남겼다. 아들 펠릭스가 클레의 일기장에 있던 글을 묘비명에 새겨 넣었다.

> 나는 이 세상의 언어만으로 이해되지 않을 것이다. 나는 죽은 자와도, 아직 태어나지 않은 자와도 행복하게 살 수 있기 때문이다. 여느 사람보다 창조의 핵심에 가까워지기는 했으나 아직 충분하다고 말할 수는 없다.

087

20세기 미술을 지배한 천재

파블로 피카소

Pablo Ruiz y Picasso(1881. 10. 25~1973. 4. 8)

- 스페인에서 태어나 프랑스에서 활동
- 회화, 조각, 소묘, 판화, 도예 등 20세기 예술에 혁명을 일으킨 거장이다.
- 〈초혼〉, 〈가면을 쓴 악사 세 명〉, 〈게르니카〉 등

세기가 낳은 천재. 20세기 전체를 관통하는 오랜 수명을 누리며 회화, 조각, 소묘, 판화, 도예 등 20세기 예술 전반에 혁명을 일으킨 현대 미술 최고의 거장. 말을 제대로 떼기 전부터 그림을 그렸으며, 어린 시절에 이미 아카데미적인 정밀한 그림을 그렸다는 타고난 신동. 한 사람의 천재성이 20세기 미술 전반을 지배했다고 여겨지는 인물. 바로 파블로 피카소이다. 그는 일생 새로운 주제를 시도하고, 다양한 양식을 창출했으며, 이를 다양한 매체를 통해 실험했다.

피카소는 1881년 10월 25일 스페인 안달루시아 지방 말라가에서 태어났다. 아버지는 화가로 산 텔모 미술학교에서 데생을 가르쳤다. 그는 어린 시절

파리에서 활동하던 시기의 피카소

아버지에게 그림을 배웠는데, 이때 이미 완벽한 소묘 실력을 발휘해 아버지를 놀라게 했다고 한다. 11세 때 라 코루냐 미술 학교에 들어갔으며, 13세 때 아버지를 뛰어넘는 실력을 발휘했다. 아버지는 이후 붓을 잡지 않고 아들의 미술 교육에 전념했다고 한다.

피카소는 13세 때 최초의 개인전을 열었으며, 14세 때 바르셀로나 미술 학교에 입학했다. 이 시기에 그린 〈첫 영성체〉를 보면, 그가 구도, 색채, 사실주의 기법에 이미 통달해 있었음을 알 수 있다. 이때 그린 또 다른 작품인 〈페파 아주머니의 초상〉에서는 루벤스의 화풍을 터득하고 있음을 보여 주는데, 여기에서 소년 피카소가 고전주의 거장들의 양식을 완벽히 체화하고 있었음을 알 수 있다. 이 때문인지 그는 학교에서 더 이상 배울 것이 없다고 느껴 카페나 사창가 등을 배회하며 스케치를 하고, 프라도 미술관에 가서 스페인 거장들의 작품을 보고 영감을 얻었다. 다니던 학교를 그만두고 다시 마드리드 왕립 미술 학교에 들어갔지만 결과는 마찬가지였다.

피카소는 17세 때 바르셀로나로 돌아왔으며, 몇 년간 카탈루냐 예술가들의 모임에 참여하고 작품 활동을 하는 한편, 개인 전시회도 열었다. 1900년 파리 만국박람회 에스파냐관에 〈임종의 순간〉을 전시하기도 했다. 이때 처음 파리를 방문한 그는 새로운 미술 운동들이 활발히 전개되는 파리가 자신이 작업하기에 적절한 곳이라고 여기고, 이듬해 동료 카를로스 카사헤마스와 함께 파리 몽마르트르에 작업실을 얻었다.

피카소는 바르셀로나와 파리를 오가며 1904년 중반까지 청색이 주조를 이루는 회화를 그리기 시작했다. 흔히 이 시기를 '청색 시기'라 일컬으며, 〈초혼(카사헤마스의 장례)〉, 〈압생트 마시는 여자〉, 〈삶〉, 〈수프〉 등이 대표적인 작품이다. 알코올 중독자, 하층민들의 참혹한 생활과 고독감, 비애감이 짙게 묻어나는 작품들이 대부분으로, 피카소는 이런 주제를 표현하기 위해 청색을 중심 색으로 사용했다. 이러한 색의 독립적인 사용은 단순히 현실을 재현하는 것이 아니라 작가의 내면세계가 전화轉化한 것임을 보여 주려는 시도였다. 즉 회화가 예술가의 것임을 선언한 것이었다.

1904년 중반부터 피카소는 가난하고 우울한 하층민들에서 벗어나 곡예사, 어릿광대 등을 좀 더 밝은 색조로 표현하기 시작했다. 피카소는 이 시기 세탁선에 살면서 페르낭드 올리비에라는 여자와 연애를 하고, 서커스 공연장에 자주 갔다. 분홍빛과 주홍빛 등의 색조가 두드러져 '장밋빛 시대'라고 불리는 이 시기의 작품에는 〈공 위에서 묘기를 부리는 소녀〉, 〈어릿광대〉, 〈곡예사 가족〉 등이 있다. 피카소는 무대 위의 모습이 아니라 그 이면의 생활을 담았다. 정처 없이 방랑하며 내면의 슬픔을 간직한 이들의 모습에서 피카소는 자신이 지닌 실존적 아픔을 읽어 냈으며, 자신과 이들을 동일시했다.

피카소는 파리에서 세잔, 마티스, 기욤 아폴리네르, 조르주 브라크 등과 교류하면서 아방가르드 예술가들의 핵심 인물이 되었다. 피카소는 이들과 영향을 주고받는 한편, 고대 이베리아 조각과 아프리카 미술, 오세아니아 미술 등이 지닌 원시성에 영감을 얻어 입체주의 양식을 창안한다.

그리고 1906년, 입체주의의 시작을 알리는 〈아비뇽의 처녀들〉을 제작하기 시작한다. 피카소는 이 그림으로 근대 미술, 즉 20세기 회화의 포문을 열었다. 그는 이 작품에서 대상을 다양한 각도에서 보고 해체한 뒤 화면에 종

〈아비뇽의 처녀들〉, 뉴욕 현대미술관

합하여 배열했다. 전통 회화에서는 2차원의 캔버스 위에 3차원적인 대상을 묘사하기 위해 원근법과 명암법을 이용했다. 하지만 피카소는 이와 반대로 3차원적인 형태를 입체적인 관점에서 바라보고, 이를 2차원적인 캔버스 위에 걸맞게 해체하여 재구성하는 혁신적인 조형 방식을 시도했다.

르네상스 이후 수 세기 동안 유지된 전통적인 회화 양식은 피카소의 이 작품으로 일거에 무너져 버렸다. 조르주 브라크는 이 작품을 보고 충격을 받고 이듬해 〈에스타크의 집〉을 제작했으며, 마티스는 이 그림을 보고 '큐브(cube, 입방체)'라고 일컬었다. 이후 피카소와 브라크의 입체파 양식은 큐비즘cubism이라고 불리게 되었다. 입체주의 양식은 브라크와의 교류로 더욱 확장되었다. 1907년부터 1914년 사이를 '입체파 시기'라고 부르며, 이 시기의 작품으로는 〈클로비스 사고의 초상〉, 〈만돌린 연주자〉, 〈등나무 의자가 있는 정물〉, 〈소녀의 초상〉 등이 있다. 입체주의로 그린 최고의 걸작은 1921년 〈가면을 쓴 악사 세 명〉이 꼽힌다.

입체파 양식을 주로 전개하던 시기부터 피카소는 다양한 양식을 복합적으로 선보였다. 제1차 세계대전 전후로 〈볼라르 상〉 같은 사실주의 초상화나 〈샘 주위의 세 여인〉, 〈올가 코흘로바의 초상〉과 같은 고전주의적 양식의 작품을 제작했으며, 1920년대에는 앙드레 브르통을 비롯한 초현실주의 예술가들과 교류하면서 초현실주의 작품 〈춤〉, 〈바닷가에 앉은 사람들〉 등을 제작하고 초현실주의Surrealism전에 참가했다. 1930년대에는 스페인 조각가 훌리오 곤잘레스의 영향으로 금속 조각에도 손을 댔으며, 스페인에 머물며 투우와 미노타우로스를 주제로 한 연작 판화를 제작했다. 또한 회화 작업을 중단하고, 약 1년간 시를 쓰고 초현실주의 희곡 〈꼬리 잡힌 욕망〉을 집필하기도 했다.

제1차 세계대전과 1936년에 시작된 스페인 내전을 목도하면서 그는 전쟁과 파시즘이 만들어 내는 참상과 비극을 비판하는 에칭 연작 〈프랑코의 꿈과 거짓〉을 비롯해 역사적인 대작 〈게르니카〉를 완성했다. 1937년 4월 26일 스페인 내전이 한창 벌어지던 중, 나치의 폭격기들이 바스크 족의 게르니카라는 소도시를 무참히 공격하여 약 1,500명의 민간인 사상자를 냈고, 마을은 지도에서 사라졌다. 피카소는 이 사건을 담은 사진 세 장을 보고 크게 분노하여 그해 6월 4일 작품을 완성했다. 불에 타는 집, 여자와 아이들의 절규, 죽은 아이를 안고 울부짖는 어머니, 산산조각 난 시체들이 왜곡된 형태로 뒤엉켜 있는 이 작품은 전쟁의 고통을 생생히 보여 준다. 또한 피카소는 게르니카의 참혹함을 강조하기 위해 원색을 배제하고 흑백으로만 작품을 그렸다. 피카소는 이 작품을 통해 역사에 대한 예술가의 참여를 강조함은 물론, 사건의 단순한 재현이 아닌 그에 대한 예술가의 심리를 표현하여 사건을 더욱 충격적으로 전달했다. 또한 그럼으로써 작품은 구체적인 사실의 전달보다 인간의 고통이라는 보편적인 진실을 표현하게 되었다.

1940년, 독일이 파리를 함락하면서 아방가르드 예술가들에 대한 탄압이 시작되었다. 피카소는 시대에 휩쓸리지 않고 작업실에 틀어박혀 그림을 계속 그렸다. 이 시기에 그는 레지스탕스 투사들과 교류하고, 1944년 파리가 해방된 후에는 공산당에 입당했다. 그리고 〈한국에서의 학살〉, 〈평화의 비둘기〉 등 반전주의 작품을 제작했다.

1946년부터 그는 도자기로 유명한 프로방스 지방 발로리스 마을의 마두라 도자기 공장에서 도자기를 만드는 한편, 만들어진 도자기들에 채색을 하거나 형태를 변형하면서 도자기 공예에 몰두했다. 그는 회화에 있어 늘 새로운 주제, 새로운 표현 방법을 찾았으며, 회화 외에도 판화, 도자기 등의 새로운 표현 수단을 찾아 나섰다.

제2차 세계대전 이후 피카소는 신화가 되었다. 생애 마지막 20여 년간 그는 신성시되었으며, 예술계에는 그에 대한 어떤 비판도 용납하지 않는 분위기가 팽배했다. 스케치 한 점도 엄청난 고가에 거래되었고, 일거수일투족은 대중의 주목을 받았다. 그는 이런 상황을 겪으면서 더는 정치적 발언을 하지 않았으며, 점점 작업실에 틀어박혀 자신만의 작업에 몰두했다.

1948년, 발로리스에 정착한 이후 그는 엄청난 양의 도예 작품 및 회화를 제작했는데, 말년의 작품들은 작업실, 애인의 초상, 자화상, 주변 풍경 등 자전적인 요소를 띤 것이 많다. 특히 이 시기는 '판화의 시기'라 할 만큼 판화 작품을 많이 만들었다. 엄청난 양의 작품을 제작하고, 매 시기마다 새로운 양식을 시도한 현대 미술의 총아 피카소. 그는 1973년 4월 8일 92세의 나이로 프랑스 무쟁에서 심장마비로 세상을 떠났다.

1967년 피카소가 시카고에 기증한 조각

088

몽마르트르의 보헤미안

아메데오 모딜리아니

Amedeo Modigliani(1884. 7. 12~1920. 1. 24)

- 이탈리아
- 모델의 특징을 포착하는 재능으로 대상을 양식화하며 작품 세계를 발전시켰다.
- 〈첼로 연주자〉, 〈여인 두상〉, 〈잔 에뷔테른의 초상〉 등

긴 목과 타원형의 얼굴, 우아하고 애수가 깃든 여인의 초상으로 널리 알려진 화가 아메데오 모딜리아니. 부르주아 출신임에도 가난과 질병에 시달리며 파리의 뒷골목을 전전하다 36세의 젊은 나이에 요절한 이 젊은 예술가는, '몽마르트르의 보헤미안'이라고 불리며 벨 에포크 시대 가난한 젊은 예술가의 아이콘이 되었다.

아메데오 모딜리아니는 1884년 7월 12일 이탈리아 토스카나 지방 리보르노에서 태어났다. 아버지 플라미니오 모딜리아니는 목재와 석탄 교역을 하는 사업가였으며, 어머니 외제니는 유대계 프랑스인으로 문학과 철학에 조예가 깊었다. 그가 태어났을 무렵 경기 불황으로 사업이 잘 되지 않자 외제

니는 단눈치오의 시를 번역하고 가명으로 서평을 써서 가계에 보탰을 정도로 문학과 예술에 대한 조예가 깊었다. 이런 어머니의 관심과 태도는 어린 모딜리아니에게 큰 영향을 주었다.

모딜리아니와 피카소, 앙드레 살몽

모딜리아니는 어린 시절부터 늑막염, 폐렴, 장티푸스, 결핵 등을 앓았으며, 평생 병약하게 살았다. 14세 때 장티푸스를 앓으며 죽음의 문턱까지 다녀온 후 그는 화가가 되기로 결심했고, 몸이 회복되자 리보르노의 작은 미술학교에 입학했다. 그 후 피렌체와 베네치아에서 그림 수업을 받았는데, 이 역시 질병 때문에 중도에 그만두었다가 다시 시작하곤 했다. 요양 차 갔던 로마에서 그는 이탈리아의 고전 미술에 경도되었고, 그림을 그리는 것보다 베네치아와 피렌체의 미술관을 돌아다니는 데 더 많은 시간을 보냈다. 고대 미술에 대한 깊은 조예는 후일 그의 작품의 토대가 되었다.

1906년, 파리 몽마르트르에 정착한 그는 콜라로시 아카데미에서 인체 데생과 유화를 공부했다. 당시 파리는 아방가르드 예술의 중심지로, 마티스, 드랭과 같은 야수파 화가들이 막 활동을 시작했을 때였고, 몽마르트르에는 젊은 화가들을 중심으로 활발하게 예술인 공동체가 형성되고 있었다. 그는 이곳에서 피카소, 브라크, 브랑쿠시 등 미술사에 한 획을 긋게 될 인물들과 교분을 쌓았으며, 카페, 공연장, 댄스홀 등을 오가며 활기찬 시간을 보냈다. 늘씬한 몸매, 간결한 멋을 풍기는 옷차림에 위트가 넘치는 미남 모딜리아니는 사교계의 총아였다고 한다.

입체파, 야수파, 후기 인상주의 등 다양한 양식의 실험장이었던 파리에서 모딜리아니는 자신만의 화법을 계발하기 시작했다. 그는 특히 후기 인상주의와 폴 세잔에게 많은 영향을 받았으며, 초상화와 누드에 매료되었다. 또한 아프리카의 미술품, 부족의 가면이나 입상들은 고대 그리스와 로마의 조각만큼이나 모딜리아니의 마음을 끌었다. 그는 브랑쿠시를 통해 조각을 배웠으며, 약 7, 8년간 석조 작업에 몰두했다. 우아한 비례를 갖춘 브랑쿠시의 조각들은 모딜리아니의 예술적 발전에 큰 영향을 미쳤다.

그는 미술을 배우던 초기부터 인체의 조화와 비례의 미를 중요시했으며, 모델의 특징을 포착하는 데 재능이 있었다. 거기에 우아하게 색채를 사용하는 재능도 있었다. 파리 사교계의 인기 있는 초상화가로 자리매김하기에 충분한 재능과 사교성을 지니고 있었다. 그러나 그는 초상화를 그리는 대신 독자적인 예술을 추구하기로 마음먹는다.

초기작 〈첼로 연주자〉, 〈리보르노의 걸인〉, 〈여인 두상〉 등을 보면 그는 이미 섬세한 표현력과 차별화된 색채를 사용하여 몽환적인 한편, 애수가 깃든 분위기를 만들어 낼 줄 알았다. 보는 이의 감성에 호소하는 그의 작품들은 암암리에 유명세를 타기 시작했다. 그러나 모딜리아니는 작품에 감정이 개입되는 것을 싫어했고 보편성과 객관성을 지향했다. 그는 서술성을 배제하고 대상을 양식화하는 방향으로 작품 세계를 발전시켰다.

모딜리아니는 1909년부터 조각에 몰두했지만, 1915년 이후에는 회화에만 전념했다. 그 이유는 알려지지 않았으나 아마 건강이 문제였던 듯하다. 모딜리아니는 석고나 진흙으로 주조하는 작업보다 돌에 직접 새기는 방식을 선호했는데, 이는 신체적으로 매우 부담이 컸기 때문이다.

그러나 간결한 선이 중심이 된 추상적 화풍에는 조각 경험이 큰 영향을

〈자크 립시츠 부부의 초상〉, 시카고 아트 인스티튜트

미쳤다. 아몬드 형태의 눈과 휘어진 코, 긴 목, 아프리카 가면 같은 평면적인 얼굴, 단순한 구성과 절제된 색채로 표현된 그의 작품들은 인물의 특징을 잘 드러냄과 동시에 하나의 이미지이자 회화의 아름다움을 표현한다. 그러나 무엇보다도 그는 회화나 미에 대한 어떤 논쟁이나 사조에도 휩쓸리지 않고, 자신의 개인적인 감정을 표현하는 데 몰두했다. 회화든 조각이든 데생이든 그의 작품은 마치 그가 읊는 한 편의 시 같은데, 그는 실제로 시를 무척 사랑했고 작업을 하면서 종종 시를 읊었다고 한다. 단테, 페트라르카, 니체, 보들레르의 글을 좋아했으며, 그의 옆구리에는 늘 로트레아몽의 〈말도로르의 노래〉가 끼워져 있었다고 한다.

1914년, 제1차 세계대전이 일어났다. 그는 군대에 자원했으나 건강 문제로 입대가 거부되자 파리에서 작품 활동을 계속했다. 그는 많은 초상화를 제작했는데, 장 콕토, 자크 립시츠 같은 파리 예술계의 친구들을 비롯해 여인들을 주로 그렸고, 그중에는 스쳐 간 애인도 다수 있었다. 이 시기에 장 콕도와도 불화를 겪었다고는 하나, 모딜리아니와 콕도가 예술과 삶에 같은 견해를 가진 친구였음은 부정하기 어렵다. 장 콕도는 모딜리아니의 작품에 대해 이렇게 표현했다.

“대부분의 곡선이 매우 가늘고 가벼워서 마치 영혼의 선 같다. 그의 선은 우아함을 상실하는 법이 없다. 그의 데생은 말없는 대화, 그의 머릿속에 있는 선과 우리의 존재 사이의 문답이다.”

화상 폴 기욤의 도움으로 그는 여러 단체전에 참가하고 작품을 팔아 생계를 이어 갔으며, 1917년에는 첫 번째이자 마지막 개인전을 개최하기도 했다. 그러나 이 전시회에 걸린 누드화들은 체모가 드러났다는 이유로 논란이 되었고, 그는 경찰서에 소환되고 전시회는 금지당했다. 그런 한편 또 다른 후원자인 폴란드 출신 시인 레오폴트 즈보로프스키의 재정적인 후원은 이

〈소파에 앉은 누드〉 2010년 뉴욕 소더비 경매에서 765억 원에 팔린 이 누드화는 모딜리아니 작품 사상 최고가 기록을 세웠다.

〈잔느 에뷔테른의 초상〉, 개인 소장

시기의 그에게 귀중한 보탬이 되었다.

이 무렵 그의 건강은 극도로 악화되었다. 그는 파리에 도착한 지 얼마 지나지 않아 사교계 생활을 그만두고 혼자만의 작업을 하면서 자유분방하게 생활했다. 어머니에게 정기적으로 쓰는 편지도 중단했으며, 홀로 파리의 뒷골목을 어슬렁거렸다. 자신의 초기작들을 '지나치게 부르주아적'이라며 파괴했으며, 술과 마약, 니코틴 중독에 시달렸다. 작품이 많은 주목을 받으며 서서히 유명세를 타기 시작했으나 그는 한 잔 술값을 벌기 위해 뒷골목에서 초상화를 그리기도 했다. 이런 방종한 생활은 그가 지병인 결핵으로 오래 살지 못할 거라 절망한 데 기인했다고 여겨지기도 한다.

더구나 잔느 에뷔테른과의 격렬한 연애는 모딜리아니로 하여금 더욱 술과 마약에 의존하게 했다. 그는 1917년 19세의 미술학도 잔느 에뷔테른을 알게 되었는데, 부르주아 가문 출신인 에뷔테른은 가족의 반대를 무릅쓰고 집을 나와 모딜리아니와 동거에 들어갔다. 두 사람은 서로의 초상을 그리며 지냈고 곧 딸도 태어났다. 생활은 궁핍했고, 모딜리아니는 에뷔테른에 대한 사랑과 가장으로서의 책무, 화가로서의 정체성 사이에서 괴로워했다. 1918년, 모딜리아니의 건강이 악화되자 이들은 니스로 1년간 요양을 떠났다가 1919년 5월 파리로 돌아왔다.

그리고 이듬해 1월 24일 모딜리아니는 결핵성 뇌막염으로 의식을 잃고 쓰러져 파리의 자선병원에서 죽었다. 에뷔테른은 그가 죽고 이틀 뒤 자신들의 아파트에서 투신자살로 그 뒤를 따랐다. 뱃속에는 8개월 된 아이가 있었다. 모딜리아니는 파리의 페르 라셰즈 묘지에 안장되었으며, 10년 후 에뷔테른의 가족들이 그녀를 그의 곁에 안치시켰다. 모딜리아니의 묘비에는 '이제 바로 영광을 차지하려는 순간에 죽음이 그를 데려가다'라는 글귀가 쓰여 있는데, 극적인 생애와 에뷔테른의 죽음으로 그는 죽은 직후 엄청난 명성을 누리게 되었다. 그가 죽기 1년 전에 그린 에뷔테른의 초상화는 2013년 크리스티 경매에서 2,690만 파운드(약 458억 원)에 낙찰되었는데, 두 사람이 궁핍 속에서 힘들게 살다 젊은 나이에 죽은 것을 생각하면 아이러니가 아닐 수 없다.

089

가장 멕시코적인 화가

디에고 리베라

Diego Rivera(1886. 12. 8~1957. 11. 25)

| 멕시코
| 멕시코 벽화의 3대 거장 중 한 사람으로, 자국의 신화, 역사, 혁명적 이상을 표현한 가장 멕시코적인 화가로 일컬어진다.
| 〈창조〉, 샌프란시스코 증권거래소 벽화 등

디에고 리베라

1821년, 스페인에서 독립한 뒤 멕시코는 100여 년간 무려 60여 차례나 정권이 바뀌는 혼돈의 시대를 겪었다. 특히 1876년 정권을 잡은 포르피리오 디아스는 30여 년이 넘는 장기 독재를 했는데, 이때 국민의 91퍼센트가 빈곤 계층으로 전락하면서 1910년 멕시코 혁명이 일어났다. 이후 10여 년간 내전이 계속되다 1920년대에 알바로 오브레곤 정부가 들어서면서 민족문화를 부흥시키고 사회를 재건하기 위해 다양한 시도가 일어났는데, 그중 하나가 벽화 운동이다. 여기에 참여한 대표적인 벽화가들이 디에고 리베라, 호세 클레멘테 오로스코, 다비드 알파로 시케이로스 등이다. 이들은 1922년 '전문 기술, 노동자, 화가, 조각가 연맹'을 결성하고, 부르주아 성향에서 탈피하여 대중이 공유할 수 있는 사회적인 예술을 지향할 것을 선언했다. 그런 바탕에서 일구어진 멕시코의 르네상스는 곧 전 세계의 주목을 받았다.

디에고 리베라는 1886년 12월 8일 멕시코 중남부의 광산 도시 과나후아토에서 태어났다. 그는 쌍둥이였는데, 동생은 태어난 지 18개월 만에 죽었다. 디에고는 세 살 무렵부터 연필을 쥐고 글씨와 그림을 그리기 시작했는데, 교사였던 부모는 아들이 마음껏 낙서하고 상상력을 발휘할 수 있도록 커다란 빈 방을 그에게 주었다고 한다. 그의 아버지는 광부들을 계몽시키기 위해 〈데모크래트〉라는 진보 잡지를 발행하는 등 진보적 지식인으로 활발히 활동했으며, 디에고에게 큰 영향을 미쳤다.

디에고가 10세 때 아들의 미술적 재능을 알아본 아버지는 그를 멕시코시티 산 카를로스 아카데미에 입학시켜 미술을 배우게 했다. 이곳에서 풍경화가 펠릭스 파라와 앵그르의 제자였던 산티아고 레불의 가르침을 받았다. 그러나 무엇보다 그에게 큰 영향을 미친 것은 판화공 호세 과달루페 포사다였다. 거리를 누비고 다니던 디에고는 판화 공방에 붙은 르네상스 시대 복제화들과 멕시코인의 정서가 배어 나오는 소박하면서도 힘찬 판화에 매료되었다. 포사다는 그런 그를 귀여워하면서 작업실을 들락거릴 수 있게 해 주었고, 디에고는 멕시코 민중예술에 대한 포사다의 사상과 작품에 큰 영향을 받았다.

10대 시절에 디에고는 멕시코의 농촌 마을을 돌아다니면서 집, 거리, 교회, 화산, 원주민들을 그렸으며, 박물관과 교회를 오가며 아스텍 문화에 매

모딜리아니가 그린 디에고 리베라

료되었다.

1907년, 디에고는 베라크루스 주지사 데오도로 데사의 후원으로 스페인 유학길에 올랐다. 그는 스페인 산 페르난도 아카데미에 들어갔으며, 벨라스케스와 엘 그레코, 고야의 작품에 크게 감명을 받았다.

1911년에는 파리로 건너가 신인상파부터 입체파에 이르는 다양한 미술 운동을 접했다. 이때 모딜리아니, 피카소 등과 교류했는데, 특히 피카소를 무척 존경하고 큐비즘에 매료되었다. 이후 그는 〈점심을 먹는 선원〉 등 150여 점의 입체파적 작품을 그렸다. 그러나 1917년 러시아의 10월 혁명을 목도하고 "예술은 세상과 시대와 소통해야 하며, 대중이 더 나은 사회를 구성하는 데 도움을 주어야 한다."라며 지나치게 진보적인 예술, 즉 입체파와 단절했다. 그리고 1919년 시케이로스와의 만남으로 디에고는 멕시코의 민중 미술에 대한 관점을 확립했다.

1921년, 멕시코로 돌아오기 전 그는 이탈리아와 런던 등을 여행했는데, 이탈리아의 14세기 프레스코화 양식과 구도는 그의 벽화에 직접적인 영향을 미쳤다. 귀국 후 그는 정부의 공공 정책으로 시행된 벽화 운동에 참여하

〈우물가의 여인〉, 멕시코시티 국립 인류학박물관

여 멕시코시티 국립 예비학교, 차핑고의 국립 농업학교 벽화 등을 그렸다. 특히 국립 예비학교에 그린 〈창조〉는 디에고의 첫 벽화이자 동시에 멕시코

멕시코시티 대통령궁 벽화

벽화 운동의 시작을 의미한다. 인디언부터 스페인계 인디언까지 모든 멕시코 인종의 역사와 화합을 그린 작품이다.

디에고를 비롯해 오로스코, 시케이로스 등이 참여한 멕시코의 벽화 운동은 유럽 회화와 차별화되는 강렬함으로 국제적인 이목을 끌었고, 미국과 유럽의 수많은 미술가와 평론가들이 이들의 벽화를 보기 위해 멕시코를 찾았다.

1927년, 디에고는 멕시코 공산당원 자격으로 10월 혁명 10주기 기념행사에 초청받아 모스크바로 갔다. 1925년 멕시코를 방문했던 러시아 시인 마야콥스키의 주선이었다. 그는 디에고의 벽화들을 러시아에 소개했으며, 디에고는 러시아에서 자신의 높은 인기에 놀랐다. 미술 학교에서 강연이 쇄도했

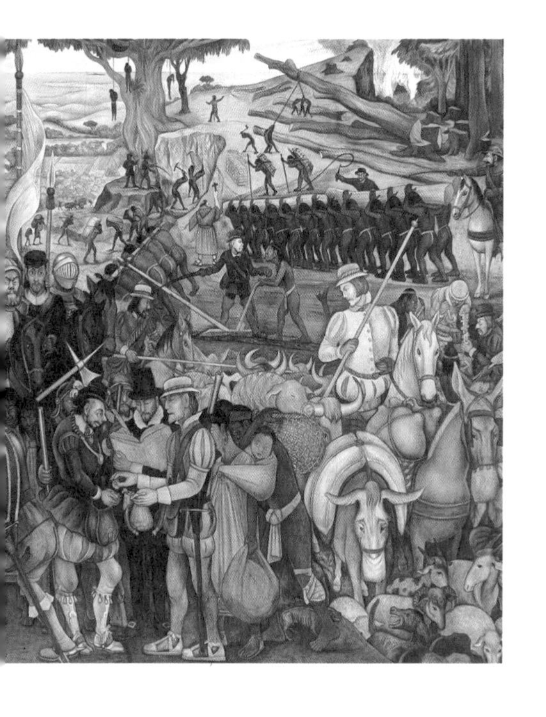

으며, 영화감독 세르게이 에이젠슈타인도 만났다. 그러나 그는 곧 스탈린의 독재 체제 아래에서 경직되어 가는 러시아 문화와 정치, 특히 사회주의 리얼리즘 외에는 예술로 취급받지 못하는 상황에 대해 비판적인 태도를 취했다. 이 때문에 벽화 제작을 하려던 그의 시도는 불발로 끝났다.

1929년에는 멕시코시티 대통령궁 중앙계단 벽화를 그리기 시작했다. 스페인 정복 이전 아스텍 문화를 바탕으로 한 멕시코의 신화와 역사를 표현한 이 작품은 1935년 완성되었다.

1929년에는 21살 연하인 화가 프리다 칼로와 결혼했다. 세 번째 결혼이었다. 그는 화가로서뿐만 아니라 여성 편력으로도 유명했는데, 결혼 생활 중에도 끊임없이 바람을 피웠으며, 그의 아내였던 여성들은 그로 인해 엄청난 고통을 받았다. 프리다 칼로와의 결혼 생활 역시 마찬가지였으며, 심지어 그는 프리다의 여동생과 불륜까지 저질렀다. 프리다와도 한 번 이혼을 했다 재결합했으며, 이후 그녀가 세상을 떠날 때까지 결혼 생활을 유지했다.

디에고는 1930년 11월 미국으로 향했다. 샌프란시스코의 증권거래소 벽화 작업을 의뢰받은 데다 멕시코에서의 벽화 작업이 보수주의자들의 반발을 사면서 중단되었기 때문이었다. 1931년에 샌프란시스코 증권거래소 벽화, 1932년에 디트로이트 예술원 벽화를 그렸으며, 같은 해 록펠러 센터의 벽화 작업에도 착수했다. 그런데 록펠러 센터 작업에서는 사회주의 색채를 강하게 띠는 작품을 제작해 지탄을 받았다. 노동자 리더의 얼굴을 레닌으로 표현한 것이 가장 큰 문제였다. 작업은 중단되었고, 디에고는 더는 미국에서 활동하기 힘든 상황에 처했다. 1933년, 뉴욕의 신 노동자 학교 벽화를 마지막으로 멕시코로 귀국한 그는 이듬해 록펠러 센터에 제작하려던 벽화를 멕시코시티 국립 예술원에 그렸다.

1940년대 그는 멕시코시티 대통령궁에 고대 문명을 표현한 프레스코화, 프라도 호텔에 멕시코의 역사를 표현한 벽화 등을 제작했다. 1950년대에는 라자 병원에 원시 의학부터 현대 의학에 이르기까지 멕시코 의학의 역사를 집대성해 프레스코와 모자이크 기법으로 벽화를 제작했다.

하루에 18시간 이상씩 그림을 그렸으며, 침대 맡에는 늘 스케치북을 놓아두고 있었던 디에고 리베라. 만년에 오른팔의 마비 증상으로 손을 잘 쓰지 못했음에도 계속 그림을 그리던 그는 1957년 자신의 작업실에서 심장마비로 숨을 거두었다. 작품을 통해 멕시코의 정체성을 재확립하고, 혼란스러운 시대에 멕시코 민중을 교화하려던 그는 생전부터 오늘날까지 멕시코의 영웅으로 추앙받고 있다. 그의 시신은 멕시코시티 로툰다 묘지에 시케이로스, 오로스코와 함께 안장되었다.

090

현대 미술의 새로운 방향을 제시하다

마르셀 뒤샹

Henri Robert Marcel Duchamp
(1887. 7. 28~1968. 10. 2)

| 프랑스
| 전통적인 선입견을 깨고 누구도 짐작하지 못하는 작품 세계를 펼쳤다. '예술의 관점을 완전히 뒤집어 버린 성상 파괴주의자'라는 찬사를 받았다.
| 〈샘〉, 〈L.H.O.O.Q〉, 〈계단을 내려오는 누드 No.2〉, 〈자전거 바퀴〉, 〈거대한 유리〉, 〈주어진 것들〉 등

마르셀 뒤샹은 일상 속의 오브제를 작품으로 탈바꿈시키면서 미술에 대한 전통적인 선입견에 도전한 현대 미술의 혁명가이다. 변기에 사인을 한 〈샘〉과 모나리자의 엽서에 수염을 그려 넣은 〈L.H.O.O.Q〉 등 일견 엉뚱하고 부조리해 보이는 그의 작품들은 미술품의 생산과 유통에 중대한 고찰을 던지며, 누구도 짐작하지 못한 쪽으로 현대 미술의 방향을 전환시켰다.

마르셀 뒤샹

뒤샹은 1887년 7월 28일 프랑스 노르망디 지역 블랭빌에서 태어났다. 아버지는 공증인이었으며, 외할아버지는 해운업자인 동시에 판화가로 활동하면서 아이들에게 문학과 그림, 음악 등을 가르쳤다. 뒤샹 형제 6남매 중 4명이 미술가가 되었으며, 뒤샹이 학교에 다닐 무렵 큰형 둘은 각각 법률과 의학 공부를 그만두고 미술가의 길을 걸었다. 큰형은 자크 비용이란 이름으로 화가로 활동했고, 둘째 형은 레이몽드 뒤샹-비용이라는 이름으로 조각가가 되었다. 누이동생 쉬잔 역시 이후 쉬잔 뒤샹-크로티라는 이름으로 화가로 활동한다. 그의 아버지는 자식들의 예술 활동을 전폭적으로 후원했다고 한다.

뒤샹은 이런 분위기에서 고향 마을 풍경을 습작하며 자랐고, 특히 모네의 화풍을 좋아했다. 1904년에 중등학교를 졸업한 뒤샹은 형이 있는 몽마르트르로 가서 미술 수업을 받았다. 형 주변의 예술가, 작가와 어울리면서 그는 아방가르드 운동의 영향을 받았는데, 특히 판화가 오딜롱 르동을 가리켜 자기 작품의 시작점이라고 일컫기도 했다. 또한 말라르메, 에드거 앨런 포 등의 작품과 상징주의 문학에 경도되었다. 이 시기에 그는 만화잡지에 풍자만화를 그렸으며, 판화 기법도 배웠다. 또한 인상주의와 야수파, 입체파적 화풍을 두루 섭렵하였으나 특정 작품을 모방하는 건 꺼렸다.

1912년, 뒤샹은 예술가 활동의 큰 전환점이 될 〈계단을 내려오는 누드 No.2〉를 완성했다. 입체파 양식을 받아들여 그린 그림이었으나 이는 '이즘'을 중요시하는 입체파 그룹에게 미래주의적으로 여겨지며 냉대받았다. 이 일로 그는 체계적이고 구속적인 '이즘'에서 탈피하려는 마음을 먹었다. 이때 그는 '이게 그들이 원하는 거라면 어떤 그룹에도 낄 이유가 없어. 나는 앞으로 나 자신에게만 의지하겠어'라고 결심했다. 이 작품은 이듬해 뉴욕 아모리 쇼에 출품되었고, 센세이션을 불러일으키며 대대적인 성공을 거두었다.

이때의 성공을 잘 이용했다면 그는 센세이션을 일으키는 현대 젊은 미술가로서의 위상과 상업적 성공을 모두 거머쥐었을 것이다. 그러나 파리에서 악평을 들은 그림이 뉴욕에서 성공한 일은 오히려 그에게 전통적인 예술에 대한 믿음을 허물어트리고, 회화를 멀리하게 만들었다.

〈계단을 내려오는 누드 No.2〉, 필라델피아 미술관

뒤샹의 초기 습작 및 회화 작품들을 보면 그가 화가로서 뛰어난 기교와 타고난 재능을 지니고 있었음을 부정할 수 없다. 그러나 이런 일련의 과정은 지나치게 지성적이었던 젊은 화가에게 예술과 상식 세계에 대한 회의를 안겨 주었고, 그 결과 현대 미술의 매우 중요한 전환점이 되는 레디메이드를 고안하게 만들었다.

레디메이드
Ready-made, 기성품을 의미하는 말로, 기성품을 만들어 낸 최초의 목적에서 벗어나 별개의 의미를 갖게 함으로써 예술 작품이 될 수 있다는 새로운 미술 개념이다.

뒤샹은 그림 그리기를 그만두었지만 새로운 작품 양식에 대한 연구를 멈추지 않았다. 그리고 급격하게 산업화되고 공산품이 쏟아져 나오던 20세기 초기의 사회상과 산업 디자인을 받아들였다. 1912년 브랑쿠시, 페르낭 레제와 함께 항공 박람회를 둘러보고 돌아오는 길에 뒤샹은 이렇게 말했다고 한다.

"이제 회화는 망했어. 저 프로펠러보다 멋진 걸 누가 만들어 낼 수 있을까?"

이 말에서 예술가의 기교나 솜씨에 의존하여 작품을 제작하던 '전통적인 미술'에 대한 관념, 미술품과 기성품의 경계 등이 허물어지면서 현대 미술이 탄생했다. 인공물이나 자연의 일부분을 이용하여 제작하는 현대 미술 작품들은 예술과 비예술의 경계를 무너뜨리고, 일상과 예술을 혼돈스럽게 뒤섞는다.

이 무렵 뒤샹은 절대적이고 분명한 노선을 가지고 활동하는 예술가 그룹에 회의를 느끼고, 생트 주느비에브 도서관에서 사서로 일하며 자신만의 사상을 발전시켰다. 그리고 1913년 첫 번째 레디메이드 작품 〈자전거 바퀴〉를 제작했다. 평범한 나무 의자와 자전거 바퀴를 결합한 뒤샹의 〈자전거 바퀴〉는 기성품이라도 예술가가 선택하고 조합하면 예술 작품이 될 수 있다는 새로운 시각을 제공했다. 그는 예술가의 창작 행위란 작품을 제작하는 데만 있는 것이 아니라 창의적인 정신 표현, 즉 아이디어에 있다고 사고를 전환시켰다. "나는 미술을 믿지 않는다. 미술가들을 믿는다."라는 말 속에 그의 사상이 담겨 있다. 레디메이드가 예술에 대한 진지함을 비웃는 태도 이상으로 여겨지며 현대 미술의 한 양식으로 자리 잡는 것은 이로부터 약 40여 년이 지난 후이다.

그 후 10여 년간 뒤샹은 레디메이드 작품들을 꾸준히 제작했다. 물건을 개조하는 수고를 들이기도 했으나 때로는 제목만 붙이기도 했다. 눈 치우는 삽을 구입해 거기에 서명을 하고 〈부러진 팔보다 앞서서〉라고 이름 붙이기도 했으며, 1917년에는 변기를 구입해 'R. Mutt 1917'이라고 서명하고 미국 독립미술가협회가 개최하는 앵데팡당전에 출품했다.

이 작품이 20세기 예술의 대표적 아이콘으로 꼽히는 〈샘〉이다. 무트R. Mutt라는 가명으로 출품한 이 작품은 예술품 전시 참여를 '모든 사람, 모든 작품에 개방한다'라며 예술의 자유를 표방한 독립미술가협회의 슬로건을 시험하기 위한 것이었다(상도, 심사위원도 없는 이 전시회에서 뒤샹은 배치위원회 위원장이었다). 결국 이 작품은 전시 참여를 허락받지 못했고, 사진작가 스티글리츠의 사진으로만 남았다. 뒤샹은 이를 비웃으며 자신이 창간한 잡지 〈더 블라인드 맨〉을 통해 작품 의의를 설명했다.

〈샘〉

무트 씨가 직접 〈샘〉을 만들었는지는 중요치 않다. 그는 그것을 선택했다. 일상 용품을 선택하고, 그것에 새로운 관점과 이름을 붙임으로써 본래의 사용가치에 대한 고려가 아닌 그 대상에 대한 새로운 사고가 창조되도록 했다.

1919년, 뒤샹은 길거리에서 다 빈치의 〈모나리자〉가 인쇄된 싸구려 엽서를 한 장 구입했다. 그리고 모나리자의 얼굴에 수염을 그려 넣고, 알파벳

다다이즘
Dadaism, 제1차 세계대전 이후 1920년대 프랑스, 독일, 스위스 등지에서 일어난 운동이다. 종래 예술의 형식과 가치관, 제도를 부정하고 비이성적이고 우연성이 강조된 작품을 추구한다.

대문자로 'L.H.O.O.Q'라고 적어 넣었다. 프랑스어로 '엘.아슈.오.오.뀌'로 읽히는 이 단어는 '그녀는 엉덩이가 뜨겁다'라는 의미의 'Elle a chaud au cul'를 연상시켰다. 사소한 장난으로 치부될 수 있는 이 행위는 기존의 예술품과 예술가가 지니는 전통, 신화적 권위에 대한 조롱으로 받아들여지며 수많은 논쟁을 불러일으켰다. 천재성, 창조성에 관한 맹신을 무너뜨리는 뒤샹의 이 같은 행위는 반예술Anti-Art의 전형이라 할 수 있으며, 이후 현대 미술에 엄청난 영향을 주었다.

반예술이란 뒤샹이 1914년 창안한 것으로, 예술에 대한 선입견과 고정관념을 부정하는 개념이다. 일견 다다이즘 운동과도 비슷한데, 뒤샹은 다다이즘이 일어나기 수년 전부터 이미 이런 사고를 확립하고 있었던 것이다.

뒤샹은 1923년 〈거대한 유리〉를 미완성으로 남겨 두고, 예술 활동을 중단했다. 파리로 돌아간 그는 체스를 두며 대부분의 시간을 보냈고, 프로 체스 선수가 되어 파리와 뉴욕을 오가기도 했다. 이런 행동 자체가 예술 표현 행위에 대한 조소로 읽히며, 예술계에 큰 영향을 미치기도 했다. 뒤샹은 이 시기에 자신을 추종하는 무리에게도 어떤 유파나 이즘을 원하지 않는다는 것을 확실히 하고, '위대한 침묵'으로 일컬어지는 삶을 살았다. 미술가 그룹들과는 거리를 두었으며, 예전의 다다이스트였던 파리의 초현실주의자 친구들과만 지속적으로 교류했다.

한편 뒤샹은 공식적으로는 예술 활동을 중단했지만, 외부에 공개하지 않은 채 꾸준히 작품 활동을 했다. 20년간 누구에게도 드러내지 않고 작업한 최후의 작품 〈주어진 것들〉은 1968년 그가 생을 마감한 후 유언에 따라 공개되었다.

뒤샹의 작품이 지닌 중요한 의미는 제2차 세계대전 이후 새로운 세대의 미국 미술가들에 의해 발견되었다. 그는 현대 미술의 새로운 방향을 놓았다고 평가받으며, 국제적으로 크게 명성을 떨쳤다. 조용한 생활을 하며 '때때로 잊힌 예술가로 남고 싶다'라는 바람과는 달리 뒤샹은 '예술의 관점을 완전히 뒤집어 버린 성상 파괴주의자'라는 찬사를 받으며, 현대 미술사에 가장 큰 족적을 남겼다.

091

색채의 마술사

마르크 샤갈

Marc Chagall(1887. 7. 7~1985. 3. 28)

- 러시아에서 태어나 프랑스에서 활동
- 풍부한 감성과 상상력을 다채로운 색채로 표현한 독창적인 작품을 많이 남겼다.
- 〈에펠탑의 신랑과 신부〉, 〈곡예사〉, 〈사랑하는 연인들〉 등

마르크 샤갈

샤갈은 러시아 출신의 프랑스 화가로, 러시아의 민간 설화와 유대인의 생활상, 성서에서 영감을 받아 인간의 근원적인 향수와 동경, 꿈, 그리움, 사랑 등을 다채로운 색채로 나타내 '색채의 마술사'라고 불린다. 내면의 시적 감성을 열정적이고 서정적으로 표현한 작품들로 샤갈은 오늘날 가장 대중적으로 인기 있는 근대 회화가 중 한 사람이다.

마르크 샤갈은 1887년 7월 7일 러시아 벨라

루스의 비텝스크에서 태어났다. 본명은 모이 셰 세갈로, 마르크 샤갈은 후일 프랑스식으로 바꾼 이름이다. 아버지와 어머니는 유대계 노동자였는데, 비텝스크는 러시아 서부 지역에 위치한 지방 도시로 유대인 거주 지역이 있는 곳이다. 어린 시절부터 그림 그리기를 좋아했으며, 어머니의 격려로 공립학교를 다니며 데생의 기초를 배웠다. 유대교 회당을 다니며 성서를 읽고 유대교 사상을 배우며 자랐고, 가난하지만 행복한 유년 시절을 보냈다. 샤갈은 평생 이 고향 마을을 그리워했고, 이때의 체험은 그의 그림에 지속적으로 영감을 부여했다.

샤갈은 19세 때 화가 예후다 펜에게 그림을 배웠으며, 이듬해 상트페테르부르크로 가서 왕립 미술 학교에 들어갔고, 1년 후 레온 박스트가 운영하는 즈반체바 학교에서 2년간 미술 수업을 받았다. 1910년 샤갈은 한 후원자의 재정 지원을 받아 파리로 향했다. 파리는 그에게 크나큰 영감을 주었고, 그는 '두 번째 비텝스크'라고 부를 만큼 파리를 사랑했다. 샤갈은 이렇게 말했다.

"파리에서 나는 미술 학교에 다니지도, 선생을 찾아다니지도 않았다. 그 도시 안의 모든 것, 그 도시에서의 하루하루, 모든 순간들이 모두 다 내게 스승이었다."

샤갈은 활동 초기에 젊은 미술가들이 몰려 있던 라 뤼슈(la ruche, 벌집)의 초라한 건물에서 생활했는데, 이때 수틴, 페르낭 레제, 앙드레 로트, 기욤 아폴리네르 등 젊은 아방가르드 예술가들을 만났다. 그와 동시에 후기 인상파와 야수파 화가들의 강렬한 색채 사용에 크게 영향을 받았으며, 입체파에서도 일부 영향을 받았다.

파리에서 체류한 4년간은 샤갈의 첫 번째 전성기로 일컬어진다. 그는 장수를 누리면서 오랜 기간 작품 활동을 했고 다양한 양식을 실험했지만, 이

〈나와 마을〉, 뉴욕 현대미술관

당시 확립한 양식은 이후 60여 년간 샤갈 화풍의 기저에 자리 잡았다. 또한 〈러시아와 당나귀들, 타인들에게〉, 〈나와 마을〉, 〈바이올린을 켜는 사람〉, 〈기도하는 유대인〉 등 샤갈이 초기에 제작한 작품 중 많은 수가 비텝스크 및 러시아의 민속, 생활상을 담고 있는데, 이는 샤갈 작품들의 주요 원천이었다.

〈바이올린을 켜는 사람〉, 암스테르담 시립미술관

샤갈은 1911년 앵데팡당전, 1912년 앵데팡당전과 살롱전에 작품을 출품했다. 그의 그림이 담고 있는 열정적인 색채와 환상적인 세계는 아방가르드 예술가들의 주목을 받았다. 1914년, 샤갈은 베를린 슈트룸 갤러리에서 첫 번째 개인전을 열었다. 〈내 약혼녀에게〉, 〈골고다〉 등을 공개한 이 전시회는 큰 성공을 거두었고, 그는 독일 표현주의 화가들에게 강한 영향을 미쳤다. 그러나 이때의 작품들은 제1차 세계대전 때 많은 수가 유실되었다.

제1차 세계대전이 일어나자 샤갈은 러시아로 돌아와 상트페테르부르크에서 군 복무를 했다. 1915년에는 어린 시절부터 친구였던 벨라 로젠펠트와 결혼했으며, 두 사람은 행복한 결혼 생활을 영위했다. 이때 그린 〈생일〉을 보면 그의 사랑과 행복감이 어느 정도인지 짐작할 수 있다.

"나는 그냥 창문을 열어두기만 하면 됐다. 그러면 벨라가 하늘의 푸른 공기, 사랑, 꽃과 함께 스며들어 왔다. 그녀가 내 그림을 인도하며 캔버스 위를 날아다녔다."

샤갈이 그린 벨라

벨라는 1944년에 죽었지만, 일생 샤갈의 연인이자 영감의 원천이었다.

1917년, 러시아 혁명이 일어났다. 혁명 정부는 혁명의 선전 도구로 '교육'을 활용했고, 이때 예술가들이 대거 교육가로 투입되었다. 이미 저명한 예술가였던 샤갈 역시 이듬해 비텝스크에 세워진 근대적인 미술 학교의 교장으로 임명되어 학생들을 가르쳤다. 그러나 샤갈 같은 아방가르드 예술가들은 혁명 정부가 지향하는 사회주의 리얼리즘과 충돌하였고, 이에 실망한 샤갈은 1922년 영원히 러시아를 떠났다.

1923년, 파리에 정착한 샤갈은 1920년대와 1930년대에 그림과 책의 삽화용 동판화를 제작하며 바쁘게 지냈다. 1924년 파리에서 첫 번째 회고전을 열었으며, 1926년 뉴욕에서 첫 개인전을 열면서 국제적으로 높은 명성을 얻었다.

이 시기에 샤갈은 대작을 많이 그리지 않았으나, 그의 작품들은 더욱 시적으로 변모했다. 샤갈은 특정한 이론에 기반을 둔 미술 운동에 불편함을 느꼈고, 개인적이고 시적인 환영을 표현하는 데 몰두했다. 그는 다른 아방가르드 화가들이 형태와 색채를 해체하고 실험하는 데 관심을 둔 것과 달리 늘 인간과 자신의 향수 어린 감정과 환상을 표현했다. 또한 그의 환상적인 이미지들을 초현실주의라는 말로 표현한 것에 대해 자신의 그림은 실제의 추억들을 그린 것이라고 반박했다.

"입체파 화가들에게 그림은 어떤 질서를 갖춘 형태들로 뒤덮인 표면이다. 나에게 그림은 논리와 설명이 전혀 중요하지 않은 어떤 질서를 갖춘 것들(물체, 동물, 인간)의 묘사로 뒤덮인 표면이다."

"나는 '환상'과 '상징'이라는 말들을 싫어한다. 우리의 모든 정신세계는 곧 현실이다. 그것은 아마 겉으로 보이는 세계보다 훨씬 더 진실할 것이다."

소박한 시정을 지닌 동화적이고 환상성이 넘치는 그의 작품들은 대중의 환호를 받았다. 대표적인 작품은 〈에펠탑의 신랑과 신부〉, 〈곡예사〉, 〈사랑하는 연인들〉 등이다. 특히 〈에펠탑의 신랑과 신부〉는 만년에 샤갈이 자신의 거실을 장식할 만큼 아꼈다고 한다.

1939년, 제2차 세계대전이 발발했다. 이듬해 독일이 파리를 점령하자 유대인인 샤갈과 가족의 안전도 보장할 수 없는 상황이 되었다. 샤갈은 루아르, 프로방스 등지로 피난을 다니다 이듬해 뉴욕 현대미술관의 초청을 수락하고 미국으로 떠났다. 이미 그는 현대 미술 운동의 거두가 되어 있었고, 그에 견줄 만한 예술가는 피카소 정도였다. 샤갈은 뉴욕에서 이를 실감할 수 있었다. 이 시기에 뉴욕은 세계 미술의 또 다른 중심지였고, 샤갈은 유럽에서 온 다른 예술가들과 함께 작업하고 전시회를 개최했다.

1944년, 아내 벨라가 알 수 없는 바이러스에 감염되어 사망했다. 샤갈은 후일 이때의 일에 대해 "암흑이 내 눈앞으로 모여들었다."라고 표현했다. 실의에 빠져 9개월간 붓을 들 수조차 없었고, 얼마 후 그린 〈결혼식〉처럼 그림은 불길하고 우울한 색조로 가득 찼다. 〈그녀 주위에〉, 〈화촉〉, 〈야상곡〉 등은 벨라를 잃은 슬픔을 극복하려고 그린 작품들이다.

1948년, 샤갈은 프랑스로 돌아왔다. 인생의 영광과 고난, 절망을 모두 맛본 노년의 화가는 기독교 신앙과 일상적인 경험을 친근하고 소박하게, 천진난만한 필치로 그리기 시작했다.

그런 한편 메츠 대성당과 미국 국제연합, 랭스 대성당 등의 스테인드글라스를 제작하고, 파리 오페라 하우스 천장화, 뉴욕 메트로폴리탄 오페라 극장과 링컨 센터 벽화 제작 등으로 바쁜 나날을 보냈다. 세계 각국에서는 그의 회고전이 개최되었다.

1973년, 그의 86세 생일에 프랑스 니스 시는 샤갈 미술관을 개관했다. 1977년, 프랑스 정부는 그에게 레종 도뇌르 훈장을 수여했고, 그해 루브르 박물관에서는 그를 예우하기 위해 회고전을 열었다.

샤갈은 생의 마지막 20여 년을 남프랑스의 생 폴 드 방스에서 살면서 평화로운 나날을 보내다 1985년 3월 28일 98세를 일기로 숨을 거두었다.

092

점과 선으로 내면의 환상을 표현한 소박한 거장

호안 미로

Joan Miró i Ferrá(1893. 4. 20~1983. 12. 25)

- 스페인
- 추상 미술과 초현실주의의 경계에서 몽환적이고 시적인 환상 세계를 창조했다.
- 〈네덜란드의 실내 1〉, 〈낮〉, 〈밤〉, 〈인물들〉 연작 등

호안 미로

호안 미로는 스페인의 대표적인 화가이자 도예가로, 하나의 미술사조로 규정할 수 없는 독창적인 작품 세계를 창출했다. 내면의 판타지를 화려한 색채, 경쾌한 분위기, 리듬감 있는 형태와 구성으로 표현한 그의 작품들은 소박하고 순수한 상징 기호로 이루어진 것이 특징이다. 그는 작품만큼이나 소박하고 단순하게 생활했으며, 조용하고 순수한 사람이었다고 한다. 사진가 카쉬는 그를 '아이 같은 재치와

유머 감각을 지닌 사람'이라고 말했다.

미로는 1893년 4월 20일 스페인 바르셀로나에서 태어났다. 아버지는 시계공이자 금은세공업자였는데, 조상들은 대대로 타라고나 지방과 마요르카 섬에서 목수, 금세공 등 장인으로 활동했다. 어린 시절 그는 마요르카 섬에 있는 외가를 자주 방문했는데, 이때 곤충, 새, 뱀 등 마요르카의 자연과 동물들을 보며 상상력을 키웠다. 들판을 돌아다니며 눈에 보이는 풍경을 그리곤 했던 미로는 14세 무렵부터 바르셀로나의 라론자 미술학교에서 회화를 배우는 한편, 부모의 권유로 올리베라스 상업학교에서 회계와 상법을 배웠다. 당시 스페인은 정치적, 경제적으로 어려운 상황이었고, 젊은이들은 심각한 실업 문제에 시달리고 있었기 때문이다. 미로는 17세 때 대형 상점에 취직했으나, 얼마 지나지 않아 그림을 그리고 싶어 신경쇠약에 걸렸다. 상점을 그만두고 부모님이 사는 카탈루냐 지방으로 내려가 잠시 요양을 한 후, 이듬해 바르셀로나로 돌아왔다. 그는 프란시스코 갈리의 예술 아카데미에 다니면서 미술에만 전념했다. 이곳에서 그는 도예가 로렌스 아르티가스, 화가 엔리크 리카르트 등을 만나 오랜 우정을 쌓았다.

1910년대에 미로는 인상파와 야수파, 입체파의 영향을 받아 〈서 있는 누드〉, 〈농장〉, 〈리카르트의 초상화〉, 〈프라도의 거리〉 등을 작업했으며, 1918년 첫 개인전을 열었으나 성과는 거의 없었다. 그림은 단 한 점도 팔리지 않았고, 스스로도 작품에 만족하지 못했다. 그는 야수파의 거칠고 격렬한 색조가 자신과 맞지 않는다는 결론에 도달했다. 그는 자연에서 초월적이고 시적인 기쁨을 찾는 것이 자신이 가야 할 길임을 서서히 깨달았다.

1920년대에 미로는 파리에서 활동했다. 이 시기에 그는 구상적인 풍경화에서 추상 미술로 이행하기 시작했는데, 파리에서 다다이스트, 초현실주의자들과 교류하면서 시적 몽환주의와 추상적 경향은 더욱 강해졌다. 특히 그의 작품은 유머러스하고 장난기가 느껴지는 것으로도 유명한데, 〈새에게 돌을 던지는 사람〉부터 이런 경향이 드러나기 시작한다.

미로는 1925년 〈초현실주의 선언문〉에 서명했으며, 논리와 이성에서 자유로워져야 한다는 초현실주의자들의 주장에 동의했다. 그는 후일 초현실주의자들의 자동기술법, 환각 같은 것에 영감을 얻어 작품을 제작한다고 밝히기도 했다. 그러나 스케치나 일부 작품에서 그런 면모가 엿보이지만, 미로는 기본적으로 다양한 예비 스케치를 그리고, 상징적 형태들을 균형과 색채, 리듬감의 조화를 고려하여 화면 위에 옮겼다. 소박하고 원시적으로 보이는 그의 작품들은 실제로는 고도의 계산 위에 복잡하게 얽혀 있다.

1925년에는 파울 클레를 만나 한 차례 크게 영향받았고, 네덜란드 화가들과 존 컨스터블의 영향을 받기도 했다. 클레의 영향을 받아 제작한 〈꿈 그림〉, 〈상상 속의 풍경〉, 네덜란드 화가 소르그의 작품에서 영감을 받은 〈네덜란드의 실내1〉 등에서 그는 대상을 자신만의 초현실주의적 언어로 재해석하는 동시에 장식적이고 경쾌한 리듬이 담긴 독자적 화풍을 구사하기 시작했다. 1930년대에 들어 이런 화풍이 완전히 정착하고 미로는 국제적으로 명성을 얻기 시작했고, 1936년에는 뉴욕에서 전시회도 열었다. 〈앉아 있는 여인의 초상〉, 〈소녀의 초상〉, 〈달팽이, 여인, 꽃〉 등 작품 속에서 시적 서정성은 더욱 강해졌다.

호안 미로 미술관에 전시된 조각

미로는 프랑스에 정착해 활동했던 여타 외국 미술가들과 달리, 고향인 카탈루냐와 파리를 오가며 지냈으며, 고향에 대한 애착을 버리지 않았다. 그러나 1936년 스페인 내전으로 국내 상황이 혼란스러워지

1982년에 제작한 〈여자와 새〉, 바르셀로나 호안 미로 공원

자 파시즘을 피해 파리로 갔다. 고향을 사랑했던 미로는 이런 상황에 매우 큰 고통을 느꼈으며, 〈인물들〉 연작, 〈3부작〉, 〈죽음의 신〉 등을 통해 내전의 비극과 그에 대한 자신의 고통을 표현했다. 〈인물들〉 연작을 제작하면서 미로는 이 때를 '잔인한 시기'라고 불렀다.

1939년, 제2차 세계대전이 일어나고 나치가 파리를 점령하자 미로는 고향인 마요르카 섬으로 돌아와 파리에서 그리던 그림을 완성했다. 1942년에는 바르셀로나에 정착해 석판화를 제작하고, 친구 아르티가스와 함께 도기도 만들었다. 1950년대에는 소박하고 강렬한 색채의 조각 작품들을 제작했다. 이때 아르티가스와 파리 유네스코 본부에 도예 벽화 〈낮〉, 〈밤〉을 완성하기도 했다. 이 작품으로 그는 솔로몬 구겐하임 재단에서 수여하는 국제 대상을 받았다.

바르셀로나 람블라스 거리 한복판의 호안 미로 모자이크

제2차 세계대전 이후 그의 명성은 국제적으로 높아졌으며, 1957년 뉴욕 현대미술관에서 회고전이, 1962년 파리 국립 현대미술관에서 회고전이 열렸다. 1980년에는 스페인 미술 부문 황금훈장을 받았다.

무엇보다 그를 기쁘게 한 것은 건축가 호세 루이스 세르트가 마요르카 섬에 그의 화실을 지어 준 것이었다. 파리에서 보던 젊은 시절 제대로 끼니조차 때울 수 없던 스페인 시골 청년이 엄청난 명성을 누리며 꿈에 그리던 화실을 갖게 된 것이다. 이에 대해 순수하고 소박한 성정의 거장은 감격 어린 목소리로 자신의 일생을 반추했다고 한다. 그리고 1983년 12월 25일 90세의 나이로 세상을 떠날 때까지 자신의 화실에서 작품 활동에 몰입하며 평화로운 여생을 보냈다.

미로는 노년에도 완숙하고, 종교적 명상이 엿보이는 작품들을 제작하면서 양식과 기법을 왕성하게 실험했다. 항간에서는 그가 점 하나, 선 하나 만으로도 내면의 환상 세계를 표현하기에 충분했다고 말한다.

093

철학자로 불린 화가

르네 마그리트

René François Ghislain Magritte
(1898. 11. 21~1967. 8. 15)

Ⅰ 벨기에
Ⅰ 일상에서 접하는 친근한 사물을 사실적으로 표현하여 현실 감각을 뒤틀었으며, 팝아트라는 새로운 사조를 창출했다.
Ⅰ 〈길 잃은 기수〉, 〈이미지의 반역〉, 〈인간의 조건〉, 〈빛의 제국〉, 〈투시도－다비드의 마담 레카미에〉 등

르네 마그리트는 초현실주의의 대표적인 화가이다. 그는 친숙한 대상을 생소한 배경에 배치하거나 말과 이미지의 관계에 의문을 제기함으로써 양자의 괴리를 드러내 보는 이들의 현실 감각을 뒤흔드는 작품들로 유명하다. 마그리트는 화가보다 철학자로 불리는 것을 좋아했으며, 헤겔, 베르그송, 하이데거 등의 철학서들을 탐독하고 그 사상을 그림으로 표현했다. "나는 회화를 이용하여 사유를 가시화한다."라는 말이 그의 작품 세계를 설명하는 가장 적합한 단어가 될 듯하다.

마그리트는 1898년 11월 21일 벨기에 남부 지역의 공업 도시 에노 레신에서 태어났다. 아버지는 양복 재단사이며, 어머니는 모자 상인이었다. 그

는 〈팡토마〉 같은 범죄모험영화와 탐정소설, 에드거 앨런 포, 로버트 루이스 스티븐슨 등이 쓴 소설을 매우 좋아하는 평범한 소년이었다. 그러나 14세 때 어머니가 강에 투신자살을 하면서 유년 시절은 끝이 났다. 그는 어머니의 시체를 건져 내는 과정을 모두 지켜보았으며, 어머니의 얼굴을 덮은 드레스 자락의 이미지는 그의 머릿속에 각인되어 평생 영향을 미쳤다(이 이미지가 〈연인〉이라는 작품에 투영된 것이 아니냐는 비평이 있었으나 그는 부인했다).

어머니의 죽음 이후 아버지는 르네와 다른 두 아들을 데리고 샤를루아로 이사했다. 이곳에서 학교를 다니면서 고전을 공부했으며, 18세 때부터 브뤼셀 왕립 미술 아카데미에 입학하여 회화를 공부했다. 이 시기에 그는 인상파와 입체파 양식의 회화를 시도했으며, 그래픽 아트를 배웠다. 졸업한 후에는 포스터와 광고 디자인 등 상업 미술가로 일했는데, 이 무렵까지는 화가가 되겠다는 대단한 열정을 품지는 않은 듯하다.

1922년은 마그리트에게 전환점이 되는 해였다. 그는 어린 시절 소꿉친구였던 마리 조르제트 베르제와 결혼했으며, 그해 시인 마르셀 르콩트가 보여준 이탈리아 화가 조르조 데 키리코의 〈사랑의 노래〉 복제화에 큰 충격을 받고 화가가 되기로 결심했다. 키리코는 건물 풍경, 버려진 광장, 잘린 고전주의 시대의 조각 등을 기묘하고 음울한 공간에 배치함으로써 초현실주의를 예고하는 작품을 제작한 인물이다. 마그리트는 한동안 광고 디자인으로 생계를 꾸렸으나 1926년 브뤼셀의 라상토르 화랑과 계약하면서 회화 작업에 집중적으로 몰입했다. 그해 그는 60여 점의 작품을 그렸고, 초현실주의적 작품 〈길 잃은 기수〉(1926, 같은 제목으로 1948년에 더욱 정돈해서 그린 그림도 있다)로 주목받게 되었다.

1927년부터 3년간 마그리트는 파리에 머물며 앙드레 브르통, 폴 엘뤼아르 등 초현실주의자들과 깊은 우정을 쌓았으며, 초현실주의 운동에도 가담했다. 초현실주의 그룹은 프로이트의 이론을 근거로 하여 무의식의 세계에 도달하기 위한 기법으로 자동기술법과 데페이즈망Dépaysement 기법을 창안했다. 데페이즈망이란 '추방'이라는 의미로, 사물을 일상적인 환경에서 추방하고 이질적인 환경에 배치시키는 것이다. 그럼으로써 사물의 원래 의미, 즉 실용적인 성격을 배제하고, 보는 이들의 감각의 심층부에 충격을 준다. 이는 종종 19세기 프랑스 시인 로트레아몽의 〈말도로르의 노래〉 중 '해부대 위에서 재봉틀과 우산이 만나듯이 아름다운'이라는 구절로 표현되곤 한다.

마그리트는 1930년 브뤼셀로 돌아와 여생의 대부분을 보냈다. 그러나 파리에서의 3년간은 그의 작품에 큰 영향을 미쳤으며, 이후에도 초현실주의 전시회에 계속 참여했다. 그는 데페이즈망 기법을 활용해 다양한 방식으로 익숙한 대상을 '낯설게 보이게 하는' 충격을 주었고, 그럼으로써 관람객들이 자신이 가지고 있던 고정관념, 상식에 의문을 제기하게 만들었다.

예컨대 대표작 〈이미지의 반역〉에서 그는 우리의 언어 질서에 의문을 제기한다. 이 작품에는 파이프가 하나 그려져 있고 그 아래 '이것은 파이프가 아니다'라고 쓰여 있다. 일견 모순되어 보이는 이 글은 언어와 이미지의 실제 관계를 드러내고 있다. 먼저 그림은 사물을 아무리 사실적으로 재현하더라도 사물 그 자체가 아니라 이미지일 뿐이다. 또한 단어 역시 그 단어가 지칭하는 대상의 본질을 내포한 것은 아니며, 다만 대상을 지칭하기 위한 수단에 불과할 뿐이다. 실제 '파이프'와 '파이프라는 단어' 사이에는 어떤 연관성도 없음을 환기시키는 것이다.

또한 미술의 환각법을 이용해 실제와 환영에 대한 상호 관계도 탐구했다. 예컨대 〈인간의 조건〉에서는 화면 오른쪽에 바다 풍경을 그린 캔버스가 놓여 있다. 그런데 이 화면 속 그림의 소재가 되는 바다 풍경, 즉 창밖의 바다 풍경은 캔버스 속 풍경과 합쳐져 있는 듯 배치되어 있다. 창문을 통해 외부

(바다)와 내부(캔버스 속 바다)의 접점, 경계를 모호하게 함으로써 우리의 인식 체계를 다시 숙고하게 만든다. 〈폭포〉, 〈인간의 조건 2〉, 〈해 지는 저녁〉 등에서도 그는 '그림 속의 그림'을 제시하여 우리가 믿고 있는 인식 체계의 불완전함과 그 경계의 모호함에 대해 이야기한다. 특히 말년에 그린 〈백지 위임장〉에서는 현실과 환상의 경계, 혹은 두 차원의 경계가 완전히 혼란스럽게 표현되어 있다. 말을 타는 여인과 그녀가 지나가는 숲의 나무들 중 어느 것이 현실이고 어느 것이 경계인지조차 불분명하다.

"보이는 것은 보이지 않는 것이 될 수 있다. …… 말을 탄 사람은 나무를 가리고 나무는 여자를 가린다. 하지만 우리의 사고 능력은 눈에 보이는 것과 보이지 않는 것을 파악하고 있다."

〈빛의 제국〉과 같이 언뜻 보기에는 아무 이상이 없어 보이지만 자세히 보면 서로 다른 개념들이 한 공간, 하나의 시간 속에 존재하는 것도 있다. 〈빛의 제국〉은 일견 밤의 풍경으로 보이지만, 그 위의 하늘은 낮의 하늘이다.

"이 풍경은 우리에게 밤에 대해, 낮의 하늘에 대해 생각하게 한다. 내 생각에 낮과 밤의 동시성은 우리의 허를 찌른다."

마그리트는 우리가 당연하게 여기던 현상, 기존의 상식에 의문을 제기했다. 다른 초현실주의자들이 환상적이고 몽환적인 세계를 표현한 것과 달리, 일상에서 접하는 친근한 사물을 통해 현실 감각을 뒤트는 실험을 한 것이다. 그리고 지극히 사실적인 표현으로 그 효과는 극대화된다.

제2차 세계대전 이후 마그리트는 '죽음'이라는 주제에 몰두하게 되었다. 〈투시도—다비드의 마담 레카미에〉처럼 사람이 앉을 자리에 관을 놓는 충격적인 작품을 그리기도 했으며, 마네와 르누아르풍의 작품을 제작하는 실험도 했다. 그러나 1940년대 후반 다시 원래의 양식으로 돌아와 더욱 세심하고 기묘한 장면들을 그려 나갔다.

1960년대에는 미국 순회전을 가졌으며, 1965년 뉴욕 현대미술관에서 그의 회고전이 열리면서 당대 미국의 아방가르드 작가들에게 막대한 영향을 미쳤다. 마그리트는 1967년 8월 15일 로테르담의 보이 망스 미술관에서 회고전이 열리던 가운데, 브뤼셀 자택에서 사망했다.

르네 마그리트의 작품 〈백지 위임장〉을 사용한 그룹 스틱스의 앨범 〈더 그랜드 일루전〉

마그리트의 작품들은 수많은 현대 아티스트에게 영감을 주면서 대중적으로 널리 알려졌다. 팝아트라는 새로운 사조를 창출한 젊은 미국 예술가들은 그에게 열광했고, 1960년대 이후 대중문화의 기수들도 그의 작품에 관심을 보였다. 제프백, 스틱스, 잭슨 브라운 등의 뮤지션들이 그의 작품을 앨범 재킷으로 사용했으며, 영화 제작자들, 미술가, 광고 제작자들도 많은 영감을 얻었다. 그러면서 그의 작품들은 현대인에게 매우 친숙한 이미지가 되었다.

094

실존의 고뇌를 표현한 조각가

알베르토 자코메티

Alberto Giacometti(1901. 10. 10~1966. 1. 11)

- 스위스
- 현대 서구인들이 직면한 고독, 불안, 공포를 형상화하여 인간 존재에 대한 진실을 추구했다.
- 〈매달린 공〉, 〈보이지 않는 물체〉, 〈전차〉, 〈걷는 남자〉, 〈고도를 기다리며〉 무대 설계 등

알베르토 자코메티

스위스 출신의 조각가 알베르트 자코메티는 20세기 초 널리 유행한 실존의 고뇌를 공간 속에 고립된, 길게 늘인 형태의 인물 조각상으로 표현한 작가이다.

"자코메티의 예술은 모든 존재와 사물의 비밀스러운 상처를 발견하고, 그 상처로 그들을 비추려는 듯 보인다."

프랑스의 극작가 장 주네의 말처럼 자코메티의 조각들은 전후 유럽을 휩쓴 회의주의와

불안감을 보여 준다.

자코메티는 1901년 10월 10일 스위스와 이탈리아의 국경 지방인 스탐파 보르고노보에서 태어났다. 아버지 조반니 자코메티는 스위스에서 명망을 떨치던 후기 인상파 화가였다. 화가이자 엄청난 서가를 가지고 있던 아버지는 어린 그에게 큰 영향을 미쳤다. 또한 아버지의 영향으로 동생 디에고는 후일 가구 디자이너로 유럽 전역에서 명성을 날렸으며, 또 다른 동생 브루노 역시 건축가로 성장했다.

자코메티는 10세 때부터 소묘와 그림을 그렸으며, 14세 때 동생 디에고를 모델로 하여 처음으로 실물 크기의 흉상을 만들었다. 그는 이때의 경험에 대해 후일 이렇게 말했다.

"아버지의 작업실에 있는 작은 복제품 흉상들을 본 순간, 그것을 만들어 보고 싶다는 설렘을 느꼈다."

18세 때 자코메티는 제네바 미술 공예학교에 들어갔으며, 19세 때 공부를 중단하고 아버지를 따라 베네치아 비엔날레를 보러 이탈리아로 떠났다. 아버지는 그가 로마, 피렌체 등지를 여행하며 대가들의 그림을 보고 느끼게 해 주었다. 그는 특히 조토와 치마부에, 벨라스케스의 그림에 큰 감동을 받았으며, 로마에서 자유롭게 조각 작품을 제작했다.

21세 때 자코메티는 파리로 건너가 그랑 쇼미에르 아카데미에서 공부하는 한편, 저녁에는 자신의 작업실에서 작품을 제작했다. 아버지는 늘 그의 곁에서 함께 작업하는 동료이자, 그가 자신의 실력에 회의를 품을 때마다 독려해 주는 예술적 동지였다. 그는 어린 시절부터 자신의 작품이 마음에 들지 않으면 부수고 괴로워했으며, 자신의 실력에 항상 회의를 품었다고 한다.

그는 파리에서 활동하면서 당시 입체주의 작가들에게 강한 흥미를 느꼈

자크 립시츠
리투아니아 출신의 프랑스 조각가. 당대 가장 뛰어난 입체주의 조각가로, 서정성과 신비주의가 담긴 작품으로 이름을 날렸다.

앙리 로랑스
프랑스의 입체주의 조각가로, 양감과 외형의 본질적 표현을 중시했으며, 조각과 공간의 관계에 대해 사유했다.

고, 특히 자크 립시츠, 앙리 로랑스 등의 영향을 받았다. 또한 동시대 유럽 예술가들이 그랬듯 그 역시 아프리카 조각이나 민속 공예품에 영향을 받았다.

1920년대에 그는 입체파와 아프리카 미술의 영향을 받은 작품을 제작했다. 그러면서 실제와 닮게 표현하는 것을 그만두고 추상 조각으로 나아갔다.

〈입체파적 구성〉, 〈옥외의 세 인물〉, 〈인물상 1〉, 〈숟가락 여인〉, 〈커플〉 등이 이 시기의 대표작이다. 〈커플〉과 〈숟가락 여인〉은 1927년 봄 살롱전에 출품해 큰 성공을 거두었으며, 스위스 바깥에서 명성을 얻지 못했던 아버지는 크게 기뻐했다. 그러나 이때의 진정한 수확은 브랑쿠시의 〈공간 속의 새〉를 본 것이다. 자코메티는 '이 살롱의 유일한 성공작'이라며 완전히 흥분했다.

1920년대 그는 유럽 아방가르드 미술가들 사이에서 단연코 눈에 띄는 존재였다. 초현실주의자들 역시 그의 작품에 관심을 보였다. 1929년, 자코메티는 초현실주의 그룹의 일원인 화가 앙드레 마송, 막스 에른스트와 교류하게 되었다. 그는 프로이트의 무의식 이론에 호기심을 느끼고, 내면의 섹슈얼리티와 폭력을 형상화하는 데 몰두했다. 〈오전 4시의 궁전〉, 〈목 잘린 여인〉에는 이런 경향이 드러나 있다. 특히 초현실주의 운동의 정신적 지도자였던 앙드레 브르통은 자코메티의 〈매달린 공〉을 본 순간 그에게 매료되어 열정적으로 편지를 주고받으며 관계를 돈독히 했다. 브르통은 관계가 벌어진 이후인 1934년에도 자코메티의 〈보이지 않는 물체〉에 대해 엄청난 찬사를 보냈다.

그러나 자코메티는 얼마 후 추상적인 형태에 회의를 품고 다시 사물을 있는 그대로 묘사하기 시작했으며, 초현실주의에 대한 관심도 잃었다. 무엇보다 자코메티는 초현실주의 그룹의 독선적인 태도와 잘 맞지 않아 잦은 충돌을 일으켰고, 결국 1935년 초현주의 그룹에서 공식적으로 제명당했다. 그러나 초기에 그에게 국제적인 명성을 안겨준 작품들은 재미있게도 초현실주의 작품들이었다.

자코메티의 〈개〉를 담은 1985년 발행된 프랑스 우표

이 시기에 그는 장식 부조, 벽 장식, 연극 무대 장식 등 다양한 장식 미술 분야에서 활발히 활동했다. 그는 어린 시절의 영향으로 문학, 철학, 연극 등을 매우 좋아했으며, 말년에 사무엘 베케트의 연극 〈고도를 기다리며〉의 무대 장치를 설계하기도 했다.

제2차 세계대전 동안 그는 파리에 잠시 남아 있다가 1942년 나치를 피해 고국 스위스로 돌아갔다. 전쟁이 끝난 후 파리로 돌아온 그는 어떤 미술 운동에도 가담하지 않고 독자적인 길을 걸었다. 이때부터 그는 서서히 길쭉하고 여윈 형상, 뼈대 형식의 인물상을 제작했다. 그는 이런 형상들을 단독으로, 혹은 여러 개 배치해 하나의 작품으로 만들었다. 〈걷는 남자〉, 〈키가 큰 인물들〉, 〈도시의 광장〉, 〈전차〉, 〈가리키는 사람〉 등이 이런 유형의 대표적인 작품이다. 작은 머리, 거대한 발, 길쭉한 뼈대만 있는 형상들은 모호하고 고독하며 위태로워 보이지만, 대지에 단단히 발을 붙이고 있다. 1950년 제작한 〈전차〉에는 간략히 표현된 전차 위에 작은 발판이 있고, 그 작은 발판에 여인이 위태롭게 서 있다. 발판 아래는 허공으로, 여인은 금방이라도 아래로 고꾸라질 듯하다. 왜 이런 형상을 제작했는지에 대해 자코메티는 이렇게 설명했다.

"전차는 내가 원하는 높이에 여인을 두기 위한 고육지책이었다. 나는 땅에 묵직하게 놓여 있는 밋밋하고 특징 없는 받침대가 아니라 여인의 발밑에 텅 빈 공간을 두고 싶었다."

실존주의 철학가 사르트르는 그의 〈걷는 남자〉에서 전쟁으로 인한 불안과 상실감, 절망, 실존적 고뇌를 읽었다. 그리고 사르트르가 자코메티의 작품론을 쓰면서, 이후 그의 형상들은 실존의 고뇌와 불안, 비관주의를 표현한 것으로 해석되었다. 말년에 그가 무대 설계를 한 베케트의 〈고도를 기다리며〉 속 인물들은 그의 인물상에 다름 아니었다. 또한 그는 1950년대 에드먼드 후설, 메를로 퐁티 등의 현상학 이론에 많은 영향을 받기도 했다.

전후 자코메티는 국제적으로 엄청난 명성과 부를 누렸으나 몽파르나스의 초라한 작업실에서 작업을 계속했다. 1951년 브라질 상파울로 국제전에서 조각상을 수상했으며, 1955년에는 뉴욕 구겐하임 미술관에서, 이듬해에는 베른에서 대규모의 회고전이 개최되었다. 1960년대에는 피츠버그 국제 조각 대상, 베네치아 비엔날레 조각 대상을 수상했으며, 런던, 덴마크, 뉴욕 등지에서 대규모 회고전이 개최되었다.

1950년대와 1960년대에는 아내 아네트, 애인이자 친구였던 캐롤린, 친구였던 디에고나 이사쿠 야나이하라 등의 두상이나 흉상을 많이 제작했다. 자코메티는 모델을 서 준 야나이하라에게 이렇게 말했다.

"내가 당신의 얼굴을 그린다는 것은 아무도 가지 않은 미지의 세계를 탐험한다는 의미요. 이것이 이집트 여행보다 더 위험하고 신기한 모험이라고 생각지 않소? 우리는 지금 세상에서 가장 큰 모험, 미지의 땅을 탐사하는 모험을 하려는 참이요."

자코메티는 1966년 1월 11일 숨을 거둘 때까지 계속해서 현대 서구인이 직면한 고독, 불안, 공포를 형상화했다. 그가 남긴 작품들은 인간 존재에 대한 진실을 추구하면서 오늘날에도 깊은 감동을 안겨 준다.

095

20세기 가장 독창적인 천재

살바도르 달리

Salvador Dalí(1904. 5. 11~1989. 1. 23)

| 스페인
| 잠재의식 속 환상의 세계를 사실적으로 표현하여 독창적인 초현실주의 세계를 펼쳤다.
| 영화 〈안달루시아의 개〉, 〈기억의 지속〉, 〈윌리엄 텔의 수수께끼〉, 〈서랍이 달린 밀로의 비너스〉, 〈원자의 레다〉 등

“내가 다른 초현실주의자와 다른 점이 있다면 그건 나야말로 초현실주의자라는 것이다.”

살바도르 달리는 20세기 가장 독창적인 천재라 불리는 스페인 출신의 초현실주의 화가로, 지그문트 프로이트의 정신분석설을 토대로 잠재의식 속 환상 세계를 사실적으로 표현했다. 생전에 큰 명성과 막대한 부를 누렸으며, “아침에 눈을 뜰 때마다 난 내가 살바도르 달리라는 사실이 너무 기쁘다.”라고 말할 정

살바도르 달리

도의 오만함과 갖가지 기행으로 유명하다.

살바도르 달리는 1904년 5월 11일 스페인 카탈루냐 지방 피게레스에서 변호사의 아들로 태어났다. 달리는 후일 자신의 전기에서 7세 때는 나폴레옹이 되고 싶었고, 태어나면서부터 자신이 천재이며 유명 인사가 되리라는 사실을 알았다고 썼다. 14세 때 바르셀로나 미술 학교에서 공부하기 시작했으며, 17세 때 마드리드 산 페르난도 왕립 미술 학교에 입학했다.

달리는 산 페르난도 왕립 미술 학교에 입학할 당시 이미 카탈루냐 지역의 비평가들에게 찬사를 받을 정도로 다양한 화풍과 뛰어난 기교를 갖추고 있었다. 더구나 그는 스스로를 천재라고 여기기까지 했다. 때문에 달리는 곧 학교 교육에 실망했고, 온갖 말썽을 부렸다. 성모 마리아 상을 그리라는 과제에 저울을 그려 제출하고 "보통 사람들은 성모상에서 성모를 보겠지만 저는 저울을 보았습니다."라고 말했다는 일화가 유명하다. 또한 새로 부임하는 교사가 마음에 들지 않는다며 '자질 없는 교수를 임용할 수 없다'라는 이유로 학생들의 시위를 선동했다. 달리는 이 때문에 1년간 정학 처분을 받고, 반정부 활동 혐의로 감옥 생활까지 했다. 이후 미술사 시험에서 '이 답은 심사위원보다 내가 더 완벽하게 알고 있다. 그래서 나는 답안을 제출할 수 없다'라고 쓴 답안지를 제출해 퇴학당했다.

이 시기에 달리는 기숙사에서 루이스 부뉴엘, 페데리코 가르시아 로르카 등을 만났다. 그리고 이들이 참여한 마드리드 아방가르드 그룹에 합류하여 다양한 아방가르드 양식을 흡수했다. 자신의 꿈과 강박관념을 탐구하고, 자신만의 페르소나를 만들어 내는 데 몰두했던 달리에게 로르카는 누구보다 큰 영향을 미쳤다.

퇴학 이후 집으로 돌아온 달리는 인상파, 점묘파, 미래파, 입체파 등 여러 현대 미술 양식을 좇는 다양한 작품을 제작했다. 잠재의식 속에 숨겨진 욕망, 꿈의 상징성 등에 대한 프로이트의 저술들은 달리의 자기 탐구에 큰 원동력이 되었다.

스페인 마르베야의 갈라 조각상

1928년, 달리는 영화 〈안달루시아의 개〉 초안을 구상하기 시작했고, 파리로 가서 초현실주의 화가, 시인들과 교류했다. 그러면서 비합리적이고 비논리적이며 강박적인 무의식 속의 환각 상태를 객관적, 사실적으로 표현하는 자신만의 방식을 확립하기 시작했다. 이듬해에는 〈안달루시아의 개〉가 완성되었다. 이 영화는 루이스 부뉴엘과 함께 제작한 것으로, 초현실주의의 자동기술법과 유사한 방식으로 이루어졌다. 이후에도 달리는 종종 영화로써 자신을 표현했는데, 1930년에는 부뉴엘과 함께 〈황금시대〉를 제작했으며, 1945년에는 히치콕의 요청으로 〈스펠바운드〉의 장면을 연출하기도 했다.

파리 시절 달리는 평생의 연인인 갈라를 만났다. 앙드레 브르통에 의해 초현실주의 그룹에 들어간 후 달리는 그 운동의 정신적 지도자였던 폴 엘뤼아르를 만났다. 엘뤼아르의 아내 갈라는 달리가 그려 왔던 이상적인 여성이었고, 그가 〈폴 엘뤼아르의 초상〉을 완성할 무렵 그의 여인이 되어 있었다. 10세 연상에 유부녀였던 갈라와의 불륜으로 달리는 아버지와 결별했다. 화가로서는 천재적이었으나 일상생활에서는 무능력자 같았던 달리는 갈라의 내조로 '지상에 발붙인 천재'가 될 수 있었다.

파리에서 살면서 달리는 '편집광적 비판'이라고 부르는 방식을 고안했다. 이는 자신의 무의식으로부터 이미지를 얻어내기 위한 환각적 상태라고 할 수 있다. 이후 달리만의 예술 세계는 완전히 무르익었고, 〈기억의 지속〉, 〈성적 매력의 망령—리비도의 망령〉 등 무의식 속 환상의 세계를 객관적이고 세밀하게 표현하는 수법과 기상천외한 이미지들이 조합한 작품들이 탄생했다. 파리의 초현실주의자들은 그의 작품에 나타나는 외설적인 묘사와 무의식적 공포에 대한 강박증적인 묘사에 매혹되었고, 달리는 얼마 지나지 않아 세계에서 가장 유명한 초현실주의 화가로 이름을 날린다.

작품에 대한 달리의 설명을 들어보면 작업의 원천이 어디에서 오는지 알 수 있다. 달리의 작품 중 가장 널리 알려진 〈기억의 지속〉은 흐물거리는 시계들이 각종 오브제에 걸려 있는 인상적인 작품이다. 두통에 시달리던 어느 날 달리는 작업이 잘 되지 않아 작업실을 나가려고 불을 껐다. 그 순간 "두 개의 흐물거리는 시계가 내 눈앞에 나타났다. 그중 하나는 올리브 나무 위에 걸쳐져 있었다."라고 표현한 환영을 보았고, 순식간에 작품을 완성했다. 〈부분적인 환각, 그랜드 피아노 위 레닌의 여섯 환영〉에 대해서는 "해질 무렵 푸르스름하게 빛나는 피아노 건반, 그 위에 노란색 작은 후광에 둘러싸인 레닌의 얼굴 여럿을 보았다."라고 말했다.

달리는 1934년 〈윌리엄 텔의 수수께끼〉를 앵데팡당전에 출품하면서 큰 성공을 거두었으나, 이 일로 파리의 초현실주의 그룹과 거리가 멀어졌다. 평소 마르크스주의 신념을 거부했던 달리가 윌리엄 텔의 얼굴을 레닌의 얼굴로 바꾼 이 작품을 발표하자 앙드레 브르통과 초현실주의자들은 '혁명에 역행한다'라며 분노했다. 결국 1939년 달리는 이들과 완전히 결별했다. 그

사진작가 필립 할스먼이 찍은 달리의 초현실주의 작품. 28번의 재촬영 끝에 완성했다고 한다.

러나 이 무렵 달리의 이름은 초현실주의와 동의어로 여겨졌으며, 유럽을 비롯해 미국 등지에서 초현실주의의 유행을 일으켰다.

달리는 미국과 런던 등에서 전시회를 열고, 영화, 강연, 저술, 〈바다가재 전화기〉, 〈메이 웨스트 입술 소파〉와 같은 기발한 오브제, 구매자의 본을 떠서 만든 합성수지, 등에 거는 모조 유방과 같은 혁명적인 패션 발명품을 고안했다. 또한 뉴욕 메트로폴리탄 오페라단의 공연 〈바카날〉의 대사와 무대 디자인을 맡는 등 다양한 방식으로 표현 영역을 확장했다.

이 시기에는 〈의인화된 캐비닛〉, 〈서랍이 달린 밀로의 비너스〉 등 서랍이

피게레스 달리 미술관 전경

등장하는 작품을 자주 그렸는데, 서랍은 프로이트의 정신분석 이론을 회화 이미지로 재현하기 위해 차용한 소재였다. 1938년, 달리는 프로이트를 일생 단 한 번 만났는데, 그때 〈나르시스의 변용〉을 보여 주며 자신의 작품이 프로이트적인지 물었을 만큼 그를 열렬히 추종했다.

1940년에 뉴욕 현대미술관에서 첫 회고전을 열었으며, 갈라와 함께 뉴욕에 정착했다. 그는 철저하게 계산된 이슈메이커로 세간의 주목을 받으며 엄청난 성공을 거두고 막대한 부를 쌓았다. 자서전 《살바도르 달리의 비밀스러운 삶》, 《어느 천재의 일기》를 보면, 달리는 '기이하고 파격적인 천재 신화'를 만들어 내는 데 무엇이 필요한지 확실히 알고 있는 천재적인 홍보 감각의 소유자이기도 하다.

뉴욕에서 그는 과학, 신비주의, 기독교적 도상, 옛 거장들에 대한 관심 등을 작품으로 표출했는데, 〈원자의 레다〉, 〈깃털 평형〉, 〈포르트 리가트의 성모〉, 〈십자가에 못 박힌 성 요한의 예수〉 등이 대표적이다. 또한 갈라를 모델로 한 그림도 많이 그렸다. 그는 독창적인 이미지를 고안하는 것 이상으로 기교적인 측면에서도 뛰어났고, 이 때문에 종종 르네상스 시대의 천재에 비견되기도 했다. 그러나 지나치게 독특하고 기이한 작품과 별난 행동으로 '예술적 공감대를 얻기보다 주목받고 싶어 하는 미치광이'라는 비난을 듣기도 했다.

1982년, 달리는 스페인 국왕으로부터 푸볼 후작 작위를 받았다. 그해에 갈라가 82세를 일기로 죽자 그녀에게 선물로 주었던 푸볼 성에 시신을 안치하고 은둔했다. 자살 기도 등 불안정한 나날을 보내던 달리는 폐렴과 심장병 합병증으로 1989년 1월 23일에 죽음을 맞이했다. 유해는 유언에 따라 피게레스 극장 미술관 납골당에 안치되었으며, 재산은 모두 스페인 정부에 기증되었다.

096

고통스런 삶을 그림으로 승화시킨 화가

프리다 칼로

Frida Kahlo de Rivera(1907. 7. 6~1954. 7. 13)

❙ 멕시코
❙ 현실주의, 초현실주의, 상징주의와 멕시코의 전통 문화를 결합시킨 화풍이 특징이다.
❙ 〈내 옷이 거기에 걸려 있다〉, 〈레온 트로츠키에게 바치는 자화상〉, 〈부러진 척추〉, 〈희망이 없다〉 등

프리다 칼로의 얼굴이 담긴 멕시코 우표

자신의 고통스러운 생을 강렬하고 충격적으로 그려 냄으로써 관능적이고 개성 강한 자의식의 세계를 창조한 프리다 칼로. 그녀의 작품들은 그녀의 인생과 무관하지 않으며, 자화상을 그림으로써 자신의 기억과 경험, 환상의 세계를 재창조했다. 멕시코 토속문화와 결합된 초현실적인 화풍은 때로 그녀를 초현실주의자로 분류하지만, 그녀 자신은 초현실주의와의 연관성을 부

정했다. 이는 그녀의 그림에 표현된 초현실적인 세계가 그녀에게 있어서는 '현실'이었기 때문일 것이다.

프리다 칼로는 1907년 7월 6일 멕시코 코요아칸에서 태어났고, 본명은 막달레나 카르멘 프리다 칼로 이 칼데론이다. 아버지는 유대계 독일인 빌헬름 칼로, 어머니는 스페인과 인디오의 혼혈인 마틸데 칼데론이다. 아버지는 사진가로 온건한 성격이었으나 어머니는 강한 성격에 멕시코 혁명 당시 멕시코 청년공산당에 가입했을 정도로 열성적인 스탈린주의자였다. 프리다의 성격과 혁명가적 기질은 어머니로부터 물려받은 듯하다.

프리다는 6세 때 소아마비에 걸려 오른쪽 발이 휘어 다리를 절었다. 친구들은 그녀를 '목발의 프리다'라고 놀렸고, 이는 그녀에게 깊은 상처를 남겼다. 사춘기 시절에는 오른발이 제대로 자라지 않아 다리 길이가 다른 것을 감추기 위해 늘 긴 멕시코 전통 치마를 입고 다녔다고 한다.

그러나 진정한 비극은 18세 때 일어났다. 1925년 9월 17일 하굣길에 그녀가 탄 버스가 전차와 충돌하면서 전차의 금속 기둥이 그녀의 몸을 관통했고, 버스가 폭발하면서 그녀의 몸에 무수히 많은 파편이 박혔다. 프리다는 사고에서 회복되는 데만 2년이 넘게 걸렸으며, 이 사고로 평생 고통받았다. 꼼짝하지 못하고 누워 있어야 하는 지루함과 고통을 이겨 내기 위해 그녀는 그림을 그리기 시작했다. 사고는 그녀의 육신만 망가뜨린 것이 아니라 의사로서의 꿈도 빼앗아 갔다. 그럼에도 프리다는 다른 무언가를 할 수 있는 에너지가 충분하다고 여겼다. 그리고 얼마 지나지 않아 침대의 캐노피 윗부분에 거울을 달고 자화상을 그리기 시작했다.

"나는 자주 혼자여서, 또 내가 가장 잘 아는 주제가 나이기에 나를 그린다."

1928년, 칼로는 멕시코 공산당에 가입했고, 평생의 사랑이자 고통, 연인

〈물이 나에게 준 것〉, 파리 다니엘 필리파치 컬렉션

이자 적인 디에고 리베라를 만났다. 그녀는 당대 추앙받는 화가이자 혁명가였던 디에고에게 자신의 그림을 보여 주었고, 디에고는 그림을 보고 깊은 감명을 받았다. 디에고는 프리다에 대해 이렇게 느꼈다고 한다.

"예기치 않은 에너지, 특색 있고 명쾌한 인물 표현, 진정한 엄정함 …… 이 소녀는 진정한 예술가다."

프리다는 이에 화가가 되겠다는 결심을 굳혔고, 이듬해 두 사람은 21세의 나이차를 극복하고 결혼했다.

"나의 평생의 소원은 단 세 가지, 디에고와 함께 사는 것, 그림을 그리는 것, 혁명가가 되는 것이다."

프리다는 디에고를 화가로서, 혁명가로서 존경했지만, 한 남자로서도 지극히 사랑했다. 그리고 디에고는 그녀의 인생 전체를 지배했다. 그러나 두 번의 이혼 전력과 심각한 여성 편력을 지니고 있던 디에고는 결혼 후에도 수없이 외도했으며, 그중에는 프리다의 여동생 크리스티나도 포함되어 있었다. 프리다의 결혼 생활은 고통과 고독, 상실감으로 얼룩졌다. 훗날 프리다는 디에고와의 결혼 생활을 (교통사고에 이어) '두 번째 대형사고'라고 표현했다. 그럼에도 그녀는 평생 디에고를 놓지 못했다.

결혼 후 프리다는 작품 활동을 할 여유가 없었다. 또한 멕시코 혁명에 적극적으로 동참했으나 결혼한 해에 리베라가 공산당에서 축출당하면서 그녀 역시 공산당에서 탈당했다.

1930년, 디에고가 샌프란시스코 증권거래소 벽화 작업을 의뢰받은 것을 계기로 부부는 샌프란시스코로 떠났다. 3년간의 미국 생활은 끔찍했다. 화가로서의 정체성은 '디에고 리베라의 아내'라는 이름에 묻혔고, 디에고는 프리다를 홀로 내버려 두었다. 사고 후유증으로 골반과 등뼈가 손상되어 두 차례의 유산을 경험했고, 몸의 통증 역시 심각해졌다. 게다가 디에고가 미

프리다 칼로와 디에고 리베라

국의 산업화와 발전에 경탄을 보낸 것과 달리, 그녀는 미국 상류층의 부패, 근본적인 인간 가치 붕괴, 심미안과 감수성 결핍에 대해 비판적이었고, 멕시코로 돌아가고 싶어 했다. 이 때문에 두 사람은 항상 충돌할 수밖에 없었다. 이때의 절망적인 상황은 〈멕시코와 미국의 국경에 선 자화상〉, 〈내 옷이 거기에 걸려 있다〉, 〈헨리 포드 병원〉, 〈나의 탄생〉과 같은 작품으로 표출되었다. 결국 1933년 디에고가 록펠러 센터 벽화의 노동자 지도자를 레닌의 얼굴로 그리는 바람에 록펠러 재단과 불화를 일으켜 부부는 멕시코로 돌아왔다.

그럼에도 부부의 관계는 악화일로를 걸었다. 리베라는 작업을 하면서 모델을 선 여성들과 계속 바람을 피웠고, 이번 상대는 여동생 크리스티나였다. 정신적 충격과 함께 몸의 통증도 심해져 병원 신세를 져야 했고, 세 번째 유산을 했다. 그녀는 멕시코시티에 집을 얻었고, 디에고와 살던 집을 떠났다. 그리고 〈몇 번 찔렀을 뿐〉이라는 작품을 제작했다. 이 그림은 질투 때문에 애인을 살해한 남자가 '그저 몇 번 찔렀을 뿐이라고요'라고 변론했다는 신문 기사를 읽고 그린 그림이라고 한다. 살인에 대한 끔찍한 묘사는 마치 당시 디에고와 프리다의 개인적인 상황에 대한 은유로 읽힌다.

1936년, 프리다는 다시 리베라의 집으로 돌아왔고, 공산당 활동을 재개했다. 리베라의 바람기는 다소 잠잠해졌으나 이번에는 프리다가 염문을 일으켰다. 상대에는 멕시코로 망명 온 레온 트로츠키도 있었는데, 프리다는 〈레온 트로츠키에게 바치는 자화상〉을 그리고, 거기에 '사랑을 담아'라는 헌사를 담아 생일 선물로 선사했다. 앙드레 브르통은 이 그림을 보고 감탄을 금치 못했으며, 프리다와 멕시코를 초현실주의가 구체화된 곳이라고 여겼다. 브르통과의 만남으로 프리다는 1938년과 1939년 뉴욕과 파리에서 전시회를 열고 국제적인 명성을 누리기 시작했다.

1939년 말, 디에고는 프리다에게 이혼을 요구했고, 두 사람은 이혼했다. 끝없이 실망하고 배신감에 고통받으면서도 디에고를 놓지 않았던 그녀는 완전히 절망했다. 척추의 고통도 심각해져 몇 차례 대수술을 받아야 했고, 이듬해 그녀는 수술을 위해 미국으로 떠났다. 그러나 리베라가 다시 그녀를 찾아왔고, 두 사람은 1년 만에 재결합했다. 고통과 절망뿐인 관계였지만, 그녀에게 있어 디에고는 없어서는 안 될 절대적인 존재였다. 두 번째 결혼은 비교적 고요하고 안정적이었다. 프리다는 그림을 그리고, 회화 조각 학교에서 학생들을 가르쳤으며, 리베라의 아내가 아니라 화가 프리다 칼로로서 국내외에 명성을 쌓아 갔다.

그러나 고요한 생활은 얼마 가지 않았다. 등과 오른쪽 다리의 통증이 계

현재 미술관으로 사용되고 있는 프리다 칼로의 '푸른 집'

속되었고, 몇 차례의 척추 수술을 거듭하면서 침대 생활을 하는 날이 길어졌다. 1944년 작 〈부러진 척추〉에는 황폐한 풍경을 배경으로 몸이 갈라지고 철제 보정기를 착용하고 있는 프리다의 모습이 그려져 있다. 그녀는 석고 깁스에 자신의 부러진 척추나 다양한 아이콘들을 그려 넣기도 했다. 회복에 대한 희망과 절망을 오가면서 그녀는 〈희망이 없다〉, 〈희망의 나무, 굳세어라〉, 〈상처 입은 사슴〉과 같은 그림을 그렸다.

1940년대 말 건강이 극도로 악화되었고, 혈액 순환이 되지 않아 오른발이 썩어 들어갔다. 결국 프리다는 1953년에 다리 아랫부분을 절단해야 했다. 휠체어에 기대 간신히 앉아 있는 그녀를 지탱해 준 것은 사회적인 활동이었다. 그녀는 집 밖에 거의 나가지 못했으나 1948년 공산당에 재입당해 당에 봉사하는 삶을 살고자 했다. 〈마르크스주의가 병든 자를 낫게 하리라〉, 〈프리다와 스탈린〉, 〈긴 일생과 파릴 박사가 있는 정물〉 등 그녀가 죽기 전 그린 그림에는 이런 정치적 관심들이 포함되어 있다. 또한 평화 운동 지지 서명 운동에 참여하고, 미국의 과테말라 내정 간섭에 항의하는 시위에도 참가했다. 그녀는 어느 날의 일기에 이렇게 썼다.

> 건강이 허락하는 한 조그만 일이라도 혁명에 도움이 되도록 온 힘을 다해 투쟁해야 한다. 혁명은 살아야 할 유일하고 진정한 이유다.

수술과 약물, 고통으로 그녀의 그림은 선명함을 잃어 갔고, 최후에는 몸도 가누지 못해 침대에 이젤을 설치하고 누운 채로 그림을 그렸다. 1953년 그녀의 최후가 다가오고 있음을 직감한 디에고와 친구들은 그녀의 전시회를 개최했다. 멕시코에서의 첫 개인전이었다. 프리다는 침대에 누운 채 참석했다. 그리고 1954년 7월 13일, 47세의 고통스러운 삶을 마쳤다. 그녀의 마지막 일기에는 '이 외출이 행복하기를. 그리고 다시 돌아오지 않기를'이라고 쓰여 있었다. 1년 후 디에고는 그녀가 태어나고 죽은 '푸른 집'을 국가에 기증했고, 이곳은 1958년 프리다 칼로 미술관으로 개관됐다.

097

일그러진 인간상을 끊임없이 탐구하다

프랜시스 베이컨

Francis Bacon(1909. 10. 28~1992. 4. 28)

| 영국

| 영국계 아일랜드 화가. 특유의 추상적인 화풍으로 인간의 불안과 속박, 두려움의 이미지를 표현했다.

| 〈그리스도의 십자가 처형도를 그리기 위한 세 개의 습작〉, 〈벨라스케스의 교황 인노켄티우스 10세의 초상화 연구〉, 〈회화 1946〉 등

프랜시스 베이컨은 영국계 아일랜드 화가로, 제2차 세계대전 이후 관람자를 '가장 당황시키는' 작가로 여겨진다. 그는 일그러지고 변형된 육체와 단순한 색채로 인간의 불안과 속박, 두려움의 이미지를 표현했다.

"내 그림들은 인간 본성이 그림을 통해 관통되듯, 인간의 현존과 지나간 사건들에 대한 기억의 흔적을 남기듯, 달팽이 한 마리가 점액을 남기며 지나가는 듯 보였으면 한다."

베이컨은 이렇게 말하며 자신의 그림에는 그 어떤 서사나 의미도 담겨 있지 않으며, 그것으로서 관람자들을 교화시키려 들지도 않는다고 했다. 그의 그림에 등장하는 인물들이 드러내는 것은 서사도, 전쟁이나 인간 본성이 지닌 악에 대한 비판도, 그로 인한 괴로움도 아닌 다만 '실존의 비극'으로 인한 고통일 뿐이다.

프랜시스 베이컨의 초상, 런던 국립 초상화 미술관

프랜시스 베이컨은 1909년 10월 28일 더블린에서 태어났다. 육군성에서 일하던 아버지 덕에 어린 시절에 이사를 자주 다녔고, 천식을 앓아 건강하지 못했다. 여기에 제1차 세계대전의 포화까지 겹쳐 정규 교육을 제대로 받지 못했다. 16세 때 아버지에게 동성애적 성향을 들켜 집에서 쫓겨난 후 런던으로 올라와 닥치는 대로 일을 하며 방탕하게 살았다. 이를 보다 못한 아버지가 그를 삼촌이 살고 있는 베를린으로 보냈으나 그곳에서도 방탕한 생활을 하다 파리로 떠났다. 그는 작품만큼이나 강렬한 삶을 산 것으로도 유명한데 화가로서의 엄청난 성공과 함께 문란하고 방탕한 생활, 알코올 중독과 약물 남용 등으로 점철된 인생이었다.

파리에서 실내 장식가, 가구 디자이너 겸 제작자 등으로 일하던 그는 피카소의 전시회를 보고 충격을 받아 화가가 되기로 했다고 한다. 20세 때 런던으로 돌아와 가구 제작을 하면서 회화 기법을 배웠으며, 짬짬이 그림을 그렸다. 베이컨은 개인전을 열고 잡지 지면에 작품을 발표하는 등 화가로서 성공을 꿈꾸었으나 그다지 큰 성과를 거두지는 못했다. 그는 자신의 작품에

회의를 품고 종종 작품들을 파기하기도 했다.

베이컨이 화단에 공식적으로 진출한 작품은 1944년 〈그리스도의 십자가 처형도를 그리기 위한 세 개의 습작〉으로 알려져 있다. 그러나 실제로는 이전 10여 년간 작업한 작품들을 대부분 없애고 10여 점의 작품만 남겨 놓았으니, 이 작품이 화가로서 출발하는 계기가 되었다고 할 수 있다. 이 작품은 캔버스 3개로 구성된 3부작으로, 알 수 없는 시공간 속에서 알 수 없는 폭력을 당하는 인간의 일그러진 육체를 표현하고 있다. 일견 외계인처럼 보일 만큼 끔찍한 형체들과 강렬한 오렌지색은 관람자를 한눈에 사로잡고 큰 충격에 빠뜨린다. 이때부터 베이컨은 공포와 비명, 분노, 타락 등의 악몽 같은 이미지들을 강렬하고 그로테스크하게 묘사했다.

이 무렵에는 애인인 에릭 홀의 사진을 이용한 〈풍경 속의 인물〉 등도 제작했고, 전쟁과 무솔리니를 주제로 한 〈회화 1946〉을 그렸다. 그의 작품에 흥미를 느끼는 화상, 미술 애호가들이 점차 늘어났기 시작했다. 〈회화 1946〉이 좋은 반응을 얻으며 팔려 나가자 예기치 못한 수익과 화가로서 성공 가도를 달리고 있다는 도취감에 빠진 베이컨은 도박에 빠져들었다.

이 시기에 베이컨은 렘브란트나 벨라스케스, 반 고흐, 피카소 등 유명 작가들의 작품을 차용하여 작업했다. 또한 사진이나 영화 등에서도 영감을 받곤 했다. 1946년부터 베이컨은 두상 연작을 제작했는데, 그중 가장 유명한 〈두상 IV〉는 벨라스케스의 〈교황 인노켄티우스 10세의 초상〉에서 소재를 얻은 그림으로, 후일 유럽인을 충격에 빠뜨려 명성을 드높일 〈벨라스케스의 교황 인노켄티우스 10세의 초상화 연구〉의 서두가 되는 그림이다.

〈벨라스케스의 교황 인노켄티우스 10세의 초상화 연구〉는 1954년 베네치아 비엔날레와 1962년 유럽 미술관 순회 전시에서 공개되며 수많은 분란을 야기한 그림이다. 일그러지고 기이하게 녹아내린 그림 속 교황의 모습은 두려움과 불안, 압박의 분위기를 자아낸다. 이렇게 변형된 교황의 모습은 가톨릭 국가인 이탈리아뿐만 아니라 유럽 각국에 충격을 주고 분노를 일으켰다. 베이컨은 이를 비롯해 1950년대부터 그리기 시작한 교황의 그림들에서 속박당한 인간의 고통, 권위와 영원, 도덕에 대한 반항을 표현했다. 교황은 종교적 규범에 속박되어 소리도 들리지 않을 만큼 끔찍한 절규를 토해내는데, 그 규범은 옥좌와 자주색 교황복이라 할 수 있다.

또한 베이컨은 인물 초상도 많이 그렸으며, 자신과 친구들의 얼굴을 비롯해 마약 중독자, 동성애자 등 소외된 이들도 그렸다. 그는 애인이었던 에릭 홀, 피터 레이시, 조지 다이어 등을 비롯해 미술 수집가이자 친구인 세인스버리 부부 등의 초상을 많이 그렸다.

1954년, 베이컨은 〈푸른 옷을 입은 남자〉 연작 7점을 제작했고, 그해 27회 베네치아 비엔날레 영국관에 작품을 출품했다. 이듬해 런던 컨템퍼러리 아트 인스티튜트에서 첫 회고전이 열렸고, 1957년 파리, 1958년 토리노, 밀라노, 로마 등 이탈리아 주요 도시에서 그의 회고전이 잇달아 열렸다. 그해 피츠버그의 카네기 인스티튜트는 베이컨을 영국을 대표하는 예술가로 선정했다.

1952년, 피터 레이시를 만난 이후 그는 에릭 홀과 피터 레이시 사이에서 파국적인 관계를 맺었으며, 피터 레이시를 따라 모로코 탕헤르에 아파트를 얻고 런던과 그곳을 오가며 방랑했다. 그가 방랑을 멈춘 것은 1959년 에릭 홀이 죽고 이듬해인 1960년 사우스켄싱턴에 작업실을 마련하면서부터였다. 피터 레이시는 그에게 많은 영감을 주었으나, 두 사람은 격렬하게 대립하고 폭력을 구사하는 등 악몽 같은 애정 관계를 맺었다. 두 사람의 관계는 피터 레이시가 1962년 알코올 중독으로 사망하면서 끝이 났다.

이듬해 베이컨은 자신의 아파트에 침입한 젊은 청년 조지 다이어를 붙잡았다. 베이컨은 도둑질과 소년원, 감옥 등을 오가던 다이어에게 매료되었고, 다이어는 베이컨의 예술가로서의 성공에 끌렸다. 베이컨은 다이어를 인생의 동반자로 여겼으며, 위태로운 정신을 지닌 다이어에게 끊임없이 영감을 받았고, 그의 초상화를 즐겨 그렸다. 〈이야기하는 조지 다이어의 초상〉, 〈자전거를 탄 조지 다이어〉, 〈조지 다이어 머리에 관한 습작〉 등이 그와의 관계에서 탄생했다.

이 무렵 베이컨의 경력은 '현존하는 영국 최고의 작가'라고 불릴 만큼 최고조에 달해 있었다. 그러나 베이컨의 성공은 다이어를 절망에 빠트렸고, 결국 다이어는 베이컨의 관심을 끌고자 수없이 자살을 기도하고 사고를 치다가 결국 약물을 마시고 자살하기에 이른다. 다이어가 죽은 후 베이컨은 큰 충격을 받았으며, 〈조지 다이어를 기리며〉라는 3부작을 그리며 마음을 달랬다. 조지 다이어의 모습은 이후에도 〈3부작, 1972년〉, 〈3부작, 1973년 5월~6월〉, 〈3부작, 1972년 8월〉 등에 등장한다.

1960년대에 베이컨은 〈피하 주사기를 꽂고 있는 누드〉, 〈방 안의 세 인물〉, 〈침대 위 인물의 습작〉, 〈남자의 등 습작 3편〉 등을 제작했다. 이때 베이컨은 '모든 감상적인 맥락을 배제하고' 인물들의 심리적, 신체적 객관성을 강조하는 데 몰두했다. 인물을 화가나 관람자의 시선보다 높거나 낮은 곳에 배치했으며, 공간 표현과 색채가 간결해지는 등 베이컨만의 고유한 구상화 기법은 이 무렵 완성되었다. 또한 1960년대 말부터 죽을 때까지 자신의 자화상도 꾸준히 그렸다.

1970년대에 들어서는 〈움직이는 인물〉, 〈움직이는 몸〉 등 신체의 이동성에 관심을 두었으며, 뉴욕 메트로폴리탄 미술관, 프랑스 마르세유의 캉디니 미술관, 파리 클로드 베르나르 갤러리, 멕시코 근대 미술관, 마드리드와 바르셀로나 등에서 활발히 개인전이 열렸다.

〈존 에드워즈의 초상화에 관한 연구〉가 인쇄된 우표

노년에도 베이컨의 기력은 전혀 쇠하지 않았다. 그는 여전히 사랑을 하고 활발히 작품 활동을 했다. 1974년, 그는 존 에드워즈라는 영국인 청년을 만나 오래도록 긴밀한 관계를 유지했다. 베이컨은 죽을 때까지 에드워즈를 모델로 삼아 많은 그림을 그렸으며, 베를린에서 자신의 회고전이 열릴 때 그를 공공연히 대동했고, 죽은 후에는 전 재산을 그에게 남겼다. 1992년 베이컨이 죽을 당시 재산은 약 1,100만 루블(한화로 3억 6천만 원)이었다.

098

미국 미술의 자존심

잭슨 폴록

Paul Jackson Pollock(1912. 1. 28~1956. 8. 11)

| 미국
| 미국에서 태어나 미국적인 미술로 국제적인 명성을 얻은 최초의 화가로, 미국 미술의 자존심으로 여겨진다.
| 〈다섯 길 깊이〉, 〈One: No.31〉, 〈부활절과 토템〉 등

잭슨 폴록은 미국의 추상표현주의 화가로, 20세기 미국 미술을 대표하는 아이콘이다. 추상표현주의란 제2차 세계대전 이후 1950년대 뉴욕을 중심으로 한 추상회화 경향을 가리킨다. 용어 자체는 1932년 독일 출신 미국 화가 한스 호프만의 그림을 보고 비평가 로버트 코츠가 "물감을 그저 뿌리고 칠하기만 할 뿐"이라고 비꼰 데서 나왔다. 폴록이 물감을 이런 식으로 다루는 최초의 화가는 아니었으나 뉴욕 현대미술관의 큐레이터 윌리엄 루빈은 이렇게 지적했다.

"문제는 뿌리기나 쏟기, 흘리기 그 자체가 아니라 그런 기법을 가지고 폴록이 무엇을 했느냐는 것이다."

폴록은 1912년 1월 28일 미국 중서부 지방인 와이오밍 주의 코디에서 태어났다. 아버지의 사업 실패로 가족은 자주 이사를 다녔고, 그는 애리조나와 캘리포니아 등을 전전하며 성장했다. 폴록이 화가가 된 데에는 화가가 되고 싶었던 어머니의 영향이 컸다. 막내였던 그는 거칠고 반항적인 청소년기를 보냈는데, 16세 때 리버사이드 고등학교에서 퇴학당한 후 수공예가였던 어머니의 영향으로 LA 매뉴얼아트 고등학교에 들어가 미술을 배웠다. 이곳에서 그는 장차 추상표현주의 화가로 이름을 날릴 필립 거스턴을 알게 되었다. 또한 화가 쉬완 코프스키로부터 신지학神智學을 접하고 매료되었으며, 코프스키와 크리슈나무르티의 집회에 참가하기도 했다. 이 시기에 사회주의 모임에도 나갔는데, 이때 트로츠키가 '혁명적 예술의 모범'이라고 일컬은 벽화가 디에고 리베라의 작품들을 보고 큰 영향을 받았다.

이듬해 큰형 찰스가 다니던 뉴욕의 아트 스튜던츠 리그에 들어갔다. 이곳에서 토마스 하트 벤턴에게 사사하며 또 한 차례 크게 영향을 받았다. 벤턴은 유럽 중심의 예술이 아닌 미국의 예술인 지방주의를 주장한 선도적인 추상화가였다. 폴록은 후일 이름을 떨친 후 "나의 흥미를 끄는 미국 화가는 그(벤턴)밖에 없다."라고 말하기까지 했다. 또한 벤턴의 소개로 폴록은 조각, 회화, 드로잉, 설치 미술에 이르기까지 개성 있는 작품 세계를 형성한 가브리엘 오로즈코를 만나게 되었다. 폴록은 오로즈코의 벽화를 보고 생애 최초로 접한 대형 벽화에 전율을 느꼈다고 기록했다. 이 시기에 폴록은 미국을 여행하고 유럽 거장들의 고전을 입체파적으로 재구성하는 데생 작업을 했다. 그런 한편 조각에도 관심을 가져 석공을 배웠다고 한다.

1930년대 폴록은 대공황 이후 침체에 빠진 미국 경제를 재건하는 루스벨트 프로젝트의 예술가 지원 프로그램으로 대규모 벽화 주문을 받게 되었다. 그는 오로즈코, 리베라와 함께 멕시코 화단의 3대 거장으로 불리는 시케이로스와 벽화 작업을 하면서 그의 화풍에 큰 영향을 받았다. 또한 1940년대까지는 피카소의 입체파 시기 작품들에 영향을 많이 받았다. 그러나 피카소가 아프리카 원시미술에서 영감을 받았다면, 폴록은 멕시코 신화 및 아메리카 원주민의 문화에서 영감을 받았다.

회화 외에 폴록에게 큰 영향을 끼친 것은 정신분석이었다. 폴록은 10대부터 알코올 중독에 시달리고 분노 조절에 어려움을 겪었으며, 1937년부터 이를 치료하기 위해 정신분석 치료를 받았다. 담당 의사는 융 심리학을 중심으로 정신분석 치료를 시도했고, 폴록은 그 과정에서 자동기술법으로 스케치하면서 새로운 회화 양식을 찾으며, 융의 분석심리학에 크게 관심을 가지게 되었다.

뉴욕 화파, 즉 추상표현주의 그룹은 유럽의 초현실주의 화파와 비슷한 맥락에서 작품 활동을 전개했다. 내면의 무의식 세계를 표현한다는 점에서 특히 비슷했다. 그러나 초현실주의자들이 프로이트의 무의식 이론에 근거하고 있었다면, 미국 미술가들은 융의 집단 무의식 이론, 즉 현대인의 기억 저변에 깔린 전 인류가 공통적으로 가지고 있는 상징적이고 원형적인 이미지들을 찾아내고자 했다.

1940년대 초부터 그는 신진 예술가로 주목받기 시작했으며, 특히 1943년 페기 구겐하임의 눈에 뜨이면서 재정적인 안정을 누리게 되었다. 몬드리안은 구겐하임 미술관에서 열린 젊은 예술가들의 전시회에서 폴록의 작품을 보고 "지금까지 미국에서 본 가장 흥미로운 작품"이라고 평했다.

폴록의 작품에 결정적인 변화가 일어난 것, 즉 그의 유명한 액션 페인팅 방식이 시작된 것은 1945년 여성 화가 리 크래스너와 결혼해 맨해튼을 떠나 롱아일랜드의 시골로 이주하면서부터이다. 자연 속에서 폴록은 마음의 안정을 찾으면서 그때까지의 추상회화가 아닌 서정적이고도 다소 전통적인 작품을 제작했다.

그 이듬해부터 폴록은 천을 캔버스에 고정시키지 않고 바닥에 펼쳐두고 막대기나 붓으로 물감을 뿌리는 방식의 작업을 시도하기 시작했다. 그는 1930년대 시케이로스와 작업하면서 이런 드리핑 기법을 처음 접했으며, 1943년 〈쏟아 붓기 구성 3〉에서 이 기법을 실험한 바 있었다. 그러나 본격적으로 자동기술법에 의해 액션 페인팅 방식으로 작품 활동을 전개한 것은 이때부터다.

"그림을 그릴 때 내가 무엇을 하고 있는지 나도 알지 못한다. 어느 정도 익숙해지는 시간이 지난 후에야 비로소 뭘 하고 있었는지 깨닫게 된다. 그림은 그 자체로 생명력을 지닌다. 나는 그 생명이 드러나게 하려고 노력한다."

1947년, 폴록은 첫 번째 드리핑 작품들을 완성하여 전시회에 출품했다. 비평가 해럴드 로젠버그는 그의 작품들을 "몸으로 그렸다."라고 말하면서 액션 페인팅이라고 불렀으며, 이후 작품뿐만 아니라 작업 과정 자체가 예술로 인정되었다.

폴록은 찬사와 비난을 동시에 받았다. 비평가 클레멘트 그린버그 등은 "현대 미국에서 가장 영향력 있는 화가"라며 칭송했으나, 일부에서는 아무런 의미도 없이 그저 혼돈스러운 작품을 만들 뿐이라면서 연쇄살인마 잭 더 리퍼에 빗대 '잭 더 드리퍼(물감을 떨어뜨리는 잭)'라고 비아냥거리기도 했다. 그러나 폴록은 그의 말처럼 단순히 물감을 뿌리고 흐트러뜨린 것이 아니었다. 최초의 드리핑 작품 중 하나인 〈다섯 길 깊이〉를 엑스레이로 검사하자 제일 위의 물감 층 아래 납 물감으로 그린 인체 형태가 숨겨져 있음이 드러났다. 이를 중심으로 열쇠나 단추 같은 물건들이 배치되어 있고, 위의 물감 층은 이런 형상들을 중심으로 리듬감 있게 흩뿌려져 있었다.

폴록은 이 무렵부터 1950년대 초까지 정력적으로 작품 활동을 하면서 〈아

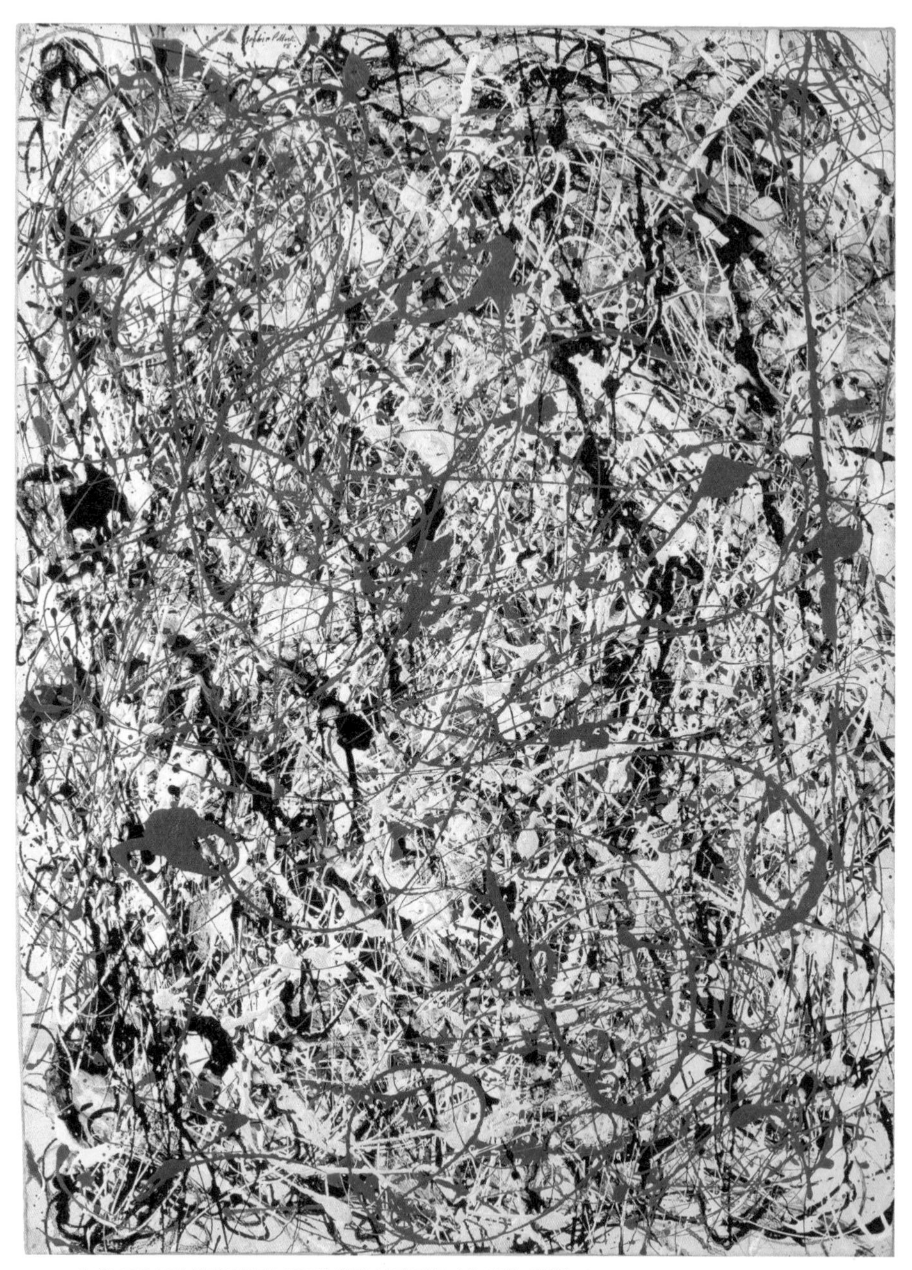

뉴욕 크리스티 경매에서 약 650억 원에 팔린 작품 <제19번>, 연합뉴스

라베스크 No.13A〉, 〈No.1, 1950—연보랏빛 안개〉, 〈가을 리듬 No.30〉, 그의 최대 걸작으로 꼽히는 〈One: No.31〉 등 수많은 작품을 제작했다. 그의 작업 방식은 1950년 사진작가 한스 나무트가 영화로 촬영하여 뉴욕 현대미술관에서 상영되었다.

그러나 1950년대 후반부터 그는 다시 술을 마시기 시작했다. 아내 크래스너는 폴록이 이 무렵부터 예술가로서 정체기를 맞았고, 같은 작품을 반복할 뿐이라며 우울증에 빠졌다고 말했다. 폴록을 괴롭힌 것에는 '소묘 하나 제대로 못하는 화가'라는 비아냥도 포함되어 있었던 듯하다. 폴록은 자신이 스케치 화가로서 뛰어난 재능을 가지고 있다고 거듭 말했으며, "애송이들이 나를 간단하게 걷어차 버릴 수 있다고 생각한다."라고 말하기도 했다. 그런 한편 한스 나무트와 다큐멘터리 영화를 촬영할 때 나무트가 촬영에 대해 사소한 요구를 하자 "나는 가짜가 아니오."라며 테이블을 엎었다는 유명한 일화도 있다.

1952년부터 폴록은 드리핑 기법으로 제작한 〈No.2〉를 비롯해 피카소의 흔적이 느껴지는 흑백의 구상 미술 〈메아리 No.52〉, 〈초상화와 꿈〉, 마티스를 상기시키는 〈부활절과 토템〉, 〈토템 수업〉 등 드리핑 기법 이전에 시도했던 기법들의 작품을 제작했다. 특히 1952년에 제작된 〈부활절과 토템〉이나 〈토템 수업〉은 폴록의 위기의식을 반영하고 있는 듯하다. 폴록은 엄청나게 치솟은 국제적 명성과 함께 찾아온 알코올 중독과 슬럼프라는 위기에서 아메리카 원주민의 토템이나 부활절을 '재생', 즉 탄생 모티프로 다루며 극복하고자 했다.

그럼에도 그는 무엇도 극복하지 못하고, 정신적 방황을 계속했다. 그리고 결국 1956년 8월 11일 만취 상태로 차를 몰다 교통사고로 숨을 거두었다.

099

미술의 위계질서에 도전장을 던진 팝아트 작가

로이 릭턴스타인

Roy Lichtenstein(1923. 10. 27~1997. 9. 29)

❙ 미국

❙ 만화의 장면을 소재로 독자적인 작품을 만들었으며, 예술과 비예술, 일상과 예술의 경계를 허물었다.

❙ 〈이것 봐 미키〉, 〈꽝!〉, 〈노랑과 초록 붓 자국〉, 〈물에 빠진 소녀〉 등

로이 릭턴스타인은 앤디 워홀과 함께 대표적인 팝아트 작가이다. 그는 광고와 만화책의 이미지를 제재로 독자적인 작품을 만들어 냈다. 그는 매스미디어의 이미지를 하나의 회화 작품으로 만듦으로써 고급과 저급을 가르는 미술의 위계질서에 도전장을 던졌다. 또한 대량 생산된 이미지를 차용해 기계적인 제작 방식을 활용해 작품을 제작하면서 산업화와 대량 생산에 대한 일반적인 관념을 재숙고하게 했다.

"나는 늘 어떤 것은 예술이고 어떤 것은 예술이 아니라고 구분 짓는 기준을 알고 싶었다."

릭턴스타인은 1923년 10월 27일 뉴욕 맨해튼에서 태어났다. 아버지는 전

문 부동산업자로, 중산층 집안에서 공립학교를 다니며 평범한 성장기를 보냈다. 고교 시절에는 취미로 유화를 그렸으며, 디자인과 재즈에 관심이 있어 1939년 뉴욕의 아트 스튜던츠 리그에 개설된 미술 강좌를 수강했다.

1940년, 릭턴스타인은 오하이오 주립대학 미술학부에 입학했다. 대학 재학 중 제2차 세계대전이 일어나 병역 의무를 이행한 후, 1949년에 동 대학에서 석사 학위를 취득했다. 졸업 후에는 오하이오 주립대학, 뉴욕 주립대학 등에서 강의하는 한편, 쇼윈도 디스플레이 등 상업 미술 활동으로 생계를 꾸리면서 작품을 제작했다. 이 시기에 그는 당시 미국에서 유행하던 추상표현주의풍 작품부터 입체파풍 작품에 이르기까지 다양한 작품을 제작했다. 1951년에 뉴욕의 갤러리에서 최초의 개인전을 열었는데, 이때 전시된 작품은 피카소, 브라크, 클레의 영향을 받은 반半추상화들이 대부분이었다.

그러나 릭턴스타인은 도시 풍경이나 인물을 표현하는 데 관심이 없었으며, 순수 추상주의에도 크게 매혹을 느끼지 못했다. 다양한 실험 끝에 그는 팝아트에 관심을 두게 되었고, 1960년대 이후 만화책과 잡지에서 따온 이미지를 확대, 재현하는 방식의 작품을 제작하기 시작했다. 그는 늘 미국 사회와 그를 이루는 신화적 상징에 관심이 컸는데, 두 아들이 디즈니 만화에 열광하는 모습을 보고 그것이 미국 문화에 미치는 강력한 영향을 깨달았다. 그리고 아들들에게 미키 마우스, 도날드 덕, 벅스 바니 등 디즈니 만화 주인공을 다양한 형태로 변형해 그려 주면서 이를 회화로 표현할 방법을 탐구했다.

릭턴스타인은 1961년 〈이것 봐 미키〉를 발표하면서 화단의 주목을 받기 시작했다. 그는 실제 만화책처럼 말풍선에 대사를 적어 넣었으며, 상업 인쇄물을 확대했을 때 생기는 점(벤데이 점)을 이미지 표현에 활용했다. 그럼으로써 이미지를 강하게 만드는 동시에 관객에게 연상 작용을 불러일으켜 작품에 상징을 담을 수 있다고 생각했다. 또한 그는 망점을 표현할 때 일일이 그리지 않고 구멍이 뚫린 판을 이용해 색점들을 일괄적으로 '대량 생산'했다. 즉 대량 생산된 이미지를 산업화 시대의 대량 생산 기법, 즉 기계적인 기법을 통해 만든 것이다.

그가 〈이것 봐 미키〉를 제작했을 당시, 대중만화 속 캐릭터를 캔버스에 옮긴 사람은 그만이 아니었다. 상업 만화를 회화로 승격시킨 이 색다른 시도는 앤디 워홀도 하고 있었다. 1961년, 릭턴스타인이 당대 최고의 권위를 누리던 미술상 레오 카스텔리를 찾아갔을 무렵, 워홀 역시 만화 이미지를 차용한 작품을 들고 왔다. 그러나 워홀의 작품에는 아직 '표현적인 붓놀림'이 남아 있었던 반면, 릭턴스타인의 작품은 벤데이 점 때문에 화가의 손질이 느껴지지 않고 차갑고 기계적인 느낌을 풍겼다. 카스텔리는 워홀의 작품을 거절했고, 이듬해 릭턴스타인의 개인전을 열어 주었다. 워홀은 이를 보고 왜 자신이 패배했는지를 곧바로 알아차렸다. 릭턴스타인의 전시회는 엄청난 화제를 불러일으켰으며, 작품은 전시되기도 전에 이미 유력한 미술 애호가들에게 모두 팔려 나갔다.

이 시기에 그는 〈잊어! 날 잊으라고!〉, 〈난 알아, 브래드〉, 〈걸작〉과 같이 만화적인 표현을 그대로 차용한 작품들을 비롯해 〈세탁기〉, 〈소파〉, 〈냉장고〉 등 소비상품을 상업 광고처럼 만든 작품도 제작했다. 이 작품에서 그는 대중문화나 소비문화를 비판하겠다는 의도 없이 그것들을 그저 '보여 줌'으로써 당대 미국 문화의 실체를 있는 그대로 나타냈다. 그런 한편 작가적 양식이 느껴지지 않는 기계적인 화풍으로 대중 상업 미술의 양식까지 순순히 드러냈다. 그러면서 그의 작품들은 모든 대상을 숙고 없이 만드는 상업 문화는 물론, 상업 미술을 경시하는 순수 미술가들에 대한 조롱이 되었다.

또한 액션 만화의 표현 방식에서 모티프를 차용해 제2차 세계대전을 다룬 〈타카타카〉, 〈꽝!〉, 〈발포했을 때〉 등도 제작했는데, 1960년대를 휩쓴 반전 운동의 영향으로 이 작품들은 반전 메시지로 받아들여지기도 했다. 그러나 릭턴스타인은 이에 대해 이렇게 말했다.

"나는 군사적 행위가 터무니없으며 미국의 외교 정책이 위협적이라고 생각한다. 하지만 내가 전쟁 그림에서 말하고자 하는 본질은 그게 아니며, 그런 대중의 태도에 편승하고 싶지도 않다. 내 작품들은 오히려 이미지에 대한 미국식 정의와 시각적 의사소통에 관한 것이다."

또한 고전 작품들을 혼성 모방하는 작품들을 제작하기도 했다. 피카소의 〈알제의 여인들〉을 그린 〈알제의 여인〉, 몬드리안 작품의 새로운 버전으로 보이는 〈비구상 1〉, 모네의 〈루앙 대성당〉을 재구성한 〈루앙 대성당〉 등이 여기에 속한다.

1966년에는 추상표현주의의 종말을 선언한 〈노랑과 초록 붓자국〉을 발표했다. 이 작품은 노란색과 초록색으로 아무렇게나 붓을 그은 듯 보이는데, 여기서 붓놀림은 잭슨 폴록이 창안한 액션 페인팅을 연상하게 한다. 추상표현주의에서는 개개의 작품보다는 그 작품을 만들어 내는 창작 행위를 '천재성'의 표현으로 여겼다. 그 대표적인 인물이 잭슨 폴록이다. 릭턴스타인은 이미 액션 페인팅의 붓놀림 역시 진부한 것, 양식화된 관습으로 전락했다고 느꼈다. 그는 붓자국을 무의미한 것으로 보이게 하고 4컷 연재 만화를 찍는 인쇄 기법으로 복제하여 자신의 생각을 표현했다.

1970년대 이후에는 입체파, 표현주의, 초현실주의 회화 작품들을 다시 만화책 스타일로 작업하여 재해석하는 쪽으로 작업 방향이 확대되었다. 〈거울〉 연작, 〈엔타블러처〉 연작에서 추상적인 표현을 시도한 그는 1980년대에 〈초상〉, 〈일출〉, 〈나무 사이의 붉은 헛간〉 등 추상적인 구상화로 또 한 번 새로운 시도를 했다.

2013년 프랑스 파리 퐁피두 센터에서 열린 로이 릭턴스타인 전시회. 신화사/연합뉴스

그는 대량 생산과 상업 미술, 소비문화로 대변되는 미국의 문화를 가장 미국적인 표현법을 통해 보여 준 아티스트로, 예술과 비예술, 일상과 예술의 경계를 허문 팝아티스트로 평가받는다. 1970년대부터 그가 사망할 때까지 미국 내의 다양한 갤러리와 미술관에서 그의 회고전과 개인전이 열렸으며, 미국, 유럽, 일본 순회전도 열렸다. 1997년 9월 29일 자택에서 74세의 나이로 사망했다.

100

팝아트의 제왕

앤디 워홀

Andy Warhol(1928?~1987. 2. 22)

I 미국
I 매스미디어에서 소재를 찾아 작품을 대량 생산하면서 미술계에 혁명적인 변화를 일으켰다.
I 〈캠벨 수프 통조림〉, 〈2달러 지폐들〉, 영화 〈첼시의 소녀들〉 등

"나는 그저 언제나 내게 아름다워 보이던 것들, 우리가 깨닫지 못한 채 매일 같이 쓰고 있던 물건들을 그린 것뿐이다."

미술계 최초의 팝스타, 생전에 이미 전설이 된 현대 미술의 아이콘 앤디 워홀. 그는 캠벨 수프, 코카콜라, 엘비스 프레슬리, 마릴린 먼로 등 등 대중에게 익숙하고 유명한 이미지들을 모티프로 20세기 미국의 문화적 정체성을 표현했다. 그는 대량 소비 사회의 일상적 오브제들을 예술품으로 승화시켰으며, 실크 스크린, 스텐실, 에피스코프, 데칼코마니 같은 혁신적인 기법을 사용하여 작품을 대량 생산하면서 순수 미술과 상업 미술의 경계를 무너뜨렸다. 이런 시도들에 담긴 함의는 포스트모던 미술에 전반적인 영향

을 끼쳤으며 워홀은 20세기 가장 영향력 있는 미술가로 꼽힌다.

워홀은 1928년경 미국 펜실베이니아 피츠버그에서 태어났다. 본명은 앤드류 워홀라이다. 아버지는 석탄 광산에서 일하던 체코슬로바키아 이민자로, 그가 14세 무렵 오염된 물 때문에 병으로 죽었다고 한다. 이런 가정환경은 후일 워홀을 아메리칸 드림의 표상으로 만들었으며, 워홀은 여기에 몇 가지 소문을 더하여 인생 내력을 포장해 마케팅 수단으로 활용했다. 그는 개인적인 내력을 모두 감추거나 부정했는데, 출생증명서가 위조라고 주장할 만큼 객관적인 기록조차 모두 부정했다. 그는 사생활을 지키고자 무척 신경을 썼으나, 이 역시 단순한 사생활 보호가 아니라 자기 인생에 대한 신비화 작업의 일환이기도 했다.

워홀은 피츠버그의 카네기 공과대학에서 산업 디자인을 전공했으며, 1949년 뉴욕으로 올라와 잡지 일러스트레이터 및 광고 디자이너로 일했다. 1950년대 〈보그〉, 〈하퍼스 바자〉 등의 잡지와 광고에 삽화를 그렸으며, 아트 디렉터로 각종 상업 광고물을 제작했다. 그는 아트 디렉터 클럽 어워드, 아트 디렉터 클럽 메달 등을 수상하고, 뉴욕 현대미술관의 〈최근의 드로잉, 미국〉 전에 초청되었다. 또한 〈라이프〉 지도 그의 삽화들을 출판하는 등 젊은 나이에 상업적으로 큰 성공을 거두었다.

그러나 워홀은 늘 '위대한 예술가'로 성공하기를 꿈꿨으며, 르네상스 시대의 작품들에 깊은 감동을 받았다. 이때도 그는 미래의 예술적 행보를 꿈꾸면서 자신의 이미지를 만들었다고 한다. 가령 그는 자신의 진지한 성격과 취향을 백치미가 넘치는 백금발의 가녀린 외모 뒤에 숨겼으며(이는 그가 숭배했던 마릴린 먼로가 스타가 된 행보와 유사하다), 옷차림과 장신구에 무척 관심을 기울였고, 사람들의 주목을 받는 데 주저함이 없었다.

1950년대 말, 워홀은 캔버스에 작품을 그리기 시작했으며, 광고와 뉴스

앤디 워홀이 실크 스크린 기법으로 제작한 〈마릴린 먼로〉가 담긴 우표

표제 기사, 연재 만화 등 매스미디어에서 소재를 찾았다. 그리고 1960년대 초 배트맨, 딕 트레이시, 슈퍼맨 등 만화 속 인물에 대한 연작을 제작하면서 팝아트 운동에 동참했다. 그러나 그 이전에도 대중 만화와 광고에서 소재를 찾은 아티스트들은 여럿 있었다. 또한 워홀의 작품 제작 방식 역시 당대의 다른 팝아트 작가들을 모방하여 대량 생산된 이미지에 물감을 뭉개거나 흘린 것으로 신선하다고 할 수 없었다. 때문에 이때만 해도 그는 그다지 주목받지 못했다. 무엇보다 그는 자신과 비슷한 시기에 비슷한 제재를 가지고 다른 방식으로 작업한 로이 릭턴스타인의 작품을 보고 대중 만화를 모티프로 삼기를 포기했다. 곧 그는 일상적인 소비재, 달러 지폐, 유명인의 초상화 등을 제재로 삼았으며, 기법도 실크 스크린으로 바꾸었다.

1962년, 워홀은 〈캠벨 수프 통조림〉, 〈2달러 지폐들〉을 실크 스크린 기법을 사용해 제작하면서 주목받기 시작했다. 그리고 소비 사회의 물품들에서 마릴린 먼로, 엘리자베스 테일러, 엘비스 프레슬리 등 대중문화의 아이콘이 된 할리우드 스타들의 스틸 사진을 잘라 다양한 크기에 다양한 색깔을 입혀 대량으로 복제했다. 워홀은 인물의 내면이나 성격을 드러내는 '초상화'의 기능을 수행하는 데 관심이 없었으며, 그의 작품 속에서 인물들은 대중문화와 소비문화의 산물, 그 자체로 보였다.

또한 이 시기 〈제트기에서 129명 사망(비행기 추락사고)〉, 〈피로 물든 인종 폭동〉과 같이 신문의 보도사진을 활용한 실크 스크린 작품을 제작했는데, 이 사진들은 그의 작품 속에서 '사건'이 지닌 비극성과 진실을 보여 주는 대신 회화적이고 시각적인 이미지로만 기능했다. 그럼으로써 워홀은 실제 사건에 대한 미디어의 태도에 존재하는 취약성을 그대로 폭로했다.

그런 한편 사형 제도를 고찰하게 하는 전기의자 연작들과 케네디 대통령 저격 사건 직후 재클린 케네디의 이미지를 복제하면서 시대 상황 및 그에 대한 함의를 담은 작품도 제작했다. 워홀이 만들어 낸 아름다운 영부인에서 미망인이 된 재클린 케네디의 이미지들은 그 어떤 보도사진보다 대중에게 강한 충격을 주었다.

1962년, 워홀은 후일 '팩토리'라고 불리는 다락방을 임대했다. 그는 자신의 작품이 공장에서 대량 생산하듯 만들어진다는 것을 이미지화하여 작업실에 팩토리라는 이름을 붙였고 실제로 그는 '아트 워커'를 고용해 작품을 대량 복제했다. 이곳에서 그해부터 2년간 약 2천 점이 넘는 작품이 제작되었다고 한다.

팩토리는 단순히 작업실이 아니라 사교의 장소이자 워홀의 이미지를 생산해 내는 곳이기도 했다. 이곳에서 워홀은 믹 재거, 트루먼 카포티, 에디 세즈윅 등과 함께 머물렀고, 끊임없이 파티를 열어 당대의 유명인사들을 불러들였다. 이곳은 당대 예술 현장의 중심이 되었다. 또한 영화, 음악 등 다양한 작업들이 이곳에서 이루어졌다. 워홀은 1963년 팩토리에서 전위 영화 〈잠〉과 〈엠파이어〉를 제작했으며, 이듬해에는 75편의 영화를 만드는 엄청난 기록을 세웠다. 할리우드 스타들에 대한 관심만큼 영화 제작에 열을 올린 나

앤디 워홀과 극작가 테네시 윌리엄스

머지 1965년에는 영화 제작에 몰두하기 위해 회화를 포기하겠다고 선언하기도 했다(그러나 실제로 그가 회화 작업을 하지 않은 것은 몇 년 되지 않았다). 그가 만든 영화는 총 250여 편에 달하며, 그중에는 〈첼시의 소녀들〉과 같이 상업적인 성공을 거둔 작품도 있다. 또한 1965년에는 전위 음악을 하는 밴드 벨벳 언더그라운드의 프로듀싱과 재킷 디자인을 했다.

1968년, 워홀은 팩토리에서 작업하던 중 직원이었던 발레리 솔라나스에게 저격당했으나 극적으로 살아남았다. 솔라나스는 "그가 내 인생을 지배하고 있다."라고 저격 이유를 밝혔다. 워홀은 여기에서 영감을 얻어 작품 〈해

앤디 워홀의 무덤

골〉을 만들었으며, 이 사건으로 팩토리는 더욱 유명세를 탔다.

1970년, 〈라이프〉 지는 워홀을 비틀스와 함께 1960년대 가장 영향력 있는 인물로 선정했다. 1970년대에 워홀은 미술 사업가로 변신했으며, 잡지 〈인터뷰〉를 창간했다. 또한 유명인의 초상화를 주문받아 실크 스크린으로 제작했으며, 닉슨의 중국 방문에 맞춰 〈마오〉 연작을 제작했다.

1980년대에는 카무플라주 패턴을 활용한 〈요셉 보이스〉, 심리학자 헤르만 로르샤흐가 개발한 심리 테스트용 형상에서 모티프를 얻어 얼룩을 활용한 추상 작품 〈로르샤흐〉를 제작하는 등 실험적인 시도를 했다. 또한 1972년부터 시작한 〈마오〉 연작에서는 실크 스크린으로 작업한 뒤 수작업으로 표현한 부분을 강조했는데, 이런 경향은 1980년대에 더욱 심화되어 〈르네상스 회화의 부분〉 연작처럼 캔버스에 아크릴이라는 정통적인 방식으로 작품을 제작하기도 한다.

워홀은 도발적인 멋쟁이, 팝아트의 제왕, 최초의 예술가 스타로 화려하고 사치스러우며 도발적인 삶을 살았다. 총격 사건 때도 두 달간의 투쟁 끝에 살아난 그였으나, 죽음은 생각보다 어이없이 찾아왔다. 1987년 2월 21일, 워홀은 뉴욕 코넬 의료센터에서 담낭 수술을 받았다. 수술은 성공적으로 끝났으나 워홀은 다음 날 페니실린 알레르기 반응으로 인한 심장발작을 일으켜 사망하고 말았다.